de Gruyter Studienbuch

Sebastian Löbner
Semantik

Sebastian Löbner

Semantik

Eine Einführung

Walter de Gruyter · Berlin · New York
2003

Übersetzt aus dem Englischen vom Autor.

Zuerst erschienen in Großbritannien 2002 in englischer Sprache bei Edward Arnold Publishers, Teil der Verlagsgruppe Hodder Headline Group.
338 Euston Road, London NW1 3BH, England

Titel der englischen Originalausgabe:
Sebastian Löbner, Understanding Semantics

∞ Gedruckt auf säurefreiem Papier,
   das die US-ANSI-Norm über Haltbarkeit erfüllt.

ISBN 3-11-015674-1

Bibliografische Information Der Deutschen Bibliothek

Die Deutsche Bibliothek verzeichnet diese Publikation in der Deutschen Nationalbibliografie; detaillierte bibliografische Daten sind im Internet über http://dnb.ddb.de abrufbar.

Printed in Germany
Umschlaggestaltung: Hansbernd Lindemann, Berlin
Druck und buchbinderische Verarbeitung: WB-Druck, Rieden/Allgäu

Vorwort

Dieses Lehr- und Lernbuch ist der Versuch, eine Einführung in die Semantik zu bieten, die einerseits die wichtigsten Themen anspricht und andererseits auch mit den theoretischen Ansätzen bekannt macht. Diese doppelte Zielsetzung war nicht einfach zu verwirklichen, vor allem deshalb, weil sich die vorherrschenden Ansätze mit jeweils verschiedenen Ausschnitten des semantischen Phänomenbereichs beschäftigen. Die ältere strukturalistische Herangehensweise befasst sich ausschließlich mit Bedeutungsbeziehungen, vornehmlich zwischen Wörtern. Die Kognitive Semantik stellt das Problem der Kategorisierung in den Vordergrund; sie fokussiert damit zwar auch auf Wortbedeutungen, hat aber zu Bedeutungsbeziehungen recht wenig zu sagen. Die Formale Semantik wiederum betrachtet Sprache ausschließlich aus dem Blickwinkel der Logik und konzentriert sich auf die Erforschung der kompositionalen Satzbedeutung – ein Gebiet, zu dem weder die Strukturalistische noch die Kognitive Semantik etwas vorzuweisen haben. Diese Diskrepanzen sind zudem mit, wie es scheint, fast unversöhnlichen Auffassungen zum Bedeutungsbegriff verbunden. Für die Formale Semantik sind Bedeutungen Zuordnungen zwischen sprachlichen Ausdrücken und Dingen in der „Welt", nämlich im Wesentlichen Wahrheits- und Referenzbedingungen. Für die Kognitive Semantik sind Bedeutungen Konzepte; darin stimmt sie mit dem Strukturalismus überein, doch weist sie dessen Kategorisierungsmodell als veraltet und unangemessen zurück.

Ich habe versucht, diese Probleme zu lösen, indem ich bei der Intuition ansetze, dass Bedeutungen etwas Konzeptuelles „im Kopf" sein müssen. Die Bedeutung vermittelt nach allgemein akzeptierten semiotischen Grundvorstellungen zwischen dem sprachlichen Zeichen und „der Welt". Dieser einfache intuitive Ansatz ermöglicht es, auf informale Weise an die zentralen Fragestellungen und Begrifflichkeiten der heutigen Semantik heranzuführen. Er erlaubt es aber auch, in dem „semiotischen Dreieck" aus Ausdruck, Bedeutung und Denotat (wenn Sie solche Begriffe hier noch nicht verstehen: sie werden später natürlich

ausführlich erklärt) die drei genannten Ansätze einzuordnen und auf
einander zu beziehen: sie fokussieren jeweils auf eine der drei Seiten
des Diagramms – die Beziehung zwischen Ausdruck und Bedeutung,
zwischen Bedeutung und Denotat bzw. zwischen Ausdruck und Denotat. Sie stehen also eigentlich nicht so sehr in Konkurrenz zueinander,
sondern ergänzen sich. Durch den gemeinsamen Bezugsrahmen lassen
sich zudem die Stärken und Schwächen der drei Ansätze genauer be-
nennen.

Der erste Teil des Buches bietet eine Einführung in zentrale Phänomene, Begriffe und Fragestellungen der Semantik. Zeit- und Längen-
beschränkungen haben es mit sich gebracht, dass zwei wichtige Gebiete ausgeklammert wurden: grammatische Bedeutung und Kontextbe-
zug. Ich habe mich darum bemüht, den Stoff und die Terminologie an
dem auszurichten, was in der aktuellen Diskussion weitgehend common sense ist; ich finde, das gehört sich so für eine Einführung. Die
Besonderheit meiner Einführung liegt vielleicht in der Einbeziehung
bestimmter Phänomene, die in anderen Lehrbüchern fehlen (zum Beispiel nichtdeskriptive Bedeutung und kontextuelle Ambiguitäten). Der
einzige inhaltlich originäre Beitrag von mir ist der Exkurs zu den deutschen Verwandtschaftsbezeichnungen in Kapitel 5.

Auch der zweite Teil ist primär um eine Wiedergabe des common
sense in Bezug auf die drei Ansätze bemüht. Auf mein eigenes Konto
gehen dabei einige der vorgebrachten Kritikpunkte, zum Beispiel das
Polarisationsargument gegen die Annahme gradueller Kategorienzugehörigkeit in der Prototypensemantik. Von diesen Aspekten abgesehen, ist auch dies eine neutrale und, wie ich hoffe, repräsentative Einführung geworden

Die Semantik ist zur Zeit sehr stark durch die Formale Semantik
dominiert. Das spiegelt sich zum Beispiel darin wider, wie viele Einführungen in die Formale Semantik auf dem Markt sind. Manche Studierende der Linguistik kennen überhaupt nur diesen Ansatz. Ihr Ein-
stieg in das komplexe und vielfältige Gebiet der Semantik besteht oft
genug in dem Erlernen des aufwändigen mathematischen Apparats für
diese Disziplin und seiner Anwendung auf sehr spezielle Fragestellungen. Das ist für die Semantik nicht gut. Ich sage das als jemand, der
selbst diesen Hintergrund hat. Bei allen unzweifelhaften Verdiensten
der Formalen Semantik – ohne sie wüssten wir immer noch nichts
über die Komposition der Satzbedeutung – betreibt sie doch recht großen Aufwand für die Analyse relativ marginaler (wenn auch aus ihrer
Sicht vielleicht fundamentaler) Phänomene wie Quantifikation, Ein-
stellungsverben oder opake Kontexte. Dafür kommen wichtige andere

Bereiche aus grundsätzlichen Gründen zu kurz, etwa Indexikalität und nichtdeskriptive Bedeutung. Zudem bemüht sich die Formale Semantik nicht um eine Antwort auf die zentrale Frage, wie Bedeutung auf der kognitiven Ebene modelliert werden kann. Ich würde mir wünschen, dass wer sich mit Formaler Semantik eingehender befassen möchte, zunächst über ein gewisses semantisches Grundlagenwissen verfügt – auch damit sie oder er weiß, was in der Formalen Semantik möglich ist und was nicht. Dieses Buch ist dazu gedacht, eine solche Basis zu bieten. Es ist dabei auch durchaus auf direkte Weise eine hilfreiche Grundlage für eine Einführung in die Formale Semantik: die Kapitel 1, 2, 3, 4, 6 und 10 können als Propädeutik dafür verwendet werden. Das Buch bietet aber auch – das möchte ich betonen – eine Grundlage, um sich in andere Methoden und Theorien einzuarbeiten.

Ein Wort sei gesagt zu dem Verhältnis der deutschen Ausgabe zur englischen, die unter dem Titel *Understanding Semantics* 2002 bei Arnold erschienen ist. Im Wesentlichen ist dies eine deutsche Fassung davon: mehr oder weniger aus dem Original übersetzt und mit deutschen Beispielen anstelle der englischen. Aber natürlich konnte ich es nicht lassen, die Vorlage hier und da zu verändern. Auf diese Weise wurde die deutsche Ausgabe in einigen Punkten ausführlicher (alle weiteren inhaltlichen Änderungen sind nur geringfügig):

- Kapitel 3 ist etwas umorganisiert, wenn auch nur wenig umgeschrieben. Jetzt wird unterschieden zwischen lexikalischer, kompositionaler und kontextueller Ambiguität. Der Abschnitt über Synonymie wurde ins fünfte Kapitel verlegt.

- Kapitel 5 beginnt jetzt mit dem Abschnitt über Synonymie und ist wesentlich erweitert um eine Fallstudie zu den deutschen Verwandtschaftsbezeichnungen.

- Kapitel 6 enthält jetzt einen wesentlich ausführlicheren Abschnitt 6.2 über Prädikate und Argumente.

- Kapitel 7 wurde in der zweiten Hälfte von Abschnitt 7.3 etwas umstrukturiert und erweitert.

Hatte ich anfänglich, Wunschdenken verfallend, geglaubt, es handele sich nur um eine schnell zu erledigende Übersetzung eines ja fertigen Textes, so erwies sich die Erstellung der deutschen Fassung doch als ein Riesenberg von Arbeit, der sich neben dem üblichen Vollzeitjob als eine ganz erhebliche Belastung fast über ein ganzes Jahr hin erwies. Darunter haben (außer mir) vor allem meine Frau und meine kleine Tochter gelitten, denen ich an dieser Stelle ganz herzlich für ihre Unterstützung danken möchte. Meine Frau, Ruth Ropertz, hat mir nicht nur die vielen mit Arbeit verbrachten Wochenenden nach-, sondern auch den Text als Semantikerin durchgesehen und mir wertvolles Feedback gegeben. Meiner einjährigen Tochter Luca verdanke ich dank eines Patschers auf die Tastatur die Entdeckung der Synonymen-Funktion des Textverarbeitungsprogramms, die manchmal sogar ganz brauchbare Alternativen anbietet. Mein Dank schließt auch alle anderen ein, die mir beim Zustandekommen dieser Ausgabe geholfen haben: den Verlag de Gruyter, besonders Dr. Heiko Hartmann, der mich sehr kooperativ begleitet hat, und meine Hilfskräfte Christian Horn und Mary Arndt, die mir mit Korrekturlesen und Recherchen zur Hand gegangen sind; Aditi Lahiri hat mir die Wellenform auf S. 25 zur Verfügung gestellt. Schließlich möchte ich meinen Dank an alle wiederholen, die mich maßgeblich bei dem Zustandekommen der englischen Ausgabe unterstützt haben: Bernd Kortmann, der ursprünglich Koautor sein sollte und die Kontakte zu den Verlagen hergestellt hat, die beiden Herausgeber der Reihe *Understanding Language*, Greville Corbett und Bernard Comrie, sowie Ewald Lang und Ruth Ropertz, die die Entstehung der englischen Fassung mit sehr konstruktiver Kritik von Anfang bis Ende begleitet haben.

Von den künftigen Benutzern, Lernenden und Lehrenden, wünsche ich mir jede Menge Rückmeldungen: Kommentare, Korrekturen, Fragen usw. Auf der Website:

http://www.phil-fak.uni-duesseldorf.de/~loebner/semantik/

finden Sie aktuelle Informationen zu diesem Buch. Früher oder später werde ich dort auch Lösungen oder Lösungswege zu den Übungsaufgaben bereit stellen.

Sebastian Löbner
Düsseldorf
Juli 2003

Inhalt

TEIL 1

GRUNDBEGRIFFE UND ZENTRALE PHÄNOMENE

Dieses Buch besteht aus zwei Teilen: der erste führt in Grundbegriffe und zentrale Phänomene der Semantik ein; auf dieser Basis behandelt der zweite Teil die Grundzüge der drei wichtigsten theoretischen Ansätze: der strukturalistischen Semantik, der Kognitiven Semantik und der logischen (auch „Formalen") Semantik.

Zunächst wird deutlich gemacht, worum es in der Semantik geht. Als Theorie der sprachlichen Bedeutung befasst sich die Semantik nicht mit „Bedeutung" im weitesten Sinne des Wortes, sondern genauer mit der Bedeutung sprachlicher Ausdrücke für sich genommen. Kapitel 1 präzisiert den sprachlichen Bedeutungsbegriff anhand einer Unterscheidung von drei Ebenen, auf denen wir sprachliche Äußerungen interpretieren: als sprachliches Material („Ausdrucksbedeutung"), als kontextbezogene Ausdrucksweise („Äußerungsbedeutung") und als kommunikative Handlung („kommunikativer Sinn"). Anhand dieser Unterscheidung lässt sich genauer abgrenzen, welche Phänomene in den Bereich der Semantik und welche in die Nachbardisziplin Pragmatik gehören. Erste Überlegungen zur Bedeutung von Sätzen teilen die Semantik weiter auf in Wortsemantik und Satzsemantik. In Kapitel 2 wird der Bedeutungsbegriff präzisiert: Bedeutungen sind Konzepte. Neben der im Vordergrund stehenden deskriptiven Bedeutung, mit der man faktische Information übermittelt, werden zwei weitere mögliche Bedeutungsanteile unterschieden: soziale Bedeutung und expressive Bedeutung. Kapitel 3 behandelt das allgegenwärtige Phänomen der Ambiguität (Mehrdeutigkeit), und zwar aus zwei Perspektiven: als Erscheinung auf der Ebene der lexikalischen Bedeutung und als Ergebnis von Bedeutungsverschiebungen, die auftreten, wenn Äußerungen im Kontext interpretiert werden. Kapitel 4 beschreibt die Grundzüge des logischen Ansatzes in der Semantik: auf der Basis von Wahrheit und

Referenz werden Begriffe wie Implikation, Äquivalenz und Inkompatibilität definiert. Sie gestatten die Erfassung wichtiger semantischer Eigenschaften und Beziehungen, aber, wie sich zeigen wird, nur indirekte Rückschlüsse auf die Bedeutung selbst. Darauf folgt ein Kapitel über Bedeutungsbeziehungen wie Hyponymie und Gegenteilbeziehungen und über semantische Gruppen innerhalb des Lexikons, so genannte Wortfelder. Eine exemplarische Analyse des Systems der deutschen Verwandtschaftsbezeichnungen erhellt die Struktur eines speziellen Wortfelds und bereitet die Thematik der Bedeutungszerlegung im zweiten Teil vor. Kapitel 6 über Prädikation schließt den ersten Teil ab. Es befasst sich damit, wie die verschiedenartigen Wörter in einem Satz ihren Beitrag zur Gesamtbedeutung leisten, und beleuchtet so die wichtigsten Fakten der Satzsemantik: Verben, Nomen und Adjektive bringen jeweils Teilaussagen (Prädikationen) ein und sind auf komplexe Weise miteinander zu einer Gesamtaussage vernetzt.

1 Bedeutung und Semantik

Die Semantik ist das Teilgebiet der Linguistik, das sich mit Bedeutung befasst. Diese Art von Definition mag vielleicht Ihrem Freund genügen, der Sie zufällig mit diesem Buch in der Hand sieht und Sie fragt, was das denn nun schon wieder sei, aber als Autor einer solchen Einführung muss ich natürlich präziser erklären, was der Gegenstand dieser Wissenschaft ist. Der Begriff ‚Bedeutung‘ hat sehr verschiedenartige Anwendungen; einige davon fallen in den Bereich der Semantik, andere fallen heraus. Zunächst einmal ist Bedeutung immer Bedeutung v o n etwas. Wörter haben Bedeutungen, ebenso zusammengesetzte Ausdrücke, in der Linguistik ‚Phrasen‘ genannt, und ganze Sätze. Aber auch Handlungen ordnen wir eine Bedeutung zu. Wenn zum Beispiel eine Regierung eine bestimmte Politik verfolgt, können wir uns fragen, welche Bedeutung das hat. Wir meinen dann damit, welchen Sinn diese Politik macht, was damit beabsichtigt wird, oder auch was für Folgen sie für uns hat. Ganz allgemein wenden wir die Begriffe ‚Bedeutung‘ und ‚bedeuten‘ auf alle möglichen Phänomene an, die wir versuchen, in einem gegebenen Zusammenhang zu verstehen.

Die Semantik beschäftigt sich ausschließlich mit der Bedeutung von sprachlichen Gebilden wie Wörtern, Phrasen, grammatischen Formen und Sätzen, nicht aber mit der Bedeutung von Handlungen und Phänomenen allgemein. Diese Beschränkung ergibt sich schon daraus, dass die Semantik ein Teilgebiet der Sprachwissenschaft ist. Ein Typ von Handlungen und deren Bedeutung wird allerdings sehr wohl in der Semantik betrachtet: Handlungen, die in der Äußerung von sprachlichem Material unterschiedlichen Umfangs bestehen, von Phrasen und Sätzen bis hin zu Dialogen und ganzen Texten, kurz: sprachliche Äußerungen. Man kann die Bedeutungen von Wörtern und Sätzen nicht unabhängig davon untersuchen, wie sie tatsächlich in der Rede[1] gebraucht werden. Schließlich liefert der tatsächliche Gebrauch der Sprache die Daten für die Semantik.

---

[1] Ich nehme eine allgemein übliche Vereinfachung vor, wenn ich im Folgenden von Sprache rede, als handele es sich immer um gesprochene Sprache. Ausdrücke wie ‚sagen‘ oder ‚Sprecher(in)‘ sind so zu verstehen, dass sie sich auf alle möglichen Gebrauchsweisen von Sprache beziehen: auf Sprechen, Schreiben, Gebärden usw.

1.1   Bedeutungsebenen

Selbst wenn wir die Betrachtung von Bedeutung auf Wörter und Sätze
einschränken, müssen wir den Bedeutungsbegriff weiter differenzieren,
denn Wörter und Sätze werden auf verschiedenen Ebenen interpretiert.

1.1.1   Ausdrucksbedeutung

Beginnen wir mit einem einfachen Beispiel, um eine erste Vorstellung
davon zu bekommen, worum es in der Semantik geht:

(1)   *Ich brauche dein Fahrrad nicht.*

Dies ist ein normaler deutscher Satz. Ohne es überhaupt zu merken,
haben Sie ihn schon als solchen erkannt; Sie haben ihn interpretiert und
stellen sich wahrscheinlich eine Situation vor, in der Sie diesen Satz
sagen würden oder jemand anders ihn zu Ihnen sagen könnte. Eine
typisch semantische Fragestellung ist: was ist die Bedeutung dieses
Satzes? Da Sie diesen Satz verstehen, wissen Sie auch, was er bedeutet.
Aber zu wissen, was ein Satz bedeutet, ist eine Sache, seine Bedeutung
beschreiben zu können eine ganz andere. So ist es mit fast allem Wissen, das wir haben. Wir können genau wissen, wie wir von einem Ort
zu einem andern kommen, aber unfähig sein, jemand anderem eine
Wegbeschreibung zu geben. Wir können ein Lied auswendig können,
ohne in der Lage zu sein, seine Melodie zu beschreiben. Wir sind in
der Lage zehntausende Wörter zu erkennen, wenn wir sie hören; aber
das Wissen, das uns dazu befähigt, ist unbewusst. Das eigentliche Ziel
der Semantik besteht darin, unser Wissen über die Bedeutung von
Wörtern und Sätzen aufzudecken und zu beschreiben, worin dieses
Wissen eigentlich besteht.

Versuchen wir also, die Bedeutung von Satz (1) genauer zu bestimmen. Es ist plausibel, dazu bei der Bedeutung der einzelnen Wörter
anzusetzen. Das finite Verb[2] in einem Satz hat eine Schlüsselposition
für die Bedeutung. Was also ist die Bedeutung des Verbs *brauchen*?
Zunächst einmal müssen wir zwei Verben *brauchen* unterscheiden:
eine Art Modalverb (wie in *das brauchst du mir nicht zu sagen*) und
ein Vollverb. In (1) haben wir es mit dem Vollverb zu tun. Es hat ein
Akkusativobjekt (*dein Fahrrad*) und bedeutet in etwa ›benötigen‹[3].
Man „braucht" etwas, wenn es aus einem bestimmten Grund oder für
einen bestimmten Zweck notwendig oder wichtig ist, es zu haben. In

---

2   Ein deutsches Verb ist ‚finit‘, wenn es nach Tempus und Person flektiert ist.

3   ›...‹ Anführungszeichen werden im Folgenden für Bedeutungen benutzt.

unserem Beispiel wird das Gebrauchte als „dein Fahrrad" beschrieben, das heißt durch einen Ausdruck, der aus dem Possessivpronomen *dein* und dem Nomen *Fahrrad* zusammengesetzt ist. Das Nomen bezeichnet eine bestimmte Sorte von Fahrzeug, normalerweise mit zwei Rädern und ohne Motor – es würde an dieser Stelle zu weit führen, die Bedeutung präzise zu beschreiben. Die beiden Wörter *brauchen* und *Fahrrad* tragen die Hauptinformation in dem Satz; sie sind so genannte **Inhaltswörter**. *Brauchen* ist eines von Tausenden anderer Verben, die diese Stelle in dem Satz füllen könnten. Es unterscheidet sich semantisch von jedem von ihnen und ist insofern ein sehr spezifisches Verb. Sogar noch größer ist die Zahl der Nomen, die man alternativ in *ich brauche dein ____ nicht* einsetzen könnte. In diesem Sinne ist auch das Nomen *Fahrrad* ein sehr spezifisches Wort, dessen Bedeutung es von einer sehr großen Zahl anderer Nomen zu unterscheiden gilt.

Die anderen Elemente des Satzes sind alle nicht von dieser Art: sie stellen jeweils eine Möglichkeit aus einer sehr begrenzten Auswahl von gleichartigen Elementen dar. Solche Wörter nennt man **Funktionswörter**; dazu zählen Artikel, Pronomen, Präpositionen, Konjunktionen und andere „kleine" Wörter. Das Subjekt *ich* ist eines von acht Personalpronomen (*ich, du, sie*$_{SG\ FM}$, *er, es, wir, ihr, sie*$_{PL}$[4]). Die Form *ich* ist Nominativ und nach den Regeln der deutschen Grammatik erforderlich, wenn das Pronomen wie in (1) als Subjekt dient. Was ist nun die Bedeutung von *ich*? Wenn Angelika Satz (1) sagt, ist Angelika diejenige, von der gesagt wird, dass sie das Fahrrad nicht braucht; wenn Thomas Satz (1) sagt, ist es Thomas. Mit andern Worten: *ich* wird immer für die Person gebraucht, die „ich" sagt: für die Person, die das Pronomen gerade verwendet. Der Fachausdruck dafür, einen Ausdruck „für" etwas zu gebrauchen, ist **Referenz**: die Funktion des Pronomens *ich* besteht also in der Referenz auf die Sprecherin bzw. den Sprecher[5] des Satzes. Alternativ ausgedrückt: wer *ich* benutzt, **referiert** damit auf sich selbst, oder: der **Referent** des Pronomens ist immer der Sprecher. Die Bedeutung des Pronomens *ich* kann daher folgendermaßen beschrieben werden: *ich* zeigt an, dass damit auf die Sprecherin bzw. den Sprecher referiert wird. Entsprechend zeigt das Pronomen *du* an, dass auf die angesprochene Person (den „Adressat") referiert wird.

---

4 SG = Singular, FM = Femininum, PL = Plural

5 Um umständliche Ausdrucksweisen wie *die Sprecherin bzw. der Sprecher* zu vermeiden und dennoch ein wenig Geschlechtergerechtigkeit zu üben, werde ich häufig nur die feminine oder nur die maskuline Variante von Personenbezeichnungen verwenden, wenn eigentlich beide Geschlechter gemeint sind. Die resultierende Verteilung ist, jedenfalls der Intention nach, zufällig und ausgewogen.

Zu jedem Personalpronomen gibt es ein Possessivpronomen: *ich –
mein, du – dein* usw. *Dein* in Satz (1) zeigt an, dass die Sprecherin auf
ein Fahrrad referiert, das dadurch bestimmt ist, dass es sich dem Adressaten zuordnet. Die Beziehung, die das Fahrrad mit dem Adressaten
verbindet, kann ganz unterschiedlich sein. Dass das Fahrrad dem Adressaten gehört, ist nur eine von vielen Möglichkeiten: *dein Fahrrad* kann
sich auch auf das Fahrrad beziehen, auf dem der Adressat gerade sitzt,
das er gerade putzt oder repariert; es kann auch das Fahrrad sein, von
dem er gerade die ganze Zeit geredet hat. Possessivpronomen und
andere Possessivkonstruktionen zeigen eine Beziehung an, die es ermöglicht, das „Besitztum" („Possessum") dadurch zu bestimmen, dass
es sich in irgendeinem Sinne dem „Besitzer" („Possessor") zuordnet.
Die Bedeutung des Possessivpronomens *dein* kann also in etwa als
›zum Adressaten bzw. zur Adressatin gehörig‹ beschrieben werden.

Das Wort *nicht* bezieht sich in (1) auf das Verb und kehrt dessen
Bedeutung ›benötigen‹ grob gesagt in sein Gegenteil um. Der Satz enthält noch ein weiteres, sehr unscheinbares, aber dennoch bedeutungs-
tragendes Element, die Form des Verbs: *brauche* ist Präsens, *werde
brauchen* wäre Futur, *brauchte* Präteritum. Was ist Tempus?[6] Es ist
eine Form des Verbs, die anzeigt, dass sich die Situation, die der Satz
beschreibt, auf eine bestimmte Zeit bezieht. Auch diese Art von Bezug
fällt unter den Begriff ‚Referenz'. Auf welche Zeit genau referiert wird,
hängt davon ab, wann der Satz geäußert wird. Aufgrund des Präsens
in (1) werden wir die beschriebene Situation auf die „Gegenwart"
beziehen, das heißt auf die Zeit, zu der der Satz gebraucht wird. Wenn
jemand am 31. Juli 2002 um 15.00 Uhr (1) äußert, werden wir das,
falls nichts dagegen spricht, so interpretieren, dass das Fahrrad des
Adressaten zu eben dieser Zeit nicht gebraucht wird.[7]

Wir haben bis jetzt versucht, die Bedeutungen jedes einzelnen Wortes
in dem Satz *ich brauche dein Fahrrad nicht* näher zu bestimmen. Das
sind typisch semantische Überlegungen. Wie Sie sehen, sind sie durchaus nicht trivial. Für Inhaltswörter muss die semantische Beschreibung
auf der einen Seite spezifisch genug sein, um ihre Bedeutung von der
aller Wörter mit anderer, insbesondere mit ähnlicher Bedeutung zu unterscheiden. Es würde zum Beispiel nicht ausreichen, die Bedeutung
von *Fahrrad* einfach als ›Fahrzeug mit zwei Rädern‹ anzugeben, denn

---

[6] Das Tempus (Plural: die Tempora); auch alle einzelnen Tempusbezeichnungen sind
neutrum: das Präsens, Präteritum, Futur, Perfekt usw.

[7] Die Präsensform des Verbs bezieht sich nicht immer auf die Gegenwart. Sehr häufig
wird im Deutschen das Präsens auch mit Referenz auf die Zukunft verwendet (vgl.
ich brauche dein Fahrrad morgen nicht).

manche Fahrzeuge mit zwei Rädern, zum Beispiel Roller oder Motor-räder, sind keine Fahrräder, und manche Fahrräder haben mehr Räder. Auf der anderen Seite muss die Beschreibung allgemein genug sein, um wirklich alle Fälle zu erfassen, in denen das Wort verwendet werden könnte. Man stellt sich normalerweise einen bestimmten Kontext vor, wenn man versucht sich die Bedeutung eines Wortes zu überlegen. Daher tendiert man dazu, die Bedeutung zu eng zu fassen und anders-artige Fälle außer Acht zu lassen, in denen das Wort auch gebraucht werden könnte. Bei Funktionswörtern wie Pronomen oder Artikeln oder grammatischen Formen wie Tempus scheint die Bedeutung auf den ersten Blick schwer zu fassen. Aber auch sie können semantisch beschrieben werden, wie die kurze Betrachtung vielleicht gezeigt hat.

Wenn wir die bisherigen Ergebnisse zusammenfügen, lässt sich die Bedeutung des ganzen Satzes angeben. Sie kann, ziemlich ungenau, in etwa folgendermaßen formuliert werden: ›für die Person, die diese Äu-ßerung macht, ist es zu der Zeit, zu der diese Äußerung erfolgt, nicht von besonderer Wichtigkeit, das Zweiradfahrzeug der angesprochenen Person zu haben‹.

Eines ist dabei sehr wichtig zu beachten: der Satz als solcher lässt offen, wer konkret die Sprecherin und der Adressat sind, auf welche Zeit der Satz sich bezieht und auf welches Fahrrad. Das alles ist nicht in der Satzbedeutung fixiert. Diese Fragen können erst entschieden werden, wenn der Satz tatsächlich zu einer bestimmten Gelegenheit geäußert wird. Was allerdings durch die Bedeutung dieses Satzes fest-gelegt ist, ist die Art und Weise, w i e sich die Antworten auf diese Fragen ergeben, w e n n der Satz in einer konkreten Situation verwen-det wird. Erstens wird der Satz dann v o n jemandem verwendet, der ihn auf irgendeine Weise produziert (spricht, schreibt, gebärdet usw.). Durch das *ich* in der Subjektposition „sagt" uns der Satz, dass es eben der Produzent des Satzes ist, der das Fahrrad nicht braucht. Die Ver-wendung des Pronomens *ich* fungiert wie eine Suchanweisung: „Finde heraus, wer dieses *ich* sagt: das ist der Referent von *ich*." Zweitens setzt die Verwendung von *dein* voraus, dass es eine einzelne Person gibt, an die sich die Äußerung richtet. Die Satzbedeutung spezifiziert das Fahr-rad als zu dieser Person gehörig. Drittens wird der Satz, wenn er geäu-ßert wird, immer zu einer bestimmten Zeit geäußert. Diese Zeit dient als Bestimmungspunkt für Gegenwart, Zukunft und Vergangenheit. Der Präsensanteil der Satzbedeutung ergibt die Anweisung: „Beziehe die ausgedrückte Situation auf die Zeit, zu der der Satz geäußert wird".

Die Bedeutung von Wörtern, Phrasen und Sätzen für sich genom-men, das heißt ohne einen konkreten Kontext, in ihrem allgemeinen

Sinn, bildet die Ebene von Bedeutung, die im Folgenden **Ausdrucks-bedeutung** genannt wird. Dabei wird ‚Ausdruck' als Oberbegriff für Wörter, Phrasen und Sätze verwendet. Der Terminus ‚Ausdrucksbe-deutung' erfasst also insbesondere Wortbedeutung und Satzbedeutung. Die Ebene der Ausdrucksbedeutung bildet den wichtigsten Gegen-stand der Semantik, die sich gewissermaßen mit dem Material, oder Instrumentarium, befasst, das Sprachen für die Kommunikation bereit-stellen. Wie wir gesehen haben, muss man für die Bestimmung der Ausdrucksbedeutung von der Verwendung der Ausdrücke in konkre-ten Kontexten abstrahieren. Was man zu erfassen versucht, ist das a l l g e m e i n e P o t e n z i a l der Ausdrücke. Ausdrücke wie *ich* illus-trieren diesen Punkt: aufgrund seiner Bedeutung hat das Wort das Po-tenzial, auf jede beliebige Person zu referieren, sofern sie es ist, die die Äußerung produziert. Ebenso hat zum Beispiel das Wort *Fahrrad* das Potenzial, auf jeden beliebigen Gegenstand zu referieren, der die einschlägigen Eigenschaften aufweist, die in der Wortbedeutung fest-gelegt sind. Als Potenzial betrachtet ist der Begriff der Ausdrucksbe-deutung selbst eine Abstraktion und ein theoretisches Konstrukt. Er hat aber seine Berechtigung in der Art und Weise, wie wir Sprache begrifflich fassen, nicht nur in der Linguistik, sondern auch im Alltags-denken: wir reden durchaus von der Bedeutung von Wörtern und zu-sammengesetzten Ausdrücken f ü r s i c h g e n o m m e n, das heißt von Bedeutung auf genau dieser Ebene.

1.1.2 Äußerungsbedeutung

Was geschieht nun, wenn Satz (1) tatsächlich verwendet wird? Wir werden dazu zwei alternative Szenarien heranziehen:

SZENARIO 1
1. August 1996, morgens. Angelika, die etwas außerhalb wohnt, hat geplant, an diesem Nachmittag in die Stadt zu fahren. Zwei Tage zuvor hat sie mit ihrem Nachbarn Klaus darüber gesprochen und ihn gebeten, ihr dafür eventuell sein Fahrrad zu leihen. Sie hatte nämlich ihrer Tochter das Auto geliehen und wusste nicht, ob sie es rechtzeitig zurückbekommen würde. Inzwischen ist die Tochter wieder da und hat Angelika das Auto zurückgegeben. Angelika telefoniert jetzt mit Klaus und teilt ihm, nachdem der Smalltalk erledigt ist, mit: „Ich brauche dein Fahrrad nicht."

In diesem Kontext verwendet erhält der Satz eine konkrete Bedeutung, die er für sich genommen nicht hat. Die Referenzen werden festgelegt:

das Personalpronomen *ich* referiert auf Angelika; das Possessivpronomen *dein* stellt eine Beziehung des Fahrrads zu ihrem Nachbarn Klaus her; auch die Zeitreferenz wird fixiert: in dem gegebenen Kontext wird die Präsensform des Verbs *brauche* so interpretiert, dass sie nicht auf die Zeit referiert, zu der Angelika diesen Satz sagt, sondern auf den Nachmittag des 1. August 1996. Angelika hätte, ohne den Inhalt ihrer Mitteilung damit zu verändern, auch hinzufügen können: „Ich brauche dein Fahrrad heute Nachmittag nicht." Außerdem wird auch der Referent des Akkusativobjekts *dein Fahrrad* festgelegt: es handelt sich um das Fahrrad, um das Angelika Klaus zwei Tage zuvor gebeten hatte.

Dies ist eine andere Ebene der Bedeutung als die Satzbedeutung; sie wird **Äußerungsbedeutung** genannt und kommt zustande, wenn ein Satz mit seiner Ausdrucksbedeutung in einem konkreten Kontext geäußert und interpretiert wird. Mit der Referenz kommt ein weiterer zentraler Begriff ins Spiel, der der **Wahrheit**. Wenn Angelika Satz (1) in Szenario 1 äußert, ist er wahr. Aber in einem geringfügig veränderten Szenario könnte er falsch sein. Solange Satz (1) nicht mit konkreter Referenz tatsächlich verwendet wird, ist er weder wahr noch falsch. Die Frage der Wahrheit betrifft primär „Deklarativsätze" (Aussagesätze) wie den hier betrachteten. Aber sie ist auch für Interrogativsätze und andere Satzarten relevant. Wenn zum Beispiel Klaus seine Nachbarin fragen würde: „Brauchst du mein Fahrrad?", würde der Gebrauch der Frageform anzeigen, dass er wissen möchte, ob der entsprechende Deklarativsatz *du brauchst mein Fahrrad* wahr oder falsch ist.

SZENARIO 2

Zur selben Zeit am selben Ort. Klaus' fünfjährige Tochter Kirsten spielt zu Hause mit ihrem gleichaltrigen Freund Thomas mit einem Satz Quartettkarten, die alle möglichen Arten von Fahrzeugen zeigen. Thomas hat eine Karte mit einem Schneemobil. Kirsten möchte sie gerne gegen eine ihrer Karten tauschen und bietet Thomas eine Karte mit einem Fahrrad an. Thomas will nicht und sagt zu Kirsten: „Ich brauche dein Fahrrad nicht."

In diesem Szenario wird die Referenz der Pronomen *ich* und *dein* und des Präsens entsprechend anders festgelegt. Interessant ist an dem Beispiel, dass in einem solchen Kontext das Wort *Fahrrad* problemlos so interpretiert werden kann, dass es nicht auf ein Fahrrad referiert, sondern auf eine Spielkarte mit einem Bild von einem Fahrrad. Müssen wir nun daraus die Konsequenz ziehen, dass sich die Ausdrucksbedeutung von *Fahrrad* nicht nur auf Fahrräder, sondern auch auf Quartettkarten mit Bildern von Fahrrädern erstrecken kann? Die Antwort ist Nein. In solchen Fällen wird lediglich die Ausdrucksbedeutung des Wortes so zurechtgeschoben, dass sie in den gegebenen Kontext passt. Solche Verschiebungen nehmen wir sehr häufig vor. In §3.4.2 wird dieses Phänomen genauer behandelt. Es sei an dieser Stelle nur festgehalten, dass Ausdrucksbedeutungen im Kontext bestimmten Bedeutungsverschiebungen unterliegen können, die sich auf Referenz und Wahrheit auswirken.

In der Literatur wird der Begriff der Äußerungsbedeutung nicht einheitlich verwendet. Um ihn hier präzise festzulegen, brauchen wir einen Begriff für das, was bisher „Situation", „Kontext" oder „Szenario" genannt wurde. Der Fachausdruck dafür ist **Äußerungskontext**. Grob gesagt ist der Äußerungskontext, kurz: ÄK, die Gesamtheit aller Gegebenheiten, die sich auf Referenz und Wahrheit eines geäußerten Satzes auswirken können. Die wichtigsten davon sind die folgenden Aspekte einer Äußerung:

- der **Sprecher** bzw. die Sprecherin der Äußerung

- der **Adressat** bzw. die Adressatin der Äußerung

- der **Zeitpunkt** der Äußerung

- der **Ort**, an dem die Äußerung stattfindet

- die **gegebenen relevanten Fakten** zum Zeitpunkt der Äußerung

In bestimmten Fällen, zum Beispiel bei der Kommunikation per Briefen oder Email, können Zeitpunkt und Ort der Produktion und der Rezeption einer Äußerung auseinander klaffen: wenn Klaus in einem Brief schreibt „wenn wir uns morgen Abend sehen", muss sich die Adressatin überlegen, auf welchen Tag sich *morgen* bezieht. Im Folgenden wird der Einfachheit halber angenommen, dass Produktion und Rezeption einer Äußerung zur selben Zeit erfolgen.

Wie wir an Beispiel (1) gesehen haben, kann die Referenz etwa von Personalpronomen davon abhängen, wer Sprecher und wer Adressat im gegebenen ÄK ist. Der Zeitpunkt einer Äußerung ist entscheidend für die Zeitreferenz durch Tempus oder temporale Adverbien wie *heute* oder *früher*. Von dem Ort, an dem eine Äußerung geschieht, hängt ab, worauf lokale Ausdrücke, zum Beispiel *hier, da, außerhalb* oder *in die Stadt* referieren, und er entscheidet mit über die Wahrheit von Sätzen wie *Es regnet*. Die in einem ÄK gegebenen Fakten sind grundsätzlich sowohl für die Wahrheit der Äußerung als auch für die Referenz entscheidend. Zum Beispiel kann Angelika nur in solchen ÄK auf Klaus' Fahrrad referieren, in denen es gegebener Fakt ist, dass Klaus überhaupt ein Fahrrad hat. Äußerungskontexte können real oder fiktiv sein. Wenn man zum Beispiel einen Roman liest, sind die relevanten Fakten und Figuren die der erzählten Geschichte.

Auf dieser Grundlage kann nun der Begriff der **Äußerungsbedeutung** definiert werden: sie ist die Bedeutung eines Ausdrucks, die sich aus seiner Verwendung und Interpretation in einem gegebenen ÄK ergibt. Die Äußerungsbedeutung ergibt sich auf der Basis der Ausdrucksbedeutung durch Heranziehung der relevanten Aspekte des ÄK. Dabei spielen alle Aspekte eine Rolle, die sich auf Referenz und Wahrheit des Ausdrucks auswirken.

Wenn jemand eine Äußerung macht, ziehen die Interpreten gewöhnlich alle möglichen Schlüsse („Inferenzen") daraus. So könnte Klaus in Szenario 1 aus Angelikas Äußerung den Schluss ziehen, dass sie immer noch vorhat, in die Stadt zu fahren, weil sie sonst als Begründung angegeben hätte, dass sie ihre Pläne geändert hat; in Kenntnis der Gründe, warum Angelika ihn um das Fahrrad gebeten hat, könnte er schließen, dass ihr ihre Tochter inzwischen das Auto zurückgegeben hat; dass Angelika damit in die Stadt fahren will, weshalb sie es an dem Nachmittag natürlich nicht wieder verleihen wird, sodass er sich darauf einstellen kann, sein Fahrrad zu behalten, usw. All das wird in dem Satz gar nicht gesagt; und es muss auch in einem anderen ÄK nicht aus der Äußerung dieses Satzes zu schließen sein. In dem gegebenen Szenario können diese Dinge aber als mit-kommuniziert angesehen werden, wenn Angelika (1) sagt; sie kann nämlich davon ausgehen, dass Klaus all dies mit-verstehen wird. Obwohl diese Schlussfolgerungen irgendwie im Kopf des Adressaten ausgelöst werden, wenn er die Äußerung interpretiert, ist es doch wichtig auseinander zu halten, was wirklich gesagt und was nur gefolgert wird. Manche Autoren ziehen es vor, auf dieser Ebene keine solche Unterscheidung zu ziehen, und benutzen einen entsprechend weiten Begriff von Äußerungsbedeutung. Hier wird jedoch auf die Unterscheidung Wert gelegt.

Die Untersuchung solcher Schlussfolgerungen, welche Rolle sie spielen und wie sie mit der Bedeutung des tatsächlich Gesagten zusammenhängen, ist eine wichtige Fragestellung in der **Pragmatik**. Dieses Teilgebiet der Linguistik befasst sich mit den Regeln, die den Gebrauch der Sprache leiten. Innerhalb der Pragmatik liefert die Theorie der „konversationellen Implikaturen" von Paul Grice eine Beschreibung und Erklärung für den eben erwähnten Typ von Schlussfolgerungen.

Die Semantik befasst sich auch mit der Äußerungsbedeutung, nämlich mit der Art und Weise, in der Referenz und Wahrheit vom ÄK abhängen. Zum Beispiel muss eine semantische Tempustheorie beschreiben und erklären, auf welche Zeiten relativ zur Äußerungszeit man sich mit den Formen Präsens, Präteritum oder Futur beziehen kann. Ein weiteres wichtiges Thema ist die Analyse der Bedeutungsverschiebungen, denen die Ausdrucksbedeutung im Kontext unterliegen kann (vgl. die Referenz mit dem Wort *Fahrrad* auf eine Karte mit einem Bild von einem Fahrrad).

1.1.3 Kommunikativer Sinn

Die Ebene, auf der wir sprachliche Äußerungen primär interpretieren, ist weder die der Ausdrucksbedeutung noch die der Äußerungsbedeutung. Mit einer tatsächlichen Äußerung konfrontiert, werden wir uns vor allem fragen: Was beabsichtigt die Sprecherin mit ihrer Äußerung? Was will die Sprecherin von mir? Umgekehrt wählen wir, wenn wir selbst etwas sagen, unsere Worte entsprechend der Intention, die wir mit der Äußerung verfolgen. Sprachlicher Austausch ist eine Form von sozialer Interaktion und bildet einen wichtigen Bestandteil unseres sozialen Lebens. Die sprachlichen Äußerungen einer Person werden daher immer als Teil ihres gesamten sozialen Austauschs und im Zusammenhang ihrer sozialen Beziehungen interpretiert werden.

Die Äußerung ein und desselben Satzes kann unterschiedliche kommunikative Ergebnisse haben. In Szenario 1 wird Satz (1) als Mitteilung verstanden und damit auch als Zurücknahme der früheren Bitte. In Szenario 2 bedeutet die Äußerung desselben Satzes eine Ablehnung des Tauschangebots. In anderen ÄK könnte der Satz noch ganz anderen kommunikativen Zwecken dienen. Eine Theorie, die sich mit dieser Ebene der Interpretation befasst, ist die Sprechakttheorie, die in den 1950er Jahren von John L. Austin (1911-1960) begründet und von anderen, insbesondere John R. Searle, weiterentwickelt wurde. Der Grundgedanke der Sprechakttheorie ist folgender: immer wenn wir in einem verbalen Austausch etwas sagen, vollziehen wir damit Handlungen auf verschiedenen Ebenen. Eine Ebene nennt Austin den „lokutionären" Akt; er besteht darin, in einem gegebenen ÄK einen Ausdruck, in der Regel einen Satz, mit einer bestimmten Äußerungsbedeutung zu sagen. Indem man das tut, vollzieht man zusätzlich einen „illokutionären" Akt auf der Ebene, auf der eine sprachliche Äußerung einen bestimmten Typ von „Sprechakt" darstellt: eine Mitteilung, eine Frage, eine Bitte, ein Versprechen, eine Ablehnung, eine Bestätigung, eine Warnung usw. Wenn Thomas in Szenario 2 sagt: „Ich brauche dein Fahrrad nicht.", vollzieht er den lokutionären Akt, diesen Satz zu sagen, mit seiner Äußerungsbedeutung in dem gegebenen Kontext, unter anderem mit Referenz auf die Karte mit dem Fahrrad. Auf der illokutionären Ebene vollzieht er eine Ablehnung des Tauschangebots.

Die Sprechaktebene der Bedeutung wird als **kommunikativer Sinn** bezeichnet. Diese Ebene fällt nicht in den Bereich der Semantik. Sie ist vielmehr ein zentraler Gegenstand der Pragmatik. Es gibt allerdings eine Ausnahme von dieser Zuordnung: Ausdrücke, die aufgrund ihrer Ausdrucksbedeutung dazu dienen, bestimmte Sprechakte zu tätigen, zum Beispiel *danke*. Die Bedeutung von *danke* besteht darin anzuzeigen, dass man den Sprechakt des Dankens vollzieht. Andere Ausdrücke von dieser Art sind Phrasen zur Begrüßung oder Entschuldigung. Wir werden uns damit genauer in §2.3 beschäftigen.

Mit der Unterscheidung dieser drei Bedeutungsebenen haben wir zugleich, wenn auch nur grob, bestimmt, was der Gegenstand der Semantik ist. Das Bisherige kann wie folgt zusammengefasst werden:

> Die **Semantik** ist die Wissenschaft von der Bedeutung einfacher oder zusammengesetzter sprachlicher Ausdrücke, die losgelöst von jedem konkreten Äußerungskontext für sich genommen werden. Darüber hinaus beschäftigt sie sich mit dem Zusammenhang zwischen Ausdrucksbedeutung und Äußerungsbedeutung, das heißt der Bedeutung, die ein Ausdruck annimmt, wenn er in einem konkreten Äußerungskontext verwendet wird.

Tabelle 1.1 zeigt die drei Bedeutungsebenen im Überblick. Wie wir gesehen haben, baut der kommunikative Sinn auf der Äußerungsbedeutung auf, und diese wiederum auf der Ausdrucksbedeutung. In diesem Sinne bildet die Semantik die Basis für pragmatische Überlegungen.

BEDEUTUNGSEBENE	DEFINITION
Ausdrucksbedeutung	Bedeutung eines einfachen oder zusammengesetzten Ausdrucks für sich genommen
Äußerungsbedeutung	Bedeutung, die ein einfacher oder zusammengesetzter Ausdruck bei der Interpretation in einem gegebenen Äußerungskontext erhält, einschließlich seiner Referenz
Kommunikativer Sinn	Bedeutung einer Äußerung als kommunikative Handlung in einer gegebenen sozialen Konstellation

Tabelle 1.1 Die drei Bedeutungsebenen

1.2   Satzbedeutung und Kompositionalität

1.2.1   Lexikalische und kompositionale Bedeutung

Wir werden uns jetzt die Ausdrucksbedeutung, insbesondere die Satzbedeutung etwas genauer ansehen. Es ist eine triviale Tatsache, dass
sich die Bedeutungen von Wörtern und von Sätzen in einem wichtigen
Punkt unterscheiden: Wortbedeutungen muss man kennen und daher
lernen. In unserem Kopf ist ein riesiges **Lexikon** angelegt, in dem alle
Wörter, die wir kennen, mit ihren Bedeutungen gespeichert sind und
uns zur Verfügung stehen. Gespeicherte Bedeutungen werden daher
lexikalische Bedeutungen genannt. Wir haben dagegen (fast) keine
fertigen, gelernten Satzbedeutungen in unserem Kopf gespeichert.

Beide Feststellungen müssen etwas relativiert werden. Auf der einen
Seite gibt es viele Wörter, die man versteht, ohne sie gelernt zu haben:
Wörter, deren Form und Bedeutung man nach allgemeinen Regeln aus
bereits bekannten ableiten kann. Zum Beispiel werden Sie das Wort
bebüchern auch dann verstehen, wenn Sie ihm zum ersten Mal begegnen, denn Sie kennen das Muster, nach dem man im Deutschen mit
dem Präfix *be-* aus einem Nomen ein Verb bilden kann (vgl. *bebildern,
bepflanzen, bekleiden, benoten, beschriften*), das in etwa ›mit [Nomen]
versehen‹ bedeutet. Eine andere Möglichkeit, neue und dennoch inter-
pretierbare Wörter zu bilden, ist die Zusammensetzung zweier Wörter
zu einem neuen, zum Beispiel *Gurkenfleck*. Die Bildung neuer Wörter
durch Ableitung oder Zusammensetzung nennt man **Wortbildung**.

Auf der anderen Seite gibt es auch zusammengesetzte Ausdrücke,
darunter komplette Sätze, die eine feste „idiomatische" Bedeutung haben, die man ebenfalls lernen muss: Sprichwörter wie *Wer andern eine
Grube gräbt, fällt selbst hinein.* oder Redewendungen wie *die Flinte
ins Korn werfen.* Aber im Großen und Ganzen unterscheiden sich Sätze
und Wörter dadurch, dass nur Wörter lexikalische Bedeutung haben.

Obwohl wir Sätze meistens ohne bewusste Anstrengung verstehen,
muss ihre Bedeutung aus dem gespeicherten sprachlichen Wissen h e r -
g e l e i t e t , sozusagen „errechnet" werden. Dieser Prozess wird technisch **Komposition** genannt. Man sagt daher, dass zusammengesetzte
Ausdrücke, deren Bedeutung nicht im Lexikon gespeichert ist, **kompositionale Bedeutung** haben. Bei den Überlegungen zu Satz (1) haben wir uns die Bedeutungen der einzelnen Wörter überlegt, uns dabei
aber über die Frage hinweggemogelt, wie sich denn daraus die Bedeutung des ganzen Satzes ergibt. Sie fragen sich vielleicht, wo überhaupt
das Problem liegt. Aber Sie werden gleich sehen, dass die Frage nicht
trivial ist.

1.2.2 Grammatische Bedeutung

Betrachten wir zur Abwechslung ein neues Beispiel:

(2)   *Der Hund hat die gelben Socken gefressen.*

Nehmen wir an, die lexikalischen Bedeutungen der Wörter in (2) sind geklärt: *der/die*, *Hund*, *gelb*, *Socke*, *fressen*. Größere Einheiten mit lexikalischer Bedeutung sind in dem Satz nicht enthalten; der Rest der Interpretation des Satzes ist daher Komposition. Wenn wir die Wörter genauer betrachten, stellen wir fest, dass sie in bestimmten grammatischen Formen vorliegen. Das Verb *fressen* ist in der komplexen Tempusform *hat gefressen*, dem Perfekt, verwendet; es ist zudem in der 3. Person Singular, im Indikativ (statt Konjunktiv *habe gefressen*) und Aktiv (statt Passiv *ist gefressen worden*). Das Nomen *Socken* ist Plural, ebenso der Artikel *die* und das Adjektiv *gelben*.[8] Die ganze Phrase *die gelben Socken* ist Akkusativ. Das Adjektiv *gelb(en)* ist weder Superlativ noch Komparativ, sondern einfacher Positiv. Die Formen der Wörter wirken sich direkt auf die Bedeutung des Satzes aus: er hätte eine andere Bedeutung, wenn zum Beispiel das Verb im Futur, das Nomen im Singular und das Adjektiv im Superlativ verwendet wären:

(3)   *Der Hund wird die gelbste Socke fressen.*

Ebenso hat natürlich das Nomen *Hund* im Singular eine andere Bedeutung als der Plural *Hunde*: *Hund* referiert auf ein einzelnes Exemplar dieser Spezies, *Hunde* auf mindestens zwei. In unserem Lexikon ist nur e i n e Bedeutung des Wortes abgespeichert: die Singularbedeutung von Nomen, die Präsensbedeutung von Verben und die Positivbedeutung von Adjektiven.[9, 10] Daher müssen die Bedeutungen von Wörtern i n   i h r e r   g e g e b e n e n   F o r m mithilfe von Regeln abgeleitet wer-

---

8   Sowohl die Form *die* als auch die Form *gelben* können auch andere grammatische Funktionen haben; aber in diesem Satz können sie nur so gedeutet werden.

9   Die Aussage, dass jeweils nur eine Bedeutung eines Wortes abgespeichert ist, bezieht sich auf die möglichen Formen eines Wortes und deren Bedeutungen. Natürlich haben sehr viele Wörter mehrere Bedeutungen (Kapitel 3), zum Beispiel kann *Hund* auch als Schimpfwort verwendet werden. Aber auch in solchen Fällen ist bei Nomen jeweils nur die Singularbedeutung, bei Adjektiven die Positivbedeutung abgespeichert usw.

10 In manchen Fällen können bestimmte Formen von Wörtern eine spezielle lexikalische Bedeutung haben, zum Beispiel die Pluralform von Nomen, vgl. *Mäuse* ›Geld‹ vs. *Maus*, der Superlativ *nächst* von *nah* oder die Konjunktivform *möchte* ›will‹ von *mögen*. Manche Nomen kommen nur im Plural vor (*Leute*), bei anderen ist ein Bedeutungsunterschied zwischen Singular und Plural kaum vorhanden (*Überlegung* vs. *Überlegungen*).

den. Es gibt Regeln, um die Pluralbedeutung eines Nomens, die Komparativbedeutung eines Adjektivs oder die Perfektbedeutung eines Verbs abzuleiten. Diese Regeln sind Teil des Apparats, den wir bei der Komposition der Satzbedeutung einsetzen.

Dabei muss man beachten, dass nicht alle grammatischen Formunterschiede für die Satzbedeutung relevant sind. Bestimmte Formen können aus grammatischen Gründen zwingend sein. So wie der Satz in (2) angelegt ist, ist *der Hund* Subjekt und *die gelben Socken* Objekt. Nach den Regeln der Grammatik muss dann das Subjekt im Nominativ stehen, das Objekt im Akkusativ und das Verb in einer dem Subjekt entsprechenden Form. Aber innerhalb solcher Vorgaben kann man je nachdem, was man sagen will, frei wählen, ob das Subjekt und das Verb oder das Objekt im Singular oder im Plural stehen; das Tempus des Verbs, der Modus (Indikativ oder Konjunktiv) und das Genus verbi (Aktiv oder Passiv) sind frei, ebenso wie die Steigerungsstufe des Adjektivs gelb. Diese Entscheidungen haben unmittelbare Auswirkungen auf die Satzbedeutung. Dagegen wirkt sich die Form des bestimmten Artikels in *der Hund* und *die gelben Socken* nicht auf die Satzbedeutung aus, weil sie durch Genus, Numerus (Singular oder Plural) und Kasus des Nomens vollständig bestimmt ist. Dasselbe gilt für die Endung des Adjektivs. Es gibt also keinen Bedeutungsunterschied zwischen *der, die, das, des, dem, den, ...* oder zwischen *gelb, gelbe, gelbes, gelbem* usw. Unterschiede in der grammatischen Form wirken sich nur dann auf die Bedeutung des Satzes aus, wenn sie frei wählbar sind, unabhängig von der syntaktischen Struktur und den daraus resultierenden grammatischen Anforderungen.

Dass sich die Form der Wörter auf die Satzbedeutung auswirken kann, ist ein erster wichtiger Punkt, den es festzuhalten gilt:

- Die grammatische Form eines Wortes leistet einen Beitrag zur Satzbedeutung, soweit sie nicht grammatisch determiniert ist.

Daher hat die grammatische Form selbst, zum Beispiel Singular oder Plural, Komparativ, Präsens usw. eine Ausdrucksbedeutung; man nennt sie **grammatische Bedeutung**.[11]

---

[11] Der Ausdruck ist etwas irreführend, weil Formen, die durch die Grammatik determiniert sind, zwar keine Bedeutung, aber eine grammatische Funktion haben; zum Beispiel dient die Kasusform und die subjektbedingte Verbform der Identifikation des Subjekts im Satz. Der Terminus ‚grammatische Bedeutung' könnte dahingehend missverstanden werden, dass er sich auch auf die grammatische Funktion erstreckt.

1.2.3 Syntaktische Struktur und Kompositionsregeln

Als nächster Schritt der Komposition werden die Bedeutungen der Wörter in ihren gegebenen Formen zu einem Ganzen zusammengefügt, der Bedeutung des Satzes. Dieser Prozess wird durch die syntaktische Struktur des Satzes gesteuert. (Darin besteht im Wesentlichen die Funktion der Grammatik: die Interpretation komplexer Ausdrücke zu steuern.) Dafür müssen wir zunächst klären, welche Wörter in (2) zusammengehören. Die Wörter *der* und *Hund* bilden eine syntaktische Einheit. Diese Art von Einheit, in diesem Fall aus dem bestimmten Artikel und dem Nomen *Hund* zusammengesetzt, wird „Nominalphrase", kurz NP, genannt. Die Wörter *die gelben Socken* sind eine weitere NP, die zusätzlich zu Artikel und Nomen ein Adjektiv enthält. Innerhalb der NP bilden das Adjektiv und das Nomen eine Untereinheit. Die Kombination von Wörtern zu größeren Einheiten regelt die Grammatik. Es gibt eine Regel für die Kombination von Adjektiven mit Nomen (das Adjektiv wird im Deutschen dem Nomen vorangestellt und richtet sich in seiner Endung nach Genus, Numerus und Kasus des Nomens); nach einer anderen Regel wird ein Nomen oder eine Kombination aus Adjektiv und Nomen mit einem Artikel zu einer NP kombiniert (der Artikel wird vorangestellt und richtet sich in seiner Endung nach Genus, Numerus und Kasus des Nomens). Für jede solche grammatische Kombinationsregel benötigen wir eine semantische Kompositionsregel, um das Ergebnis interpretieren zu können, also zum Beispiel:

- eine Regel, um die Bedeutung einer Adjektiv-Nomen-Kombination (*gelbe Socken*) aus der Bedeutung des Adjektivs und der Bedeutung des Nomens herzuleiten;
- eine Regel, um die Bedeutung einer NP, bestehend aus Artikel und Nomen (*der Hund*) eventuell mit einem vorangehenden Adjektiv, aus der Bedeutung des Artikels und der des Nomens (plus Adjektivs) herzuleiten.

Diese Regeln sollen hier jetzt nicht formuliert werden; sie werden ausführlicher in Kapitel 6 und 10 behandelt. Es sei dazu nur angemerkt, dass die Formulierung solcher Regeln keineswegs ein triviales Unterfangen ist. Zum Beispiel werden Kombinationen aus Adjektiv und Nomen auf mehrere verschiedene Weisen interpretiert (vgl. §6.4.2).

Nachdem wir nun *der Hund* und *die gelben Socken* als größere Einheiten identifiziert haben, können wir uns der Gesamtstruktur des Satzes zuwenden. Er besteht aus zwei NPs und der zweiteiligen Verbform *hat gefressen*. Mithilfe der Grammatikregeln des Deutschen (Kasus der NPs, Übereinstimmung von Subjekt und Prädikat), können wir diese drei

Teile wie folgt aufeinander beziehen: das Verb ist das Prädikat des Satzes, *der Hund* ist Subjekt und *die gelben Socken* Objekt. Aus syntaktischer Sicht bilden das Verb und sein Objekt eine weitere Einheit, eine
so genannte Verbalphrase (abgekürzt VP); diese Einheit wird mit der
Subjekt-NP zu einem vollständigen Satz kombiniert. Wir brauchen
also zwei weitere Kompositionsregeln:

- eine Regel, um die Bedeutung einer VP, bestehend aus einem
  Verb und einer NP als Objekt (*hat die gelben Socken gefressen*),
  aus der Bedeutung des Verbs und der der Objekt-NP herzuleiten;

- eine Regel, um die Bedeutung eines Satzes, bestehend aus einer
  Subjekt-NP und einer VP (*der Hund hat die gelben Socken gefressen*), aus der Bedeutung dieser beiden Bestandteile herzuleiten.

Auch diese Regeln sind nicht trivial. Vereinfacht gesagt funktioniert die
Komposition folgendermaßen: In seiner Aktivform bedeutet das Verb
fressen ein Ereignis, das notwendig zwei Komponenten involviert:
etwas, das frisst, und etwas, das gefressen wird; die Subjekt-NP steuert
eine Beschreibung dessen bei, was frisst, die Objekt-NP eine Beschreibung des Gefressenen. Auf diese Weise drückt der Satz aus, dass etwas
etwas anderes frisst (bzw. gefressen hat), in diesem Fall ein bestimmter
Hund bestimmte gelbe Socken.

1.2.4 Das Kompositionalitätsprinzip

Fassen wir die Ergebnisse dieser Überlegungen zusammen. Die Grammatik einer Sprache erlaubt es, gegebene Grundausdrücke mit lexikalischer Bedeutung zu komplexen Ausdrücken zusammenzusetzen. Die
Bedeutung der komplexen Ausdrücke ergibt sich durch semantische
Komposition. Dieser Prozess benutzt drei Quellen:

1. die lexikalische Bedeutung der Grundausdrücke,

2. die grammatische Bedeutung ihrer Form,

3. die syntaktische Struktur des komplexen Ausdrucks.

Das allgemeine Schema in Abbildung 1.1 zeigt, dass die Bedeutungskomposition als so genannter **Bottom-up-Prozess** aufgefasst wird: er
setzt bei den kleinsten Einheiten an und schreitet von dort zu den größeren fort[12]. Die lexikalischen Bedeutungen der Grundausdrücke die-

---

[12] Der Begriff ‚bottom-up' bezieht sich auf diese Art von Prozess, nicht auf die hier
gewählte Darstellung in Abbildung 1.1, die den Prozess der besseren Lesbarkeit
halber gewissermaßen auf den Kopf stellt.

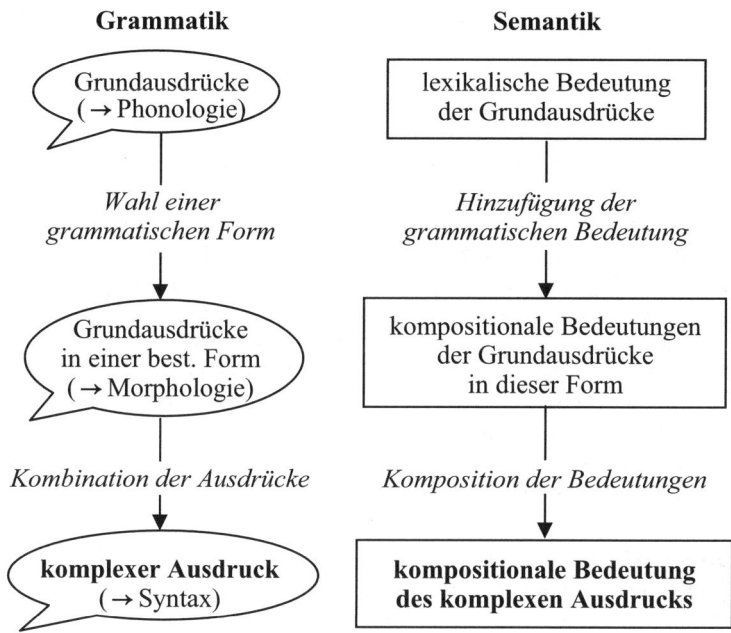

Abbildung 1.1 Grammatischer Aufbau und Bedeutungskomposition erfolgen parallel.

nen als Input für die Regeln der grammatischen Bedeutung, zum Beispiel Interpretation des Plurals, des Komparativs oder des Perfekts; deren Output ist wiederum Input für die semantischen Kompositionsregeln. Das Gegenteil eines Bottom-up-Prozesses ist ein Top-down-Prozess. Wäre die Bedeutungskomposition ein Top-down-Prozess, so würde sich die Bedeutung der Wörter aus der des ganzen Satzes ergeben.[13]

---

[13] Tatsächlich setzen wir einen solchen Top-down-Prozess in Gang, wenn wir in einem gegebenen Kontext einem unbekannten Wort begegnen. In solchen Situationen sind wir oft in der Lage, die Bedeutung des Wortes zu erschließen, wenn wir erraten können, was der gesamte Satz bedeutet. Natürlich ist das aber nur dann möglich, wenn sich der Rest des Satzes kompositional, also bottom-up, interpretieren lässt. Die Bedeutungserschließung orientiert sich daran, dass sich mit der angenommenen Bedeutung des unbekannten Wortes die unterstellte Gesamtbedeutung des Satzes bottom-up ergibt. Solche Fälle widerlegen nicht, sondern bestätigen, dass sich die Satzbedeutung bottom-up aus den lexikalischen Bedeutungen ableitet.

Das Schema in Abbildung 1.1 integriert die Ebenen der Kerndisziplinen der Linguistik und zeigt, wie die Semantik mit ihnen verknüpft ist: die Phonologie erlaubt die Beschreibung der Gestalt der Grundausdrücke, die Morphologie die Bildung der zulässigen Formen und die Syntax die Regeln, nach denen Wortkomplexe gebildet werden. Alle drei Ebenen – Wort, Wortform und Wortkomplexe – sind bedeutungsrelevant. Ihre Interpretation ist Gegenstand der Semantik.

Wenn ein komplexer Ausdruck in Einklang mit den Regeln der Grammatik gebildet ist, kann man ihn kompositional interpretieren. Für jede morphologische Regel zur Bildung einer Wortform und zu jeder syntaktischen Regel zur Bildung eines komplexen Ausdrucks gibt es eine zugehörige Kompositionsregel – es m u s s solche Regeln geben, weil die Grammatik sonst die Bildung von Ausdrücken zuließe, die nicht interpretierbar sind. Zusammen mit dem lexikalischen Wissen gehören die Kompositionsregeln zu unserem sprachlichen Wissen.

Das Prinzip, dass komplexe Ausdrücke ihre Bedeutung durch Komposition erhalten, kann als der zentrale Gedanke angesehen werden, auf den sich die Semantik gründet.

Kompositionalitätsprinzip [14]
Die Bedeutung eines komplexen Ausdrucks ergibt sich eindeutig aus der lexikalischen Bedeutung seiner Komponenten, aus deren grammatischer Bedeutung und aus seiner syntaktischen Struktur.

Das Prinzip impliziert, dass sich die Bedeutung eines komplexen Ausdrucks v o l l s t ä n d i g aus den drei genannten Quellen ergibt, das heißt allein aus dem sprachlichen Input. Insbesondere greift der Prozess nicht auf außersprachliches Kontextwissen zurück. So wie das Prinzip formuliert ist, kann es daher zu einer indirekten Definition der Ausdrucksbedeutung gewendet werden: die Ausdrucksbedeutung ist diejenige Ebene der Bedeutung, die sich durch Komposition ergibt, das heißt allein auf der Grundlage von lexikalischer Bedeutung, Interpretationsregeln für frei wählbare grammatische Formen und semantischen Kompositionsregeln.

Das Prinzip gilt n i c h t für die Ebene der Äußerungsbedeutung, denn die kann nur bestimmt werden, wenn man außersprachliche Infor-

---

14 Das Prinzip wird oft als „Fregeprinzip" dem deutschen Philosophen, Logiker und Mathematiker Gottlob Frege (1848-1925) zugeschrieben. Obwohl er offensichtlich dieses Prinzip annahm, gibt es keine Stelle in seinem Werk, die man als Formulierung des Prinzips zitieren könnte.

mation über den gegebenen ÄK heranzieht. Zum Beispiel könnte Teil der Äußerungsbedeutung von (2) in einem bestimmten ÄK sein, dass es sich um Klaus' Socken handelt, die der Hund gefressen hat. Dieser Aspekt der Äußerungsbedeutung könnte natürlich nicht aus der sprachlichen Information hergeleitet werden, die der Satz enthält. Das Kompositionalitätsprinzip ergibt eine nützliche Einteilung der Semantik in die folgenden Teilgebiete:

- *lexikalische Semantik*
  Beschreibung der im Lexikon gespeicherten Ausdrucksbedeutungen (*Socke, fressen*)
- *kompositionale Wortsemantik (Wortbildungssemantik)*
  Beschreibung der Bedeutung von Wörtern, die nach den Regeln der Wortbildung geformt werden (*bebüchern, Gurkenfleck*)
- *Semantik der grammatischen Formen*
  Beschreibung des Bedeutungsbeitrags der frei wählbaren grammatischen Formen; häufig einschließlich der semantischen Analyse von Funktionswörtern wie Artikeln, Präpositionen und Konjunktionen
- *Satzsemantik*
  Beschreibung der Regeln, die festlegen, wie die Bedeutungen der Komponenten in einem komplexen Ausdruck zusammenwirken.

Oft wird die Semantik nur in zwei Teildisziplinen unterteilt. Die Wortbildungssemantik wird dann der lexikalischen Semantik zugerechnet und die Semantik der grammatischen Formen und Funktionswörter unter die Satzsemantik subsumiert.

Ein weiteres Teilgebiet wird durch das Kompositionalitätsprinzip negativ definiert: der Teil der Semantik, der sich mit der Äußerungsbedeutung beschäftigt:

- *Äußerungssemantik*
  Untersuchung der Mechanismen (zum Beispiel Bedeutungsverschiebungen), die auf der Grundlage der kompositional abgeleiteten Ausdrucksbedeutung bestimmen, welche Äußerungsbedeutungen ein Ausdruck im Kontext annehmen kann.

In dieser Einführung werden wir uns hauptsächlich mit lexikalischer Semantik (Kapitel 2 bis 9) und Satzsemantik (Kapitel 4, 6, und 10) beschäftigen; Fragen der Äußerungssemantik werden in Kapitel 3 und 6 angesprochen. Wortbildungssemantik und grammatische Bedeutung werden ausgeklammert.

Schlüsselbegriffe

Ausdrucksbedeutung
Inhaltswort
Funktionswort
lexikalische Bedeutung
Satzbedeutung
Äußerungsbedeutung
Äußerungskontext, ÄK
Referenz
Wahrheit
Bedeutungsverschiebung
Inferenzen

kommunikativer Sinn
Sprechakttheorie
Komposition
kompositionale Bedeutung
grammatische Bedeutung
Kompositionsregeln
Bottom-up-Prozess
Kompositionalitätsprinzip
lexikalische Semantik
Satzsemantik
Äußerungssemantik

Lesehinweise

Zu den drei Bedeutungsebenen: Lyons (1995: §1), Wunderlich (1991), Bierwisch (1983). Lyons (1991) zu Bedeutungstheorien. Lyons (1995: Part 4) ausführlich zur Äußerungsbedeutung. Zu den ·Theorien von Grice und Austin: Levinson (1983/2000: §3, §5). Zur deutschen Syntax: Ramers (2000: §1); zur Grundbegriffen der Syntax Meibauer et al. (2002: §4).

2 Deskriptive, soziale und expressive Bedeutung

Dieses Kapitel soll eine genauere Vorstellung davon vermitteln, was unter Ausdrucksbedeutung zu verstehen ist. Im ersten Teil zur deskriptiven Bedeutung geht es um den Zusammenhang zwischen Bedeutung, Referenz und Wahrheit. Der zweite Teil behandelt soziale und expressive Bedeutung, beides nichtdeskriptive Bedeutungsanteile. Soziale Bedeutung ist auf der Ebene der sozialen Interaktion relevant; expressive Bedeutung ermöglicht den Ausdruck subjektiver Empfindungen, Einstellungen oder Bewertungen.

2.1 Bedeutungen sind Konzepte

Nach den noch intuitiven Überlegungen im ersten Kapitel werden wir uns jetzt eingehender mit der Frage befassen, was sprachliche Bedeutungen eigentlich sind. Dafür überlegen wir uns genauer, welche Rolle die Bedeutung von Ausdrücken spielt, wenn wir sprachlich kommunizieren. Betrachten wir ein konkretes Beispiel, wieder in dem Kontext von Szenario 1 aus §1.1.2: Während Angelika in der Stadt war, hat ihre Tochter Sarah auf Angelikas Hund Bobby aufgepasst, mit dem sie nicht besonders gut zurechtkommt. Als Angelika nach Hause kommt, begrüßt Sarah sie ganz aufgebracht mit den Worten:

(1)   *Der Hund hat meinen blauen Rock zerrissen!*

Nehmen wir an, dass Sarah die Wahrheit sagt und Angelika ihr glaubt. Dann weiß Angelika jetzt etwas, was sie vorher nicht wusste: dass Bobby Sarahs blauen Rock zerrissen hat. Sie weiß das, weil Sarah zu ihr Satz (1) gesagt hat, der eine ganz bestimmte Bedeutung hat. Überlegen wir uns genauer, wie die Übertragung von Information durch einen solchen Satz funktioniert, erst anhand einzelner Wörter, dann für den ganzen Satz.

2.1.1 Die Bedeutung eines Wortes

Wir nehmen natürlich an, dass Sarah auf den Hund Bobby referiert. Aber wodurch ist Angelika in der Lage, das zu erkennen? Sarah hat die Worte *der Hund* benutzt: den bestimmten Artikel *der* und das Nomen *Hund*. Beide spielen eine wichtige Rolle. Die Hauptinformation wird durch das Nomen übermittelt. Es kennzeichnet seinen Referenten als eine bestimmte Art von Entität[1], nämlich als einen Hund. Das ist so, weil das Wort *Hund* bedeutet, was es bedeutet. Wenn Sie nun die Bedeutung des Wortes *Hund* erklären sollten, würden Sie wahrscheinlich antworten, dass Hunde eine bestimmte Art von mittelgroßen Tieren sind, mit vier Beinen und einem Schwanz, dass sie meistens als Haustiere gehalten werden, dass sie bellen, beißen können usw. Mit anderen Worten: Sie würden wahrscheinlich eine allgemeine Beschreibung von Hunden geben. Das ist durchaus eine angemessene Antwort: man kann die allgemeine Beschreibung eines Hundes als Erklärung der Bedeutung des Wortes *Hund* ansehen. Im Wesentlichen ist die Bedeutung eines Inhaltswortes eine Beschreibung der Art von Entitäten, auf die man mit dem Wort referieren kann.

Ganz wichtig ist nun Folgendes: Ausdrücke h a b e n zwar ihre Bedeutung, aber sie ist ihnen nicht anzusehen. Das kann man sich sehr einfach daran klar machen, dass man die Bedeutung von Wörtern, die man nicht kennt und nicht ableiten kann, nicht versteht. Alles, was man einem Wort in diesem Sinne „ansehen" kann, ist seine Lautgestalt, wenn es gesprochen wird, bzw. seine schriftliche Form, wenn es geschrieben wird. Wenn Sarah das Wort *Hund* ausspricht, bringt sie ein lautliches Muster hervor. In Abbildung 2.1 ist eine visuelle Darstellung einer gesprochenen Äußerung des Satzes (1) abgebildet; darin ist der Ausschnitt markiert, der dem Wort *Hund* gehört. Eine solche Wellenform ist alles, was kommuniziert wird. Angelika hört, was Sarah sagt, und erkennt darin ein lautliches Muster. Das ist nur möglich, weil in Angelikas Kopf das lautliche Muster als die Form eines Wortes abgespeichert ist.

Auch die Bedeutung des Wortes *Hund*, die allgemeine Beschreibung eines Hundes, muss etwas sein, das sich in Angelikas Kopf befindet. Es muss Wissen sein, das direkt mit dem lautlichen Muster des Wortes verknüpft ist. Die Bedeutung ist daher eine m e n t a l e Beschreibung. Mentale Beschreibungen werden allgemein **Konzepte** genannt. Ein

---

1   Der Ausdruck *Entität* wird als allgemeinster Oberbegriff für alles, worauf Wörter referieren können, benutzt: Personen, Lebewesen, Objekte, abstrakte Dinge, Handlungen usw. Eigentlich gibt es kein Wort, das eine derart allgemeine Bedeutung hat.

dEA hU n t ha tm ai n bl au n rO k ts E r l s n

Abbildung 2.1 Wellenform von „der Hund hat meinen blauen Rock zerrissen"

Konzept für eine Art, oder „Kategorie"[2], von Entitäten ist Wissen, das es uns erlaubt, Entitäten dieser Art von Entitäten anderer Art zu unterscheiden. Man darf ein Konzept nicht mit einer visuellen Vorstellung gleichsetzen. Viele Kategorien, für die wir Wörter haben, wie *Fehler, Gedanke, Geräusch, salzig, hassen* sind nicht Kategorien von sichtbaren Entitäten. Aber auch für Kategorien von sichtbaren Dingen wie Hunden erschöpft sich das Konzept keineswegs in einer Spezifikation der äußeren Erscheinung. Das Konzept für Hunde spezifiziert unter anderem auch das Verhalten von Hunden und die Art und Weise, wie wir mit ihnen zu tun haben (als Haustiere, Wachhunde, Jagdhunde, Blindenhunde, als gefährliche Tiere, die uns angreifen können, usw.)

Wir erhalten damit eine Teilantwort auf die Frage, was Angelika in die Lage versetzt zu erkennen, dass Sarah mit den Worten *der Hund* auf Bobby referiert: Sarah hat das Wort *Hund* artikuliert; Angelika hat das lautliche Muster erkannt; dieses ist in ihrem Kopf mit der Bedeutung des Wortes verknüpft: dem Konzept ›Hund‹, einer mentalen Beschreibung der potenziellen Referenten des Wortes *Hund.* Daher kann Angelika aus der Verwendung des Wortes *Hund* entnehmen, auf welche A r t von Entität Sarah damit referiert.

Dass im Kopf mit der Lautform des Wortes *Hund* das Konzept ›Hund‹ verknüpft ist, erklärt aber noch nicht alles: es gibt unzählige Dinge, auf die diese mentale Beschreibung zutrifft; Angelika weiß soweit nur, dass Sarah auf einen Hund referiert, aber nicht auf welchen. Entscheidend für den fehlenden Teil der Antwort ist die Tatsache, dass Sarah das Nomen *Hund* mit dem bestimmten Artikel *der* verwendet hat. Hätte Sarah den unbestimmten Artikel *ein* benutzt, hätte Angelika nicht geschlossen, dass es sich um Bobby handelt. Was bedeutet nun der

---

2 In §9 werden die Begriffe ‚Konzept' und ‚Kategorie' genauer behandelt. Fürs Erste kann man eine Kategorie als Menge aller Entitäten einer bestimmten Art betrachten.

bestimmte Artikel? Er zeigt an, dass auf etwas referiert wird, das in
dem gegebenen ÄK durch das Nomenkonzept eindeutig bestimmt ist.
Angelika wird sich daher fragen, welche Entität i n d e m g e g e -
b e n e n Ä K durch die Beschreibung ›Hund‹ eindeutig bestimmt ist.
So weit und nicht weiter kommen wir, wenn wir versuchen anhand
der Ausdrucksbedeutungen von *der* und *Hund* zu erklären, wie in der
Kommunikation zwischen Sarah und Angelika die Referenz auf den
Hund Bobby funktioniert: der Referent muss ein Hund sein und ist in
dem gegebenen ÄK durch diese Information eindeutig bestimmt. Für
den Schluss, dass es sich bei dem Hund um Bobby handelt, benötigt
Angelika Information aus dem außersprachlichen Kontext. Da Sarah
den bestimmten Artikel benutzt, kommen nur Hunde in Frage, die beiden bekannt sind. Was Sarah über den Hund sagt – dass er ihren blau-
en Rock zerrissen habe – schränkt den Kreis der Kandidaten weiter
ein. In dem gegebenen ÄK kann das durchaus ausreichen, um den
Referenten eindeutig zu bestimmen.

2.1.2   Die Bedeutung eines Satzes

In ihrem Kopf stehen Angelika die Formen und Bedeutungen aller
Wörter in (1) zur Verfügung. Sie kennt auch die grammatische Bedeutung der Singularform, der Positivform des Adjektivs und der Perfektform[3] (Indikativ, Aktiv) des Verbs (vgl. §1.2.2). Wenn sie all dies
heranzieht, kann sie aufgrund des sprachlichen Inputs die Ausdrucksbedeutung des ganzen Satzes kompositional bestimmen (§1.2.3). Das
Ergebnis der Komposition ist ein komplexes Konzept, das die Bedeutungen aller Elemente des Satzes miteinander verknüpft; nennen wir
es ein Konzept für eine **Situation**. Die wichtigste Komponente dieses
Situationskonzepts ist das Konzept ›zerreißen‹, beigesteuert durch das
Verb. Es ist von zentraler Bedeutung, weil es alle in dem Situations-
konzept enthaltenen Konzepte miteinander verknüpft (dazu mehr in
Kapitel 6). Als Konzept für ein Ereignis der Art ›x zerreißt y‹ involviert es drei Elemente: den Vorgang selbst, den Zerreißer x und das
Zerrissene, y. In dem Gesamtkonzept, das die Satzbedeutung darstellt,
wird die Situation als ein Ereignis des Zerreißens, der Zerreißer als in

---

[3]   Für die Perfektform wird in diesem Fall die „resultative" Lesart angenommen, nach
      der diese Form einen gegenwärtigen resultierenden Zustand ausdrückt. Diese Lesart
      ist hier die plausibelste. Die Perfektform im Deutschen kann aber auch zum Aus-
      druck einer vergangenen Situation verwendet werden, ohne Bezugnahme auf einen
      resultierenden Zustand. Mit der resultativen Lesart der Perfektform ist (1) primär
      eine Aussage über die Äußerungszeit, also die „Gegenwart", nicht über die Vergan-
      genheit.

dem gegebenen ÄK eindeutig bestimmter Hund und das Zerrissene als ein bestimmter blauer Rock beschrieben, der sich der Sprecherin zuordnet; die Perfektform des Verbs steuert die Information bei, dass die Situation zur Zeit der Äußerung aus einem Ereignis der beschriebenen Art resultiert. Die Bedeutung des ganzen Satzes ist also ein Konzept für eine ganz bestimmte Art von Situation. Es kann in etwa wie in (2) beschrieben werden. Auf eine Aufschlüsselung der Wortbedeutungen wird verzichtet; die Beschreibung macht aber deutlich, welchen Beitrag die funktionalen Elemente Artikel, Pronomen und Perfektform des Verbs leisten.

(2) ›die Situation zur Zeit der Äußerung ist das Ergebnis eines vorangegangenen Ereignisses, in dem ein Hund, der in dem gegebenen ÄK eindeutig bestimmt ist, einen blauen Rock zerrissen hat, der dadurch eindeutig bestimmt ist, dass er sich der Sprecherin/dem Sprecher zuordnet‹

Die Überlegungen zur Bedeutung von Wörtern und Sätzen lassen sich an diesem Punkt folgendermaßen zusammenfassen:

(3) a. Die Bedeutung eines Wortes, genauer gesagt: eines Inhaltswortes, ist ein Konzept, das eine mentale Beschreibung einer bestimmten Art von Entitäten bereitstellt.

   b. Die Bedeutung eines Satzes ist ein Konzept, das eine mentale Beschreibung einer bestimmten Art von Situation bereitstellt.

2.2 Deskriptive Bedeutung

Im vorigen Abschnitt wurde herausgearbeitet, dass Bedeutungen Konzepte sind. Die bisherigen Überlegungen betreffen allerdings nur einen bestimmten Anteil der Bedeutung, nämlich den, der für Referenz und Wahrheit relevant ist. Er wird **deskriptive Bedeutung** genannt, mitunter auch propositionale Bedeutung. Der Begriff der deskriptiven Bedeutung wird jetzt ausführlicher definiert und mit Referenz und Wahrheit konkreter in Zusammenhang gebracht.

2.2.1 Deskriptive Bedeutung und Referenz

Referenz und Wortbedeutung

Wenn von Referenz die Rede ist, hat man es streng genommen nicht einfach mit der Referenz von Wörtern zu tun. Wenn Satz (1) in dem

Typ	Referent	referierendes Satzelement	Typ
Objekt	der Hund (hier: Bobby)	*der Hund*	NP
Objekt	der blaue Rock der Sprecherin (hier: Sarahs)	*meinen blauen Rock*	NP
Objekt	Sprecherin (hier: Sarah)	*meinen*	Poss.pron
Ereignis	die Zerreißung des Rocks	*zerreiß-*	Verb
Zeit	Äußerungszeit	Perfekt	gramm. Form

Tabelle 2.1 Die fünf Referenten von Satz (1)

angenommenen ÄK wahr ist, wird damit auf fünf Entitäten referiert: auf den Hund (ein Objekt im weitesten Sinne), auf Sarahs blauen Rock (ein weiteres Objekt), auf die Sprecherin selbst (auch ein „Objekt"), auf das Zerreißen (ein Ereignis) und auf die Äußerungszeit (eine Zeit). Auf den Hund referiert die NP *der Hund*, auf den Rock die NP *meinen blauen Rock*, auf die Sprecherin das Possessivpronomen *meinen* und auf das Ereignis und den Zeitpunkt das Verb *hat zerrissen* in der Perfektform, wobei das Verb selbst zur Ereignisreferenz und seine Form zur Zeitreferenz verwendet wird. In Tabelle 2.1 ist zusammengestellt, welche Elemente des Satzes welche Referenten haben. Die referierenden Elemente sind teils Phrasen (Subjekt- und Objekt-NP), teils Komponenten davon (das Possessivpronomen), teils Wörter (das Verb), teils grammatische Formen (die Tempusform des Verbs). Andere Komponenten des Satzes sind bei der Referenz involviert, ohne einen eigenen Referenten zu haben: das Adjektiv *blauen* referiert selbst nicht, trägt aber zur Beschreibung des Referenten der Objekt-NP bei.

Obwohl es nicht eigentlich die Wörter sind, die referieren, ist es sinnvoll, von den **potenziellen Referenten** eines Inhaltswortes zu sprechen. Da der Referent einer NP aus Artikel und Nomen durch das Nomen beschrieben wird, kann man ihn lose als den „Referenten des Nomens" bezeichnen. Entsprechend kann man von dem „Referenten eines Verbs" reden. Adjektive haben nie einen eigenen Referenten, aber sie beschreiben immer den Referenten einer NP. Man kann daher den Begriff des Referenten in diesem Sinne auch auf Adjektive ausdehnen, wenn man dabei im Hinterkopf behält, dass Adjektive ihre „Referenten" sozusagen ausborgen. Wenn man den Begriff des potenziellen Referenten in dieser Weise auf alle Inhaltswörter anwendet, kann man, als Präzisierung von (3a) oben, die deskriptive Bedeutung von Inhaltswörtern folgendermaßen definieren:

DEFINITION 1
Die **deskriptive Bedeutung eines Inhaltswortes** ist ein Konzept für seine potenziellen Referenten.

Wenn ein Satz in einem ÄK benutzt wird, werden die Adressaten versuchen, Referenten zu bestimmen, die den semantisch gegebenen Beschreibungen entsprechen. Das ist allerdings im Allgemeinen nur dann möglich, wenn der Satz in dem ÄK wahr ist. Ist er falsch, lassen sich unter Umständen nicht für alle referierenden Elemente des Satzes Referenten festlegen. Betrachten wir als Beispiel Satz (4):

(4)   *Da ist ein Brief für dich gekommen.*

Nehmen wir an, Sarah sagt das zu ihrer Mutter, aber es ist nicht wahr: da ist kein Brief für sie. Vielleicht gibt es einen Brief, aber nicht für Angelika, vielleicht ist auch überhaupt kein Brief gekommen. Jedenfalls hat die NP *ein Brief für dich* keinen Referenten, wenn der Satz falsch ist. Bei Sätzen, die ein Ereignis ausdrücken (anders als Satz (4)) führt Falschheit in der Regel außerdem dazu, dass das finite Verb keinen Ereignisreferenten hat. Wenn zum Beispiel Satz (1) in einem gegebenen ÄK falsch ist, hat der Hund nicht den blauen Rock der Sprecherin oder des Sprechers zerrissen, und daher hat die VP *zerreiß-* in diesem Kontext keinen Referenten. Der Hund könnte zwar etwas anderes zerrissen haben, aber auf dieses Zerreißen könnte das Verb nicht referieren, weil als Objekt der blaue Rock genannt ist.

Die deskriptive Bedeutung von Sätzen: Propositionen

Es gibt keinen allgemein akzeptierten Begriff für das, worauf ein Satz als Ganzes in einem gegebenen ÄK referiert. Ich will den Referenten des Satzes daher seine **Referenzsituation** nennen. Die Referenten der einzelnen referierenden Elemente des Satzes sind Komponenten der Referenzsituation; sie bilden zusammen, in ihrer besonderen Konstellation, einen komplexen Sachverhalt.

Ein Satz referiert in einem gegebenen ÄK nur dann auf eine Situation der beschriebenen Art, wenn eine solche Situation tatsächlich vorliegt, mit anderen Worten: wenn der Satz in diesem ÄK wahr ist. Wenn im Folgenden von der Referenzsituation eines Satzes die Rede ist, wird daher immer stillschweigend vorausgesetzt, dass der Satz wahr ist.

Analog zum Begriff des potenziellen Referenten kann man von potenziellen Referenzsituationen reden. Das sind alle Situationen, auf die

Ausdruck (Art)	deskriptive Bedeutung	Referent Typ
Rock (Nomen)	›Kleidungsstück für Frauen und Mädchen, das von der Taille an abwärts (in unterschiedlicher Länge) den Körper bedeckt‹ [D]	Objekt
zerreißen (Verb)	›mit Gewalt in Stücke reißen; auseinander reißen‹ [D]	Ereignis
blau (Adjektiv)	›von der Farbe des wolkenlosen Himmels‹ [D]	Objekt („geborgt")
der (Artikel)	der Referent des Nomens ist in dem ÄK eindeutig bestimmt	–
mein (Pronomen)	der Referent des zugehörigen Nomens ordnet sich der Sprecherin bzw. dem Sprecher der Äußerung zu	Objekt
der Hund hat meinen blauen Rock zerrissen (Satz)	siehe (2)	Situation

Tabelle 2.2 Deskriptive Bedeutungen in Satz (1)

die mentale Beschreibung, die die Satzbedeutung ergibt, zutrifft, das heißt alle Situationen, für die der Satz wahr wäre. Damit kann die deskriptive Bedeutung eines Satzes, üblicherweise ‚Proposition' genannt, jetzt wie folgt definiert werden.

DEFINITION 2
Die **deskriptive Bedeutung eines Satzes**, seine **Proposition**, ist ein Konzept für seine potenziellen Referenzsituationen.

Die bisher analysierten Beispiele haben schon gezeigt, dass nicht nur Inhaltswörter die deskriptive Bedeutung eines Satzes formen. Auch funktionale Elemente wie Pronomen, Artikel oder das Tempus, eine grammatische Form, leisten einen Beitrag zur Proposition (vgl. die Formulierung der Bedeutung von Satz (1) in (2)). Aufbauend auf Definition 2, lässt sich jetzt die folgende, allgemeinere, formulieren:

DEFINITION 3
Die **deskriptive Bedeutung von Wörtern oder grammatischen Formen** besteht in ihrem Beitrag zur deskriptiven Satzbedeutung.

Das Bisherige lässt sich wie folgt zusammenfassen: Die deskriptive Bedeutung eines Satzes, seine Proposition, ist ein Konzept für eine bestimmte Art von Situation. Wenn der Satz in einem ÄK wahr ist, besteht eine solche Situation tatsächlich und kann als Referent des Satzes betrachtet werden. Diese Referenzsituation enthält die Referenten aller referierenden Elemente des Satzes in einer bestimmten Konstellation, zum Beispiel den Hund und den Rock von Sarah in der Konstellation, dass der Rock von dem Hund zerrissen worden ist. Tabelle 2.2 gibt einen Überblick über verschiedene Arten von referierenden Ausdrücken, ihre deskriptive Bedeutung und den Typ ihrer Referenten. Dabei steht der Typ „Objekt" für alle denkbaren Referenten von Nomen. Die mit ^D markierten Bedeutungsbeschreibungen sind dem "Großen Wörterbuch der deutschen Sprache" (Duden) entnommen.[4]

2.2.2 Denotationen und Wahrheitsbedingungen

Denotationen

Da die deskriptive Bedeutung eines Inhaltswortes ein Konzept für seine potenziellen Referenten ist, definiert sie eine Kategorie von Entitäten. Zum Beispiel ist die deskriptive Bedeutung des Wortes *Hund* ein Konzept, das die Kategorie HUND[5], das heißt die Kategorie der Hunde, definiert, und das Konzept ›zerreißen‹ definiert die Kategorie ZERREIS-SEN der Zerreißereignisse. Die Kategorie von Entitäten, die durch die deskriptive Bedeutung eines Inhaltswortes definiert ist, wird dessen „Denotation" genannt; man sagt: ein Inhaltswort „denotiert" diese Kategorie (zum Beispiel denotiert das Wort *Hund* die Kategorie HUND).

> DEFINITION 4
> Die **Denotation** eines Inhaltswortes ist die Kategorie, oder Menge, aller seiner potenziellen Referenten.

Die Denotation eines Wortes ist mehr als die Gesamtheit aller e x i s - t i e r e n d e n Entitäten dieser Kategorie. Die Denotation umfasst neben den real existierenden potenziellen Referenten auch fiktive, sie umfasst gewöhnliche Exemplare ebenso wie ungewöhnliche, eventuell sogar

---

4   In der Tabelle ist von eventuell mehreren Bedeutungen der Beispielausdrücke jeweils nur die berücksichtigt, die bei der Interpretation von Satz (1) angenommen wurde; die Wörter *Rock*, *blau*, und *zerreißen* haben daneben noch weitere Bedeutungen. Insofern ist die deskriptive Bedeutung dieser Wörter in der Tabelle nur unvollständig wiedergegeben. Das Phänomen der Mehrdeutigkeit wird in Kapitel 3 behandelt.

5   In diesem Buch werden im laufenden Text für Kategorienbezeichnungen so genannte KAPITÄLCHEN benutzt.

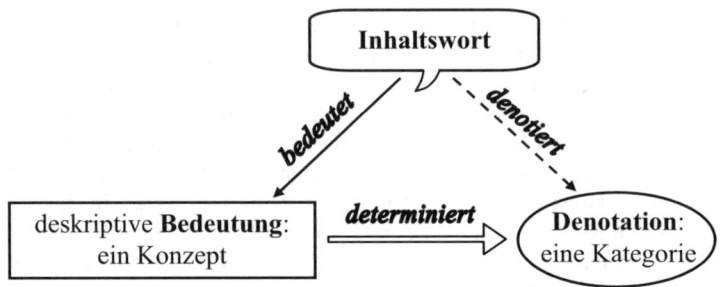

Abbildung 2.2 Das semiotische Dreieck für Inhaltswörter

solche, die wir uns gar nicht vorstellen können, weil sie erst noch erfunden werden müssten. Zum Beispiel kann sich niemand heute vorstellen, wie in hundert Jahren Computer beschaffen sein werden; trotzdem werden auch diese Nachfolger unserer jetzigen Geräte Dinge
sein, die wir nach den jetzigen Kriterien mit dem Wort *Computer* be-
nennen würden und die somit zur Denotation des Wortes gehören.[6]
Mit anderen Worten: die Denotation eines Wortes umfasst alle Entitäten, auf die mit diesem Wort referiert werden k ö n n t e.

Die Beziehung zwischen einem Inhaltswort, seiner Bedeutung (einem Konzept) und seiner Denotation (einer Kategorie) wird gerne in
dem so genannten **semiotischen Dreieck** dargestellt, einem sehr nütz-
lichen Schema, das im Folgenden immer wieder auftauchen wird.
Abbildung 2.2 zeigt das semiotische Dreieck für die deskriptive Bedeutung eines Inhaltswortes. Der Pfeil, der das Wort mit seiner Denotation
verbindet, ist nur mit einer gestrichelten Linie gezeichnet, um anzuzeigen, dass das Wort nicht direkt mit seiner Denotation verknüpft ist,
sondern nur indirekt über die Verknüpfung mit seiner Bedeutung, die
ihrerseits die Denotation definiert.[7]

---

6 Dennoch ist die faktische Denotation, das heißt die Menge aller tatsächlich existierenden und bekannten Exemplare der Denotation eines Wortes in gewissem Sinn
   repräsentativ für die Kategorie und bestimmend für die Vorstellung, die wir mit ihr
   verknüpfen. In Kapitel 9 wird für die Teilmenge der Denotation, die aus den real
   existierenden Exemplaren besteht, der Begriff ‚kulturelle Kategorie' eingeführt. Wie
   sich die Gesamtdenotation eines Wortes zu der entsprechenden kulturellen Kategorie verhält und warum diese Unterscheidung sinnvoll ist, wird in §9.6 diskutiert.

7 Die Darstellung der Beziehungen zwischen Ausdruck, Bedeutung und Referent im
   „semiotische Dreieck" geht auf Ogden & Richards (1923) zurück; sie verwendeten
   eine andere Anordnung: den Ausdruck links und die Bedeutung oben.

Wahrheitsbedingungen

Es gibt keinen etablierten Terminus für die Denotation eines Satzes. In Analogie zu Inhaltswörtern wäre die Denotation eines Satzes die Kategorie (Menge) aller seiner möglichen Referenzsituationen: die Menge aller Situationen, auf die der Satz zutreffen würde. Ein anderer Begriff ist aber in diesem Zusammenhang sehr gebräuchlich und hängt mit dem, was die Denotation eines Satzes wäre, direkt zusammen: der Begriff der so genannten „Wahrheitsbedingungen":

DEFINITION 5
Die **Wahrheitsbedingungen** eines Satzes sind die allgemeinen Bedingungen, unter denen er wahr ist.

Betrachten wir noch einmal Satz (1), um zu sehen, was unter Wahrheitsbedingungen zu verstehen ist. Offensichtlich ist der Satz – und das gilt für fast alle Sätze – nicht für sich genommen wahr oder falsch, sondern je nach dem gegebenen ÄK, und daher stellt sich die Frage nach der Wahrheit immer nur in Bezug auf einen ÄK.[8] Allgemein formuliert ist Satz (1) in einem ÄK wahr, wenn es dort einen eindeutig bestimmten Hund und einen eindeutig bestimmten blauen Rock gibt, der sich der Sprecherin oder dem Sprecher zuordnet; der Hund muss diesen Rock zerrissen haben, und das Resultat davon muss zur Zeit der Äußerung vorliegen. Wenn all diese Bedingungen erfüllt sind, ist der Satz wahr, und umgekehrt gilt: wenn der Satz wahr ist, muss all dies erfüllt sein. Wir haben bei den Überlegungen zu dem Beispiel angenommen, dass er in einem ÄK geäußert wird, in dem er wahr ist. Würde der Satz von jemand anderem geäußert und/oder zu einer anderen Zeit und/oder unter anderen faktischen Umständen, so wäre er möglicherweise falsch. Das heißt nicht, dass er nur in dem speziellen angenommenen ÄK wahr ist; natürlich sind schon unzählige blaue Röcke von Hunden zerrissen worden, und in all diesen Situationen wäre Satz (1), von der Besitzerin des Rockes geäußert, wahr gewesen.

Für die konkrete Formulierung der Wahrheitsbedingungen von Satz (1) kann man die Bedeutungsbeschreibung in (2) verwenden:

(5)   Wahrheitsbedingungen von Satz (1):
       Der Satz *der Hund hat meinen blauen Rock zerrissen*
       ist in einem ÄK genau dann wahr, wenn gilt:
       „Die Situation zur Zeit der Äußerung ist das Ergebnis eines

---

8   Nur „logisch wahre" oder „logisch falsche" Sätze (vgl. §4.2) wie *Zwei mal zwei ist vier* oder *Einhörner sind Tiere* sind unabhängig vom ÄK, allein aufgrund allgemeiner Bedeutungszusammenhänge, wahr bzw. falsch.

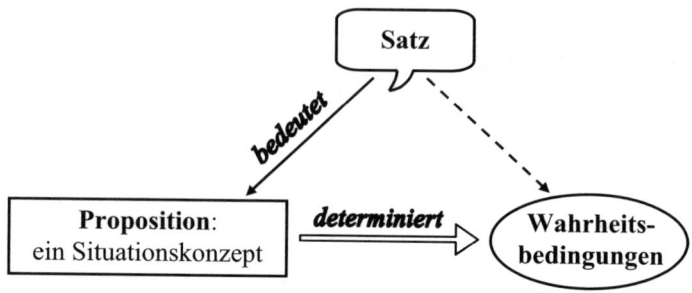

Abbildung 2.3 Das semiotische Dreieck für Sätze

vorangegangenen Ereignisses, in dem ein Hund, der in dem gegebenen ÄK eindeutig bestimmt ist, einen blauen Rock zerrissen hat, der dadurch eindeutig bestimmt ist, dass er sich der Sprecherin/dem Sprecher zuordnet."

Wahrheitsbedingungen sind stets in der Form einer *genau dann, wenn-* Definition anzugeben. Diese Formulierung bedeutet ein „wenn" in beide Richtungen: Der Satz ist wahr, wenn die angegebenen Bedingungen erfüllt sind, und umgekehrt gilt: wenn der Satz wahr ist, sind diese Bedingungen erfüllt.

Man kann sich jetzt leicht klar machen, dass der Begriff der Wahrheitsbedingungen ein vollwertiger Ersatz für den Begriff der Denotation eines Satzes ist: das eine ist jeweils durch das andere gegeben. Wenn man die Wahrheitsbedingungen eines Satzes kennt, weiß man, auf welche Situationen der Satz potenziell referieren kann: auf die Situationen, die sich in einen ÄK einbetten, in dem die Wahrheitsbedingungen erfüllt sind. Wenn man umgekehrt weiß, auf welche Situationen der Satz referieren kann, kann man seine Wahrheitsbedingungen angeben: der Satz ist in einem ÄK genau dann wahr, wenn eine dieser Situationen vorliegt.

In Analogie zu Abbildung 2.2 lässt sich die Beziehung zwischen einem Satz, seiner deskriptiven Bedeutung und seinen Wahrheitsbedingungen wie in Abbildung 2.3 darstellen: Die deskriptive Bedeutung eines Satzes ist seine Proposition, ein Konzept für die potenziellen Referenzsituationen, und dieses Konzept determiniert die Wahrheitsbedingungen des Satzes.

2.2.3 Proposition und Satztyp

Ein Aspekt der Satzbedeutung wurde bei den bisherigen Überlegungen ausgeblendet: auch der grammatische Satztyp trägt zu seiner Bedeutung bei. Man vergleiche etwa Satz (1), hier noch einmal wiederholt, mit dem zugehörigen Interrogativsatz (6):

(1)   *Der Hund hat meinen blauen Rock zerrissen.*

(6)   *Hat der Hund meinen blauen Rock zerrissen?*

Der Interrogativsatz beschreibt genau dieselbe Art von Situation. Deswegen hat er dieselbe Proposition. Dennoch ist die Gesamtbedeutung von (6) von der von (1) verschieden: (6) ergibt eine Frage, (1) jedoch eine Aussage. Der Bedeutungsunterschied resultiert aus der unterschiedlichen Satzform, technisch ausgedrückt: aus dem unterschiedlichen **Satztyp** (auch Satzmodus bzw. Satzart). (1) ist ein so genannter Deklarativsatz (Aussagesatz); Deklarativsätze im Deutschen haben eine bestimmte Wortstellung: das finite Verb[9] steht an zweiter Stelle, meistens, aber nicht immer, steht davor das Subjekt. Satz (6) ist ein Interrogativsatz (Fragesatz) vom Typ Ja-Nein-Frage: hier steht das finite Verb an erster Stelle.

Der Beitrag des Satztyps zur Satzbedeutung ist ein Fall von grammatischer Bedeutung (§1.2.2). Dieser Teil der Bedeutung gehört nicht zur Proposition, und damit nicht zur deskriptiven Satzbedeutung. Für Deklarativsätze besteht der Beitrag darin, die ausgedrückte Situation als tatsächlich gegeben hinzustellen. Daher wird dieser Satztyp primär für Behauptungen, Mitteilungen, Feststellungen und dergleichen verwendet. Dagegen lässt der interrogative Satztyp offen, ob die ausgedrückte Situation tatsächlich besteht oder nicht. Er ist daher das Mittel der Wahl, um eine Frage zu stellen. Ein dritter Satztyp ist der Imperativsatz:

(7)   *Zerreiß meinen blauen Rock nicht!*

Das finite Verb hat eine besondere Form und steht an erster Stelle. Hat es die Imperativform der 2. Person Singular oder Plural, so fehlt das Subjekt in der Regel; sonst steht es an zweiter Stelle.

Der Bedeutungsbeitrag des grammatischen Satztyps ist ein erstes Beispiel für nichtdeskriptive Bedeutung. Wir wenden uns jetzt zwei weiteren Arten von nichtdeskriptiver Bedeutung zu: sozialer Bedeutung und expressiver Bedeutung. Die Bedeutung des Satztyps gehört zu keiner von beiden.

---

9   Im Deutschen ist das finite Verb diejenige Verbform innerhalb der VP, die nach Person und Tempus flektiert ist.

2.3   Bedeutung und soziale Interaktion: soziale Bedeutung

Gespräche sind soziale Interaktionen, das heißt gemeinsame Aktivitäten, die in Koordination mit anderen Beteiligten nach bestimmten sozialen Regeln durchgeführt werden. Jede sprachliche Äußerung an andere wird in dem aktuell gegebenen sozialen Netzwerk als Akt der Kommunikation (§1.1.3) interpretiert werden, und daher hat Sprechen immer eine soziale Funktion. Man kann so weit gehen zu sagen, dass Sprache als solche in erster Linie soziale Funktionen hat. Das widerspricht nicht der Ansicht, dass Sprache primär ein Mittel der Kommunikation ist: zu kommunizieren, insbesondere Information mitzuteilen, ist natürlich ein sehr wichtiger Teil sozialer Interaktion.

2.3.1   Ausdrücke mit sozialer Bedeutung

Der Begriff „soziale Bedeutung" bezieht sich nicht auf diesen allgemeinen Aspekt sprachlicher Interaktion und ist daher nicht mit der Ebene des kommunikativen Sinns sprachlicher Handlungen zu verwechseln. Vielmehr liegt soziale Bedeutung auf derselben Ebene wie deskriptive Bedeutung: sie ist ein fester Anteil der Ausdrucksbedeutung. Für bestimmte Wörter, Phrasen und grammatische Formen gehört sie zur lexikalischen Bedeutung und findet von daher Eingang in die kompositionale Satzbedeutung. Wenn ein Ausdruck soziale Bedeutung hat, hat er sie unabhängig vom jeweiligen Kontext der Äußerung. Betrachten wir ein einfaches Beispiel.

Sarah sitzt in einem Zug, in Deutschland, und wird von dem Schaffner gebeten, ihre Fahrkarte zu zeigen:

(8)   a.   *Ihre Fahrkarte, bitte! – Danke.*

      b.   *Deine Fahrkarte, bitte! – Danke.*

(8a) ist angemessen, wenn Sarah erwachsen ist und nicht etwa mit dem Schaffner verwandt oder näher bekannt. Das Possessivpronomen der 3. Person Plural, *Ihr-*, und das zugehörige Personalpronomen *Sie* sind die grammatischen Formen für die förmliche[10] Anrede, die zwischen Erwachsenen ohne nähere Beziehung üblich ist. (8b) enthält dagegen das einfache Possessivpronomen der 2. Person Singular *dein* und wäre angemessen, wenn Sarah noch nicht erwachsen oder mit dem Schaffner

---

[10] Der Ausdruck *förmlich* ist zutreffender als *höflich*. Es ist zwar unhöflich, Erwachsene, die man nicht kennt, zu duzen, aber es ist nicht höflich, sondern einfach normal, sie zu siezen. Leute, die man eigentlich duzt, zu siezen kann extrem unhöflich sein. Siezen ist also keineswegs per se höflich.

verwandt oder näher bekannt ist. Andernfalls wäre die Verwendung der 2. Person Singular eine Abweichung von den üblichen Umgangsformen.

Wenn dagegen der Schaffner Sarah auf Englisch ansprechen würde, bräuchte er sich, wenn er sich analog ausdrückt, nicht zwischen Siezen und Duzen zu entscheiden. Er würde in jedem Fall (8c) sagen:

(8)   c.   *Your ticket, please! – Thank you.*

Im Standardenglischen gibt es im Gegensatz zum Deutschen und den meisten anderen europäischen Sprachen bei der direkten Anrede mit Personal- und Possessivpronomen keine Differenzierung zwischen förmlicher und formloser Anrede. Dagegen muss man im Deutschen diese Wahl treffen und ist dadurch gezwungen anzuzeigen, ob man sich zu seinem Gegenüber in einem Siez- oder einem Duzverhältnis sieht. Da die Regeln für das Duzen und Siezen die Pronomenwahl von der sozialen Beziehung zwischen den Beteiligen abhängig machen, fungieren die Anredepronomen aufgrund ihrer lexikalischen Bedeutung als Anzeige der sozialen Beziehung.

Das förmliche deutsche *Sie* hat dieselbe deskriptive Bedeutung wie das englische *you*: es zeigt an, dass auf einen oder mehrere Adressaten referiert wird. Aber zusätzlich zu dieser deskriptiven Bedeutung hat *Sie* einen sozialen Bedeutungsanteil, der *you* fehlt. Entsprechend haben die formlosen Pronomen *du* und *ihr*, von dem Unterschied im Numerus abgesehen, dieselbe deskriptive Bedeutung wie *Sie* – Referenz auf einen bzw. mehrere Adressaten – aber eine andere soziale Bedeutung; sie zeigen eine andere Art von sozialer Beziehung an.[11] Die Bedingungen für Duzen und Siezen sind auch an anderer Stelle relevant: sie fallen mit den Regeln zusammen, nach denen man zwischen der Anrede mit Nachnamen und Titel oder mit Vornamen wählt. Die unmarkierte Anrede und Referenz auf den Adressaten Heinz Schmitz ist zum Beispiel entweder (9a) oder (9b), während die „gemischten" Varianten (9c) und (9d) unter normalen Umständen markiert sind:

(9)   a.   *Ist das Ihr Fahrrad, Herr Schmitz?*   förmlich

       b.   *Ist das dein Fahrrad, Heinz?*   formlos

       c.   *Ist das Ihr Fahrrad, Heinz?*   gemischt

       d.   *Ist das dein Fahrrad, Herr Schmitz?*   gemischt

---

11   Das Verhältnis zwischen Duzen und Siezen lässt sich grob etwa so beschreiben: *du/ihr* zeigt an, dass der andere als noch nicht erwachsen betrachtet wird oder in einer Beziehung besonderer Nähe steht; *Sie* zeigt an, dass keine dieser Bedingungen gilt. In diesem Sinne stellt das Siezen den Normalfall oder ‚unmarkierten' Fall dar und das Duzen den ‚markierten' Fall (Sonderfall).

In Analogie zu *du* und *Sie* haben daher die Anrede mit Nachnamen und Titel (*Frau*, *Herr* usw.) oder aber mit Vornamen die soziale Bedeutung förmlichen bzw. formlosen Umgangs.

(8a) und (8b) enthalten noch zwei weitere Ausdrücke mit sozialer Bedeutung: *bitte* und *danke*. Anders als *du* und *Sie* haben diese beiden Wörter ausschließlich soziale Bedeutung und sind damit die ersten Wörter ohne deskriptive Bedeutung, denen wir hier begegnen.[12] Die Sätze in (8) sind elliptisch: sie enthalten nur ein Akkusativobjekt und das Wort *bitte*. Sie stehen für vollständige Imperativsätze der Form *zeigen Sie mir Ihre Fahrkarte, bitte* bzw. *zeig mir deine Fahrkarte, bitte*, und man wird ihnen daher die Proposition ›der Adressat zeigt dem Sprecher seine Fahrkarte‹ zuordnen. Der Zusatz von *bitte* verändert diese Proposition nicht. Er markiert die Aufforderung als mäßig förmlich. *Bitte* ist hier ein reiner Förmlichkeitsmarkierer für Aufforderungen, der eine bestimmte Art des Umgangs miteinander anzeigt.

Auch *danke* hat keine deskriptive Bedeutung. Es zählt als anerkennende Reaktion auf eine Handlung der Adressatin, die für den Sprecher positiv ist. Da der Ausdruck *danke* keine Proposition besitzt, stellt sich nicht die Frage, ob er in einem bestimmten ÄK wahr oder falsch ist. Man könnte meinen, dass sich stattdessen die Frage stellt, ob der Sprecher tatsächlich dankbar ist. Aber diese Ebene ist für das Zustandekommen des Dankens nicht relevant. Wenn jemand in einer einschlägigen Situation zu seiner Adressatin „Danke!" sagt, hat er sich damit bedankt, unabhängig davon, ob er wirklich dankbar ist. Bedankungen folgen bestimmten sozialen Regeln und die werden eingehalten, wenn man den dafür konventionell vorgesehenen Ausdruck s a g t .

Alle Sprachen haben feste Wendungen mit ausschließlich sozialer Bedeutung: Ausdrücke zur Begrüßung (*Guten Morgen!*), Verabschiedung (*Tschüss!*), Entschuldigung (*Pardon!*), zur Bedankung, Gratulation, Beileidsbekundung usw. Für jede dieser Wendungen gibt es eine soziale Regel, die die Umstände definiert, unter denen sie verwendet wird, und den kommunikativen Sinn, den ihre Verwendung unter solchen Umständen hat. So erfordert die Verwendung von Verabschiedungen, dass sich Sprecherin und Adressat gerade miteinander in einem sozialen Kontakt befinden; unter diesen Umständen bedeutet die Äußerung von *Tschüss!* einen Schritt zur Beendigung des Kontaktes. Allgemein lässt sich das Vorhandensein von sozialer Bedeutung an dem

---

[12] Das englische *thank you* ist etwas anders: da es das Pronomen *you* enthält, kann man argumentieren, dass die Verwendung des Ausdrucks Adressatenreferenz involviert, und kann daher auch einen deskriptiven Bedeutungsanteil annehmen.

Kriterium festmachen, ob für die Verwendung eines Ausdrucks diese Art von sozialen Regeln gilt:

DEFINITION 6
Ein Ausdruck oder eine grammatische Form hat genau dann **soziale Bedeutung**, wenn er dem Ausdruck sozialer Beziehungen oder dem Vollzug sozialer Handlungen dient und seine Verwendung spezifischen Regeln für die Handhabung sozialer Interaktion gehorcht.

Keine solchen Regeln gelten für die Verwendung von Ausdrücken in Bezug auf ihre deskriptive Bedeutung: dafür herrscht das Gebot der sachlichen Richtigkeit. Zum Beispiel ist der Satz in (10) deskriptiv korrekt gebraucht, wenn er den Tatsachen entspricht. Er ist in Bezug auf seine soziale Bedeutung korrekt gebraucht, wenn Adressat und Sprecherin zueinander in einer Duzbeziehung stehen.

(10)   *Ich wollte dich heute Nachmittag anrufen.*

In §1.1 wurden drei Ebenen der Bedeutung eingeführt. Man kann Ausdrücke mit ausschließlich sozialer Bedeutung wie *bitte* und *Pardon!* als Wendungen mit lexikalisch festgelegtem kommunikativen Sinn

Ausdruck (Typ)	**soziale Bedeutung**	deskriptive Bedeutung
du (Anredepronomen)	formloser Umgang	Referenz auf die angesprochene Person
Sie (Anredepronomen)	förmlicher Umgang	Referenz auf die angesprochene(n) Person(en)
engl. *you* (Anredepronomen)	–	[wie *Sie*]
Sarah (Vorname als Anrede)	formloser Umgang	›die Person namens Sarah‹
Herr Schmitz (Nachname als Anrede)	förmlicher Umgang	›der Mann mit Nachnamen Schmitz‹
bitte (Adverb)	förmliche Aufforderung	–
Tschüss! (vollständige Äußerung)	formlose Verabschiedung	–

Tabelle 2.3 Soziale Bedeutung

(§1.1.3) betrachten. Sie stellen fertige Sprechaktformen dar. Die sozialen Regeln, nach denen sie gebraucht werden, behandelt Austins Sprechakttheorie als „Gelingensbedingungen" (felicity conditions); gemeint sind damit Bedingungen, die für das Zustandekommen des jeweiligen Typs von Sprechakt notwendig vorliegen müssen. In Tabelle 2.3 sind Beispiele von unterschiedlichen Ausdrücken mit sozialer Bedeutung zusammengefasst.

2.3.2 Soziale Bedeutung im Japanischen

In europäischen und europäisch beeinflussten Gesellschaften spiegelt sich soziale Differenzierung nur in relativ geringem Maß in der Sprache wider. Abgesehen von einigen festen Wendungen beschränkt sich soziale Bedeutung auf Anredeformen. Außerdem unterscheidet das System der Differenzierung meistens nur zwei Stufen, eine formlose und eine förmlichere. In anderen Kulturen jedoch, zum Beispiel in Korea und Japan, durchdringt die Differenzierung die Sprache in weit größerem Maße. Im Deutschen oder Englischen findet man in Sätzen, in denen niemand direkt angesprochen wird (zum Beispiel in diesem hier) keinerlei Förmlichkeitsmarkierungen. Es ist nicht möglich, den Satz *der Hund hat meinen blauen Rock zerrissen* auf einfache Weise so umzuformulieren, dass damit auf der Ebene der sozialen Bedeutung wie durch Siezen oder Duzen förmlicher bzw. formloser Umgang ausgedrückt wird. Im Japanischen dagegen muss man sich bei jedem beliebigen Satz zwischen zwei oder mehr Stufen der Förmlichkeit entscheiden, weil der Grad der Förmlichkeit unter anderem obligatorisch am finiten Verb markiert wird. Im Japanischen würde Satz (1) entweder als (11a) oder als (11b) ausgedrückt, von noch förmlicheren Varianten einmal abgesehen:

(11) a. *Inu   wa   aoi   sukaato o   sai-ta.*
        Hund TOP blau Rock   AKK zerreiß-PT

      a. *Inu   wa   aoi   sukaato o   saki-mashi-ta.*
        Hund TOP blau Rock   AKK zerreiß-FORM-PT [13]

Die beiden Sätze unterscheiden sich in der Form des finiten Verbs. Die

---

[13] Die Abkürzungen in den Glossierungen bedeuten: TOP Topic (hier ist das Topic mit dem Subjekt identisch), AKK Akkusativ, PT Präteritum, PRS Präsens, FORM förmlich. Für das Japanische wird hier die aussprachenahe Hepburn-Umschrift verwendet: Konsonanten werden in etwa wie im Englischen und Vokale wie im Deutschen ausgesprochen. Vokale mit ˆ darüber spricht man lang, alle anderen kurz.

einfache Präteritumform des Verbs, *saita*, [14] repräsentiert die formlose
Ausdrucksweise, die nur in sehr nahen Beziehungen, wie innerhalb der
Familie, zwischen Partnern und guten Freunden angemessen ist. Der
ansonsten normale förmlichere Umgangsstil, der zwischen Leuten mit
gleicher Stellung üblich ist, wird durch eine Förmlichkeitsmarkierung,
hier *-mashi-*, zwischen Verbstamm und Tempusendung zum Ausdruck
gebracht. Die resultierende Verbform wird nach ihrer Präsensform die
masu-Form genannt (sprich: „mass"). Die Markierung *-mashi-* hat
keinerlei deskriptive Bedeutung.

Zusätzlich zu der Höflichkeitsmarkierung am finiten Verb verfügt
das Japanische über eine reiche Differenzierung von Pronomen, oder
pronomenähnlichen Ausdrücken, sowohl für Adressaten als auch für
Sprecher und Sprecherin selbst. Anstelle des einen Pronomens *ich* im
Deutschen muss man im Japanischen wählen zwischen einfacher Weglassung eines Ausdrucks für die erste Person (üblich und sozial neutral), *ore* (sehr formlos, nur Männer), *boku* (formlos, früher nur Männer, jetzt zunehmend auch junge Frauen), *watashi* (förmlich, Standard),
watakushi (sehr förmlich) und anderen Ausdrücken mit spezielleren
Verwendungen. Darüber hinaus gibt es unterschiedliche Verben und
Nomen für Handlungen und Sachen von einem selbst im Gegensatz zu
denen Anderer. Ein einfaches Beispiel mag einen Eindruck vermitteln,
wie die Förmlichkeitsdifferenzierungen funktionieren:

(12) a. *Uchi*   *ni*   *i-ru.*

      b. *Uchi*   *ni*   *i-mas-u.*

      c. *Uchi*   *ni*   *ori-mas-u.*
      Zuhause   in   sein-([FORM]-PRS)

Dies sind typische Sätze des gesprochenen Japanischen, ohne Subjekt.
Das Nomen *uchi* für Zuhause ist ein formloser Ausdruck. Das Verb
iru in (12a) ist ein Verb mit der Bedeutung ›sich aufhalten, sein‹, hier
in der einfachen, formlosen Form. (12b) ist förmlicher; der Satz enthält das Verb *iru* (der Stamm ist nur *i-*) in der Präsens-*masu*- Form
imasu. Nicht nur die Form des Verbs, auch die Wahl des Verbs selbst
spielt eine Rolle für die soziale Bedeutung des Satzes. Das Verb *iru* ist
neutral und hat keine soziale Bedeutung. In (12c) ist es dagegen durch
das Verb *oru* ›sich aufhalten, kommen, gehen‹ ersetzt, hier in seiner

---

14 Im Japanischen ist das finite Verb nur nach Tempus flektiert. Die Stammform des
    Verbs lautet *sak-*, vor der Präteritumsendung *-ta* wird *i* eingefügt, das auslautende *k*
    getilgt; vor *-mashi-* wird ohne Tilgung *i* eingefügt. Da japanische Verben nicht nach
    Person flektieren, gibt ihre Form in subjektlosen Sätzen keinen Hinweis, wie die
    Subjektposition gefüllt werden könnte.

Präsens-*masu*-Form *orimasu*. *Oru* hat die soziale Bedeutung, den Subjektreferenten tiefer zu stellen (mitunter als „bescheiden" bezeichnet). Es gibt auch eine Variante mit der Bedeutung ›sich aufhalten, kommen, gehen‹ mit der sozialen Bedeutung, den Referenten des Subjekts höher zu stellen: das Verb *irassharu* mit der Präsens-*masu*-Form *irasshaimasu*. Mit diesem Verb ergibt sich (12d); was es mit der Ersetzung von *uchi* durch *otaku* auf sich hat, wird gleich erläutert:

> (12) d. *Otaku*   *ni*   *irasshai-mas-u.*
>   Zuhause in sein-FORM-PRS

Wenn wir hier vernachlässigen, dass die Verben *oru* und *irassharu* auch ›kommen, gehen‹ bedeuten können, haben alle vier Sätze dieselbe deskriptive Bedeutung ›jemand [nicht angegeben] ist zu Hause‹. Der Ausdruck *uchi* für Zuhause ist formlos, *otaku* dagegen markiert die Person, zu der das Zuhause gehört, als höher stehend. Es ist nun interessant zu sehen, wie sich die Unterschiede in der sozialen Bedeutung auf die Verwendungsmöglichkeiten der Ausdrucksweisen und damit auch auf ihre Interpretation auswirken. Der Gebrauch von Ausdrücken mit sozialer Bedeutung wird von zwei übergeordneten Prinzipien geleitet: (1) der Andere wird nicht tiefer gestellt, (2) man selbst stellt sich nicht höher. Daraus ergibt sich, dass (12d), obwohl der Satz kein Subjekt enthält, nicht frei interpretiert werden kann: erstens kann es sich nicht um das Zuhause des Sprechers handeln, zweitens kann der Sprecher nicht mit dem fehlenden Subjekt gemeint sein. Wenn wir der Einfachheit halber annehmen, dass das Zuhause und der Aufenthalt dort auf dieselbe Person bezogen sind, wird (12d) als ›Sie sind zu Hause‹ interpretiert. (12c) kann dagegen, wegen der Tieferstellung des Subjektreferenten nur vom Sprecher über sich selbst gesagt werden, bedeutet also ›ich bin zu Hause‹. Durch die Differenzierungen in sozialer Bedeutung können sich also auf der Ebene der Äußerungsbedeutung (§1.1.2) auch Unterschiede in Bezug auf die ausgedrückte Situation ergeben. (12a) und (12b) enthalten dagegen keinen Hinweis darauf, wer sich zu Hause aufhält; das ist dem Kontext zu entnehmen; beide Sätze bedeuten deskriptiv ›ich bin/du bist/er, sie, es ist/wir sind/ihr seid/sie sind zu Hause‹. Die Förmlichkeitsmarkierung in (12b) betrifft den Umgang mit dem Adressaten, nicht die Stellung der Person, von der die Rede ist.

2.4 Bedeutung und Subjektivität: expressive Bedeutung

Wenn man etwas sagt, wird es immer auch als Ausdruck persönlicher Gefühle, Meinungen oder Einstellungen aufgenommen. Wenn Sie sich vorstellen, Sarah sagt: „Der Hund hat meinen blauen Rock zerrissen." nehmen Sie wahrscheinlich an, dass sie das empört, frustriert, wütend oder verzweifelt sagt. Aber natürlich kann der Satz auch auf eine sachliche, neutrale Weise gesagt werden, die keine Emotionen erkennen lässt, oder durch den Ausdruck anderer Gefühle wie Stolz, Belustigung oder Genugtuung begleitet werden. Er kann freundlich oder gehässig gesagt, schnell oder besonders langsam gesprochen werden, laut oder leise. All diese Gestaltungsmöglichkeiten der Äußerung können als Ausdruck von Sarahs Gefühlen und ihrer Einstellung zu dem Hund und zu ihrer Adressatin interpretiert werden. Selbst wenn Sarah den Satz ganz neutral sagt, zeigt sie gewisse subjektive Züge: durch die Wahl des Wortes *zerreißen*, durch die Bezeichnung des Hundes als *der Hund* statt mit seinem Namen, dadurch dass sie die Angelegenheit der Besitzerin des Hundes vorträgt usw. In diesem Sinne dient jede Äußerung, bewusst oder unbewusst, auch dem Ausdruck persönlicher Gefühle, Einstellungen und Bewertungen.

2.4.1 Expressive Bedeutung

Wieder ist es nicht dieser allgemeine Aspekt von Sprache, ihre expressive Funktion, die gemeint ist, wenn von **expressiver Bedeutung** die Rede ist. Gleichberechtigt neben deskriptiver und sozialer Bedeutung ist die expressive Bedeutung Bestandteil der lexikalischen Bedeutung bestimmter Arten von Ausdrücken, eine semantische Qualität, die sie unabhängig vom ÄK oder der Sprechweise besitzen. Auch hier gibt es zwei Arten von Ausdrücken mit expressiver Bedeutung: die einen haben nur expressive Bedeutung, die anderen expressive und deskriptive; wir befassen uns zunächst mit dem ersten Typ.

> DEFINITION 7
> Ein Ausdruck hat genau dann **expressive Bedeutung**, wenn er dem unmittelbaren Ausdruck subjektiver Empfindungen, Gefühle, Bewertungen und Einstellungen dient.

Nennen wir Ausdrücke mit expressiver Bedeutung oder expressivem Bedeutungsanteil der Kürze halber **Expressive**. Die typischsten Beispiele sind Wörter und Phrasen, die man zum direkten Ausdruck von

Gefühlen, Empfindungen oder Bewertungen einsetzt, wie *au*, *ih*, *ba*, *boh* [bɔ:], *oh* [ɔ:], *oh* [o:], *oho*, *oioioi*, *auwei*, *ei* [aɪ], *ej* [eɪ], *pfui*, *ts* usw.[15] Solche **Interjektionen** sind sprachspezifisch. Sprachen haben ein unterschiedlich großes Repertoire, und einzelne Interjektionen müssen in verschiedenen Sprachen nicht dasselbe bedeuten. Hier ein paar Interjektionen aus dem Ungarischen: *fuj* [fuj] (Abscheu), *au* [ɔu] (plötzlicher Schmerz), *jaj* [jɔj] (Schmerz, Schreck), *jajaj* [jɔjɔj] (Trauer oder Mitleid), *hüha* [hyhɔ] (Bewunderung, Schreck), *hú* [hu:] (Bewunderung), *ejha* [ejhɔ] (Verwunderung).

Daneben gibt es Ausrufe, die Material aus dem übrigen Wortschatz der Sprache verwenden, vom Wort bis zum Satz: *Mensch, Scheiße, ach du liebe Zeit, meine Güte, ich glaub' ich spinne, na also, sag bloß, ach was* usw.

Manche Gefühle und Empfindungen können daher auf zwei Weisen ausgedrückt werden: subjektiv mithilfe von Interjektionen oder objektiv mit Sätzen, die den entsprechenden Sachverhalt anhand ihrer deskriptiven Bedeutung formulieren. Zwischen den beiden Arten, wie man zum Ausdruck zu bringen kann, dass einem zum Beispiel etwas wehtut,

(13)　a.　*Aua!*

　　　　b.　*Das tut weh!*

besteht jedoch folgender wichtige Unterschied: die Interjektion dient dem unmittelbaren Ausdruck des Schmerzes. Mit dem Satz *Das tut weh!* formuliert man dagegen einen Sachverhalt und stellt ihn als wahr hin. Auf „Das tut weh!" kann mein Gegenüber reagieren mit „Tatsächlich?" oder „Das glaube ich nicht!", als Entgegnung auf „Aua!" hat eine solche Reaktion zumindest eine besondere Qualität. Das liegt daran, dass mit dem Satz *das tut weh* eine Proposition gebildet wird. Entgegnungen wie „Tatsächlich?" beziehen sich auf die Proposition und darauf, ob sie wahr ist. Dagegen ist *aua* als Interjektion zwar für eine vollständige Äußerung geeignet, aber es ist kein Satz und besitzt keine Proposition, der man zustimmen oder widersprechen könnte. Die besondere Qualität der genannten Entgegnungen als Reaktionen auf „Aua!" kommt dadurch zustande, dass damit eine Interjektion so behandelt wird, als sei stattdessen ein Satz geäußert worden.

Die Regeln für die Verwendung von Expressiven sind einfach, zum Beispiel: man sagt *ih*, wenn einen etwas ekelt; daher wird die Äußerung

---

15　Interessanterweise enthalten diese Ausdrücke oft Laute, die außerhalb des eigentlichen Lautsystems der Sprache stehen; so kommen [ɔ:] und [eɪ] in nicht entlehnten deutschen Wörtern ebenso wenig vor wie der exotische alveolare Click („Schnalzlaut"), der hier als „ts" wiedergegeben wurde.

von *ih* so verstanden, dass sich der Sprecher ekelt. Die persönlichen Gefühle, Empfindungen, Einstellungen und Bewertungen, die man mit Expressiven ausdrückt, sind nur für einen selbst direkt zugänglich und daher ist man für ihre Bekundung auch allein zuständig. Die Entscheidung, ob etwa die Äußerung von *ih* in einem ÄK korrekt ist, liegt allein bei dem Sprecher: er allein weiß, ob er sich ekelt und muss wissen, ob er das verbal zum Ausdruck bringen will.

Während man Interjektionen und Ausrufe in der Regel als vollständige Äußerungen gebraucht, lassen sich andere Expressive wie *leider* oder *hoffentlich* in einen Satz einbauen, um ihm so eine expressive Komponente hinzuzufügen. So wie Interjektionen keine Proposition ausdrücken, tragen satzinterne Expressive nicht zur Proposition des Satzes bei. Das wird deutlich, wenn man wieder die Bezüge von Entgegnungen betrachtet, die sich auf die Proposition richten:

(14)   a.   Angelika: *Leider reist Paul morgen ab.*
            Klaus: *Ach, wirklich?*
       b.   Angelika: *Ich finde es schade, dass Paul morgen abreist.*
            Klaus: *Ach, wirklich?*

In (14a) drückt Angelika ihre Bewertung des Sachverhalts, dass Paul am nächsten Tag abreist, durch das expressive Adverb *leider* aus; in (14b) wird in etwa die gleiche Bewertung als Sachverhalt formuliert, durch die Konstruktion *ich finde es schade, dass*. Die Entgegnung von Klaus kann im ersten Fall nur auf den Sachverhalt, dass Paul am folgenden Tag abreist, bezogen werden; Angelikas Bewertung wird damit nicht in Frage gestellt. Die Proposition des Satzes in (14a) ist also lediglich ›Paul reist morgen ab‹. Klaus' Reaktion in (14b) kann dagegen sowohl auf die Aussage, dass Angelika die Abreise schade findet, bezogen werden als auch (mit leichten Akzeptabilitätsabstrichen) auf die eingebettete Teilaussage, dass Paul am nächsten Tag abreist. Daher gehört ›Sprecherin findet es schade, dass ...‹ in (14b) mit zur Proposition des Satzes.

Andere expressive Adverbien sind *hoffentlich* und *Gott sei Dank*. Außer Adverbien lassen sich als expressive Zusätze besondere Adjektive und Nomenpräfixe in einen Satz einbauen. Sie drücken eine subjektive Einstellung zu dem Referenten des zugehörigen Nomens aus. (15a) gibt Beispiele aus dem wesentlich reichhaltigeren Repertoire an negativ bewertenden Expressiven, (15b) zeigt positive:

(15)   a.   *sein blödes Auto, ihre bekloppte Handtasche,*
            dein Scheiß-Rucksack
       b.   *dieser tolle/geile Film, dein Super-Aufsatz*

Schimpfwort	deskriptive Bedeutung
Rindvieh, Depp, Idiot, Trottel, Tölpel, Kindskopf, Flasche, Arsch, Arschloch, Drecksau	›Person‹
Blödmann, Fatzke, Wichser, Memme, Pfeife, Affe, Schweinepriester	›Mann‹
Miststück, Tusse, Zicke, Schlampe	›Frau‹
Gör, Blag	›Kind‹

Tabelle 2.4 Schimpfwörter für Personen

Expressive Präfixe wie *Scheiß-* oder *Super-* ergeben Wörter mit sowohl expressiver als auch deskriptiver Bedeutung: das eigentliche Nomen wie *Rucksack* oder *Aufsatz* in (15) steuert die deskriptive Bedeutung bei, der Zusatz die expressive. Viele andere Wörter und Ausdrücke haben als Ganzes deskriptive und expressive Bedeutung, ohne dass man sie in zwei entsprechende Wortteile zerlegen könnte. Die größte Gruppe solcher Expressive sind **Schimpfwörter** für Personen (Tabelle 2.4). Schimpfwörter sind **pejorativ**: sie bringen eine negative Bewertung zum Ausdruck. Zusätzlich zu ihrem deskriptiven Bedeutungsanteil besitzen sie eine differenzierte expressive Bedeutung: ein „Arsch" ist durchaus nicht dasselbe wie ein „Arschloch", ein „Depp" etwas anderes als ein „Idiot". Schimpfwörter kategorisieren nach Aspekten des Erscheinungsbildes, des Charakters und der Verhaltensweisen einer Person. Außer für Personen gibt es pejorative Ausdrücke für die zentralen Kategorien des Alltagslebens: Körperteile (*Birne, Dez, Dassel, Glotzer, Gurke, Schnauze, Maul, Fresse, Pfote, Kralle, Flosse, Quanten, Arsch* usw.), Hunde (*Töle, Köter*), Häuser (*Klitsche),* Autos (*Rostlaube, Karre*) oder für Tätigkeiten wie essen (*fressen*), trinken (*saufen*), laufen (*latschen*).

Pejorative Ausdrücke sind oft nicht leicht zu unterscheiden von **Kraftausdrücken**; tatsächlich lassen sich einige der genannten Schimpfwörter vielleicht eher dieser Sorte von Expressiven zuordnen. Kraftausdrücke sind Wörter wie *Kerl, Typ* oder *Weib*, die zusätzlich zu ihrer deskriptiven Bedeutung (›Mann‹ bzw. ›Frau‹) eine emotionale Emphase als expressiven Bedeutungsanteil besitzen. Sie sind – das ist der entscheidende Test zur Abgrenzung von Schimpfwörtern – sowohl mit negativen als auch mit positiven Bewertungen kompatibel: *Scheiß-*

Weib vs. *Super-Weib.* Andere Fälle sind diverse Ausdrücke für Geld (*Zaster, Mäuse, Kohle, Schotter*) oder Verben wie *wetzen* (laufen), *mampfen* (essen), *grabschen* (nehmen), *malochen* (arbeiten), *ratzen, pofen, knacken* (schlafen) und viele andere.

Expressive mit positiver Bewertung sind selten: Beispiele sind **Kosewörter** wie *Schätzchen, Liebling, Engel, Maus, Süße(r)* oder Ausdrücke wie *Speise* vs. *Essen, Gattin* vs. *Frau/Ehefrau.*

Viele der genannten Ausdrücke sind sekundäre Verwendungen von Wörtern, die primär eine andere, meist nicht-expressive, Bedeutung haben, zum Beispiel *Birne* oder *Flosse.* Diese Wörter haben also mehrere Bedeutungsvarianten: in der einen bedeutet *Birne* rein deskriptiv die Frucht oder auch eine Glühbirne, in der anderen bedeutet es deskriptiv ›Kopf (eines Menschen)‹ und hat zusätzlich einen pejorativen expressiven Bedeutungsanteil.

2.4.2   Soziale vs. expressive Bedeutung

Viele Semantiker betrachten soziale und expressive Bedeutung als nicht klar zu trennen. Die Unterscheidung ist jedoch nicht so schwierig, wie es erscheinen mag. Wie wir gesehen haben, ist die Verwendung von Ausdrücken mit sozialer Bedeutung durch Regeln für die Handhabung sozialer Interaktion bestimmt (Definition 6). Diese Regeln legen fest, unter welchen Umständen solche Ausdrücke und Formen angebracht sind (zum Beispiel muss einer Bedankung eine Gefälligkeit vorausgehen) und als was ihre Verwendung dann zählt: als Dank, Abschied, Entschuldigung, als förmlicher oder formloser Umgang usw.

Dagegen gehorcht der Einsatz von Expressiven anderen Regeln, die nur die s u b j e k t i v e , nicht die soziale Angemessenheit ihrer Verwendung betreffen. Natürlich ist die Äußerung persönlicher Gefühle und Bewertungen in einer Gesellschaft nicht frei, und die Verwendung von Expressiven, insbesondere von Schimpf- oder Kosewörtern kann erhebliche soziale Konsequenzen haben. Aber während es klare soziale Regeln für die Verwendung von Ausdrücken mit sozialer Bedeutung gibt, zum Beispiel für das Duzen und Siezen oder den Gebrauch von Vor- oder Nachnamen als Anrede, gibt es keine solchen Regeln dafür, wann man jemanden ein „Arschloch" nennt. Das ist allein Sache der subjektiven Kategorisierung und allgemeiner sozialer Rücksichten.

Manche Ausdrücke mit sozialer Bedeutung kann man als ritualisierte Mittel des Ausdrucks von Gefühlen und Bewertungen ansehen, zum Beispiel Ausdrücke für Bedankungen, Entschuldigungen, Beileidsbekundungen, Gratulationen, gute Wünsche usw. Floskeln wie *tut mir Leid* oder *angenehm* weisen in diese Richtung. Dennoch ist die Bedeu-

Bedeutungsanteil	Funktion	Verwendungskriterien
deskriptive Bedeutung	*Beschreibung von Referenten und Situationen*	Übereinstimmung mit den Fakten
soziale Bedeutung	*Anzeige sozialer Beziehungen und Vollzug spezifischer sozialer Interaktionen*	Übereinstimmung mit spezifischen sozialen Regeln
expressive Bedeutung	*unmittelbarer Ausdruck persönlicher Gefühle, Empfindungen, Bewertungen, Einstellungen*	Übereinstimmung mit den persönlichen Gefühlen, Empfindungen, Bewertungen, Einstellungen

Tabelle 2.5 Bedeutungsanteile

tung dieser Ausdrücke, wenn sie in den dafür vorgesehenen Situationen als konventionelle Mittel der sozialen Interaktion eingesetzt werden, sozial, nicht expressiv. Es sind nicht die tatsächlichen Gefühle und Empfindungen, die sozial relevant sind; was zählt, ist ihre B e k u n - d u n g in der vorgesehenen Form und ein Verhalten, das damit in Einklang steht. Tabelle 2.5 stellt die drei behandelten möglichen Anteile der Ausdrucksbedeutung zusammen.

2.5   Konnotationen

Wenn man einen Ausdruck mit deskriptiver Bedeutung benutzt, aktiviert man damit bei seinen Adressaten nicht nur das semantische Konzept, das mit der Wortform mental als Bedeutung verknüpft ist, sondern einen ganzen Hof von Assoziationen. Einige davon sind rein persönlich, andere dagegen kulturell, das heißt aktuelle Standards einer kulturellen Gemeinschaft. Die kulturellen Assoziationen nennt man **Konnotationen**; sie werden oft als sekundäre Bedeutung des Ausdrucks betrachtet, die er zusätzlich zu seiner primären Bedeutung besitzt. Dieser Ansicht wird hier nicht gefolgt. Oft ändern sich die Konnotationen eines Wortes, während seine Bedeutung unverändert bleibt.

Zum Beispiel haben sich die Konnotationen des Wortes *Computer* seit den 1960er Jahren fast völlig verändert. Damals verbanden sich mit dem Begriff Vorstellungen von unheimlichen, undurchschaubaren, unkontrollierbaren, superintelligenten Maschinen, die eines Tages die Menschheit zu unterjochen drohen. Davon ist seit der Verbreitung des PCs wenig geblieben. Dennoch hat sich die deskriptive Bedeutung des Wortes *Computer* seitdem nicht verändert: sie war und ist weit genug, um mit dem Wort sowohl auf die damaligen als auch auf die heutigen und zukünftige Rechenmaschinen zu referieren. Was sich in diesen Jahren dramatisch verändert hat, ist die faktische Denotation (vgl. Fußnote 6, S.32) des Wortes, und diese Veränderungen haben Einfluss auf die Konnotationen. Es ist daher angemessener, Konnotationen als Assoziationen zu betrachten, die sich nicht wie die Bedeutung mit dem Wort selbst verknüpfen, sondern mit der zugehörigen „kulturellen Kategorie" (§9.6.3), das heißt den real existierenden Exemplaren innerhalb der Denotation des Wortes.

Die hier getroffene Unterscheidung wird nicht von allen Autoren geteilt. Häufig wird expressive Bedeutung, zum Beispiel die negative Bewertung, die ein Schimpfwort ausdrückt, als Konnotation bezeichnet. Tatsächlich spielen Konnotationen sicherlich eine Rolle bei der Entstehung von Schimpfwörtern. Zum Beispiel ist die Konnotation „schmutzig" für Schweine die Basis für die Entstehung von *Schwein* als Schimpfwort für Personen (vgl. die Variante *Dreckschwein* neben anderen Schimpfwörter wie *Drecksack* oder *Dreckskerl*). Aber ›schmutzig‹ ist weder an der Bedeutung der Tierbezeichnung noch des Schimpfwortes *Schwein* beteiligt. Schweine in beiderlei Sinn können faktisch sauber sein, weshalb ›schmutzig‹ nicht Teil der deskriptiven Bedeutung sein kann. Was die expressive Bedeutung angeht, so besitzt die Tierbezeichnung gar keine, während die komplexe Charakterkategorisierung, die das Schimpfwort ausdrückt, mit ›schmutzig‹ – auch im übertragenen Sinne – nicht hinreichend erfasst ist.

Negative Konnotationen, zusammen mit gesellschaftlichen Tabus, sind der Grund für **Euphemismen**: beschönigende und umschreibende Ausdrücke für negativ konnotierte und/oder tabuisierte Dinge. Die Sprache der Politik ist voll davon: man nehme nur das Vokabular für Krieg (*Verteidigungsministerium* statt *Militärministerium*; *friedenserhaltende Maßnahmen* für kriegerische Aktivitäten usw.). Weitere Felder für Euphemismen sind klassische Tabubereiche wie Tod (vgl. *Friedhof, verscheiden, ableben, von uns gehen, Opfer*) und Sexualität (*ins Bett gehen, mit einander schlafen, Verkehr*). Das Streben nach politischer Korrektheit führt ebenfalls ständig zu neuen Euphemismen.

Wenn in einer Gesellschaft bestimmte Eigenschaften oder Gruppen, zum Beispiel Menschen mit dunkler Hautfarbe, diskriminiert sind, haften den dafür üblichen Bezeichnungen, zum Beispiel früher *Neger*, entsprechend negative Konnotationen an, die mit der Verwendung des Wortes auch zum Ausdruck kommen. Um sich in diesem Sinne nicht diskriminierend ausdrücken zu müssen, werden neue Ausdrücke für diese Eigenschaften oder Gruppen eingeführt, zum Beispiel *Schwarze*, *Farbige*; es dauert dann meist nicht lang, bis diese neuen Ausdrücke wieder mit denselben Konnotationen behaftet sind, weil die gesellschaftliche Diskriminierung fortbesteht, sodass nach kurzer Zeit wieder neue Ausdrücke gefunden werden müssen.

Schlüsselbegriffe

Deskriptive Bedeutung
Referenz, (potenzieller) Referent
Denotation, faktische Denotation
(potenzielle) Referenzsituation
Proposition
Wahrheit
Wahrheitsbedingungen
Satztyp

Soziale Bedeutung
förmlich *vs.* formlos
Anredeformen, Duzen u. Siezen

Expressive Bedeutung
Expressiv
Interjektion
Schimpfwort
Kraftausdruck
Kosewort

Konnotation
Euphemismus
politische Korrektheit

Übungen

1. Versuchen Sie, die deskriptive Bedeutung der folgenden Wörter zu definieren, und vergleichen Sie Ihre Definition anschließend mit den Angaben in einem einsprachigen deutschen Wörterbuch: *Fisch, Milch, orange, trächtig, hinken.*

2. Die beiden Sätze *Angelika und Klaus sind verheiratet* und *Angelika ist mit Klaus verheiratet* haben nicht dieselbe Proposition. Beschreiben Sie die beiden Propositionen in einer Weise, dass der Bedeutungsunterschied deutlich wird.

3. Welche Ausdrücke (evtl. mehrere Alternativen) gibt es im Deutschen für folgende Zwecke:

   a) Bitte etwas zu wiederholen, das man nicht verstanden hat

   b) positive Quittung für eine Entschuldigung

   c) Melden am Telefon

   d) Neujahrswünsche

   Welche Art von Bedeutung haben diese Ausdrücke?

4. Finden Sie mehr Expressive mit der deskriptiven Bedeutung ›Mund‹, ›Hand‹, ›gehen‹, ›schauen‹. Welche sind negativ, welche positiv, welche Kraftausdrücke?

5. Finden Sie möglichst viele Tierbezeichnungen, die als Expressive für Personen verwendet werden (wie *Schwein*, *Affe*). Bestimmen Sie ihre deskriptive Bedeutung (Kann man den Ausdruck nur für Kinder, Frauen, Männer oder für alle Personen gebrauchen?). Überlegen Sie sich, ob sie negativ, positiv oder Kraftausdrücke sind.

6. Finden Sie aus einer Tageszeitung fünf Euphemismen.

7. Diskutieren Sie die Rolle von Wörtern und deren Bedeutung in der Kommunikation.

8. Diskutieren Sie den Zusammenhang zwischen deskriptiver Bedeutung, Referenz und Denotation.

9. Wie kommt es, dass häufig mit demselben Satz in verschiedenen ÄK unterschiedliche Informationen gegeben werden können?

10. Diskutieren Sie den Zusammenhang zwischen Proposition, Referenzsituation und Wahrheitsbedingungen.

11. Diskutieren Sie den Zusammenhang zwischen Bedeutung, Denotation, faktischer Denotation und Konnotationen.

12. Untersuchen Sie den folgenden Dialog Wort für Wort: Welche Wörter bzw. Phrasen haben deskriptive, welche soziale, welche expressive Bedeutung? Beschreiben Sie diese Bedeutungsanteile jeweils ansatzweise:

    A: *Hi, Karsten. Gehst du in diese blöde Vorlesung?*

    B. *Hi. Em, nee, tut mir leid.*

Lesehinweise

Lyons (1977/1980: §7) zu Referenz, [deskriptiver] Bedeutung und Denotation. Lyons (1995: §6.6-7) zu Satztypen. Palmer (2001) behandelt umfassend nichtdeskriptive Satzbedeutung.

Zur sozialen Bedeutung verschiedener Anredeformen der klassische Aufsatz Brown & Gilman (1964), Mühlhäusler & Harré (1990: §6) mit einer Kritik, Braun (1988), Kohz (1982) zum Deutschen und Schwedischen; zur sozialen Bedeutung im Japanischen Coulmas (1987). Zu sprachlichen Höflichkeitsphänomenen allgemein und ihrer Basis Brown & Levinson (1978).

Zu Schimpfwörtern im Deutschen Scheffler (2000). Lyons (1995: §2.3) und Cruse (1986: §12.2) zu expressiver gegenüber deskriptiver Bedeutung.

3 Ambiguität

Bei der Diskussion der verschiedenen Aspekte sprachlicher Bedeutung wurde bis hierher vereinfachend davon ausgegangen, dass ein Ausdruck nur eine Bedeutung hat, wenn auch eventuell aus verschiedenen Anteilen zusammengesetzt. Dem ist natürlich eigentlich nicht so. Fast alle Inhaltswörter haben mehrere Bedeutungen und auch ganze Sätze können mehrere Lesarten erlauben. Der Fachausdruck für dieses Phänomen ist **Ambiguität**: ein Ausdruck oder eine Äußerung ist ambig[1], wenn er auf mehrere Weisen interpretiert werden kann. Der Begriff der Ambiguität kann auf alle Bedeutungsebenen angewandt werden, auf Ausdrucksbedeutung, Äußerungsbedeutung und kommunikativen Sinn.

Dieses Kapitel hat zwei Teile. Im ersten Teil geht es um lexikalische und kompositionale Ambiguität, das heißt um Mehrdeutigkeit von Wörtern und Sätzen auf der Ebene der Ausdrucksbedeutung. Hier wird zunächst der Alltagsbegriff ‚Wort' durch den Fachbegriff ‚Lexem' ersetzt (§3.1). Damit lässt sich zwischen zwei Formen von lexikalischer Ambiguität unterscheiden: Homonymie und Polysemie (§3.2). §3.3 führt den Begriff der kompositionalen Ambiguität für komplexe Ausdrücke ein. Der zweite Teil befasst sich mit kontextueller Ambiguität: dem Auftreten zusätzlicher Lesarten von Wörtern und Sätzen, die sich auf der Ebene der Äußerungsbedeutung durch Bedeutungsverschiebungen ergeben. Drei Typen von Verschiebungen werden eingeführt: Metonymie, Metapher und Differenzierung (§3.4). Alle derartigen Verschiebungen lassen sich darauf zurückführen, dass die Interpretation von Wörtern und Sätzen in ihrem Kontext dem „Prinzip der konsistenten Interpretation" folgt. Das Kapitel schließt mit Überlegungen zum Zusammenhang zwischen kontextueller Ambiguität und Polysemie (§3.5).

---

1 Mit Betonung auf der zweiten Silbe, sprich: [am'bi:k]; umgangssprachliche Entsprechung ist *mehrdeutig*.

3.1 Lexeme

Wie schon in §1.2 bemerkt sind es nicht nur einzelne Wörter, die lexikalische Bedeutung tragen – wenn sie auch den prototypischen Fall
verkörpern. Es gibt auch zusammengesetzte Ausdrücke mit einer besonderen lexikalischen Bedeutung, die eigens gelernt werden muss,
zum Beispiel **Idiome** wie *das Handtuch werfen* oder *die Flinte ins
Korn werfen* für ›aufgeben‹ oder feste Kombinationen mit einer speziellen Bedeutung wie *dicke Bohne, kleiner Zeh, grauer Star*. Ein zusammengesetzter Ausdruck hat genau dann lexikalische Bedeutung,
wenn sich diese Bedeutung nicht kompositional ergibt, sondern als
Teil des sprachlichen Dauerwissens im Kopf gespeichert sein muss.
Einfache oder komplexe Ausdrücke mit lexikalischer Bedeutung nennt
man **Lexeme** oder **Lexikoneinheiten**. Idiome im engeren Sinne sind
komplexe Lexeme wie die genannten, die neben der idiomatischen
auch eine wörtliche, kompositionale Bedeutung haben. Andere zusammengesetzte Lexeme haben nur ihre lexikalische Bedeutung, zum Beispiel Partikelverben wie *aufgeben, antun, vorkommen*; sie bestehen
insofern nicht aus einer Einheit, als sie sich in bestimmten Fällen in
zwei syntaktisch getrennte Wörter aufspalten (vgl. *sie <u>gab</u> nicht <u>auf</u>*).
   Die Lexeme bilden das **Lexikon** einer Sprache, eine riesengroße
komplexe Struktur in den Köpfen der Sprachbenutzer. Lexikalische
Bedeutung ist nicht mit der Bedeutungsbeschreibung in Lexika und
Wörterbüchern zu verwechseln. Wörterbücher beschreiben die Bedeutung von Wörtern durch Paraphrasen, zum Beispiel die Bedeutung von
Bär als ›großes Raubtier mit dickem braunem Pelz, gedrungenem
Körper und kurzem Schwanz‹ (Duden, GWDS). Um diese Umschrei-
bung zu verstehen, muss man wiederum die Bedeutung der Wörter
Raubtier, Pelz, gedrungen usw. kennen. In diesem Sinne sind Wörterbücher zirkulär. Egal wie sorgfältig sie verfasst werden, enthalten sie
immer einen Restbestand von Wörtern, deren Bedeutung nicht erklärt
ist und auch nicht auf diese Weise erklärt werden kann.[2] Im Gegensatz
zu den Wörterbuchdefinitionen sind die lexikalischen Bedeutungen,
die wir als Sprachbenutzer in unserem Kopf gespeichert haben, n i c h t
einfach Umschreibungen durch andere Wörter. Sie sind Konzepte.
Was genau Konzepte sind, wird uns in Kapitel 9 beschäftigen; jedenfalls sind Konzepte keine Wörter und man darf mit einigem Recht
bezweifeln, dass ihr Inhalt überhaupt verbalisierbar ist.

---

[2] In §7.5 wird eine Theorie besprochen (*Natural Semantic Metalanguage*), die versucht, diesem Problem der Bedeutungsbeschreibung systematisch zu begegnen.

Bisher war nur von Ausdrücken und deren lexikalischen Bedeutungen die Rede. Lexeme haben jedoch mehr als nur diese zwei Seiten. Ein Lexem ist vor allen Dingen eine sprachliche Einheit innerhalb des sprachlichen Systems, die nach den Regeln der Sprache aufgebaut ist und in Phrasen und Sätze eingebaut werden kann. Lexeme unterscheiden sich in ihrem grammatischen Verhalten und werden dementsprechend in unterschiedliche **grammatische Kategorien** wie Adjektiv, Verb, Nomen eingeteilt. Zum Beispiel kann ein Nomen mit einem Adjektiv und das Ganze mit einem Artikel zu einer NP verbunden werden. Die NP kann dann als Akkusativobjekt mit einem transitiven Verb eine VP bilden usw. Dies sind grammatische Charakteristika der Kategorien Nomen, Adjektiv und transitives Verb.

Im Deutschen können manche Ausdrücke als Elemente mehrerer Kategorien verwendet werden. Viele Verben werden sowohl intransitiv als auch transitiv (ohne bzw. mit Akkusativobjekt) gebraucht: *rollen*, *kochen*, *aussetzen*; Wörter wie *schwarz*, *negativ* oder *rund* gibt es als Adjektiv und als Nomen, andere Wörter als Nomen und Verb (*Können*, *Essen*, *Rennen*). Obwohl diese Ausdrücke in ihren verschiedenen Verwendungen eng zusammenhängende Bedeutungen haben, werden sie als jeweils verschiedene Lexeme betrachtet. Es gibt also mindestens zwei Lexeme *rollen*, es gibt *rennen* und *Rennen*, *schwarz* und *Schwarz* usw. Allgemein zählt ein Ausdruck in mehreren grammatischen Kategorien jeweils als ein eigenes Lexem.

Die Elemente mancher grammatischen Kategorien besitzen **inhärente grammatische Eigenschaften**, zum Beispiel Genus (Maskulinum, Femininum, Neutrum) bei Nomen in den meisten europäischen Sprachen. Das Genus von Nomen ist lexikalisch festgelegt und nicht variierbar oder nach grammatischen Regeln anzupassen. Dem widerspricht nicht, dass es viele Genuspaare im Lexikon gibt, zum Beispiel als Nomen verwendete Adjektive wie deutsch *Abgeordnete-Abgeordneter* oder Nomenpaare wie italienisch *bambina-bambino* (›Mädchen‹, ›Junge‹) und spanisch *hija-hijo* (›Tochter‹, ›Sohn‹).

Die grammatische Kategorie bestimmt weiterhin, welche **grammatischen Formen** ein Ausdruck bildet. Manche Kategorien, zum Beispiel Präpositionen und Konjunktionen, haben im Standarddeutschen eine feste Form, nicht aber die Kategorien Nomen, Adjektiv und Verb. Nomen **flektieren** nach Numerus (*Haus, Häuser*) und Kasus (*Häuser, Häusern*), Adjektive und Artikel nach Genus (*der, die, das*), Numerus (*der, die*) und Kasus (*der, des, dem, den*). Außerdem besitzen fast alle Adjektive und Adverbien drei Steigerungsformen (Positiv *leise*, Komparativ *leiser*, Superlativ *leisest*). Das größte Formenspektrum haben

Verben. Sie bilden unter anderem Tempusformen (Präsens *isst*, Präteritum *aß*, Futur *wird essen*, Perfekt *hat gegessen* und andere), Aktiv und Passiv (*isst* vs. *wird gegessen*) und verschiedene Modi (Indikativ *isst*, Konjunktiv *(sie) esse, äße*, Imperativ *iss*) und flektieren in diesen Varianten nach Person und Numerus (*ich esse, du isst* usw.). Manche Formen des Verbs sind aus mehreren Wörtern zusammengesetzt: *war gegessen worden*. Für jede grammatische Kategorie gibt es Regeln, nach denen man die regelmäßigen Formen bildet (etwa für die 2. Person Singular Präsens Indikativ Aktiv *sag-st* und Präteritum *sag-te-st*). Für unregelmäßige Lexeme ist Information zur Bildung der besonderen Formen im Lexikoneintrag gespeichert, etwa dass für *vergessen* Präsens und Präteritum in der 3. Person Singular Indikativ Aktiv *vergisst* bzw. *vergaß* lauten. Unregelmäßigkeiten gibt es auch beim Plural von Nomen und der Steigerung von Adjektiven. Wenn ein Lexem mehrere grammatische Formen hat, wird eine davon als **Zitierform** oder **Lexikonform** verwendet. Für Verben zum Beispiel dient im Deutschen der Infinitiv (Präsens, Aktiv) als Zitierform, im Ungarischen die 3. Person Singular Präsens (Indikativ, Aktiv), im Japanischen die Präsensform (Indikativ, Aktiv). In der Regel ist die Zitierform die morphologisch einfachste Form.

Jede grammatische Form eines Lexems hat eine gesprochene Form und eine orthographische Form (wenn es für die Sprache eine Schriftnorm gibt), hier **Lautform** und **Schriftform** genannt. Die beiden Lexeme *essen* und *Essen* haben dieselbe Lautform, aber verschiedene Schriftformen. Die beiden Lexeme *aussetzen* (transitiv bzw. intransitiv) stimmen in beiden Formen überein; sie unterscheiden sich nur in ihrer grammatischen Kategorie.

Alle genannten Eigenschaften machen ein Lexem aus und müssen im Lexikon gespeichert sein. Ein einzelnes Lexem ist daher durch die Summe der folgenden Angaben definiert, aus denen sich der zugehörige **Lexikoneintrag** zusammensetzt:

- Lautform
- Schriftform (falls es für die Sprache eine Schriftnorm gibt)
- grammatische Kategorie (z.B. Adjektiv, intransitives Verb)
- inhärente grammatische Eigenschaften
- grammatischen Formen, insbesondere unregelmäßige Formen
- lexikalische Bedeutung

Diese Definition gilt sowohl für einfache als auch für zusammengesetzte Lexeme. Auch Lexeme wie *das Handtuch werfen* oder *dicker*

Zeh haben eine feste Laut- und Schriftform, gehören zu einer grammatischen Kategorie, haben inhärente grammatische Eigenschaften (*dicker Zeh* ist Maskulinum) und bilden das gesamte Spektrum von grammatischen Formen. Zum Beispiel flektiert *dicker Zeh* nach Kasus und Numerus, und *das Handtuch werfen* genauso wie *werfen*, indem innerhalb dieses komplexen Ausdrucks das Verb flektiert.

Im Prinzip ist jede der genannten Angaben „konstitutiv": wenn sich zwei Ausdrücke in nur einer davon wesentlich unterscheiden, sind sie verschiedene Lexeme. Einzige Ausnahmen sind kleinere Variationen Für manche Lexeme sind zum Beispiel alternative Schreibformen zulässig (*potentiell, potenziell*), für andere mehrere Aussprachevarianten (['kafe] oder [ka'fe:] für *Kaffee*), manche Substantive schwanken im Genus (*das* vs. *der Jogurt*). Solange mit solchen kleineren Variationen keine anderen Unterschiede einhergehen, insbesondere keine Bedeutungsunterschiede, setzt man nur ein Lexem an.

Das heißt nicht, dass kleine Unterschiede nicht ausschlaggebend sein können. Sie zählen immer, wenn damit ein grundlegender Bedeutungsunterschied verbunden ist. Zum Beispiel hat *Bank* zwei verschiedene Pluralformen, *Banken* und *Bänke*, die mit unterschiedlichen Bedeutungen (›Geldinstitut‹ vs. ›Sitzmöbel‹) korrespondieren; daher setzt man zwei Lexeme *Bank* an. Das Wort *Zeh* hat zwei Genusvarianten: *der Zeh* vs. *die Zehe*. Beide können ein Fußglied bedeuten, aber nur die zweite ein Knoblauchsegment. Da sich die beiden Bedeutungen so stark überlappen und die Sonderbedeutung von *Zehe* mit der Grundbedeutung verwandt ist, würde man zögern, hier von zwei Lexemen zu sprechen; aber möglich wäre es. Ob bei gewissen Variationen, die mit einem Ausdruck verbunden sind, ein oder mehr Lexeme anzusetzen sind, ist eine graduelle Frage. Es gibt daher natürlich Grenzfälle, die schwer zu entscheiden sind.

3.2 Lexikalische Ambiguität

In einem ausführlicheren einsprachigen Wörterbuch wird man kaum ein Inhaltswort finden, für das nicht mehrere Bedeutungen angegeben sind. Wenn die oben formulierte Definition eines Lexems unserer Intuition von Wörtern und ihren Bedeutungen entsprechen soll, muss diese Bedeutungsvielfalt berücksichtigt werden. Dürfte ein Lexem strikt nur eine Bedeutung haben, so würde sich die Anzahl der anzunehmenden Lexeme enorm erhöhen. Manchmal, aber nur in wenigen Fällen wie *Bank/Banken* vs. *Bank/Bänke*, entspricht es unserer Intuition, mehrere

Lexeme anzunehmen, in den allermeisten Fällen aber nicht. Zum Beispiel nennt der Duden (GWDS) für das Wort *Seite* elf Bedeutungen
mit Unterbedeutungen, darunter ›eine von mehreren ebenen Flächen,
die einen Körper, Gegenstand begrenzen;...‹, ›Partie des menschlichen
Körpers, die als fließender Übergang zwischen seiner vorderen und
hinteren Fläche in Längsrichtung von Kopf bis Fuß verläuft‹, ›eine von
mehreren möglichen Richtungen‹, ›Blatt eines Hefts, Druckerzeugnis-
ses‹, ›eine von mehreren Erscheinungsformen; Aspekt, unter dem sich
etw. darbietet‹. Alle diese Bedeutungen hängen zusammen, und man
nimmt daher nur ein Lexem *Seite* mit einem gewissen Bedeutungs-
spektrum an.

Um Fälle wie *Bank* und *Seite* zu unterscheiden, redet man im ersten
Fall von **Homonymie**, im zweiten von **Polysemie**. Etwas vereinfacht
gesagt handelt es sich bei Homonymie um Lexeme mit verschiedenen
Bedeutungen, die zufällig dieselbe Form haben. Von Polysemie spricht
man dagegen, wenn ein Lexem ein Spektrum von zusammenhängenden Bedeutungsvarianten hat, wenn also im obigen Sinne nur „kleinere" Bedeutungsvariation vorliegt. Betrachtet man eine konkrete Ambiguität, zum Beispiel die Tatsache, dass *Bank* (a) eine Sitzgelegenheit
und (b) ein Geldinstitut bezeichnen kann, ist die Frage, ob es sich um
einen Fall von Homonymie oder Polysemie handelt, eine graduelle
Frage; ihre Beantwortung hängt davon ab, ob sich eine Beziehung
zwischen den beiden Bedeutungen feststellen lässt und ob sie hinreichend eng ist. So betrachtet bilden Homonymie und Polysemie
zwei Extreme auf einer Skala. Beide Phänomene stellen Fälle von
lexikalischer Ambiguität dar: Ausdrücke mit derselben Laut- und/
oder Schriftform und mehr als einer lexikalischen Bedeutung. Im übrigen ist es, wie sich zeigen wird, durchaus möglich, dass Homonymie
und Polysemie bei ein und demselben Ausdruck auftreten.

3.2.1 Homonymie

Das Nomen *Weiche* kann in drei Bedeutungen verwendet werden: die
eine beschreibt das GWDS als ›Konstruktion miteinander verbundener
Gleise, mit deren Hilfe Schienenfahrzeugen der Übergang von einem
Gleis auf ein anderes ohne Unterbrechung der Fahrt ermöglicht wird‹,
die anderen als ›Weichheit‹ oder (etwas veraltet) als ›Flanke‹. Die erste
Bedeutung steht in keinem Zusammenhang zu den beiden anderen, die
aber ihrerseits eng verbunden sind; daher betrachtet man *Weiche*$_1$ in
der ersten Bedeutung als ein anderes Lexem als *Weiche*$_2$ in der Bedeutung ›Weichheit‹ oder ›Körperflanke‹. *Weiche*$_1$ hängt mit den Verben
weichen$_1$ ›weggehen‹ und *ausweichen* zusammen, *Weiche*$_2$ mit dem

Adjektiv *weich*, von dem sich wiederum Verben wie *weichen₂* ›weich werden‹, *aufweichen*, *durchweichen* ableiten. Die beiden **Homonyme** *Weiche₁* und *Weiche₂* haben verschiedenen Ursprung: der Diphthong *ei* entstand bei *Weiche₁* aus mittelhochdeutsch *ei*, bei *Weiche₂* aus *ī* (langes i). Für viele Linguisten ist das Vorliegen unterschiedlicher historischer Quellen ein Kriterium dafür, eine Ambiguität nicht als Polysemie, sondern als Homonymie einzuordnen. Dem liegt die Vorstellung zugrunde, dass zwei Lexeme nicht im Lauf der Zeit zu einem verschmelzen können, wenn ihre Formen durch übergeordnete Prozesse wie Lautverschiebungen zusammenfallen. Dieses Kriterium für Homonymie wird mehr und mehr in Frage gestellt. Die meisten Sprachbenutzer wissen nichts über die Herkunft der Wörter, die sie verwenden. Für sie ist allein ihre Intuition dafür ausschlaggebend, ob die verschiedenen Bedeutungen eines Ausdrucks miteinander in Verbindung stehen. Zum Beispiel nehmen viele Sprecher des Englischen an, dass es zwischen *ear* ›Ohr‹ und *ear of corn* ›Maiskolben‹ eine Bedeutungsverbindung gibt (der Maiskolben quasi als „Ohr" der Maispflanze) und es sich daher um nur ein Lexem handelt. Tatsächlich handelt es sich ursprünglich um zwei verschiedene Wörter: *ear* ›Ohr‹ hat denselben Ursprung wie deutsch *Ohr*, *ear (of corn)* denselben wie *Ähre*.

Die beiden Nomen *Weiche₁* und *Weiche₂* sind ein Fall von **totaler Homonymie**: außer in ihrer Bedeutung stimmen sie in allen Lexemeigenschaften, insbesondere in ihrem gesamten Formenspektrum überein. Solche Fälle sind recht selten. Viel häufiger sind Ausdrücke, die **partiell homonym** sind: sie haben manche, aber nicht alle Formen gemeinsam, wie etwa die Pronomen *sie/Sie* (3. Person Singular Femininum vs. 3. Person Plural vs. förmliches Anredepronomen) und *Bank-Bänke* vs. *Bank-Banken*; andere differieren in anderen Punkten (etwa im Genus bei *der Moment* vs. *das Moment*); wieder andere gehören sogar unterschiedlichen Kategorien an wie *zu* als Präposition oder mit Adjektiv in *zu groß* oder als Adjektiv und Partikel ›geschlossen‹, *sein* als Verb oder als Possessivpronomen usw.

Schließlich kann sich Homonymie entweder auf die Lautform oder auf die Schriftform beziehen: Homonymie in Bezug auf die Schriftform nennt man **Homographie**, Lexeme derselben Lautform heißen **Homophone**. Die Wörter *Seite* und *Saite* sind Homophone, aber nicht Homographe, *Tenor* und *Tenor* sind Homographe, aber nicht Homophone, *Weiche₁* und *Weiche₂* sind beides.

3.2.2 Polysemie

Während Fälle von Homonymie sehr selten und zufallsbedingt sind, gibt es zigtausend Fälle von Polysemie. Polysemie ist eher die Regel als die Ausnahme. Wie wir am Ende des Kapitels sehen werden, folgt die Bedeutungsvariation polysemer Lexeme bestimmten Mustern. Ein Lexem ist **polysem**, wenn es mehrere miteinander verbundene Bedeutungen, besser: **Bedeutungsvarianten** hat. Auch wenn diese Varianten zusammenhängen, so muss doch jede gelernt und gespeichert werden. Polysemie ist das Ergebnis einer natürlichen ökonomischen Tendenz von Sprache. Anstatt neue Ausdrücke zu erfinden, wählen Sprachgemeinschaften meistens den Weg, für die neuen Zwecke bereits verfügbare Ausdrücke mit ähnlicher Bedeutung zu verwenden. Eine reiche Quelle immer neuer Polysemien sind die terminologischen Bedürfnisse der Wissenschaft. Manche Fachausdrücke werden neu erfunden, aber meistens bedient sich die Wissenschaft bereits vorhandener Ausdrücke, für die sie eine besondere zusätzliche Bedeutungsvariante festlegt. Von den bisher hier eingeführten linguistischen Termini sind *Lexem*, *Polysemie* und *Homonym* neue Wörter, aber *Konzept*, *Äußerungskontext*, *Kategorie* oder *Person* sind gemeinsprachliche Ausdrücke mit wissenschaftlichen Sonderbedeutungen.

Betrachten wir ein konkretes Beispiel von Polysemie: das Adjektiv *alt* hat mehrere Bedeutungsvarianten: Als Gegenteil von *neu* bezieht es sich auf die Dauer des bisherigen Gebrauchs oder des Bestehens eines Gegenstands (*altes Auto*, *altes Haus*), als Gegenteil von *jung* gibt es die bisherige Lebenszeit von lebenden Dingen oder auch von Unbelebtem an, das eine innere Entwicklung durchläuft (*alter Wein*, *alte Sprache*); *alt* kann auch etwas zeitlich Zurückliegendes bezeichnen (*die alten Römer*). Alle diese Varianten sind klar miteinander verwandt; sie drücken einen hohen Wert auf einer Zeitskala aus, die an einem bestimmten Punkt ihren Anfang nimmt.

Grundsätzlich ist Polysemie, so wie der Begriff hier verwendet wird, eine Sache von einzelnen Lexemen in einzelnen Sprachen (auch wenn sie in allen Sprachen sehr häufig auftritt). Werfen wir einen Blick auf die deutschen Farbadjektive, um diesen Punkt deutlicher zu sehen. Viele von ihnen sind polysem, mit Bedeutungsvarianten, die zumindest nicht primär eine Farbeigenschaft ausdrücken. Zum Beispiel kann *grün* ›unerfahren‹, ›unreif‹ bedeuten. Diese Bedeutungsvariante ist dadurch motiviert, dass grüne Farbe bei sehr vielen Früchten für einen unreifen Zustand steht; dieser Begriff der konkreten Reifung wird in einem zweiten Schritt auf Personen übertragen, was zu der Bedeutung ›unreif (von Personen)‹ führt; die noch abstraktere Bedeutung ›unerfahren‹ ist dadurch motiviert, dass sich wiederum persönliche Reife am Maß der Erfahrung festmacht.[3] Weil diese Übertragungskette auf allgemeinen Prinzipien beruht, ist es durchaus denkbar, dass auch in anderen Sprachen das Wort für Grün (wenn sie eines besitzen, vgl. §8.4) die Bedeutungen ›unerfahren‹, ›unreif‹ besitzt, also auf dieselbe Weise polysem ist; tatsächlich trifft dies zum Beispiel auf Englisch, Spanisch und Russisch zu, auf Ungarisch dagegen nicht. Innerhalb des Deutschen gibt es bei den anderen Farbwörtern keine Parallele zu dieser Polysemie von *grün*; tatsächlich sind sehr viele Früchte rot, wenn sie reif sind, aber *rot* kann nicht ›reif‹ oder ›erfahren‹ bedeuten. Ähnlich liegt der Fall von *blau* ›betrunken‹: das englische, spanische und russische Wort für Blau hat diese Sonderbedeutung nicht, und ebenso wenig gibt es ein deutsches Farbwort, das die Bedeutungsvariante ›nüchtern‹ hätte. Es kommt vor, dass zwei entsprechende Wörter in verschiedenen Sprachen auf dieselbe Weise polysem sind, aber in der Regel ist das nicht der Fall.

3.2.3 Zum Verhältnis von Homonymie und Polysemie

Nur unter einem bestimmten Gesichtspunkt stellen Homonymie und Polysemie eine Alternative dar: wenn wir uns fragen, ob eine bestimmte Ausdrucksform, die in mehreren Bedeutungen verwendet wird, einem Lexem zuzuordnen ist oder zweien. In anderer Hinsicht sind Homonymie und Polysemie jedoch zwei voneinander unabhängige Erscheinungen, denn zwei homonyme Lexeme können jeweils wiederum polysem sein. Ein Beispiel dafür liefert der oben erwähnte Fall der Homonyme *Weiche*$_1$ und *Weiche*$_2$: das zu *ausweichen* gehörige *Weiche*$_1$ hat neben der Bedeutung ›Gleisweiche‹ eine übertragene Bedeutung als Bezeichnung für bestimmte elektrische Schaltungen; das von *weich* abgeleitete *Weiche*$_2$ ist ebenfalls polysem (›Eigenschaft, weich zu sein‹ und ›Körperpartie, wo es weich ist‹).

Das Verhältnis zwischen Homonymie und Polysemie ist in Abbildung 3.1 dargestellt. Der Unterschied besteht darin, dass sich bei Homonymie Mehrfachbedeutungen verschiedenen Lexemen zuordnen, bei Polysemie jedoch einem einzigen. Dabei können homonyme Lexeme jeweils wiederum polysem sein. Die Tatsache, dass die Mehrfachbedeutungen polysemer Lexeme zusammenhängen, soll durch die Clusterdarstellung der Bedeutungsvarianten angedeutet werden.

---

[3] Das Englische hat für „Reife" von Früchten und von Personen zwei Ausdrücke, *ripe* bzw. *mature*.

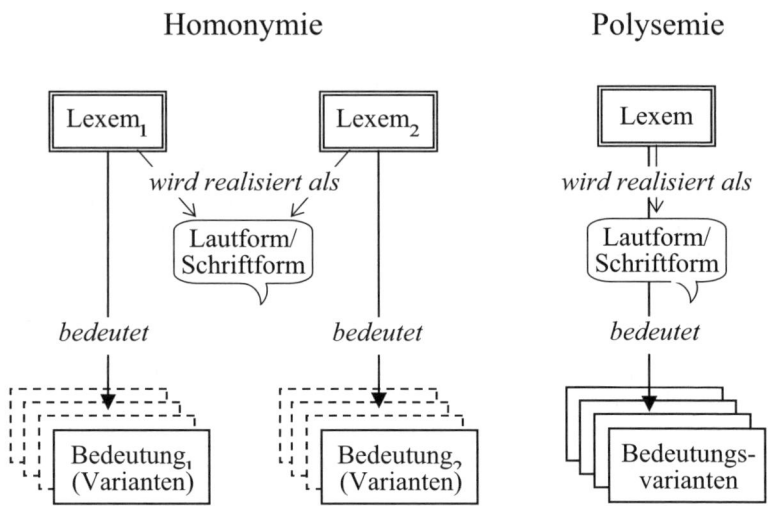

Abbildung 3.1 Homonymie und Polysemie

3.2.4 Vagheit

Zwischen den Bedeutungsvarianten eines polysemen Lexems gibt es
keine fließenden Übergänge. Polysemie ist daher nicht mit flexiblem
Gebrauch zu verwechseln. Für sehr viele Lexeme ist ihre Verwendbarkeit in einem konkreten Fall eine graduelle Frage. Ob zum Beispiel
ein Kind zu einem bestimmten Zeitpunkt als Baby bezeichnet werden
kann, hängt von Kriterien wie dem Alter des Kindes und seinem Ent-
wicklungsstand ab. Diese Kriterien sind beide graduell. Was für den
einen noch ein Baby ist, kann für die andere schon ein Kleinkind sein.
Die Denotation (§2.2.2) des Wortes *Baby* hat daher flexible Grenzen.
Das bedeutet jedoch nicht, dass das Wort unendlich viele Bedeutungsvarianten besitzt, je nachdem an welchem Alter oder anderen Kriterien
man die Grenze zwischen Babys und Ex-Babys zieht. Vielmehr ist das
Konzept ›Baby‹ **vage**: es erlaubt eine Anpassung an den jeweiligen
Kontext. Vagheit ist bei allen Konzepten zu verzeichnen, die Merkmale
beinhalten, deren Wert auf einer kontinuierlichen Skala variieren kann.
Farbwörter wie *grün* haben eine vage Bedeutung, weil wir das Farbspektrum als ein Kontinuum mit fließenden Übergängen empfinden. Ob
wir etwas als „groß" bezeichnen oder nicht, als „lecker" oder nicht, ist

eine Frage des Grades auf einer offenen Skala. Steigerbare Adjektive sind generell vage.

Weit verbreitete Vagheit im Lexikon ist ein weiterer ökonomischer Zug natürlicher Sprachen. Mit dem Paar *groß/klein* etwa stellt die deutsche Sprache eine grobe Unterscheidung auf einer Skala bereit, die wir unter anderem für die Körpergröße von Personen anwenden können. Das ist für alltägliche Zwecke der Kommunikation viel effektiver als Ausdrücke mit einer präziseren Bedeutung, zum Beispiel ›zwischen 1,70 m und 1,80 m groß‹. Wir werden auf das Thema Vagheit und seine wichtige Rolle in §9.5.3 noch einmal zurückkommen.

Vagheit kann in Verbindung mit Polysemie auftreten. Zum Beispiel ist jede der Bedeutungsvarianten von *schwer* (›gewichtig‹, ›schwierig‹, ›gravierend‹ usw.) vage. Die jeweils zugrunde liegenden Skalen sind klar verschieden (Polysemie), aber wo genau auf der jeweiligen Skala im konkreten Fall die Grenze zwischen „schwer" und „nicht schwer" zu ziehen ist, ist eine Frage des Grades.

3.3   Kompositionale Ambiguität

Nicht nur Lexeme, sondern natürlich auch komplexe Ausdrücke, insbesondere Sätze, können auf der Ebene der Ausdrucksbedeutung ambig sein. Wie in §1.2 beschrieben, ergibt sich die Bedeutung eines Satzes durch den Kompositionsprozess und ist dabei durch die Bedeutung seiner Elemente, deren grammatische Form und durch die syntaktische Struktur bestimmt. Jede dieser drei Komponenten kann zu Ambiguität der Satzbedeutung führen. Wenn ein Satz ein lexikalisch ambiges Element enthält, geht es mit jeder seiner Bedeutungen in die Komposition ein und ergibt entsprechend viele Satzbedeutungen, zum Beispiel zwei Bedeutungen für Satz (1). Enthält ein Satz mehrere ambige Ausdrücke, multipliziert sich die Anzahl seiner Bedeutungen.

(1)   *Sie ging zu der nächstbesten Bank.*

Wie wir unten sehen werden, erreichen nicht alle kompositionalen Bedeutungen eines Satzes die Ebene der Äußerungsbedeutung. Aber prinzipiell sind alle kombinatorischen Möglichkeiten Satzbedeutungen auf der Ebene der Ausdrucksbedeutung. Da es sich um Ambiguität der kompositionalen Bedeutung handelt, möchte ich sie als **kompositionale Ambiguität** bezeichnen.

Unabhängig von lexikalischen Ambiguitäten kann auch die syntaktische Struktur eines Satzes ambig sein, wie etwa in folgenden Fällen:

(2)   a. *Sie beobachtete den Kerl mit dem Fernglas.*

      b. *Angelika und Klaus waren verheiratet.*

      c. *Ich habe in der letzten Zeit viel gelesen.*

In (2a) kann die PP *mit dem Fernglas* auf das Verb bezogen werden
(sie bedeutet dann in etwa dasselbe wie *durch das Fernglas*) oder als
Teil der NP *den Kerl ...* interpretiert werden (im Sinne von *den Kerl,
der das Fernglas hatte*). (2b) kann heißen, dass Angelika und Klaus
miteinander verheiratet waren oder dass jeder von beiden verheiratet
war; nur in der zweiten Interpretation bedeutet der Satz dasselbe wie
Angelika war verheiratet und Klaus war verheiratet. Die Ambiguität
von (2c) ist unscheinbar: *lesen* kann entweder als transitives Verb mit
viel als (pronominaler) Objekt-NP interpretiert werden (wie in *ich
habe viel vermasselt*) oder als intransitives Verb mit *viel* als Adverb
(wie in *ich habe viel geschlafen*). Solche Sätze sind syntaktisch ambig;
ihr Aufbau kann auf verschiedene Weisen aufgefasst werden, und infolgedessen ergeben sie mehrere kompositionale Bedeutungen.

Auch grammatische Formen können die Quelle von Mehrdeutigkeit
sein. Zum Beispiel hat die so genannte Perfektform im Deutschen
mehrere Bedeutungen, darunter die, die dem englischen Past Tense
und Present Perfect Tense ähneln. Die Ambiguität der deutschen Perfektform zeigt sich dementsprechend in unterschiedlichen Möglichkeiten der Übersetzung ins Englische:

(3)   *Sie hat geraucht.* =

      a. *She smoked.*   oder auch: *She was smoking.*

      b. *She has smoked.* oder auch: *She has been smoking.*

3.4   Kontextuelle Ambiguität

3.4.1   Interpretation im Kontext

Der Prozess der Komposition ergibt für einen Satz eine oder mehrere
Ausdrucksbedeutungen. Wenn es nun darum geht, Wörter und Sätze
nicht nur für sich genommen, sondern in ihrem Kontext zu interpretieren
und damit von der Ausdrucksbedeutung zu der Äußerungsbedeutung
überzugehen (§1.1.2), werden die Bedeutungen von Wörtern und Sätzen
unter Umständen modifiziert. Damit ein Satz in einem konkreten ÄK
eine brauchbare Botschaft darstellen kann, muss er nämlich gewisse
Bedingungen erfüllen. Erstens darf er, als Minimalanforderung, nicht
in sich widersprüchlich sein; er wäre dann in allen möglichen ÄK

falsch und könnte nie auf eine konkrete Situation referieren. (In §4.2 wird ‚in sich widersprüchlich' durch den Fachausdruck ‚logisch falsch' ersetzt.) Zweitens muss er in dem gegebenen ÄK in irgendeiner Weise relevant sein. (Diese Bedingungen werden unten beide durch das „Prinzip der konsistenten Interpretation" erfasst.) Äußerungsbedeutungen von Wörtern und Sätzen, die diesen Anforderungen genügen, nennt man mögliche **Lesarten**.

Aufgrund dieser zusätzlichen Anforderungen an sinnvolle Äußerungen kann die Menge der kompositional möglichen Ausdrucksbedeutungen eines Satzes erheblich verändert werden. Mit einer einzelnen kompositionalen Bedeutung kann prinzipiell dreierlei geschehen:

(a) Die Bedeutung kann unverändert übernommen und wird mit Information aus dem ÄK angereichert, zum Beispiel zur Festlegung der Referenz.

(b) Die Bedeutung kann verworfen und eliminiert werden, falls sie in sich widersprüchlich ist oder nicht in den ÄK passt.

(c) Die Bedeutung kann durch eine Bedeutungsverschiebung der einen oder anderen Art so modifiziert werden, dass sie in den ÄK passt; anschließend wird sie mit Information aus dem ÄK angereichert.

Wie wir gleich sehen werden, gilt dies nicht nur für kompositionale Satzbedeutungen, sondern allgemein für Ausdrucksbedeutungen, also auch für lexikalische Bedeutungen. Alle Bedeutungen, die in die Komposition eingehen oder durch sie zustande kommen, können übernommen, eliminiert oder modifiziert werden, wenn der Kontext es erfordert.

Option (b) kann zu einer **Desambiguierung** eines Satzes oder Lexems auf der Äußerungsebene führen, das heißt zu einer Verringerung der Zahl möglicher Interpretationen. Die Bedeutungsverschiebungen nach Option (c) schaffen für den gegebenen Kontext neue Ausdrucksbedeutungen und darauf aufbauend Äußerungsbedeutungen. Wenn man zum Beispiel in §1.1.2 den Satz *Ich brauche dein Fahrrad nicht* in dem zweiten Szenario interpretiert, nimmt man an, dass *dein Fahrrad* nicht auf ein Fahrrad, sondern auf eine Karte mit dem Bild eines Fahrrads referiert. Diese Interpretation beruht auf einer Bedeutungsverschiebung des Wortes *Fahrrad*, die dessen lexikalische Bedeutung durch eine eng verwandte, daraus abgeleitete neue Bedeutung ersetzt. Auf diese Weise sind kontextbedingte Bedeutungsverschiebungen eine weitere Quelle der Ambiguität von Lexemen. Allerdings treten diese zusätzlichen Bedeutungen nur im Kontext auf; ich will sie daher **kontextuelle Ambiguitäten** nennen. Bedeutungsverschiebungen folgen festen Mustern, die den Sprachbenutzern bekannt sind und bei der Interpretation im Kontext eingesetzt werden. Drei grundlegende Muster werden im Folgenden beschrieben. Zuvor betrachten wir das Phänomen der Desambiguierung im Kontext.

Die folgenden Sätze enthalten das polyseme Wort *Tor* (neutrum, *das Tor*). Je nachdem wie das Wort in einen Satz eingebettet ist, können manche Bedeutungsvarianten ausscheiden:

(4) a. *Ich habe das Tor nicht gesehen.*

  b. *Das Tor wurde wegen Abseits nicht anerkannt.*

  c. *Das mittelalterliche Tor soll restauriert werden.*

Mit „Tor" kann ein Hof- oder Stadttor gemeint sein (Tor_1), aber auch das Tor_2 als Angriffsziel in einem Ballspiel oder Tor_3 als ein Treffer ins Tor_2. In (4a) kommen vom Satzkontext her alle drei Lesarten in Frage: Tore in jedem der drei Sinne kann man sehen. Der Satzkontext in (4b) lässt nur Tor_3 (›Treffer‹) als sinnvoll zu, weil eine Aberkennung wegen Abseits nur in bestimmten Ballspielen relevant ist. In (4c) scheidet aufgrund des Prädikats *restaurieren* Tor_3 aus, weil Tortreffer nichts Restaurierbares sind. Wegen des Attributs *mittelalterlich* ist auch Tor_2 unwahrscheinlich. Wenn man also an einen Satz die Forderung stellt, dass er nicht widersprüchlich und die ausgedrückte Situation faktisch möglich sein soll, können gewisse Ausdrucksbedeutungen seiner Elemente ausscheiden. Diese Eliminationen ergeben sich schon aus dem Versuch, einzelne Lexeme in dem Kontext, den der Satz für sie bildet, sinnvoll zu interpretieren. Wird der Satz als Ganzes im ÄK interpretiert, können weitere Lesarten als unpassend ausscheiden; zum Beispiel wird *Tor* in (4a), in Bezug auf ein Fußballspiel geäußert, nicht als „Tor_1" interpretiert werden; eine Spielerin, die gegen den Torpfosten gerannt ist, wird „Tor_2" meinen, ein Zuschauer, der zu spät gekommen ist, vielleicht „Tor_3".

Wenn die Teile eines Satzes nicht zusammenpassen, ergibt sich unter Umständen überhaupt keine sinnvolle Lesart. Satz (5) beispielsweise ist in sich widersprüchlich und besitzt daher in seiner wörtlichen kompositionalen Bedeutung keine plausible Äußerungsbedeutung:

(5) *Angelikas Taillenumfang starb.*

Taillenumfänge leben nicht und können deshalb, aus logischen Gründen, nicht sterben. Natürlich lässt sich ein solcher Satz irgendwie interpretieren, aber dafür muss man die lexikalische Bedeutung von mindestens einem der Wörter verschieben.

3.4.2 Bedeutungsverschiebungen

Metonymische Verschiebung

Das folgende Beispiel ist aus Bierwisch (1983) entlehnt:

(6)   *James Joyce ist schwer zu verstehen.*

Dieser Satz hat mindestens vier mögliche Lesarten. Wenn man ihn im heutigen Kontext auf den Schriftsteller James Joyce bezieht, wird man ihn zunächst so interpretieren, dass (a) Joyce' W e r k e schwer zu verstehen sind. Aber in einem Kontext, in dem James Joyce noch lebt, könnte der Satz auch bedeuten, dass (b) Joyce akustisch schwer zu verstehen ist, weil er vielleicht undeutlich oder leise spricht, oder dass (c) schwer zu verstehen ist, was er sagt, weil er sich vielleicht dunkel oder kompliziert ausdrückt, oder dass (d) sein Verhalten schwer zu verstehen ist. In der ersten Lesart referiert der Name auf das schriftstellerische Werk, in den anderen auf die Person selbst. Dennoch ist der Name *James Joyce* nicht polysem: wir brauchen diese Verwendungsmöglichkeiten nicht für diesen speziellen Namen zu lernen, um die erste Lesart bilden zu können. Im Prinzip kann man alle Personennamen auch dazu verwenden, auf öffentlich bekannte Werke der Person zu referieren. Die kontextuelle Lesart (a) beruht auf einer Bedeutungsverschiebung, die generell für Personennamen zur Verfügung steht.

Verschiebungen dieser Art sind sehr häufig. Betrachten wir die Lesarten des Wortes *Universität* in den folgenden Beispielen:

(7)   a. *Die Universität liegt im Süden der Stadt.*

       b. *Die Universität hat die theologische Fakultät geschlossen.*

       c. *Die Universität beginnt wieder am 14. Oktober.*

Bei sinnvoller Interpretation referiert das Subjekt *die Universität* in (7a) auf das Universitätsgelände, in (7b) auf die Universitätsleitung, in (7c) auf den Semesterlehrbetrieb. Auch hier handelt es sich nicht um Polysemie. Dass diese Bedeutungsverschiebungen möglich sind, beruht auf der Art von Konzept, das das Lexem *Universität* als Bedeutung besitzt. Wir müssen diese Lesarten nicht einzeln erlernt haben. Viele andere Wörter mit ähnlichen Bedeutungen erlauben dieselben Arten von Verschiebung, zum Beispiel *Schule*, *Theater*, *Oper*, *Parlament* usw.

Wenn man die Bedeutungsverschiebungen in (7) näher betrachtet, stellt man fest, dass der Ausdruck *Universität* in jedem der Fälle auf etwas referiert, das zu einer Universität gehört. Nehmen wir an, dass das Wort *Universität* primär eine bestimmte Art von Ausbildungsinstitution bezeichnet. Eine solche Institution (wenn es sich nicht um eine virtuelle Universität im Internet handelt) ist normalerweise irgendwo mit ihren Gebäuden angesiedelt, sie muss eine Leitung haben und sie muss Lehrveranstaltungen anbieten. Offensichtlich können also Ausdrücke wie *Universität* dazu verwendet werden, nicht nur auf ihre eigentlichen Referenten zu referieren, sondern auch auf Dinge, die zu den eigentlichen Referenten gehören. Man sagt dann, der Ausdruck „steht für" diese anderen Dinge: in (7a,b,c) steht der Ausdruck *Universität* für das Gelände, die Leitung bzw. den Lehrbetrieb der Universität. In derselben Weise steht in der ersten Lesart von (6) der Name *James Joyce* für die Werke des eigentlichen Referenten, also ebenfalls für etwas, was zu dem Referenten gehört. Diese Erscheinung nennt man **Metonymie**: ein Ausdruck, der aufgrund seiner lexikalischen Bedeutung auf eine bestimmte Kategorie von Objekten referieren kann, wird verwendet, um stattdessen auf etwas zu referieren, was zu solchen Objekten gehört. Die entsprechende Bedeutungsverschiebung heißt **metonymische Verschiebung**. Die entscheidende Bedingung, dass die neuen Referenten etwas sind, was zu den eigentlichen Referenten „gehört", lässt sich präzisieren: Das Wort *Universität* etwa hat ein Konzept als lexikalische Bedeutung, das eine Universität als Ausbildungsinstitution mit Räumlichkeiten, Lehrbetrieb, Lehrenden, Studierenden, Verwaltung, Leitung usw. „beschreibt". Dies sind Komponenten des Konzepts ›Universität‹. Eine metonymische Verschiebung verlagert die Referenz des Konzepts auf eine solche Komponente.

Metaphorische Verschiebung

Die vier Sätze in (8) entstammen einem Artikel in einer deutschen Tageszeitung (Frankfurter Rundschau vom 7. 10. 2002, S.3) zur Literaturszene in Litauen. In dem vorangehenden, einleitenden Absatz wurde ein Beispiel dafür genannt, dass zu der Zeit, als Litauen noch zur Sowjetunion gehörte, „die Literatur die Politik beeinflusst hat".

(8) a. *Heute, im freien Litauen, leben die Literaten wie „ein Hund im Brunnen", sagt die Schriftstellerin Vanda Juknaite:*

   b. *„Sie können die Sterne sehen, aber die sind weit weg."*

   c. *Ein bisschen bellen, ja.*

   d. *Aber dann müssen sie rackern, um irgendwo einen Knochen auszubuddeln.*

Wenig später heißt es in dem Artikel, dass von den 370 Mitgliedern des litauischen Schriftstellerverbandes nur etwa 20 vom Schreiben leben können. Die Passage enthält mehrere Beispiele von metaphorischen Verschiebungen. Im ersten Satz wird ein Vergleich formuliert: das Leben der Literaten in Litauen im Jahr 2002 wird mit dem eines Hundes im Brunnen verglichen. Ein Vergleich ist an sich noch keine Metapher. Zum Beispiel würde ein Vergleich wie in *Sie lebt wie ihr Nachbar* keine Metapher darstellen. In diesem Fall ist jedoch das, was zum Vergleich herangezogen wird, nur nichtwörtlich zu verstehen: es gibt keine Hunde, die in Brunnen leben. Möglicherweise handelt es sich um eine im Litauischen oder Russischen übliche sprichwörtliche Redensart, die zwei Vergleiche zu einem Bild verbindet: wie ein Hund zu leben (ein auch im Deutschen übliches Bild) und dabei auf dem Grund eines tiefen trockenen Brunnens zu sitzen.

Der zweite Satz erklärt den Vergleich, indem er eine Verbindung zwischen dem Bild des Hundes im Brunnen und dem Leben der litauischen Literaten schafft. Die Verbindung kommt durch die metaphorische Verwendung von *die Sterne sehen* zustande. Der Hund in dem Bild sieht im wörtlichen Sinne die Sterne und er sieht sie weit weg. Die Schriftsteller im Vergleich „sehen" i h r e „Sterne"; diese Sterne sind aber nur Sterne im metaphorischen Sinne. Der bildhafte Ausdruck steht für die ‚Glanzlichter‘[4], die ‚leuchtenden‘ Seiten eines erfolgreichen Schriftstellerlebens. Diese „sehen" die Literaten nicht im wörtlichen Sinne, sondern in ihrer Vorstellung, vor ihrem ‚geistigen Auge‘. Auch sind die Sterne nicht im wörtlichen Sinne, nämlich räumlich, weit entfernt, sondern in einem metaphorischen Sinne im Leben nur schwer ‚erreichbar‘. Die Metapher besteht aus einer vierfachen Parallele: Hund = Schriftsteller, Stern = Erfolg, sehen = vorstellen, sehr große räumliche Entfernung = fast unmögliche Erreichbarkeit. Die vier Elemente sind in dem ursprünglichen Bild und in seiner metaphorischen Verwendung jeweils in analoger Weise aufeinander bezogen. Ausgelöst wird die metaphorische Interpretation dadurch, dass sich das Subjekt *sie* von (8b) in dem gegebenen Kontext nur auf die zuvor erwähnten Literaten beziehen kann; daher müssen sie es sein, die „die Sterne sehen". Das wiederum kann in dem Kontext nicht wörtlich gemeint sein, sondern muss auf das Bild vom Hund im Brunnen bezogen werden. Um den Anschluss an die bisherigen Überlegungen herzustellen: die drei Ausdrücke *sehen*, *Sterne* und *weit weg* erfahren in (8b) wegen des gegebenen Kontexts eine (metaphorische) Bedeutungsver-

---

4   In diesem Abschnitt zeigen einfache Anführungszeichen Metaphern an. Ausdrücke in doppelten Anführungszeichen sind aus dem Beispiel zitiert und metaphorisch.

schiebung, die auf einer Parallelsetzung gewisser Elemente aus zwei verschiedenen Bereichen beruht.

Satz (8c) setzt die Hundemetapher fort. Das Verb *bellen* ist auf Hunde festgelegt; der in der hier vorliegenden Infinitivkonstruktion nicht genannte Beller muss daher ein Hund sein. Es ist, in diesem Kontext, der Hund aus dem Bild und damit tatsächlich der litauische Literat in seinen gegenwärtigen Lebensbedingungen. Da Schriftsteller nicht im wörtlichen Sinne bellen, ist das Verb wieder metaphorisch zu interpretieren. Um ‚im Bild zu bleiben', muss die in diesem Fall mit *bellen* gemeinte Aktivität der Literaten etwas sein, das in ihrem Dasein dem Bellen von Hunden entspricht. Von dem Konzept ›bellen‹ wird man dabei für das neue metaphorische Konzept möglichst viele Elemente übernehmen: dass es sich auf Lautäußerungen bezieht, die in einem gewissen Umkreis wahrgenommen werden können und durch die der Beller eine gewisse Gefahr androhen kann, wobei es aber meistens bei der Androhung bleibt; die akustische Charakterisierung der Äußerung als typischer Hundelaut wird dagegen fallen gelassen werden, weil sie nicht in den Zielbereich passt.

Mit dem Ausdruck *einen Knochen ausbuddeln* bleibt auch (8d) in der Metapher. Damit dürfte in dem gegebenen Kontext gemeint sein ›etwas für seinen Lebensunterhalt tun‹.

Expliziter und allgemeiner lässt sich der Begriff der Metapher wie folgt definieren: Konzepte für Dinge aus einem **Herkunftsbereich** werden entliehen, um damit Dinge in einem anderen Bereich, dem **Zielbereich**, zu beschreiben. In dem Beispiel ist der Herkunftsbereich das Bild eines Hundes, der in einem Brunnen lebt, der Zielbereich ist die Lebenssituation litauischer Literaten im Jahr 2002. Jede Metapher stellt eine Analogie her: für parallele Dinge im Zielbereich werden Begriffe aus dem Herkunftsbereich angepasst.

Metonymie funktioniert im Vergleich dazu ganz anders. Wenn man metonymisch spricht, verschiebt man die Referenz auf etwas zu dem eigentlichen Referenten Zugehöriges und bleibt damit in demselben Bereich. Die „Universität" als Institution ist in unserem Kopf unmittelbar verknüpft mit der „Universität" als Gelände oder als Lehrbetrieb, James Joyce ist direkt verknüpft mit seinen Werken usw. Dagegen sind in diesem Sinne Hunde in Brunnen in keiner Weise mit litauischen Literaten verknüpft. Die parallel gesetzten Komponenten der Metapher können separaten Bereichen angehören; zwischen ihnen besteht keine Zugehörigkeitsbeziehung. Sie „verbindet", dass sie in dem Herkunftsbereich und dem Zielbereich analoge Rollen ausfüllen.

Differenzierung

Beispiel (6), *James Joyce ist schwer zu verstehen*, illustriert noch eine weitere Art der Bedeutungsverschiebung. Die vier genannten Lesarten unterscheiden sich in der Weise, wie das Verb *verstehen* interpretiert wird: es kann sich auf Joyce' Werke, auf seine Artikulation, auf seine Ausdrucksweise oder seine Verhaltensweise beziehen. Es ist sinnvoll anzunehmen, dass das Verb in allen vier Fällen dieselbe Bedeutung ›verstehen‹ hat. Würde man die Bedeutungsvarianten in den vier Lesarten als Polysemie auffassen, so müsste man schließlich, wenn man noch weitere Beispiele berücksichtigt, eine unüberschaubare Anzahl von Varianten annehmen (und das nicht nur für dieses Verb, sondern auch für zahllose andere Lexeme). Zum Beispiel kann sich das „Verstehen" eines Satzes ebenso auf das akustische Verstehen beziehen, wenn er gesprochen wird, wie auf seine syntaktische Struktur, seine Proposition, seine Äußerungsbedeutung oder seinen kommunikativen Sinn. Die verschiedenen Lesarten des Verbs lassen sich besser erklären, wenn man annimmt, dass *verstehen* immer bedeutet, etwas i n e i n e r b e s t i m m t e n H i n s i c h t zu verstehen, und dass diese Hinsicht durch den Kontext festgelegt werden kann. Die folgenden Beispiele stammen ebenfalls von Bierwisch (Bierwisch 1982: 11):

(9)   a. *John verlor seinen Freund in dem überfüllten U-Bahnhof.*

b. *John verlor seinen Freund, weil er es sich nicht verkneifen konnte, üble Witze über ihn zu machen.*

c. *John verlor seinen Freund bei einem tragischen Unfall.*

Der gemeinsame Teil *John verlor seinen Freund* hat in jedem der drei Sätze eine andere Lesart. In (9a) bedeutet *verlieren* den konkreten Kontakt zu verlieren, in (9b) eine Freundesbeziehung zu verlieren, in (9c) eine Person. In jedem dieser Fälle bedeutet *verlieren* in etwa ›aufhören zu haben‹. Der Kontext steuert jeweils bei, was konkret unter ›haben‹ zu verstehen ist.

Bierwisch nennt die Bedeutungsverschiebungen von *verstehen* in (8) und *verlieren* in (9) „begriffliche Differenzierung"; hier soll der Einfachheit halber von **Differenzierung** die Rede sein. Differenzierung lässt sich allgemein als Bedeutungsverschiebung definieren, deren Resultat ein S p e z i a l f a l l der ursprünglichen Bedeutung ist.

Es gibt eine ganze Reihe von weiteren Arten der Bedeutungsverschiebung. Die drei behandelten sollen an dieser Stelle genügen; sie sind in Tabelle 3.1 zusammengefasst.

	wörtliche Bedeutung	verschobene Bedeutung	
Metonymie	*die Universität liegt im Süden*		Verlagerung des Konzepts auf eine seiner Komponenten
	›Universität als Institution‹	➜ ›Universitäts- gelände‹	
Metapher	*sie können die Sterne sehen*		Verschiebung des Konzepts in einen anderen Bereich
	›die Sterne sehen‹	➜ ›s. Schriftsteller- ruhm vorstellen‹	
Differenzierung	*einen Freund verlieren*		Hinzufügung einer Spezifikation zum Konzept
	›einen Freund aufhören zu haben‹	➜ ›aufhören einen Freund als Freund zu haben‹	

Tabelle 3.1 Drei Typen von Bedeutungsverschiebungen

3.4.3   Das Prinzip der konsistenten Interpretation

Die treibende Kraft für die Bedeutungsverschiebungen bei der Interpretation von Wörtern und Sätzen in ihrem Kontext ist ein Grundsatz, den ich das Prinzip der konsistenten Interpretation nennen möchte:

> **Prinzip der konsistenten Interpretation**
> Ein zusammengesetzter Ausdruck wird auf der Ebene der Äußerungsbedeutung immer so interpretiert, dass seine Teile zueinander und er selbst in den Kontext passt.

In geeigneter Weise verallgemeinert gilt dieses Prinzip wahrscheinlich für jegliche Interpretation, weil Interpretation meistens einen komplexen Input hat und immer Interpretation in einem relevanten Kontext ist. Wie wir gesehen haben, kann die Anwendung des Prinzips zur Eliminierung oder auch zur Modifizierung von Ausdrucksbedeutungen führen. Das Prinzip verbietet in sich widersprüchliche Lesarten, da sie immer darauf zurückgehen, dass Teile innerhalb eines Satzes nicht zusammenpassen (vgl. Beispiel (5) oben). Es verhindert auch irrelevante Lesarten: sie passen nicht in den relevanten Kontext.[5]

---

5   Die Gricesche Maxime der Relevanz („Sei relevant!") spiegelt diesen Aspekt wider. (Siehe Lesehinweise zu Kapitel 1)

Wir werden uns jetzt die oben analysierten Beispiele noch einmal ansehen, um den Begriff des **Kontext**s systematischer zu fassen. Es wird sich zeigen, dass „Kontext" hier nicht identisch mit dem Begriff „Äußerungskontext" ist, der in §1.1.2 definiert wurde. „Kontext" ist allgemeiner zu verstehen; der Begriff bezieht sich auf mehrere Ebenen, die für die Interpretation einer kompletten Äußerung und ihrer Bestandteile relevant sind.

Wenn ein Lexem in einer Äußerung verwendet wird, ist sein unmittelbarer Kontext die syntaktische Phrase, in der es enthalten ist. Zum Beispiel ist die NP *das mittelalterliche Tor* in (4c) der direkte Kontext sowohl für das Adjektiv *mittelalterlich* als auch für das Nomen *Tor*. Um die NP sinnvoll interpretieren zu können, muss der Referent etwas sein, das es zumindest in dieser Art schon im Mittelalter gab. Das erlaubt die Lesart des Nomens als Bezeichnung für einen Eingang in ein Gebäude, in einer Stadtmauer usw., schließt aber die Fußball-Lesarten aus. Wenn man eine mit *mittelalterlich* kompatible Bedeutungsvariante von *Tor* auswählt, passt man dadurch die Interpretation des Nomens an den Kontext an, den die NP für es bildet. Jede weitere syntaktische Kombination stellt eine weitere Kontextebene dar. Diese Ebenen lassen sich unter dem Begriff **satzinterner Kontext** zusammenfassen. In (4b) eliminiert der Kontext „... wurde wegen Abseits nicht anerkannt" die Bedeutungsvarianten ›Hof-/Stadttor‹ und ›Angriffsziel bei Ballspielen‹, während der Kontext *soll restauriert werden* in (4c) gerade nur die erste dieser beiden zulässt; in (5) kollidiert die einzige Bedeutung von *Taillenumfang* mit dem Kontext *starb*.

In anderen Fällen löst der satzinterne Kontext Bedeutungsverschiebungen aus, die bewirken, dass alle Teile des Satzes zusammenpassen und sich damit auch jeder für sich in seinen satzinternen Kontext fügt: die Bedeutungsverschiebung von *Universität* zu ›universitärer Lehrbetrieb‹ in (7c) wird zum Beispiel durch den satzinternen Kontext *beginnt am 14. Oktober wieder* ausgelöst. Ebenfalls auf den satzinternen Kontext gehen die metonymischen Verschiebungen in (7a,b) und die Differenzierungen in (9) zurück.

Schließlich beeinflusst der Kontext des ganzen geäußerten Satzes, der ÄK, seine Interpretation. Er kann den Anlass dazu geben, dass bis zu diesem Punkt akzeptable kompositionale Bedeutungsvarianten eliminiert oder durch Bedeutungsverschiebungen modifiziert werden. So wird man vom ÄK abhängig machen, welche Lesarten für (6) in Frage kommen; in (8) ist es ebenfalls erst der ÄK, in Gestalt des vorangehenden Textes, der die metaphorischen Lesarten auslöst.

In §1.2.3 wurde die Komposition der Satzbedeutung als Bottom-up-Prozess charakterisiert, bei dem sich die Bedeutung des Ganzen schrittweise aus der Bedeutung seiner Komponenten (Lexeme, grammatische Formen) und seiner syntaktischen Struktur ergibt. Mit anderen Worten: der Output des Prozesses ist durch seinen Input vollständig bestimmt. Wenn ein geäußerter Satz und seine Komponenten im Kontext interpretiert werden, das heißt wenn seine Äußerungsbedeutung bestimmt wird, interferieren Bedeutungsverschiebungen und -eliminationen mit dem Kompositionsprozess. Diese Interferenzen üben einen Top-down-Einfluss auf die Komposition aus: der mögliche Output kann zu einer Revision des Inputs führen, weil nur solcher Input zugelassen wird, der einen in den Kontext passenden Output erzeugt. Zum Beispiel erfordert der Kontext in (8b) einen Output, in dem sich das Subjekt *sie* auf die litauischen Literaten beziehen kann und löst damit eine metaphorische Uminterpretation bestimmter Elemente des Satzes aus. Durch solche Erscheinungen ist das Kompositionalitätsprinzip jedoch keineswegs außer Kraft gesetzt. Vielmehr führen die kontextbedingten Bedeutungseingriffe gerade dazu, dass der Bottom-up-Prozess der Komposition auch dann funktioniert, wenn ein besonderer Output gefordert ist: mit den Bedeutungsverschiebungen im Input ergibt sich der erforderliche Output kompositional vollkommen regulär.

Wie wir gesehen haben, ist eine mögliche Folge der Interpretation im Kontext die Eliminierung von in sich widersprüchlichen Lesarten. Es sei aber darauf hingewiesen, dass diese Elimination nicht schon durch den Prozess der semantischen Komposition erfolgt. Wenn dem so wäre, ergäbe sich für in sich widersprüchliche Sätze wie (5) kompositional überhaupt keine Bedeutung – und man könnte gar nicht feststellen, dass sie in sich widersprüchlich sind. Der Kompositionsprozess an sich ist für Widersprüche blind.

3.5   Bedeutungsverschiebungen und Polysemie

3.5.1   Kontextuelle vs. lexikalische Ambiguität

Die Tatsache, dass fast alle Lexeme kontextbedingt uminterpretiert werden können, kann als weitere Dimension prinzipieller Ambiguität angesehen werden. Sie unterscheidet sich jedoch grundlegend von Polysemie. Wie oben betont wurde, ist Polysemie im Lexikon festgeschriebene Bedeutungsvariation; bestimmte Polysemien, zum Beispiel dass derselbe Ausdruck sowohl ›von blauer Farbe‹ als auch ›betrunken‹ bedeuten kann, sind eine Sache einzelner Lexeme in einzelnen Sprachen. Dagegen gilt für die durch Interpretation im Kontext ausgelösten Bedeutungsverschiebungen bzw. -variationen:

- Bedeutungsverschiebungen auf der Ebene der Äußerungsbedeutung sind kontextbedingt und nicht im Lexikon festgeschrieben.

Wir würden zum Beispiel angesichts von (8c) nicht annehmen, dass für das Verb *bellen* auch das Sich-zu-Wort-Melden von Schriftstellern eine seiner zu erlernenden lexikalischen Bedeutungen ist. Das bedeutet aber auch, dass wir in der Kommunikation für die Verschiebungslesarten kein abgespeichertes Lexikonwissen in Anspruch nehmen können. Der Einsatz dieser Lesarten kann nur funktionieren, wenn sie auf Metonymie, Metapher und andere Mechanismen a l s   a l l g e m e i n e   M u s t e r zurückgreifen.

- Die Bedeutungsverschiebungen folgen allgemeinen Mustern.

Weil diese Muster allgemein sind, können sie auch für sehr viele verschiedenartige Fälle eingesetzt werden; sie sind nicht spezifisch für bestimmte Lexeme, da sie auf Konzepten (Bedeutungen) operieren. Sie stehen für alle Konzepte zur Verfügung, die die allgemeinen Inputbedingungen für diese Verschiebungsoperationen erfüllen:

- Die Muster der Verschiebung treten systematisch bei großen Gruppen von Lexemen auf.

Sie sind nicht einmal spezifisch für bestimmte Sprachen; die in §3.4 behandelten Beispiele lassen sich wörtlich in andere Sprachen übersetzen, ohne dass sie die Verschiebungsmöglichkeiten einbüßen.

- Dieselben Muster sind sprachübergreifend zu beobachten.

Insbesondere Metonymie und Metapher werden heute als grundlegende kognitive Mechanismen betrachtet, um ganz allgemein aus vorhandenen Konzepten neue zu bilden.

3.5.2   Polysemie und Bedeutungsverschiebungen

Durch die Bedeutungsverschiebungen sind auch bestimmte Bedeutungsverhältnisse definiert, etwa das metonymische Verhältnis zwischen der primären Bedeutung von *Universität* als Institution und den abgeleiteten Lesarten oder das Differenzierungsverhältnis zwischen ›jdn. verlieren‹ (allgemein) und ›jdn. durch Tod verlieren‹. Dieselben Bedeutungsverhältnisse liegen oft bei Polysemien vor.

Metonymisch ist zum Beispiel das Verhältnis zwischen den Bedeutungsvarianten des Farbadjektivs *grün*, ›von grüner Farbe‹ und ›unreif‹ (von Früchten): die grüne Farbe vieler Früchte steht für den zugehörigen Reifegrad. Metaphorisch ist hingegen das Bedeutungsverhältnis zwischen ›unreif$_1$‹ (von Früchten) und ›unreif$_2$‹ (von Personen); die letztere Bedeutungsvariante ist wiederum das Bindeglied zu der Variante ›unerfahren‹, die wiederum auf einer Metonymie beruht: Unerfahrenheit steht für den zugehörigen Reifegrad. Die beiden Bedeutungsvarianten von *grün*, ›von grüner Farbe‹ und ›unerfahren‹, sind also durch eine Kette von drei Verschiebungsschritten Metonymie - Metapher - Metonymie miteinander verbunden.

Die folgenden Beispiele von Polysemien beruhen auf jeweils nur einem metonymischen Schritt; sie illustrieren zugleich verschiedene gängige Untermuster der Metonymie:

(10)   a.   *Sein letztes Date war meine Nachbarin.*
            > Ereignis für zugehörige Person

       b.   *Der Dummkopf hat sie versetzt.*
            > „pars pro toto" (ein Teil für das Ganze), hier Körperteil für die zugehörige Person

       c.   *Diese Flüssigkeit ist leicht entflammbar.*
            > Eigenschaft für ihren zugehörigen Träger

       d.   *Sie hat ein Papier über Kausalsätze veröffentlicht.*
            > Trägermaterial für zugehörigen aufgedruckten Text

       e.   *Sie steht auf Blauhelme.*
            > Kleidungsstück für zugehörige Person

Beispiele für metaphorische Polysemien gibt es in Hülle und Fülle, etwa in der Computerterminologie (*Maus, Fenster, Ordner* usw.). Zwischen kontextuellen Bedeutungsverschiebungen und lexikalisierten Polysemien ordnen sich Metaphern ein, die häufig und standardmäßig in bestimmten Kontexten verwendet werden, wie die folgenden Beispiele aus dem Börsenjargon. Die Tatsache, dass in dem Text Metaphern verschiedener Herkunft problemlos kombiniert werden können, bestätigt ihren bereits konventionalisierten Charakter.

(11)   *Mit einer Berg- und Talfahrt haben die Börsen die Anleger zu Wochenbeginn in Atem gehalten. Der Deutsche Aktienindex Dax sackte am Montagvormittag zeitweise auf 2621 Punkte und damit auf den niedrigsten Stand seit gut sechs Jahren. Im Laufe des Tages erholte sich das wichtigste deutsche Börsenbarometer etwas, bevor es nach unten*

und damit wieder in Richtung Tagestief ging. ...
(Frankfurter Rundschau, 8. 10. 2002, S.16)

Ebenfalls metaphorisch sind die meisten Idiome und Sprichwörter, zum Beispiel *das Handtuch werfen* (eine Metapher aus dem Boxsport) oder *Wer andern eine Grube gräbt, fällt selbst hinein.* Auch das Bedeutungsverhältnis der Differenzierung tritt häufig bei Polysemien auf, man denke nur an Beispiele wie die engeren Bedeutungen von *Karte* (›Landkarte‹, ›Postkarte‹, ›Fahrkarte‹, ›Eintrittskarte‹) oder *Platte* (›Schallplatte‹, ›CD‹, ›Festplatte‹, ›Herdplatte‹).

Obwohl Polysemie eine Sache einzelner Lexeme in einzelnen Sprachen ist, unterliegt die Bedeutungsvariation also allgemeinen Prinzipien: dass wir intuitiv in der Lage sind, bei Polysemen Bedeutungszusammenhänge festzustellen, liegt daran, dass es sich um allgemeine Muster handelt, die auch für kontextuelle Bedeutungsverschiebungen eingesetzt werden. Die A r t der Zusammenhänge (wie zum Beispiel die im Fall von *grün* ausgeführten) ist vorhersagbar. Aber es ist nicht vorherzusagen, welche Variationsmöglichkeiten eine Sprachgemeinschaft in ihrem Lexikon festschreibt und damit kontextunabhängig etabliert.

Polysemien können das Ergebnis mehrerer Verschiebungsschritte sein, wobei möglicherweise die Lexikalisierung bestimmter Schritte die Voraussetzung für neue Polysemien ist. Ein illustratives Beispiel ist die Bedeutungsvielfalt des Wortes *Film*. Es bedeutet ursprünglich eine dünne Schicht (*Öl-film*). Daraus leitet sich die metonymische Bedeutungsvariante (Typ pars pro toto) ›fotografischer Film‹ ab, als Bezeichnung für einen transparenten Streifen mit einer dünnen lichtempfindlichen Schicht (*den Film entwickeln* usw.). Eine zweite Metonymie ermöglicht dann die Bedeutung ›belichteter Film‹ für das aufgenommene und entwickelte Material (*den Film projizieren*), eine dritte die Bedeutung ›Spielfilm‹, die nun für den Inhalt des belichteten Materials steht, einen „Film", den man zum Beispiel interpretieren und analysieren kann, in dem bestimmte Figuren mitspielen usw. Eine vierte Metonymie bezeichnet dann die Filmindustrie, die Spielfilme produziert (*zum Film gehen, beim Film arbeiten*).

Kontextbedingte Bedeutungsverschiebungen können, wenn sie häufig in ähnlichen Kontexten verwendet werden, zur Entstehung lexikalisierter Bedeutungsvarianten führen und sind insofern eine mögliche Quelle für Polysemie. Polysemien und ihre historische Entwicklung sind zur Zeit einer der wichtigsten Forschungsgegenstände in der so genannten Kognitiven Semantik (vgl. Kapitel 9, wo wir allerdings nicht noch einmal auf diesen Problembereich zurückkommen werden.)

Schlüsselbegriffe

Lexem
Idiom
grammatische Kategorie
grammatische Formen
grammatische Eigenschaft, inhärente
Lexikon
Lexikoneintrag
Lexikonform, Zitierform
Lautform
Schriftform
Ambiguität, ambig
lexikalische Ambiguität
Homonymie, totale/partielle
  Homophonie, Homographie
Polysemie

Vagheit
Lesart
Desambiguierung
Elimination
Bedeutungsverschiebung
Metonymie
Metapher
  Herkunftsbereich
  Zielbereich
Differenzierung
Kontext (satzinterner)
Prinzip der konsistenten
  Interpretation

Übungen

1. Welche Eigenschaften machen ein Lexem aus?

2. Finden Sie jeweils drei Mehrwortlexeme aus den Kategorien Nomen, intransitives Verb und transitives Verb.

3. Erläutern Sie den Unterschied zwischen Homonymie und Polysemie.

4. Diskutieren Sie die Ambiguität der folgenden Ausdrücke in den angegebenen Bedeutungen: handelt es sich um Polysemie oder Homonymie? Schlagen Sie außerdem den historischen Ursprung der Ausdrücke nach.

   a) *Gericht* ›Institution zur Rechtsprechung‹ – ›zubereitete Speise‹

   b) *Kohle* (Brennstoff) – ›Geld‹

   c) *frieren* ›Kälte empfinden‹ – ›durch Kälteeinwirkung erstarren‹

   d) *Fessel* ›Teil des Beins zwischen Fußgelenk und Wade‹
      – ›Band zum Fesseln‹

   e) *süß* (Geschmack) – ›niedlich‹

   f) *anmachen* ›anzünden‹ – ›verbal behelligen‹

5. Was ist der semantische Effekt

   a) einer metonymischen Verschiebung?

b) einer metaphorischen Verschiebung?

c) einer Differenzierung?

6. Welche Ausdrücke in den folgenden Textbeispielen[6] interpretieren Sie metonymisch oder metaphorisch? Beschreiben Sie die resultierenden Bedeutungen genauer.

a) *Ich hätte nie gedacht, dass mir Fernsehen, Radio und Zeitungen einmal die Bude einrennen.*

b) *Der hauptamtliche Vorstand mit Florian Gerster an der Spitze drängt die in Umfang und Funktion eingedampfte Selbstverwaltung weiter an die Wand.*

7. Finden Sie Beispiele von Polysemien, bei denen zwei Bedeutungsvarianten zueinander im Verhältnis der metonymischen, metaphorischen bzw. Differenzierungsverschiebung stehen (je drei).

8. Welche Typen von Bedeutungsverschiebungen liegen den folgenden Expressiven zugrunde: *Birne* für „Kopf", *Rotznase* für „Kind", *Softie* für „Mann".

9. Diskutieren Sie den Unterschied zwischen Polysemie und kontextbedingten Bedeutungsverschiebungen.

10. Diskutieren Sie, ob die Polysemie so vieler Inhaltswörter für die Kommunikation einen Vorteil oder Nachteil bedeutet.

11. Diskutieren Sie die Auswirkungen des Prinzips der konsistenten Interpretation auf die Interpretation von Wörtern und Sätzen im Kontext.

Lesehinweise

Meibauer et al. (2002: §2) zu Lexemen und deren Formen, Ramers (2000) zu grammatischen Kategorien und ihrem Zusammenhang mit der Syntax. Cruse (1986: §2, §3) zu Lexemen und Lexikoneinheiten (‚lexical units'). Lyons (1995: §2) und Lyons (1977/1980: §1) zum Thema Ambiguität.

Zu kontextbedingter Bedeutungsverschiebung Bierwisch (1983); zu Metapher und Metonymie als grundlegenden kognitiven Mechanismen Lakoff (1987) und Schmid (1993).

---

[6] aus der Frankfurter Rundschau vom 7. 10. 2002.

4 Bedeutung und Logik

Die logische Herangehensweise an Bedeutung ist ein erster Schritt zur Untersuchung von Bedeutungsbeziehungen. Ausgehend von den Begriffen Wahrheit und Referenz in Kapitel 2 werden Sätze unter dem Gesichtspunkt ihrer Wahrheitsbedingungen betrachtet. Die logische Perspektive erlaubt die Einführung grundlegender Begriffe wie der logischen Folgerung („Implikation"), logischen Äquivalenz und Inkompatibilität. Im zweiten Teil des Kapitels werden diese Begriffe auf Wörter übertragen. Das Kapitel schließt mit Überlegungen zur Reichweite der logischen Methode.

4.1 Logische Grundlagen

4.1.1 Donald Duck und Aristoteles

Beginnen wir mit der provokativen (und zweifellos sehr wichtigen) Frage: „Ist Donald Duck eine Ente?" Nehmen wir an, Ihre spontane Antwort ist: „Ja, natürlich!". In diesem Fall legen Sie sich also darauf fest, dass (1) wahr ist:

(1)   *Donald Duck ist eine Ente.*

Nun sind Enten ja Vögel, und Vögel sind Tiere. Würden Sie also auch sagen, dass (2) wahr ist?

(2)   *Donald Duck ist ein Vogel.*

Und wie steht es mit (3)?

(3)   *Donald Duck ist ein Tier.*

Es wäre keine Überraschung, wenn Sie sich bei (2) nicht mehr so sicher wären und (3) rundweg ablehnten. Aber wenn (1) wahr ist, ist (2) wahr; und wenn (2) wahr ist, auch (3). Wenn nun Satz (3) aber falsch ist, kann hier irgendetwas nicht stimmen: (2) muss auch schon falsch gewesen sein und folglich kann auch (1) nicht wahr sein.

Sehen wir uns also den ersten Satz noch einmal genauer an. Warum sind wir geneigt zu sagen, Donald Duck sei eine Ente? Nun, es liegt natürlich daran, dass er ja schließlich Donald „Duck" heißt und wie eine Ente aussieht, jedenfalls im Großen und Ganzen, wenn man davon absieht, dass er Arme mit Händen statt Entenflügel hat. Aber Namen sind nur Namen und außer der Tatsache, dass Donald wie eine Ente aussieht, können wir eigentlich wenig zu Gunsten von (1) anführen. Quakt Donald etwa statt zu reden? Schwimmt er oder fliegt er wie eine Ente? Würden wir erwarten, dass er wie eine Ente im Wasser nach Nahrung taucht? Nein. So wie wir ihn kennen, handelt, denkt und fühlt Donald Duck in jeder Hinsicht wie ein Mensch. Versuchen wir es also stattdessen mit (4):

(4)   *Donald Duck ist ein Mensch.*

Hat man jemals einen Menschen mit einem Entenkörper gesehen, mit Federn, einem Schnabel und Entenfüßen? Ist Donald nicht viel zu klein für einen Menschen? Könnte er die ganze Zeit ohne Hose herumlaufen, wenn er ein Mensch wäre? Wenn wir die Ausgangsfrage ernst nehmen, müssen wir zugeben, dass auch (4) nicht wahr sein kann – und erhalten damit (5):

(5)   *Donald Duck ist weder eine Ente noch ein Mensch.*

Damit aber schütten wir das Kind mit dem Bade aus. Nach (5) kann Donald Duck alles sein a u ß e r eine Ente oder ein Mensch. Das ist sicher nicht, was wir brauchen. Es kann nur darum gehen, ob Donald eine Ente oder ein Mensch ist. Irgendwie ist er beides in einem:

(6)   *Donald Duck ist sowohl eine Ente als auch ein Mensch.*

Er ist eine Ente, die sich wie ein Mensch verhält, und ein Mensch, der wie eine Ente aussieht. Wenn wir nun jeweils die beiden Teilsätze von (5) und (6) anders kombinieren, erhalten wir (7) und (8):

(7)   *Donald Duck ist eine Ente und er ist keine Ente.*

(8)   *Donald Duck ist ein Mensch und er ist kein Mensch.*

Was sagt die Logik dazu? Das ist ganz klar: (6) widerspricht (5), dem Ergebnis unserer logischen Überlegungen, und (7) und (8) sind in sich widersprüchlich. Das ist logisch nicht zulässig. Also sind (6), (7) und (8) falsch. Daraus folgt, dass es so etwas wie Donald Duck gar nicht geben kann.[1] Diese Konsequenz ist tatsächlich akzeptabel. In einer

---

1   Auch die Fachliteratur hilft uns nicht aus diesem logischen Dilemma: in Duve & Völker (1999:183) wird Donald Duck als „Mensch gewordene Ente" kategorisiert. Damit verschiebt sich das Problem nur, weil es wiederum logisch unmöglich ist, dass eine Ente ein Mensch wird.

Welt, in der Enten Enten sind und keine Menschen sein können und umgekehrt, das heißt in der Welt, die wir als die reale Welt ansehen, würden wir nicht akzeptieren, dass es so etwas wie Donald Duck tatsächlich gibt. Wir würden nicht akzeptieren, dass (6), (7) und (8) auf irgendetwas zutreffen, das wirklich existiert.

Diesen logischen Überlegungen liegt ein Prinzip zugrunde, das auf Aristoteles zurückgeht. In seinem Werk *Metaphysik* formuliert er das folgende grundlegende Gesetz der Logik, und nicht nur der Logik, sondern der Wahrheit allgemein:

Gesetz vom Widerspruch
Eine Aussage über einen Gegenstand kann nicht in derselben Hinsicht sowohl wahr als auch falsch sein.[2]

Was das Prinzip besagt, ist einfach Folgendes: ein Satz, in einer bestimmten Lesart, kann nicht zugleich wahr und falsch sein. (Aristoteles nimmt an, dass jeder Satz eine Aussage [ein Prädikat] über einen Gegenstand [das Subjekt] ist.) Unsere Überlegungen über Donald Duck führen zu Ergebnissen, die dieses Gesetz verletzen. (7) besagt, dass (1) sowohl wahr als auch nicht wahr ist, und verstößt damit gegen das Gesetz; dasselbe gilt für (8) in Bezug auf (4).

Aber ganz im Ernst: ist nicht etwas dran an den Sätzen (5) bis (8)? Doch. Wenn wir die Formulierung von Aristoteles' Gesetz genau beachten, zeigt sich eine Möglichkeit, die Ergebnisse unserer Überlegungen mit der Logik zu versöhnen: man muss die Kategorisierung von Donald Duck auf bestimmte H i n s i c h t e n beziehen und damit relativieren. Die scheinbaren Widersprüche lassen sich auflösen, indem man (5) bis (8) durch die folgenden, genaueren Sätze ersetzt:

(5') *Donald Duck ist weder in jeder Hinsicht eine Ente noch in jeder Hinsicht ein Mensch.*

(6') *Donald Duck ist in manchen Hinsichten eine Ente und in anderen ein Mensch.*

(7') *Donald Duck ist in manchen Hinsichten eine Ente und in anderen nicht.*

(8') *Donald Duck ist in manchen Hinsichten ein Mensch und in anderen nicht.*

oder expliziter:

---

2   In der deutschen Übersetzung des Urtexts (Metaphysik 1005b) heißt es: „es ist nicht möglich, dass dasselbe demselben in derselben Beziehung zukommt und nicht zukommt."

(5") *Donald Duck verhält sich nicht wie eine Ente und sieht nicht*
      wie ein Mensch aus.

(6") *Donald Duck sieht wie eine Ente aus, aber verhält sich wie*
      ein Mensch.

(7") *Donald Duck sieht wie eine Ente aus, aber verhält sich nicht*
      wie eine Ente.

(8") *Donald Duck verhält sich wie ein Mensch, sieht aber nicht*
      wie ein Mensch aus.

Diese Sätze widersprechen einander nicht und sind auch nicht in sich widersprüchlich. Sie sind allerdings immer noch nicht mit unserem Bild der realen Welt kompatibel. Wenn wir diese Sätze als wahr akzeptieren, müssen wir Donald Duck in einer anderen Welt ansiedeln – und genau das tun wir natürlich auch.

Vielleicht haben Sie bemerkt, dass die Interpretation der problematischen Sätze (5) bis (8) im Sinne der unproblematischen Sätze (5") bis (8") ein Fall von „Differenzierung" (§3.4.2) darstellt. Ausgehend von dem Kontext, aus dem wir Donald Duck kennen, haben wir die problematischen Sätze uminterpretiert, um sie mit dem Prinzip der konsistenten Interpretation in Einklang zu bringen. Das Ergebnis ist eine speziellere Interpretation der Prädikate ‚eine Ente sein' und ‚ein Mensch sein' als die eigentlich vorgesehene, nämlich als ›eine Ente sein in Hinsicht auf die äußere Erscheinung‹ und ›ein Mensch sein in Hinsicht auf das Verhalten‹.

4.1.2 Das Polaritätsprinzip

Allen logischen Überlegungen liegt der Begriff der **Wahrheit** zugrunde. Wie wir bereits gesehen haben, ist Wahrheit nicht eine Eigenschaft von Sätzen[3] als solchen, obwohl man häufig so redet. Die Frage, ob ein Satz wahr oder falsch ist, stellt sich erst, wenn er auf einen ÄK bezogen wird, da derselbe Satz in einem ÄK wahr und in anderen falsch sein kann. Wahrheit und Falschheit unterliegen einem weiteren grundlegenden Prinzip:

Polaritätsprinzip
In einem gegebenen ÄK, mit einer gegebenen Lesart, ist ein Deklarativsatz entweder wahr oder falsch.

---

3   Wenn hier die Rede von „Sätzen" ist, wird stillschweigend vorausgesetzt, dass es sich um Deklarativsätze handelt. Für andere Satztypen wie Interrogativ- und Imperativsätze stellt sich die Frage der Wahrheit oder Falschheit nicht unmittelbar.

Auch dieses Prinzip geht auf Aristoteles zurück. Es impliziert (dieser
Begriff wird in §4.3 eingeführt) das Gesetz vom Widerspruch, da hier
„wahr oder falsch" im Sinne eines Entweder-Oder zu verstehen ist:
entweder wahr oder falsch, aber nicht beides. Das Polaritätsprinzip[4]
fügt dem Gesetz vom Widerspruch eine Bedingung hinzu, die in der
Logik als das **Gesetz vom ausgeschlossenen Dritten**[5] bekannt ist: es
gibt nur diese zwei Möglichkeiten, wahr oder falsch, kein Sowohl-als-
Auch, kein Weder-Noch. In §9.5.2 werden wir sehen, dass dieses
Prinzip tief in der Struktur menschlicher Sprache verankert ist.

Um eine bequeme Ausdrucksweise dafür zu haben, ob ein Satz wahr
oder falsch ist, spricht man von seinem **Wahrheitswert**. Ein Satz hat
den Wahrheitswert Wahr, wenn er wahr ist, und Falsch, wenn er falsch
ist. Der Wahrheitswert eines Satzes hängt im Allgemeinen davon ab,
ob in dem gegebenen ÄK bestimmte Bedingungen vorliegen. Diese
Bedingungen wurden in §2.2.2 als die Wahrheitsbedingungen des
Satzes eingeführt. Die Sätze

(9)   *Die Katze ist im Garten.*

(10) *Auf dem Fußboden ist eine Milchpfütze.*

haben unterschiedliche Wahrheitsbedingungen; (9) ist wahr, wenn die
Katze im Garten ist, (10), wenn auf dem Fußboden eine Milchpfütze
ist. In Bezug auf einen konkreten ÄK, mit Referenz auf eine bestimmte Katze, einen bestimmten Garten und einen bestimmten Fußboden,
können beide Sätze wahr oder beide falsch oder jeweils der eine wahr
und der andere falsch sein.

4.1.3 Negation

Nach dem Polaritätsprinzip ist jeder Deklarativsatz, in Bezug auf jeden
ÄK, entweder wahr oder falsch, zum Beispiel der Satz

(11) *Klaus kennt die Lösung.*

Wenn man sagt: „Klaus kennt die Lösung.", macht man damit klar,
dass man sich für eine von zwei Möglichkeiten (dass Klaus die Lösung
kennt oder dass er sie nicht kennt) entschieden hat. Man bringt mit
dem Satz nicht nur zum Ausdruck, dass man glaubt, dass Klaus die
Lösung kennt, sondern auch, dass man nicht glaubt, dass er sie n i c h t
kennt. Die Behauptung eines Deklarativsatzes stellt immer auch eine

---

4   Das Prinzip wird meist als ‚Zweiwertigkeitsprinzip' bezeichnet. Ich wähle die Be-
      zeichnung ‚Polaritätsprinzip' weil sie einen Zusammenhang zum Phänomen der
      ‚Polarisierung' herstellt, das in §9.5 ausführlicher behandelt wird.

5   Lateinisch ‚Tertium non datur', wörtlich: „ein Drittes gibt es nicht".

Satz	Negation
Er kommt immer zu spät.	*Er kommt nicht immer zu spät.*
Das weiß jeder.	*Das weiß nicht jeder.*
Er entschuldigt sich manchmal.	*Er entschuldigt sich nie.*
Er war schon da.	*Er war noch nicht da.*
Du musst nachhaken.	*Du brauchst nicht nachzuhaken.*
Nur Klaus weiß warum.	*Nicht nur Klaus weiß warum.*

Tabelle 4.1 Sonderfälle der Negation im Deutschen

implizite Verneinung seiner Umkehrung dar. Auf diese Weise ist jede Aussage, die sich in einer natürlichen Sprache formulieren lässt, polarisiert: sie ist stets das Ergebnis einer Entscheidung für eine von nur zwei entgegengesetzten Möglichkeiten, Ja oder Nein, wahr oder falsch. Diese Polarisierung durchdringt die Sprache ganz und gar.

Dementsprechend besitzen alle Sprachen systematische Mittel, das polare Gegenteil eines Satzes zu bilden. Diesen Vorgang (und sein Ergebnis) nennt man **Negation**. Negation kehrt den Wahrheitswert eines Satzes um: sie macht einen wahren Satz falsch und einen falschen wahr. Im Deutschen wird die Negation in den meisten Fällen dadurch erreicht, dass das finite Verb mit *nicht* modifiziert wird; in anderen Fällen bildet man die Negation durch *kein, nichts* und ähnliche Ausdrücke:

(12) a. *sie kennt die Lösung* – *sie kennt die Lösung nicht* [6]

     b. *sie kennt eine Lösung* – *sie kennt keine Lösung*

In einigen Fällen wird die Negation des Satzes dadurch bewerkstelligt, dass andere Elemente negiert werden, zum Beispiel so genannte Quantoren wie *jeder, alle* oder *immer*. In anderen Fällen werden bestimmte positive Ausdrücke durch negative ersetzt, zum Beispiel *manchmal* durch *nie*. Diese Sonderfälle sind auf wenige Ausnahmen beschränkt. Tabelle 4.1 gibt einige Beispiele. Für unsere Zwecke brauchen wir uns nicht um die genauen Regeln der Negation im Deutschen zu kümmern; die folgende allgemeine Definition ist ausreichend. Für eine genaue Definition wäre Punkt (ii) im Detail auszuführen:

---

[6] Die deutsche Syntax bringt es mit sich, dass die Negationspartikel *nicht*, obwohl sie syntaktisch zum Verb gehört, im Hauptsatz oft nicht neben ihm erscheint.

DEFINITION 1

Wenn A ein Satz ist, der nicht bereits negiert ist, dann ist seine **Negation** ein Satz, der

(i)   wahr ist, wenn A falsch ist, und falsch ist, wenn A wahr ist,

(ii)   nach den einschlägigen grammatischen Regeln aus A gebildet ist.

In den meisten Fällen hat ein positiver (nicht bereits negierter) Satz nur eine Negation. Der Bequemlichkeit halber wird daher im Folgenden **nicht-A** als Kurzschreibweise für d i e Negation von A verwendet.

4.2   Logische Eigenschaften von Sätzen

Der Begriff der Wahrheitsbedingungen erlaubt die Definition einiger elementarer logischer Eigenschaften von Sätzen. Ein „normaler" Satz ist in manchen ÄK wahr, in anderen falsch. Diese Eigenschaft wird als **Kontingenz** bezeichnet: ein Satz in einer bestimmten Lesart ist **kontingent**, wenn er je nach ÄK sowohl wahr als auch falsch sein kann, also weder immer wahr noch immer falsch ist. Es gibt daher zwei Arten von Sätzen, die nicht kontingent sind. Die erste nennt man ‚logisch wahr': ein Satz in einer bestimmten Lesart ist genau dann **logisch wahr**, wenn er in allen möglichen ÄK wahr ist. Analog dazu wird ein Satz, der in allen möglichen ÄK falsch ist, als **logisch falsch** bezeichnet.[7] Die drei Begriffe lassen sich in Form von Tafeln fassen, in denen angegeben wird, welche Wahrheitswerte für die betreffende Art von Sätzen möglich sind; es ist allgemeine Praxis, 1 für den Wahrheitswert Wahr und 0 für Falsch zu verwenden (Tabelle 4.2). Die folgenden Sätze sind logisch wahr:

(13)   a.   *Entweder ist Donald Duck eine Ente oder er ist keine.*

         b.   *Jede Ente ist eine Ente.*

         c.   *Enten sind Vögel.*

         d.   *Zwei mal sieben ist vierzehn.*

(13a) ist wegen des Polaritätsprinzips in jedem ÄK wahr.[8] Wir könnten den Namen *Donald Duck* durch einen anderen ersetzen und das

---

7   In anderen Terminologien werden logisch wahre Sätze ‚Tautologien' (bzw. ‚tautologisch') genannt und logisch falsche Sätze ‚Kontradiktionen' bzw. ‚kontradiktorisch'.

8   Das Problem des Wahrheitswerts von (13a) in Kontexten, in denen es Donald Duck nicht gibt, wird hier der Einfachheit halber ausgeklammert.

A kontingent	A logisch wahr	A logisch falsch
1 *möglich*	1	1 *unmöglich*
0 *möglich*	0 *unmöglich*	0

Tabelle 4.2 Logische Eigenschaften von Sätzen

grammatische Prädikat *ist eine Ente* durch ein anderes. Dass der Satz unabhängig vom ÄK, das heißt in jedem ÄK überhaupt, wahr ist, liegt an seiner Form „entweder x ist p oder x ist nicht p". Auch (13b) ist allein aufgrund der Form des Satzes und daher in allen möglichen ÄK wahr. (13c) ist wahr, weil die Wörter *Vogel* und *Ente* das bedeuten, was sie bedeuten. (13d) ist eine mathematische Wahrheit: die Wörter *zwei, sieben* und *vierzehn* referieren in allen möglichen ÄK auf dieselben abstrakten Dinge, nämlich die Zahlen 2, 7 und 14; ihre Referenz hängt daher nicht vom ÄK ab, ebenso wenig wie das Ergebnis der Multiplikation von 2 mit 7. In philosophischer Terminologie werden Sätze wie (13c) und (13d) ‚analytisch' oder ‚analytisch wahr' genannt, während der Begriff der logischen Wahrheit auf Fälle wie (13a) und (13b) beschränkt ist, deren Wahrheit auf bestimmten logischen Gesetzen beruht. Aus linguistischer Sicht gibt es zwischen den beiden Arten von Fällen keinen wesentlichen Unterschied: alle vier Sätze in (13) sind allein aufgrund ihrer syntaktischen Struktur und der Wörter, die sie enthalten, unabhängig vom ÄK wahr. Die folgenden Sätze sind logisch falsch:

(14) a. *Donald ist eine Ente und Donald ist keine Ente.*

b. *Weder ist Donald eine Ente noch ist Donald keine Ente.*

c. *Enten sind Pflanzen.*

d. *Zwei mal sieben ist siebenundzwanzig.*

(14a) verstößt gegen das Gesetz vom Widerspruch, (14b) gegen das Gesetz vom ausgeschlossenen Dritten, (14c) gegen die Semantik des Deutschen und (14d) gegen die Gesetze der Mathematik.[9]
Die Beispiele zeigen, dass auch logische Wahrheit und Falschheit auf bestimmten Voraussetzungen beruhen:

• auf dem Polaritätsprinzip und

• auf den semantischen Gegebenheiten der Sprache.

---

[9] Sätze wie (14a) und (14b) werden bereitwillig so uminterpretiert, dass sie auf irgendeine Weise sinnvoll und damit kontingent sind (vgl. §4.1.1); das ändert nichts daran, dass solche Sätze in ihrer wörtlichen Bedeutung logisch falsch sind.

Diese Voraussetzungen sind absolut unverzichtbar. Mit dem Polaritätsprinzip steht und fällt die Unterscheidung zwischen Wahr und Falsch und damit der Begriff der Wahrheit (vgl. dazu auch die Überlegungen in §9.5.2). Die semantischen Gegebenheiten der Sprache müssen ebenfalls anerkannt werden, um überhaupt die Frage nach dem Wahrheitswert eines Satzes zu stellen. Wenn Sätze und die Wörter, aus denen sie bestehen, nicht ihre gegebene Bedeutung haben, ist es sinnlos, zu ihnen logische oder semantische Fragen zu stellen.

Die logischen Eigenschaften eines Satzes hängen damit zusammen, welche Art von Information er enthält. Kontingente Sätze können wahr oder falsch sein. Wenn sie in einem konkreten Kontext als Aussagen verwendet werden und wahr sind, transportieren sie daher Information über ihre Referenzsituation: die muss so beschaffen sein, dass die durch den Satz beschriebene Situation tatsächlich vorliegt. Wenn Klaus zu Angelika sagt: „Im Kühlschrank ist Bier.“, dann erfährt sie etwas über die in dem Kontext gegebene Situation, vorausgesetzt sie glaubt Klaus und Klaus sagt die Wahrheit. Sie erfährt, dass die gegebene Situation so beschaffen ist, dass der Satz wahr ist. Das ist durchaus nicht in allen denkbaren Kontexten so, und daher ist der Satz informativ. Wenn Klaus aber einen logisch wahren Satz äußern würde, zum Beispiel „Enten sind Vögel!“, würde Angelika, wenn sie den Satz nicht uminterpretiert, damit nichts über die aktuelle Situation erfahren, sondern allenfalls etwas über das Deutsche lernen, nämlich über den Bedeutungszusammenhang zwischen ›Ente‹ und ›Vogel‹. Ebenso würde sie sich sicherlich fragen, was Klaus ihr eigentlich zum Beispiel mit dem logisch falschen Satz *Donald ist eine Ente und ist keine Ente* sagen möchte. Wörtlich interpretiert kann der Satz nicht wahr sein und daher auch nicht als Mitteilung fungieren. Es sind also nur die kontingenten Sätze, die eine Information über die Welt enthalten.

Wenn nichtkontingente Sätze tatsächlich verwendet werden, um etwas über die im ÄK gegebene Situation auszusagen, sorgt das Prinzip der konsistenten Interpretation (§3.4.3) dafür, dass sie uminterpretiert werden. Logisch falsche Sätze werden von inneren Widersprüchen bereinigt und können dann kontingent interpretiert werden (vgl. die Umdeutung von (6), (7), (8) zu (6"), (7"), (8")). Auch logisch wahre Sätze werden zu kontingenten uminterpretiert. Zum Beispiel könnte der Satz *Enten sind Vögel* benutzt werden, um darauf hinzuweisen, dass Enten fliegen können, zum Beispiel in einem speziellen Kontext, indem es darum geht, ob Donald Duck eine Ente ist oder nicht. Aus dieser Deutung würde sich dann die kontingente Folgerung ergeben, dass Donald Duck fliegen können müsste, wenn er eine Ente wäre.

4.3   Logische Beziehungen zwischen Sätzen

4.3.1   Implikation

Kehren wir noch einmal kurz zu Donald Duck zurück: wir hatten festgestellt, dass mit (15A) notwendig auch (15B) wahr ist:

(15)   A   *Donald ist eine Ente.*   B   *Donald ist ein Vogel.*

Zwischen den beiden Sätzen besteht eine logische Beziehung, die man „Implikation" nennt. Diese Beziehung ist durch eine entscheidende Bedingung definiert: es ist ausgeschlossen, dass B falsch ist, wenn A wahr ist. Das ist für A und B in (15) der Fall; es ist ausgeschlossen, dass Donald eine Ente ist (A wahr), aber dabei kein Vogel (B falsch).

DEFINITION 2	A	B	
A impliziert B, B folgt logisch aus A	1	1	
A ⇒ B	1	0	*unmöglich*
genau dann, wenn gilt:	0	1	
immer wenn A wahr ist, ist B wahr	0	0	

In der jetzt eingeführten Notation lässt sich die Tatsache, dass Satz (15A) Satz (15B) impliziert, folgendermaßen schreiben:

(16)   A   *Donald ist eine Ente.*   ⇒   B   *Donald ist ein Vogel.*

Zwei beliebige Sätze können unabhängig voneinander wahr oder falsch sein. Deshalb gibt es die vier möglichen Kombinationen von Wahrheitswerten, die in der Tabelle in Definition 2 aufgeführt sind. Implikation schließt eine dieser Kombinationen aus: A-wahr-B-falsch. Wenn A B impliziert, sind die Wahrheitswerte von A und B also auf eine bestimmte Weise miteinander verkoppelt: B muss wahr sein, wenn A wahr ist, und A muss falsch sein, wenn B falsch ist.

Die Definition der Implikation lässt die verbleibenden drei Kombinationen von Wahrheitswerten alle zu. Wir können feststellen, dass (15A) (15B) impliziert, weil allgemein gilt, dass Enten Vögel sind. Tatsächlich hatten wir im Fall von Donald Duck große Schwierigkeiten zu entscheiden, ob er eine Ente ist oder nicht. Das ändert aber gar nichts daran, dass die Implikation (16) gilt, weil sie lediglich bedeutet, dass wenn A wahr ist, notwendig auch B wahr ist. Wenn Donald eine Ente ist, muss er ein Vogel sein. Aber wenn er keine Ente ist, kann er ein Vogel sein oder auch nicht. Donald könnte ein Storch sein; dann ist A falsch und B wahr. Das widerspricht (16) nicht. Er könnte auch ein Mensch sein; dann wären A und B beide falsch. Auch das ist nach

(16) zulässig. Ausgeschlossen ist angesichts (16) allein, dass Donald eine Ente, aber kein Vogel ist. Wenn die Sätze, zwischen denen eine Implikation besteht, beide kontingent sind, sind die anderen drei Wahrheitswertkombinationen prinzipiell möglich. Es folgen drei weitere Beispiele für Implikationen:

(17)   A *Es regnet sehr.*   ⇒ B *Es regnet.*

(18)   A *Anita ist eine Schwester meiner Mutter.*
                  ⇒ B *Anita ist meine Tante.*

(19)   A *Heute ist Montag.* ⇒ B *Morgen ist nicht Freitag*

Dass Satz B jeweils wahr ist, wenn Satz A wahr ist, ist klar. Die Umkehrungen gelten jedoch nicht. Wenn es regnet, aber nicht sehr, kann man (17B) behaupten, aber nicht (17A). Ebenso kann in (18) B wahr sein, aber A falsch. Dasselbe gilt für (19). Man muss also zwischen A ⇒ B und B ⇒ A unterscheiden. Definition 2 ergibt auf B ⇒ A angewandt die Bedingung, dass die Kombination B-wahr-A-falsch bzw. A-falsch-B-wahr unmöglich ist. Diese Bedingung ergäbe, bezogen auf die Tabelle in Definition 2, einen *unmöglich*-Eintrag in der dritten Zeile (vgl. Tabelle 4.3). Definition 2 selbst lässt diese Zeile offen. Wenn A B impliziert, gibt es daher zwei Möglichkeiten: entweder ist die Kombination A-falsch-B-wahr unmöglich oder sie ist möglich. Im ersten Fall gilt A ⇒ B u n d B ⇒ A. Wir haben es dann mit **wechselseitiger Implikation** zu tun. Diese liegt zum Beispiel in (20) vor:

(20)   A *Heute ist Montag.* ⇒ B *Morgen ist Dienstag.*

Wenn dagegen A B impliziert und A-falsch-B-wahr möglich ist, gilt B ⇒ A nicht, und wir haben es mit **einseitiger Implikation** zu tun. Tabelle 4.4 zeigt diesen Fall an. Die obige Definition der Implikation deckt also zwei Unterfälle ab: einseitige und wechselseitige Implikation. Wechselseitige Implikation ist ein Sonderfall, der im nächsten Abschnitt als „Äquivalenz" definiert wird. Weil es für den Sonderfall einen eigenen Begriff gibt, wird „Implikation" meistens als einseitige Implikation aufgefasst. Das ändert jedoch nichts daran, dass die allgemeine Definition den Sonderfall der Äquivalenz mit einschließt.

Wie der Normalfall der einseitigen Implikation zeigt, ist die Implikation keine „symmetrische" Relation. (Allgemein ist eine Beziehung genau dann symmetrisch, wenn für beliebige x und y gilt: wenn x zu y in dieser Beziehung steht, dann steht auch y zu x in dieser Beziehung.) Symmetrisch ist allein die wechselseitige Implikation.

Für Implikationen gilt immer ein Art Umkehrschluss: wenn A B impliziert, dann gilt: wenn B falsch ist, ist A auch falsch. Mit anderen

B impliziert A

A	B	
1	1	
1	0	
0	1	*unmöglich*
0	0	

Tabelle 4.3 B impliziert A

A impliziert einseitig B

A	B	
1	1	
1	0	*unmöglich*
0	1	*möglich*
0	0	

Tabelle 4.4 Einseitige Implikation

A impliziert B = nicht-B impliziert nicht-A

A	B		nicht-B	nicht-A
1	1		0	0
1	0	*unmöglich*	1	0
0	1		0	1
0	0		1	1

Tabelle 4.5 Umkehrung der Implikation

Worten: „A impliziert B" ist gleichbedeutend mit „nicht-B impliziert nicht-A". Tabelle 4.5 zeigt die Wahrheitswerte von nicht-B und nicht-A in Abhängigkeit von den Werten von A und B. Der Ausschluss der Wahrheitswertkombination A-wahr-B-falsch läuft auf dasselbe hinaus wie der der Kombination (nicht-B)-wahr-(nicht-A)-falsch. Angewendet auf Beispiel (16) bedeutet das: Wenn Donald kein Vogel ist, dann ist er auch keine Ente; (17) ergibt in der Umkehrung (21), usw.:

    (21) nicht-B *Es regnet nicht.* ⟹ nicht-A *Es regnet nicht sehr.*

Sehen wir uns nun einige Beispiele an, die k e i n e Implikationen sind, obwohl man unter Standardvoraussetzungen in allen Fällen von A auf B schließen wird.

    (22) A *Gabi ist Klaus' Mutter.*
        ⇏ B *Gabi ist die Frau von Klaus' Vater.*

    (23) A *Gabi sagt, sie sei müde.* ⇏ B *Gabi ist müde.*

    (24) A *Das Bier ist im Kühlschrank.* ⇏ B *Das Bier ist kühl.*

Das entscheidende Kriterium für die logische Beziehung der Implikation ist, dass sich die Wahrheit des zweiten Satzes allein aus der des ersten wirklich logisch zwingend ergibt. Es gibt aber keine rein logi-

sche Begründung für die Schlussfolgerungen in (22) bis (24). Es ist
logisch möglich, dass Eltern nicht verheiratet sind, dass Gabi lügt, dass
der Kühlschrank kaputt oder das Bier noch nicht lang genug darin ist.
In den meisten Fällen ziehen wir Schlüsse auf der Basis allgemeinen
Weltwissens, das heißt auf der Grundlage von Zusammenhängen, die
wir für normal, plausibel oder wahrscheinlich halten. Wir greifen dabei
stillschweigend auf viele weitere Voraussetzungen zurück. Der Begriff der logischen Implikation erfasst diese Art von Schlüssen nicht.
Er deckt nur die wirklich „harten" Fälle von *wenn-dann*-Beziehungen
ab, die sich allein aus dem Polaritätsprinzip und den semantischen
Gegebenheiten der Sprache ableiten lassen.

Was besagt das Verhältnis der Implikation darüber, wie sich die Bedeutungen zweier Sätze zueinander verhalten? Wenn A und B beide
kontingent sind und A einseitig B impliziert, enthalten beide Sätze Information über dieselbe Art von Situation, aber die Information, die
durch A gegeben ist, ist spezifischer als die in B enthaltene. Die Wahrheitsbedingungen von B sind immer erfüllt, wenn die von A es sind.
Daher müssen die Wahrheitsbedingungen von B Teil der Wahrheitsbedingungen von A sein. Satz A stellt im Vergleich zu B zusätzliche
Bedingungen an die potenzielle Referenzsituation. Zum Beispiel stellt
Satz B in (17) die Bedingung, dass es regnet, Satz A zusätzlich dazu,
dass der Regen stark ist. In diesem Sinne enthält bei einseitiger Implikation A mehr Information als B. Man kann auch sagen: die durch A
ausgedrückte Situation ist ein Spezialfall der durch B ausgedrückten.
Wie wir in §4.3.5 sehen werden, gelten alle diese Überlegungen aber
nur, wenn A und B kontingent sind.

Die Implikation besitzt eine wichtige Eigenschaft: sie ist eine ‚transitive' Beziehung. Allgemein ist Transitivität[10] folgendermaßen definiert: eine Beziehung (oder Relation) R ist genau dann transitiv, wenn
‚x steht zu y in der Relation R' und ‚y steht zu z in der Relation R'
impliziert ‚x steht zu z in der Relation R'. Angewandt auf die Impli-
kation bedeutet das: wenn $A \Rightarrow B$ und $B \Rightarrow C$, dann $A \Rightarrow C$; zum Beispiel: *Donald ist eine Ente* $\Rightarrow$ *Donald ist ein Vogel*; *Donald ist ein
Vogel* $\Rightarrow$ *Donald ist ein Tier*, ergo: *Donald ist eine Ente* $\Rightarrow$ *Donald
ist ein Tier*. Die Transitivitätseigenschaft ergibt sich unmittelbar aus
der Definition: nehmen wir an $A \Rightarrow B$ und $B \Rightarrow C$; dann gilt: immer
wenn A wahr ist, ist B wahr und immer wenn B wahr ist, ist wiederum
C wahr, also gilt: immer wenn A wahr ist, ist C wahr.

---

[10] Nicht zu verwechseln mit der Transitivität von Verben: zwischen diesen beiden
Bedeutungen des Terminus ‚transitiv' gibt es keinen direkten Zusammenhang.

4.3.2 Äquivalenz

Von Äquivalenz war im vorigen Abschnitt bereits die Rede: sie liegt vor bei wechselseitiger Implikation.

DEFINITION 3	A	B	
A und B sind (logisch) **äquivalent**	1	1	
A⇔B	1	0	*unmöglich*
genau dann, wenn gilt:	0	1	*unmöglich*
A und B haben immer die gleichen Wahrheitswerte	0	0	

Äquivalente Sätze haben in allen ÄK übereinstimmende Wahrheitswerte. Wie die Implikation ist auch die Äquivalenz eine transitive Beziehung. Da die Kombinationen A-wahr-B-falsch und B-wahr-A-falsch beide ausgeschlossen sind, vereint Äquivalenz in sich die Bedingungen für A ⇒ B und B ⇒ A: sie ist gleichbedeutend mit wechselseitiger Implikation. Wenn A und B beide kontingent sind, muss A daher alle Information enthalten, die B enthält, und umgekehrt. Anders ausgedrückt: äquivalente kontingente Sätze müssen dieselbe Information über die Welt ergeben. Hier einige Beispiele:

(25) A *Er ist der Vater meiner Mutter.*
⇔ B *Er ist mein Großvater mütterlicherseits.*

(26) A *Die Flasche ist halb leer.*
⇔ B *Die Flasche ist halb voll.*

(27) A *Heute ist Dienstag.* ⇔ B *Gestern war Montag.*

(28) A *Jedes Los verliert.* ⇔ B *Kein Los gewinnt.*

Für (27) muss angenommen werden, dass jedem Dienstag logisch notwendig ein Montag vorangeht, eine Annahme, die wir hier um des Beispiels willen machen wollen. Die Äquivalenz in (28) gilt, wenn wir ›gewinnen‹ hier mit ›nicht verlieren‹ gleichsetzen. Wenn man diese Annahmen akzeptiert, ergeben sich die vier Äquivalenzen allein aus den semantischen Gegebenheiten des Deutschen.

4.3.3 Kontrarietät

Die beiden Begriffe der Kontrarietät und Kontradiktion fokussieren auf die Falschheit von Sätzen:

DEFINITION 4	A	B	
A und B sind (logisch) **konträr**	1	1	*unmöglich*
genau dann, wenn gilt:	1	0	
immer wenn A wahr ist, ist B falsch	0	1	
	0	0	

In diesem Fall ist also die Kombination A-wahr-B-wahr ausgeschlossen. Daraus ergibt sich, dass stets auch die Umkehrung gilt: immer wenn B wahr ist, ist A falsch. Anders als die Implikation ist die Kontrarietät also eine symmetrische Beziehung. Das spiegelt sich auch in der symmetrischen Redeweise „A und B sind konträr" wider. Die definierende Bedingung könnte auch formuliert werden als: „A und B können nicht beide wahr sein". Andere Redeweisen für Kontrarietät sind: „A und B schließen sich gegenseitig aus", „A und B widersprechen sich" oder „A und B sind inkompatibel". Beispiele sind etwa:

(29) A *Es ist heiß.*   B *Es ist kalt.*

(30) A *Heute ist Dienstag.*   B *Morgen ist Freitag.*

(31) A *Klaus ist jünger als Kim.* B *Klaus ist älter als Kim.*

Zwei konträre Sätze können zwar nicht beide wahr sein, aber die Definition lässt zu, dass beide falsch sind (vgl. Zeile 4 der Tafel in der Definition): es könnte weder heiß noch kalt sein, es könnte weder heute Dienstag noch morgen Freitag sein, Klaus könnte weder jünger noch älter, sondern genau so alt sein wie Kim. Mit anderen Worten: die Negationen zweier konträrer Sätze können miteinander kompatibel sein. Wenn auch A-falsch-B-falsch unmöglich ist, liegt ein Sonderfall der Kontrarietät vor: die im nächsten Abschnitt definierte Beziehung der Kontradiktion. Weil es diesen Sonderfall gibt, verwendet man den Begriff der Kontrarietät meistens nur für den Normalfall, in dem beide Aussagen falsch sein können. Dennoch umfasst Definition 4 als Sonderfall auch den der Kontradiktion.

Zwischen Kontrarietät und Implikation besteht eine direkte Beziehung: A und B sind genau dann konträr, wenn A nicht-B impliziert. Wenn wir das zum Beispiel auf A und B in (29) anwenden, können wir die Tatsache, dass die beiden Sätze konträr sind, auch dadurch erfassen, dass wir feststellen: *Es ist heiß* $\Rightarrow$ *Es ist nicht kalt.*

4.3.4 Kontradiktion

Das logische Verhältnis der Kontradiktion besteht, wenn zusätzlich zur Kontrarietät auch die Möglichkeit, dass beide Sätze falsch sind, ausgeschlossen ist.

	A	B	
DEFINITION 5			
A und B sind zueinander **kontradiktorisch**	**1**	**1**	***unmöglich***
genau dann, wenn gilt:	1	0	
A und B haben immer entgegengesetzte	0	1	
Wahrheitswerte	**0**	**0**	***unmöglich***

Zueinander kontradiktorische Sätze sind notwendigerweise konträr, aber nicht umgekehrt. Wenn zwei Sätze A und B kontradiktorisch zueinander sind, ist in jedem ÄK entweder A wahr und B falsch oder umgekehrt; A und B bilden eine strikte Entweder-Oder-Alternative. Die augenfälligsten Beispiele für Kontradiktion sind Sätze und ihre Negation (vgl. Bedingung (i) in Definition 1), etwa A und B in (32); (33) und (34) zeigen aber, dass es auch andere Fälle gibt:

(32) A *Es ist heiß.*   B *Es ist nicht heiß.*

(33) A *Heute ist Samstag*   B *Heute ist Montag, Dienstag,*
         oder Sonntag   *Mittwoch, Donnerstag oder*
                                    Freitag

(34) A *Sie verliert immer.*   B *Sie gewinnt manchmal.*

Obwohl die B-Sätze in (33) und (34) nicht die Negationen der A-Sätze sind, sind sie doch äquivalent dazu, nämlich zu *Heute ist weder Samstag noch Sonntag* bzw. *Sie verliert nicht immer.*

Auch die Kontradiktion hängt direkt mit den anderen logischen Beziehungen zusammen. A und B sind genau dann kontradiktorisch zueinander, wenn A äquivalent zu nicht-B ist. Kontradiktion lässt sich auch mithilfe von Implikation ausdrücken: A und B sind genau dann kontradiktorisch zueinander, wenn A nicht-B impliziert (was A-wahr-B-wahr ausschließt) und nicht-A B impliziert (wodurch A-falsch-B-falsch ausscheidet).

Tabelle 4.6 fasst die entscheidenden Bedingungen für die vier hier eingeführten logischen Beziehungen zusammen und zeigt, dass sie alle auf Implikationen zurückgeführt werden können. Denn jeder Eintrag *unmöglich* entspricht einer Implikationsbeziehung: er schließt eine bestimmte Wahrheitswertkombination aus, sagen wir A-x-B-y, und ergibt daher, dass wenn A den Wahrheitswert x hat, B nur den

A	B	Implikation	Äquivalenz	Kontrarietät	Kontradiktion
1	1			*unmöglich*	*unmöglich*
1	0	*unmöglich*	*unmöglich*		
0	1		*unmöglich*		
0	0				*unmöglich*
Implika-tionen		A ⇒ B	A ⇒ B n-A ⇒ n-B	A ⇒ n-B	A ⇒ n-B n-A ⇒ B

Tabelle 4.6 Logische Beziehungen

anderen möglichen Wahrheitswert, nicht y, haben kann. In der Tabelle ist „nicht-A/B" als „n-A/B" abgekürzt. Die zweite Implikation im Fall der Äquivalenz, „nicht-A ⇔ nicht-B", ist gleichbedeutend mit B ⇒ A.

4.3.5 Logische Beziehungen und nichtkontingente Sätze

Nehmen wir an, wir haben zwei Sätze A und B, und A ist logisch falsch. Wenn wir eine Tafel mit den möglichen Wahrheitswertkombinationen von A und B aufstellen, erhalten wir allein aufgrund dieser Annahme den Eintrag *unmöglich* in den ersten beiden Zeilen, weil A nicht wahr sein kann, egal welchen Wahrheitswert B hat (Tabelle 4.7). Die Tafel erfüllt damit die Bedingungen dafür, dass A B impliziert (*unmöglich* in der zweiten Zeile) und dafür, dass A und B zueinander konträr sind (*unmöglich* in der ersten Zeile). Der Wahrheitswert von B spielt bei diesen Überlegungen gar keine Rolle. Das bedeutet: wenn A logisch falsch ist, impliziert A jeden beliebigen Satz. Das ist insofern ganz harmlos, als der Schluss von A auf B gar nicht zur Anwendung kommen kann, wenn A immer falsch ist. Eine weitere Konsequenz der logischen Falschheit von A ist, dass es trivialerweise unmöglich ist, dass A und irgendein Satz B zusammen wahr sind. Daher sind logisch falsche Sätze zu allen Sätzen konträr. Ein ähnliches Bild ergibt sich, wenn man annimmt, dass B logisch wahr ist (Tabelle 4.8). Auch in einem solchen Fall gilt A ⇒ B, unabhängig von der Beschaffenheit von A: da B nicht falsch sein kann, kann der Fall A-wahr-B-falsch nicht eintreten. Wenn wir diese Überlegungen auf natürliche Sprache anwenden, erhalten wir zum Beispiel die folgenden Implikationen:

(35) A *Enten sind Reptilien.* ⇒ B *Klaus ist dick.*

(36) A *Klaus ist dick.* ⇒ B *Enten sind Vögel.*

(37) A *Enten sind Reptilien.* ⇒ B *Enten sind Vögel.*

A logisch falsch

A	B	
1	1	*unmöglich*
1	0	*unmöglich*
0	1	
0	0	

Tabelle 4.7

B logisch wahr

A	B	
1	1	
1	0	*unmöglich*
0	1	
0	0	*unmöglich*

Tabelle 4.8

In (35) ist Satz A logisch falsch, in (36) Satz B logisch wahr. (37) ergibt sich aus (35) und (36) durch die Transitivität der Implikationsbeziehung, oder auch direkt daraus, dass A logisch falsch und B logisch wahr ist. Sie werden die Ergebnisse in (35) bis (37) wahrscheinlich verwirrend und kontraintuitiv finden. Die bisherigen Beispiele zur Implikation legen die Interpretation nahe, dass es immer einen Grund dafür geben muss, wenn ein Satz einen anderen impliziert. Es sollte doch eine Bedeutungsverbindung zwischen den beiden Sätzen geben. Was hat Klaus' Leibesumfang damit zu tun, wie Enten einzuordnen sind? Nichts, natürlich. Und doch handelt es sich in (35) bis (37) um logische Implikationen. In den Definitionen der logischen Beziehungen ist von der Bedeutung der Sätze A und B nie die Rede. Es geht nur um die Möglichkeit bestimmter Wahrheitswertkombinationen. Wenn A-wahr-B-falsch egal aus welchen Gründen unmöglich ist, erfüllen A und B das Kriterium der Implikation. Ist denn aber (37) nicht einfach widersprüchlich? Ja, A und B sind kontradiktorisch (A ist immer falsch, B immer wahr), aber gerade deswegen erfüllen A und B das entscheidende Kriterium, dass A-wahr-B-falsch unmöglich ist.

Diese Fälle zeigen etwas sehr Wichtiges, worauf wir später noch einmal zu sprechen kommen: die logischen Beziehungen sind k e i n e Bedeutungsbeziehungen. Sie sind Beziehungen zwischen Sätzen, die das Verhältnis ihrer Wahrheitsbedingungen betreffen, nicht das ihrer Bedeutungen. Wie die Beispiele (35) und (36) zeigen, können auch dann logische Beziehungen zwischen zwei Sätzen bestehen, wenn ihre Bedeutungen nichts miteinander zu tun haben. (37) ist sogar ein Beispiel dafür, dass trotz der Beziehung der Kontradiktion eine Implikationsbeziehung gegeben sein kann. Wie wir im nächsten Abschnitt sehen werden, brauchen wir die Intuition, dass logische Beziehungen auf einer Bedeutungsverbindung beruhen, nicht ganz über Bord zu werfen. Wenn wir logisch wahre und logisch falsche Sätze ausklammern, muss

① A kontingent / B logisch wahr

A	B	
1	1	*möglich*
1	0	**unmöglich**
0	1	*möglich*
0	0	**unmöglich**

② A logisch falsch / B kontingent

A	B	
1	1	**unmöglich**
1	0	**unmöglich**
0	1	*möglich*
0	0	*möglich*

③ A logisch falsch / B logisch wahr

A	B	
1	1	**unmöglich**
1	0	**unmöglich**
0	1	*möglich*
0	0	**unmöglich**

④ A logisch wahr / B logisch wahr

A	B	
1	1	*möglich*
1	0	**unmöglich**
0	1	**unmöglich**
0	0	**unmöglich**

⑤ A logisch falsch / B logisch falsch

A	B	
1	1	**unmöglich**
1	0	**unmöglich**
0	1	**unmöglich**
0	0	*möglich*

⑥ A logisch wahr / B logisch falsch

A	B	
1	1	**unmöglich**
1	0	*möglich*
0	1	**unmöglich**
0	0	**unmöglich**

Tabelle 4.9 Logische Beziehungen bei Nichtkontingenz

für das Vorliegen einer logischen Beziehung sehr wohl ein Bedeutungszusammenhang gegeben sein. An dieser Stelle ist es jedoch wichtig zu
sehen, dass logische Beziehungen an sich keine Garantie für Bedeutungszusammenhänge sind.

Tabelle 4.9 zeigt das Bild, das sich ergibt, wenn A und/oder B nicht
kontingent sind. Unter diesen speziellen Voraussetzungen können alle
offenen Zellen mit *möglich*-Einträgen gefüllt werden: die *möglich*-Ein-
träge in ① und ② gehen auf die Kontingenzbedingungen zurück, die
übrigen ergeben sich daraus, dass A und B irgendeinen Wahrheitswert
haben müssen (hier könnte *möglich* sogar durch *notwendig* ersetzt werden). Die Tabelle liefert zum Teil Ergebnisse, die oben schon erwähnt
wurden: zwei logisch wahre oder logisch falsche Sätze sind äquivalent
(*unmöglich* in Zeile 2 und 3 von ④ und ⑤); wenn ein Satz logisch
falsch und der andere logisch wahr ist, sind beide zueinander kontradiktorisch (*unmöglich* in Zeile 1 und 4 von ③ und ⑥). Aber manche
Ergebnisse sind wie die in (35) bis (37) kontraintuitiv. Zum Beispiel
erhält man aufgrund des *unmöglich*-Eintrags in Zeile 2 von ③, ④ und
⑤ Implikationen wie die folgenden:

(38) a. Typ ③ *2 plus 2 ist 3.*   ⇒ *Enten sind Vögel.*
      b. Typ ④ *2 plus 2 ist 4.*   ⇒ *Enten sind Vögel.*
      c. Typ ⑤ *2 plus 2 ist 3.*   ⇒ *Enten sind Reptilien.*

Noch irritierender als diese kontraintuitiven Implikationen sind Fälle, in denen logische Beziehungen gleichzeitig vorliegen, die man normalerweise als inkompatibel betrachten würde: ②, ③ und ⑤ haben *unmöglich*-Einträge sowohl in Zeile 1 als auch in Zeile 2; das bedeutet, dass in diesen Fällen A B impliziert u n d A und B konträr zueinander sind (oder anders gesehen: A impliziert sowohl B als auch nicht-B).

All diese Befunde sind jedoch vollkommen in Ordnung. Sie bedeuten nicht, dass die logischen Beziehungen falsch definiert sind. Wie wir gleich sehen werden, entsprechen die Beziehungen im Wesentlichen dennoch unseren Intuitionen, dann nämlich, wenn man sie auf kontingente Sätze beschränkt. Lediglich in den „pathologischen" Sonderfällen (um einen Ausdruck aus dem Mathematikerjargon zu benutzen) verlieren die Begriffe der Implikation, Äquivalenz, Kontrarietät und Kontradiktion die Aussagekraft, die sie im Normalfall der Kontingenz besitzen.

4.3.6 Logische Beziehungen zwischen kontingenten Sätzen

Nehmen wir nun den Normalfall an, dass A und B kontingent sind. Diese Annahme hat weit reichende Konsequenzen für die Aussagekraft der logischen Beziehungen. Zunächst einmal können wir viele der leeren Felder in den definierenden Tafeln mit *möglich*-Einträgen füllen. Zum Beispiel hat die Implikation per Definition in Zeile 2 einen *unmöglich*-Eintrag; das führt bei Kontingenz von A und B zu einem *möglich*-Eintrag in Zeile 1, weil A sonst logisch falsch wäre, und zu einem in Zeile 4, weil B sonst logisch wahr wäre. Auf analoge Weise ergeben sich die *möglich*-Einträge bei den anderen drei Beziehungen. Zwei Felder bleiben auf diese Weise jedoch offen. Das Ergebnis ist in Tabelle 4.10 dargestellt.

Die Beschränkung auf kontingente Sätze macht die vier Beziehungen wesentlich spezifischer. Gegenüber den allgemeinen Definitionen enthalten die Tafeln in Tabelle 4.10 jetzt zusätzlich zu den definierenden *unmöglich*-Einträgen jeweils zwei *möglich*-Einträge. Zum Beispiel lässt die allgemeine Definition der Äquivalenz offen, ob die Kombinationen A-wahr-B-wahr und A-falsch-B-falsch möglich sind. Die Beziehung in diesen Punkten festzulegen macht die Äquivalenz zwischen kontingenten Sätzen zu einer spezifischeren Beziehung als

A	B	Implikation	Äquivalenz	Kontrarietät	Kontradiktion
1	1	*möglich*	*möglich*	**unmöglich**	**unmöglich**
1	0	**unmöglich**	**unmöglich**	*möglich*	*möglich*
0	1		**unmöglich**	*möglich*	*möglich*
0	0	*möglich*	*möglich*		**unmöglich**

Tabelle 4.10 Logische Beziehungen zwischen kontingenten Sätzen

Äquivalenz allgemein. Als Konsequenz der Kontingenzfestlegungen können die vier engeren logischen Beziehungen nicht mehr frei miteinander kombiniert werden, denn *unmöglich* und *möglich* schließen sich aus, während ein *unmöglich*-Eintrag mit einem offen gelassen Feld kompatibel ist: ein offenes Feld lässt beide Fälle zu, dass die betreffende Kombination möglich ist und dass sie unmöglich ist. Daher ist die allgemeine Implikation mit Kontrarietät verträglich, aber für kontingente Sätze schließen sich Implikation und Kontrarietät aufgrund der entgegengesetzten Einträge in den Zeilen 1 und 2 aus. Allgemeiner gilt für kontingente Sätze, dass Implikation und Äquivalenz mit Kontrarietät und Kontradiktion inkompatibel sind. Dass bei Implikation und Kontrarietät je ein Feld offen bleibt, hat zur Folge, dass Implikation und Äquivalenz einerseits und Kontrarietät und Kontradiktion andererseits kompatibel sind. Das ist genau, wie es sein sollte, denn nur so lässt sich feststellen, dass Äquivalenz Implikation zur Folge hat und Kontradiktion Kontrarietät impliziert, das heißt dass Äquivalenz ein Sonderfall von Implikation und Kontradiktion ein Sonderfall von Kontrarietät ist.

Im Bereich der kontingenten Sätze lässt sich logische Unabhängigkeit als weitere logische Beziehung definieren: zwei Sätze A und B sind logisch unabhängig, wenn keine der vier Wahrheitswertkombinationen ausgeschlossen ist. Bezogen auf Tabelle 4.10 ergäbe das in jeder Zeile einen *möglich*-Eintrag. Logische Unabhängigkeit ist, wenn man so will, die Beziehung der Beziehungslosigkeit: weder A noch nicht-A impliziert B oder nicht-B, oder anders gesagt: mit dem Wahrheitswert von A liegt der von B nicht fest (und umgekehrt).

Wenn man beliebige Paare von kontingenten Sätzen betrachtet, zwischen denen eine der logischen Beziehungen (außer Unabhängigkeit) besteht, sieht man, dass eine solche Beziehung tatsächlich nur möglich ist, wenn es zwischen den beiden Sätzen einen Bedeutungszusammenhang gibt. Bei kontingenten Sätzen muss es einen Grund für die logische Beziehung geben. Wenn zum Beispiel zwei kontingente

Sätze dieselben Wahrheitsbedingungen haben und also logisch äquivalent sind, müssen sie ähnliche Bedeutungen haben, weil sich die
Wahrheitsbedingungen ja aus der Bedeutung ergeben (vgl. §2.2.2).
Dass eine logische Beziehung zwischen kontingenten Sätzen immer
auf einem Bedeutungszusammenhang beruhen muss, kann man nicht
formal beweisen. Aber diese Annahme ist eine der wichtigsten semantischen Arbeitshypothesen:

Arbeitshypothese
Wenn zwei kontingente Sätze die logische Beziehung der Implikation, Äquivalenz, Kontrarietät oder Kontradiktion aufweisen, dann
beruht diese Beziehung auf einem Bedeutungszusammenhang.

Die Beschränkung auf kontingente Sätze ist für die semantische Forschung nicht wirklich einschneidend. Daher sind die logischen Beziehungen eine wichtige Sonde für die Bedeutungsanalyse, nicht nur von
Sätzen sondern auch von Wörtern, wie wir in §4.5 sehen werden. Dennoch ist festzuhalten, dass logische Beziehungen an sich noch keine
Bedeutungsbeziehungen darstellen; das haben die Überlegungen zu
nichtkontingenten Sätzen gezeigt. Auf diesen zentralen Punkt kommen wir in §4.6 noch einmal zurück.

4.4 Aussagenlogik

Die Aussagenlogik (kurz: AL) ist ein einfaches formales System, das
die elementaren logischen Eigenschaften und Beziehungen zwischen
Sätzen („Aussagen") erfasst. Die Sätze – deren Inhalt nicht von Inte-
resse ist – werden durch Variablen repräsentiert. Als „Interpretationen"
(oder Werte) erhalten die Sätze Wahrheitswerte zugewiesen. Dabei
wird das Polaritätsprinzip zugrunde gelegt: jeder Satz ist entweder
wahr oder falsch. AL-Sätze können syntaktisch verknüpft werden. Es
werden dabei nur Verknüpfungen verwendet, deren Bedeutung sich
erschöpfend anhand der sich ergebenden Wahrheitswerte definieren
lässt. Verknüpfungen wie die mit *weil, bevor, aber, dennoch* usw. sind
ausgeschlossen. Von den in der Aussagenlogik allgemein üblichen
Verknüpfungen werden hier nur zwei eingeführt: die Negation mit $\neg$
und die „Konjunktion" („und"-Verknüpfung) mit $\wedge$:

DEFINITION 6

Negation in der AL
Wenn A ein AL-Satz ist, dann auch $\neg$A.
$\neg$A ist wahr, wenn A falsch ist, und falsch, wenn A wahr ist.
Konjunktion in der AL
Wenn A und B AL-Sätze sind, dann auch (A $\wedge$ B).
(A $\wedge$ B) ist wahr, wenn A und B beide wahr sind, sonst falsch.

$\neg$A wird „nicht-A" gelesen (oder „non-A", mit dem lateinischen Wort *non* für ›nicht‹); (A $\wedge$ B) liest man „A und B". Mit den beiden Regeln lassen sich komplexe Sätze bilden, zum Beispiel:

(39) a. $\neg\neg$A   c. (A $\wedge$ $\neg$A)

     b. (A $\wedge$ B)   d. $\neg$ (A $\wedge$ $\neg$B)

Aus Definition 6 ergibt sich direkt, dass bestimmte komplexe AL-Sätze logisch wahr oder logisch falsch sind, allein aufgrund ihrer Form. Zum Beispiel sind alle Sätze der Form (A $\wedge$ $\neg$A) logisch falsch: nach der Definition der Negation ist von den Sätzen A und $\neg$A immer einer falsch; daher sind nie beide wahr und damit ist (A $\wedge$ $\neg$A) nach Definition 6 immer falsch. Unter den in §4.2 erwähnten logisch falschen Sätzen ist (14a), *Donald ist eine Ente und Donald ist keine Ente*, von dieser Form. Die übrigen Beispiele erfordern andere Erklärungen.

4.5   Logische Beziehungen zwischen Wörtern

Die logischen Beziehungen zwischen Sätzen können dazu verwendet werden, entsprechende Beziehungen zwischen Wörtern oder anderen Ausdrücken unterhalb der Satzebene zu definieren. Genauer gesagt ist dies für alle Prädikatsausdrücke möglich (§6.2); darunter fallen (fast) alle Nomen, Verben und Adjektive, also die Inhaltswörter. Um logische Beziehungen zwischen zwei Ausdrücken festzustellen, setzt man sie in geeignete Testsätze ein und überprüft deren Beziehung.[11] Solche Testsätze sind in Tabelle 4.11 angegeben. Weil die Testwörter sehr unterschiedliche Anwendungsbereiche haben, ist es bequem, in den Sätzen Variablen für die benötigten Satzteile zu verwenden.

---

[11] Später werden wir in der Lage sein, die logischen Beziehungen ohne die Zuhilfenahme solcher Testsätze auf Inhaltswörter zu übertragen (§6.2.3)

Wortart	Testsatzschema	Testwort	Testsatz
zählbares Nomen	*x ist ein* N.	*Auto*	*x ist ein Auto.*
Massennomen[12]	*x ist* N.	*Mehl*	*x ist Mehl.*
Verb, intransitiv	*x* V-*t.*	*laufen*	*x läuft.*
Verb, transitiv	*x* V-*t y.*	*anrufen*	*x ruft y an.*
Adjektiv	*x ist* A .	*kariert*	*x ist kariert.*

Tabelle 4.11 Testsätze für logische Beziehungen zwischen Wörtern

4.5.1 Logische Äquivalenz

Betrachten wir zuerst den Fall der Äquivalenz. Beispiele sind nicht leicht zu finden, aber hier sind zwei:

(40) a. *x ist eine <u>weibliche Erwachsene</u>* ⟺ *x ist eine <u>Frau</u>*

  b. *x <u>kostet viel</u>* ⟺ *x <u>ist teuer</u>*

(40a) besagt, dass, was immer man als eine „weibliche Erwachsene" bezeichnen kann, auch als eine „Frau" bezeichnet werden kann und umgekehrt. Etwas technischer ausgedrückt: die potenziellen Referenten von *weibliche Erwachsene* und *Frau* sind dieselben, die beiden Ausdrücke haben dieselbe Denotation. Entsprechendes gilt für (40b): *viel kosten* und *teuer sein* treffen unter denselben Bedingungen auf den Referenten ihres Subjekts zu. Anstatt einen neuen Terminus einzuführen, sprechen wir in solchen Fällen auch bei Wörtern und anderen Ausdrücken von ‚logischer Äquivalenz': zwei Ausdrücke sind genau dann logisch äquivalent, wenn sie dieselbe Denotation besitzen.[13]

---

12 „Zählbare" Nomen (engl. count nouns) und „Massennomen" (engl. mass nouns) sind zwei Unterklassen von Nomen. Sie unterscheiden sich im Deutschen dadurch, dass zählbare Nomen normalerweise Singular und Plural erlauben; sie erfordern im Singular immer einen Artikel; Massennomen kommen dagegen nur im Singular vor (wenn sie im Plural verwendet werden, zum Beispiel *Sände, Salze, Weine*, findet eine Bedeutungsverschiebung zu einem zählbaren Nomen statt) und können als „bloße Massennomen" ohne Artikel benutzt werden: *ich trinke Wein*.
Der Terminus ‚zählbare Nomen' ist eigentlich verkehrt, weil sich die Zählbarkeit nicht auf diese Nomen, sondern auf deren potenzielle Referenten bezieht.

13 Manche Autoren betrachten logische Äquivalenz als eine Variante von Synonymie, zum Beispiel Cruse (1986: 88), der für diese Beziehung den Begriff ‚cognitive synonymy' verwendet. Synonymie und Äquivalenz müssen jedoch auseinander gehalten werden, aus Gründen, die in §4.6.1 näher erklärt werden.

4.5.2 Logische Unterordnung

Betrachten wir nun den Fall, dass der Test zweier Ausdrücke eine Implikation ergibt:

(41) a. *x ist eine Ente*   ⟹   *x ist ein Vogel*

　　 b. *x trinkt y*   ⟹   *x nimmt y zu sich*

Nach (41a) kann alles, was als eine Ente bezeichnet werden kann, auch ein Vogel genannt werden. Technisch ausgedrückt: die Denotation des spezifischeren Ausdrucks *Ente* ist eine Teilmenge der Denotation des allgemeineren Ausdrucks *Vogel*. Entsprechend ist aufgrund der zweiten Implikation die Denotation von *trinken* in der Denotation von *zu sich nehmen* (in einer bestimmten Lesart) enthalten. Die Testsätze ergeben also genau dann eine Implikation, wenn zwischen den beiden Ausdrücken die Beziehung der **logischen Unterordnung** besteht: A ist genau dann ein **Unterbegriff** von B, und B ein **Oberbegriff** von A, wenn die Denotation von A eine Teilmenge (bzw. eine Unterkategorie) der Denotation von B ist.

4.5.3 Logische Inkompatibilität

Zu einem Oberbegriff gibt es in aller Regel mehrere Unterbegriffe. Zum Beispiel sind neben *Ente* auch die Bezeichnungen für andere Vogelarten wie *Uhu, Schwan, Spatz, Pinguin* Unterbegriffe von *Vogel*. Zwischen den Unterbegriffen eines gemeinsamen Oberbegriffs besteht eine weitere logische Beziehung: *x ist ein Uhu* schließt logisch *x ist ein Spatz* aus, usw. Man spricht in diesem Fall von **logischer Inkompatibilität**. Auch diese Beziehung lässt sich über das Verhältnis der Denotationen definieren: zwei Ausdrücke A und B sind genau dann logisch inkompatibel, wenn sich ihre Denotationen nicht überschneiden[14].

In den Abbildungen 4.1 und 4.2 sind zwei Begriffshierarchien als Bäume dargestellt, die auf den beiden Beziehungen der Unterordnung und der Inkompatibilität beruhen. Da Bäume für die Darstellung ganz verschiedener Strukturen verwendet werden, muss man sich immer vergewissern, wofür die Knoten und Linien und die Anordnung der Baumelemente stehen. Bei **Begriffshierarchie**n stehen die Knoten für Ausdrücke, die Linien für logische Unterordnung („Töchter" sind Unterbegriffe) und Nebenordnung unter einem gemeinsamen „Mutter"-Knoten für Inkompatibilität („Schwestern" sind inkompatibel).

---

[14] In der Terminologie der Mengenlehre sind die Denotationen inkompatibler Ausdrücke „disjunkt".

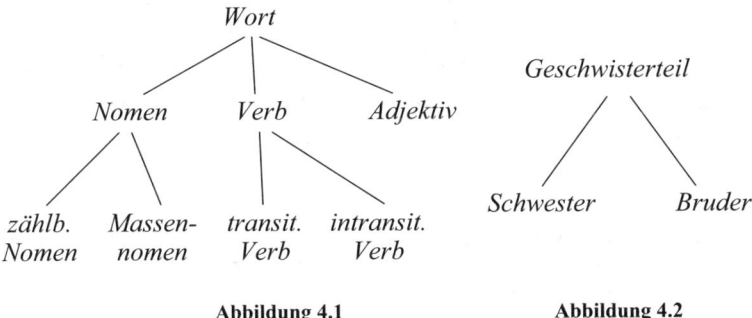

Abbildung 4.1   **Abbildung 4.2**

Die Wortartenhierarchie in Abbildung 4.1 ist in mehrfacher Hinsicht unvollständig. Erstens könnte man weitere Unterbegriffe von *Wort* einfügen, zum Beispiel *Artikel* oder *Präposition*; zweitens könnte man auch zu *Adjektiv* Unterbegriffe ergänzen; schließlich ließen sich auch an die untere Ebene Unterbegriffe anschließen. Im Gegensatz dazu ist die nur dreielementige Hierarchie in Abbildung 4.2 komplett. Das Deutsche hat nur zwei Unterbegriffe von *Geschwisterteil*, *Bruder* und *Schwester*. In anderen Sprachen, zum Beispiel Ungarisch, Japanisch oder Türkisch, gibt es Ausdrücke für ältere bzw. jüngere Brüder und Schwestern.

4.5.4 Logische Komplementarität

Die Unterbegriffe in der Geschwistertermhierarchie sind nicht nur inkompatibel, sondern bilden eine erschöpfende Alternative. Die zugehörigen Testsätze *x ist eine Schwester von y* und *x ist ein Bruder von y* sind logisch kontradiktorisch: wenn x ein Geschwisterteil von y ist, ist x entweder y's Schwester oder y's Bruder.[15] Die Bedeutungsbeziehung der erschöpfenden Alternative wird **logische Komplementarität** genannt: *zwei Ausdrücke A und B* sind logisch komplementär genau dann, wenn ihre Denotationen sich nicht überschneiden und die Menge aller Möglichkeiten vollständig abdecken. Logische Komplementarität ist immer relativ zu einem bestimmten Bereich, einer so genannten **Domäne** definiert. Absolute Komplementarität kommt in natürlichen Sprachen nicht vor. Man nehme irgendein Nomen, zum

---

15 Als „relationale" Nomen (§6.4.1) erfordern die beiden Wörter diesen Typ von Testsatz, da eine Schwester bzw. ein Bruder im hier relevanten Sinne immer eine Schwester bzw. ein Bruder von jemandem ist.

Beispiel	logische Wortbeziehung	entspr. logische Satzbeziehung	Denotations- verhältnis
viel kosten – teuer sein	Äquivalenz	Äquivalenz	identisch
Dackel – Hund	Unterordnung	Implikation	Teilmenge
Dackel – Spitz	Inkompatibilität	Kontrarietät	disjunkt
Männchen – Weibchen	Komplementarität	Kontradiktion	komplementär

Tabelle 4.12 Logische Beziehungen zwischen Inhaltswörtern

Beispiel *Banane*, und versuche sich vorzustellen, was ein absoluter Komplementärbegriff dazu wäre, sagen wir *Nichtbanane*. Die Denotation von *Nichtbanane* müsste alles einschließen, was keine Banane ist, und damit alles, was von beliebigen anderen Nomen denotiert wird, und dazu noch alles, wofür wir im Deutschen oder sogar in allen anderen Sprachen gar keine Bezeichnungen haben. Ein Wort mit einer solchen Bedeutung ist nicht vorstellbar. Gute Beispiele für logische Komplementäre sind Paare wie *Mitglied/Nichtmitglied* (Domäne: mögliche Mitglieder), *Mädchen/Junge* (Domäne: Kinder), *Erwachsene(r)/Kind* (Domäne: Personen), *drinnen/draußen* (Domäne: Orte relativ zu einem geschlossenen Raum).

Die hier eingeführten logischen Beziehungen zwischen Ausdrücken lassen sich als Verallgemeinerung der logischen Beziehungen zwischen Sätzen verstehen: sie werden von Sätzen auf Inhaltswörter und äquivalente Ausdrücke übertragen, indem man sie in passende Testsätze einsetzt. So wie die logischen Beziehungen zwischen Sätzen nur auf deren Wahrheitsbedingungen Bezug nehmen, lassen sich die logischen Beziehungen für Inhaltswörter über das Verhältnis ihrer Denotationen definieren. Tabelle 4.12 gibt einen Überblick über die Zusammenhänge. Abbildung 4.3 veranschaulicht die Denotationsverhältnisse.

äquivalent   **untergeordnet**   **inkompatibel**   **komplementär**

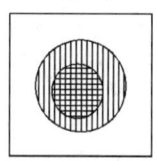 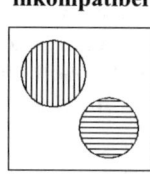 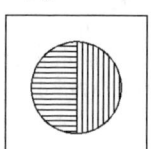

Abbildung 4.3 Denotationsverhältnisse

4.6   Logik und Bedeutung

Wir kommen nun zu der Frage, warum logische Beziehungen keine Bedeutungsbeziehungen sind und daher nicht mit solchen wie Synonymie (gleiche Bedeutung) oder Hyponymie (Bedeutung eines Ausdrucks umfasst die eines Oberbegriffs) zu verwechseln. Diese und andere Bedeutungsbeziehungen werden im nächsten Kapitel behandelt.

4.6.1   Der semantische Status der logischer Äquivalenz

Man könnte versucht sein, zwei Ausdrücke oder Sätze, die logisch äquivalent sind, als bedeutungsgleich zu betrachten, und tatsächlich wird das in der Literatur auch oft getan (etwa in Lyons 1995: 63). Bei näherem Hinsehen entpuppt sich das jedoch als Trugschluss. Alle logischen Begriffe, die wir in diesem Kapitel eingeführt haben, nehmen nur auf Wahrheitsbedingungen und Denotationen Bezug. Wie wir in Kapitel 2 gesehen haben, werden Wahrheitsbedingungen und Denotationen zwar durch die Bedeutung determiniert, aber sie schöpfen sie nicht aus. Davon abgesehen betreffen sie nur die deskriptive Bedeutung; andere Anteile wie soziale oder expressive Bedeutung werden durch die logischen Begriffe gar nicht berührt.

Wahrheitsbedingungen und nicht-deskriptive Bedeutung

Dass die logischen Begriffe nur die deskriptive Bedeutung erfassen, ergibt sich aus den verschiedenartigen Bedingungen für den korrekten Gebrauch von Ausdrücken mit deskriptiver, sozialer bzw. expressiver Bedeutung (Tabelle 2.5). Wenn man zum Beispiel die Wahrheitsbedingungen von *das ist eine Tasse* formuliert, muss man dafür die Denotation des Nomens *Tasse* beschreiben. Damit sagt man dann indirekt etwas über die Bedeutung des Wortes, die ja die Denotation festlegt. In diesem Sinne betreffen Wahrheitsbedingungen die deskriptive Bedeutung. Aber sie haben nichts mit sozialer oder expressiver Bedeutung zu tun. Zum Beispiel unterscheiden sich der deutsche und der englische Satz in (42) nur in der Bedeutung des Pronomens *Sie* bzw. *you* (wenn man den Rest als gleichbedeutend akzeptiert):

(42)   a.   *Ich werde Sie verhaften.*

      b.   *I will arrest you.*

Das deutsche Anredepronomen *Sie* hat dieselbe deskriptive Bedeutung wie das englische *you* (Referenz auf einen oder mehrere Adressaten), aber zusätzlich den bereits diskutierten sozialen Bedeutungsanteil der

Förmlichkeit. Dieser Unterschied wirkt sich auf die Wahrheitsbedingungen der beiden Sätze nicht aus. Wenn man im Deutschen in (42a) statt *Sie* das informelle *dich* oder *euch* benutzen würde, hätte der Satz (vom Numerusunterschied abgesehen) dieselben Wahrheitsbedingungen, weil er denselben Sachverhalt ausdrücken würde, er wäre nur unter Umständen sozial unangemessen. Genauso ergeben Ausdrücke mit derselben deskriptiven, aber unterschiedlicher expressiver Bedeutung keine Differenz in den Wahrheitsbedingungen. Zum Beispiel ist die Entscheidung zwischen (43a) und (43b) keine Frage der Wahrheit oder Falschheit, sondern des subjektiv angemessenen Ausdrucks.

(43) a. *Klaus hat seinen Wagen auf meinem Rasen geparkt.*

   b. *Klaus hat seine verdammte Dreckskarre auf meinem Rasen geparkt.*

Sätze und Ausdrücke allgemein können also logisch äquivalent sein, ohne dieselbe Bedeutung zu haben, weil sie in nicht-deskriptiven Bedeutungsanteilen differieren können. Wir werden jetzt sehen, dass logisch äquivalente Ausdrücke nicht einmal in ihrer deskriptiven Bedeutung übereinzustimmen brauchen.

Logische Äquivalenz und deskriptive Bedeutung

Wir haben schon in §4.2 gesehen, dass alle logisch wahren Sätze identische Wahrheitsbedingungen haben: sie sind in jedem ÄK wahr. Aber natürlich haben sie nicht dieselbe deskriptive Bedeutung: *zwei plus zwei ist vier* hat nicht dieselbe Bedeutung wie *zwei mal zwei ist vier* oder *Dackel sind Hunde*. Dasselbe gilt für logisch falsche Sätze. Nicht-kontingente Sätze zeigen besonders drastisch, dass Sätze mit identischen Wahrheitsbedingungen nicht notwendig dieselbe deskriptive Bedeutung haben. Aber selbst für kontingente Sätze ist das nicht der Fall. Betrachten wir noch einmal die Äquivalenzen in (25) – (28):

(25) A *Er ist der Vater meiner Mutter.*
   ⟺ B *Er ist mein Großvater mütterlicherseits.*

(26) A *Die Flasche ist halb leer.*
   ⟺ B *Die Flasche ist halb voll.*

(27) A *Heute ist Dienstag.*   ⟺ B *Gestern war Montag.*

(28) A *Jedes Los verliert.*   ⟺ B *Kein Los gewinnt.*

Intuitiv haben in diesen vier Fällen A und B nicht dieselbe Bedeutung, aber sie laufen auf dasselbe hinaus. Sie drücken denselben Sachverhalt auf verschiedene Weise aus. Das aber macht gerade die Bedeutung eines Satzes aus: nicht nur w e l c h e n Sachverhalt er ausdrückt – diesen Aspekt erfassen die Wahrheitsbedingungen – sondern vor allem w i e er diesen Sachverhalt ausdrückt, denn das ist die konzeptuelle Ebene der Proposition. Es ist Teil der Bedeutung von A in (25), dass der Satz auf die Mutter der Sprecherin referiert; Satz B tut das nicht. In (27) referiert A auf den Tag der Äußerung, B dagegen auf den Tag davor; die erste Aussage benutzt das Konzept ›Dienstag‹, die zweite ›Montag‹. Satz A in (26) hebt auf den Inhalt der Flasche ab, Satz B darauf, wie viel in der Flasche fehlt. Der erste Satz in (28) ist ein Satz über das Gewinnen, der zweite über das Verlieren. Die Bedeutung eines Satzes erschöpft sich nicht darin, Wahrheitsbedingungen festzulegen; vielmehr gibt jeder Satz eine bestimmte D a r s t e l l u n g eines Sachverhalts, der so oder anders dargestellt werden könnte. Aus der gewählten Darstellung ergeben sich seine Wahrheitsbedingungen, und unterschiedliche Darstellungen können durchaus dieselben Wahrheitsbedingungen ergeben – so wie verschiedenartige Bilder denselben Gegenstand abbilden können. Immer wenn man etwas sagt, wählt man (in der Regel nicht bewusst) zwischen verschiedenen Möglichkeiten, sich auszudrücken und die Dinge darzustellen; man „enkodiert" nicht einfach nur die Fakten, die man mitteilen möchte.

Obwohl es vielleicht weniger offensichtlich ist, gilt dasselbe auch auf der Ebene der Lexeme. Zum Beispiel gibt es im Deutschen zwei äquivalente Bezeichnungen für den innersten Zeh: *großer Zeh* und *Zeh*; dem entsprechen zwei verschiedene Konzepte, die unterschiedliche Aspekte dieses Zehs hervorheben. Andere Sprachen verwenden noch andere Konzepte, zum Beispiel ›Fußdaumen‹ (*nožni palac* im Serbokroatischen). Wenn man vergleicht, welche Bezeichnungen verschiedene Sprachen für dieselben Dinge haben, stößt man sehr schnell auf weitere Fälle. Englisch hat den merkwürdigen Ausdruck *fountain pen* („Springbrunnen-Feder") für das Gerät, das im Deutschen umständlich als „Füllfederhalter" bezeichnet wird (›etwas, das eine Feder hält, die man füllt‹) oder kürzer als „Füller" (›etwas, das man füllt‹); der japanische Term ist *man-nen-hitsu*: ›zehntausend-Jahre-Pinsel‹. Ein „Büstenhalter" (›etwas, das die Büste (?!) hält‹) ist im Französischen als ›Halsstütze‹ (*soutien-gorge*), im Spanischen als ›Unterwerfer‹ (*sujetador*) oder als ›Stütze/Träger‹ (*sostén*) konzipiert. Sprecherinnen der neuguineischen Kreolsprache Tok Pisin bezeichnen BHs als „Gefängnis der Brüste" (*kalabus bilong susu*).

Ein interessantes Feld ist der Bereich der Technik, wo laufend neue Benennungen geschaffen werden müssen. Was im Deutschen ein „Netz-

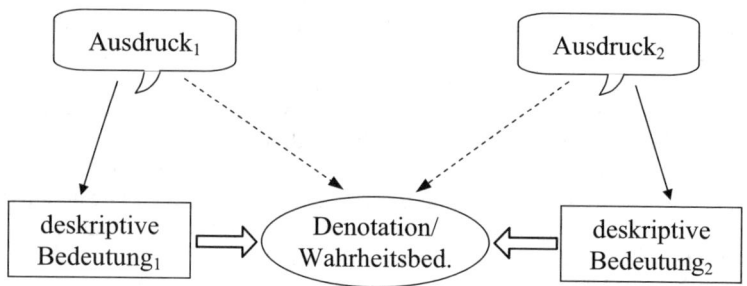

Abbildung 4.4 Das semiotische Dreieck für logisch äquivalente Ausdrücke

schalter" zum Beispiel an einem Verstärker ist, heißt im Englischen „power button"; das deutsche Konzept bezieht sich primär auf die Funktion, das englische auf die „Knopf"-Gestalt. Der französische Ausdruck ist *interrupteur d'alimentation*, ganz wörtlich „Unterbrecher der Ernährung"; das Konzept ›Unterbrecher‹ für Schalter beleuchtet nur einen Aspekt solcher Elemente, das Ausschalten, nicht das Einschalten. Interessant ist auch die jeweils zweite, völlig unterschiedliche Konzeptkomponente, ›Netz‹, ›power‹, ›alimentation‹; alle drei Konzepte sind hier metaphorisch, und jedes konzipiert etwas anderes. Das Ergebnis der Kombination der beiden Konzeptkomponenten ist jedoch in allen drei Fällen ein brauchbares Konzept für dieselbe Art von funktionalem Element. Halten wir also den folgenden zentralen Punkt fest:

Logisch äquivalente Ausdrücke haben nicht notwendig dieselbe Bedeutung, nicht einmal dieselbe deskriptive Bedeutung.

Mit anderen Worten, logisch äquivalente Ausdrücke sind nicht notwendig, was man „synonym" nennt (mehr dazu im nächsten Kapitel). Die Umkehrung gilt natürlich: wenn zwei Ausdrücke dieselbe Bedeutung haben – es genügt sogar dieselbe deskriptive Bedeutung – dann sind sie logisch äquivalent. Abbildung 4.4 kombiniert die semiotischen Dreiecke für zwei äquivalente, aber nicht bedeutungsgleiche Ausdrücke.

Die eigentliche Aussagekraft der logischen Äquivalenz liegt auf der logischen Ebene. Äquivalente Ausdrücke haben dieselben logischen Eigenschaften: nicht nur dieselben Wahrheitsbedingungen bzw. Denotationen, sondern auch dieselben logischen Beziehungen zu anderen Ausdrücken. Äquivalente Sätze implizieren jeweils dieselben Sätze und sind zu denselben Sätzen konträr oder kontradiktorisch. Entsprechendes gilt für äquivalente Wörter und Ausdrücke allgemein.

4.6.2 Der semantische Status der Implikation

Wenn die Denotation von A Teilmenge der Denotation von B und damit A ein Unterbegriff von B ist, kann die Ursache dafür sein, dass die Bedeutung von B in der von A enthalten ist. Man würde das zum Beispiel für ein Paar wie *Ente-Vogel* annehmen. Die Bedeutung eines Inhaltswortes ist eine mentale Beschreibung des potenziellen Referenten (§2.2.1), die bestimmte Charakteristika des Referenten spezifiziert. Eine „Ente" muss so gesehen alle Charakteristika aufweisen, die für einen „Vogel" spezifiziert sind, plus einige zusätzliche, die sie von anderen Vogelarten unterscheiden. Das Konzept ›Vogel‹ muss daher Teil des ›Ente‹-Konzepts sein. Auch die Implikation zwischen Sätzen kann darauf beruhen, dass die Bedeutung des zweiten voll in der des ersten enthalten ist, wie zum Beispiel in (44): Satz A hat dieselbe Bedeutung (Proposition) wie B, nur angereichert durch die Temperaturspezifikation des Bieres.

(44) A *Auf dem Balkon ist warmes Bier.*

   B *Auf dem Balkon ist Bier.*

Implikation ist aber nicht immer ein Hinweis auf diese Art der Bedeutungsbeziehung, da Implikation nur eine Sache der Wahrheitsbedingungen bzw. Denotationen ist, die, wie wir gesehen haben, zwar durch die Bedeutung determiniert sind, aber nicht damit gleichgesetzt werden können. Implikation kann auch auf einer indirekteren Bedeutungsbeziehung beruhen. Ein einfaches Beispiel liefern die Sätze in (45): A impliziert B, aber die Bedeutung von A ist nicht in der von B enthalten:

(45) A *Heute ist Sonntag.*

   B *Morgen ist nicht Freitag.*

Dasselbe gilt analog für logische Unterordnung. Natürlichsprachliche Begriffsysteme sind oft heterogen. Ein Beispiel liefert die Bezeichnung *Erdnuss*. Dem Wortlaut nach sind Erdnüsse als Nüsse konzipiert, die in oder an der Erde gedeihen. Ein Blick in das Wörterbuch belehrt uns, dass die Erdnuss als Pflanze ein „Schmetterlingsblütler" sei. In der Lesart, die sich auf die Pflanze bezieht, ist *Erdnuss* also Unterbegriff von *Schmetterlingsblütler*. Es ist offensichtlich, dass das Konzept ›Schmetterlingsblütler‹, in etwa: ›Pflanze mit schmetterlingsförmigen Blüten‹, nicht in dem Konzept ›Erdnuss‹ enthalten ist. Sonst wüsste man um diese Zugehörigkeit, wenn man die Bedeutung des Worts *Erdnuss* kennt; das wissen aber nur die wenigsten. Erdnüsse werden über die Erdnähe ihrer Samen, Schmetterlingsblütler über die Form ihrer Blüten konzipiert. In der Lesart, die sich auf den Samen der

Pflanze (die eigentlichen „Erdnüsse") bezieht, fällt *Erdnuss* übrigens unter den Oberbegriff *Hülsenfrucht*. Und auch diese logische Beziehung geht nicht damit einher, dass die Bedeutung des Oberbegriffs in der des Unterbegriffs enthalten wäre.

Manche Autoren benutzen den Ausdruck *Hyponymie* für logische Unterordnung.[16] In dieser Einführung wird der Terminus *Hyponymie* für die Bedeutungsbeziehung reserviert, die vorliegt, wenn die Bedeutung eines Unterbegriffs die Bedeutung seines Oberbegriffs als Teil umfasst (siehe §5.2.1). Der Punkt, den wir hier festhalten, ist analog zu der Feststellung zur Äquivalenz:

> Implikation und logische Unterordnung bedeuten nicht, dass die Bedeutung des einen Ausdrucks in der des anderen enthalten ist.

Für die übrigen beiden logischen Beziehungen, Kontrarietät und Kontradiktion, gilt natürlich Entsprechendes. Zum Beispiel gilt für Kontradiktionen nicht notwendig, dass der eine Satz die Negation des anderen sein muss (vgl. (33) und (34) in §4.3.4).

4.6.3 Logik und Semantik

Die vorangehenden Überlegungen haben gezeigt, dass logische Eigenschaften und Beziehungen die Bedeutung nicht direkt betreffen. Sie setzen an Wahrheitsbedingungen und Denotationen an, einem Aspekt von Ausdrücken, der zwar durch die deskriptive Bedeutung determiniert ist, aber nicht damit identisch. Die logische Herangehensweise an Bedeutung ist daher nur begrenzt tauglich:

- Bedeutungsanteile, die sich nicht auf Wahrheitsbedingungen und Denotation auswirken, werden nicht erfasst: Ausdrücke mit derselben deskriptiven, aber unterschiedlicher expressiver oder sozialer Bedeutung lassen sich mit logischen Begriffen nicht unterscheiden.

- Die deskriptive Bedeutung wird nicht direkt erfasst, sondern nur ihre Auswirkung auf Wahrheitsbedingungen und Denotation.

- Unterschiede in der deskriptiven Bedeutung bei identischen Wahrheitsbedingungen bzw. Denotationen entziehen sich diesem Ansatz. Insbesondere gibt die logische Analyse keine Aufschlüsse über die Bedeutung logisch wahrer oder falscher Sätze.

---

[16] zum Beispiel Lyons (1977/1980), Cruse (1986)

Wenn man diese Einschränkungen und die Aussagekraft der Ergebnisse sorgfältig im Auge behält, ist die logische Analyse dennoch ein sehr ergiebiges Instrument für die Semantik. Zum einen ist sie eine unverzichtbare Sonde, um Bedeutungszusammenhänge, wenn auch vielleicht indirekte, aufzuspüren (vgl. die in §4.3.6 formulierte Arbeitshypothese). Zum andern liefert sie wichtige negative Ergebnisse:

- Wenn zwei Ausdrücke nicht logisch äquivalent sind, haben sie nicht dieselbe deskriptive Bedeutung.
- Wenn ein Satz A einen Satz B nicht impliziert, ist die Bedeutung von B nicht in der von A enthalten.

Der logische Ansatz stellt für die Semantik einfache Instrumente zur Verfügung, um Bedeutungsbeziehungen zu sondieren. Die Befunde sind sehr wichtige Daten für die semantische Analyse. Wenn zum Beispiel zwei Ausdrücke äquivalent oder inkompatibel sind oder wenn ein Satz logisch wahr oder falsch ist, ist das ein Faktum, das die semantische Analyse erklären muss.

Schlüsselbegriffe

Gesetz vom Widerspruch
Gesetz vom ausgeschlossenen Dritten
Polaritätsprinzip
Wahrheitsbedingungen
Negation
logische Eigenschaften
Kontingenz
logische Wahrheit
logische Falschheit
logische Beziehungen
  zwischen Sätzen
Implikation
logische Äquivalenz
logische Kontrarietät
logische Kontradiktion
logische Unabhängigkeit

logische Beziehungen
  zwischen Wörtern
logische Unterordnung
logische Äquivalenz
Unterbegriff / Oberbegriff
logische Inkompatibilität
logische Komplementarität

Logik und Semantik
Äquivalenz und Synonymie
Unterordnung und Hyponymie

Übungen

1. Ist in den folgenden Fällen A oder B die Negation des Satzes? Überlegen Sie sich die Wahrheitsbedingungen und fragen Sie sich, welcher der beiden Sätze notwendig wahr ist, wenn der Ausgangssatz falsch ist.

   a) *Hier regnet es immer.*   A *Hier regnet es nie.*
                                   B *Hier regnet es nicht immer.*

   b) *Die Kühe sind alle krank.* A *Die Kühe sind nicht alle krank.*
                                   B *Die Kühe sind alle gesund.*

   c) *Jemand hat mir geholfen.*   A *Jemand hat mir nicht geholfen.*
                                   B *Niemand hat mir geholfen.*

   d) *Es ist noch hell.*   A *Es ist noch nicht hell.*
                                   B *Es ist nicht mehr hell.*

2. Welche der folgenden Aussagen treffen zu, welche nicht:

   a) Wenn A logisch wahr ist, ist nicht-A logisch falsch.

   b) Wenn A kontingent ist, ist nicht-A entweder logisch wahr oder logisch falsch.

   c) A und nicht-A sind immer logisch konträr.

   d) Wenn A nicht-B impliziert, impliziert B nicht-A.

   e) Es ist logisch unmöglich, dass A nicht-A impliziert.

3. Formulieren Sie Definitionen für logische Äquivalenz, Kontrarietät und Kontradiktion mit dem Begriff der Implikation.

4. Überprüfen Sie die folgenden Satzpaare: welche Wahrheitswertkombinationen sind in demselben ÄK möglich? Besteht zwischen den Sätzen eine der vier logischen Beziehungen oder keine davon?

   a) A *Klaus hat Angelika das Fahrrad geschenkt.*
      B *Angelika hat das Fahrrad bekommen.*

   b) A *Ich habe das Licht ausgemacht.*
      B *Jetzt ist es dunkel.*

   c) A *Vielen hat die Aufführung gefallen.*
      B *Niemandem hat die Aufführung gefallen.*

   d) A *Einige Kinder sind krank.*
      B *Einige Kinder sind nicht krank.*

   e) A *Nur die Hälfte der Leute hier hat einen Job.*
      B *Die Hälfte der Leute hier hat keinen Job.*

5. Welche logische Beziehung besteht zwischen den folgenden Wortpaaren?

   a) *Fahrzeug – Bus*

   b) *Bus – Straßenbahn*

   c) *möglich – unmöglich*

   d) *angenehm – unangenehm*

   e) *kaufen – verkaufen*

   f) *über – unter*

6. Welche potenziellen Bedeutungsanteile werden durch die logische Analyse nicht erfasst und warum nicht?

7. Diskutieren Sie die Grenzen, die dem logischen Ansatz bei der Analyse der deskriptiven Bedeutung gezogen sind.

8. Diskutieren Sie den Nutzen der logischen Herangehensweise für die Semantik.

Lesehinweise

Cruse (1986: §4) zu logischen Beziehungen zwischen Wörtern. Partee et al. (1993: §6) zu Definitionen von logischen Eigenschaften und Beziehungen in der Logik. Zur Negation im Deutschen Jacobs (1982) und (1991) sowie Kürschner (1983).

5 Bedeutungsbeziehungen

Es ist ein sehr schwieriges Unterfangen, die Bedeutungen von Lexemen oder Sätzen explizit zu beschreiben. Eigentlich besteht noch nicht einmal Einigkeit in der Semantik darüber, was für Entitäten Bedeutungen denn nun sind. Nach dem „mentalistischen" Standpunkt, der hier vertreten wird, sind Bedeutungen Konzepte; das ist die vorherrschende Sicht, aber durchaus nicht unkontrovers. Es ist jedoch vergleichsweise einfach, B e z i e h u n g e n zwischen den Bedeutungen von Lexemen oder Wörtern zu beschreiben. Bedeutungsbeziehungen gehören zu den wichtigsten semantischen Daten. Nach einer einflussreichen Position, dem Strukturalismus, erschöpft sich die Beschreibung der Bedeutung eines sprachlichen Ausdrucks sogar in der Beschreibung seiner Bedeutungsbeziehungen zu anderen Ausdrücken (§7.1.1). Dieser Standpunkt wird hier allerdings nicht geteilt.

Wir beginnen mit zwei grundlegenden Bedeutungsbeziehungen, die schon am Ende des letzten Kapitels angesprochen wurden: Synonymie und Hyponymie (§5.1, 5.2). §5.3 befasst sich mit Gegenteilbeziehungen, einem semantischen Phänomen, das sogar schon Kindern geläufig ist. Bedeutungsbeziehungen beziehen zwar primär zwei Ausdrücke aufeinander; sie sind jedoch auch die Grundlage größerer Strukturen im Lexikon, der so genannten Wortfelder (§5.4). Im letzten Abschnitt wird eine exemplarische Wortfeldanalyse anhand der deutschen Verwandtschaftsbezeichnungen durchgeführt.

Die im vorigen Kapitel behandelten logischen Beziehungen zwischen Wörtern sind Denotationsbeziehungen, also Beziehungen, wenn man so will, zwischen den außersprachlichen Korrelaten, oder den Geltungsbereichen sprachlicher Ausdrücke. Bei Bedeutungsbeziehungen dagegen handelt es sich um etwas anderes: um Konzeptbeziehungen, das heißt Beziehungen zwischen den Bedeutungen selbst.

5.1   Synonymie

Die einfachste Bedeutungsbeziehung ist die **Synonymie**: zwei Ausdrücke sind genau dann synonym, wenn sie dieselbe Bedeutung haben. Synonymie im strikten Sinne, auch **totale Synonymie** genannt, muss sich auf alle eventuellen Bedeutungsvarianten und alle Bedeutungsanteile (deskriptive, soziale und expressive Bedeutung) erstrecken. Diese Bedingung ist fast nie erfüllt; Beispiele sind *Samstag–Sonnabend* oder *Cousin–Vetter*. Relativ viele, allerdings triviale Fälle finden sich in Form von Abkürzungen: *LKW–Lastkraftwagen*, *LP–Langspielplatte*, *BH–Büstenhalter*. Ähnlich verhält es sich mit Paaren aus Kurzwörtern und ihren Langformen: *Bus–Omnibus*, *Lok–Lokomotive*, *Tele–Teleobjektiv*, *Trafo–Transformator*, *Mikro–Mikrofon*, *U-Bahn–Untergrundbahn*. Solche Fälle sind insofern trivial, als sich die kurze Form als Variante der langen auffassen lässt, so dass beide Formen demselben Lexem zuzurechnen sind.

Sehr häufig sind dagegen Fälle von **partieller Synonymie**: zwei Lexeme teilen eine oder mehrere Bedeutungsvariante. Beispiele sind *schon–bereits* oder *fast–beinahe* (bei näherem Hinsehen sind die Verwendungsmöglichkeiten nicht identisch, überlappen sich aber stark). Eine große Gruppe besteht aus Paaren wie *Karte–Eintrittskarte* (auch *Karte–Postkarte, Landkarte, Kreditkarte, Fahrkarte*): ein Kompositum (*Eintritts-karte*) ist synonym zu seinem zweiten Bestandteil (*Karte*) in einer spezifischeren Lesart desselben, die zu der allgemeineren Grundbedeutung des Wortes im Verhältnis der Differenzierung steht (§3.4.2, 3.5.2). Natürlich ist *Karte* in der allgemeineren Bedeutung nicht bedeutungsgleich mit *Eintrittskarte*. Andere Beispiele dieses Typs sind *Platte–Schallplatte, Ei–Hühnerei, Bahn–Eisenbahn* und viele mehr.

Es sei daran erinnert, dass bloße Denotationsgleichheit, also die Verwendung zweier Ausdrücke für dieselbe Kategorie von Referenten kein hinreichendes Kriterium für echte Synonymie ist (§4.6.1). Bedingung für Synonymie ist Bedeutungsgleichheit, das heißt Übereinstimmung auf der Konzeptebene. In diesem Sinne sind zum Beispiel die Ausdrücke *Weihnachtsengel* und *geflügelte Jahresendpuppe* (eine Sprachregelung der DDR) eben nicht synonym – und genau das sollten sie auch nicht sein. Bemerkenswerte Fälle von Nichtsynonymie sind Euphemismen (§2.5), darunter auch die Begriffsschöpfungen im Zeichen der „politischen Korrektheit": sie zielen darauf ab, dasselbe auf andere Weise zu bezeichnen, das heißt Denotationsgleichheit (in der Regel nur in einer bestimmten Lesart) bei unterschiedlicher Bedeutung zu erreichen. Man betrachte etwa Paare wie *Alte–Senioren, Krieg–Verteidigungsfall* oder –*Konflikt, sterben–von uns gehen, lahm–gehbehindert* usw. Im Vokabular der Sexualität gibt es viele kaschierende Ausdrücke wie *mit jemandem schlafen,* die als Ersatz für direkte Ausdrucksweisen benutzt werden – zu denen sie ebenfalls nicht synonym sind.

5.2 Hyponymie

5.2.1 Die Bedeutungsbeziehung

Die Bedeutungsbeziehung der **Hyponymie** lässt sich wie folgt definieren: A ist genau dann ein **Hyponym** von B, bzw. zu B **hyponym,** wenn A ein Unterbegriff von B ist (§4.5.2) und wenn die Bedeutung von B Teil der Bedeutung von A ist.[1] Zusätzlich zu der Bedeutung von B muss die von A noch weitere Aspekte enthalten, die sie spezifischer machen als die von B. Wenn A ein Hyponym von B ist, wird B als **Hyperonym** von A bezeichnet. Hyponymie ist eine semantische Beziehung zwischen Lexemen, die auf einer Beziehung zwischen ihren Bedeutungen beruht, die ihrerseits Auswirkungen auf das Verhältnis ihrer Denotationen hat: die Bedeutung des Hyperonyms ist in der des Hyponyms enthalten, und umgekehrt ist die Denotation des Hyponyms eine Teilmenge der Denotation des Hyperonyms (Abbildung 5.1). Wir haben schon in §4.6.2 gesehen, dass sich Hyponymie nicht in logischer Unterordnung erschöpft.

Beispiele für Hyponymie sind zahlreich. Eine Gruppe besteht aus Paaren von Unterbegriff und Oberbegriff wie *Ente–Vogel* oder *Nomen –Wort* und *Schwester–Geschwisterteil* in den Begriffshierarchien in Abbildung 4.1 (S.105). Eine andere Fallgruppe sind Paare aus einem Lexem und einem Kompositum mit diesem Lexem als zweitem Teil: *Fußball–Ball, Kaffeetasse–Tasse, himmelblau–blau* usw. Bei Komposita ist jedoch Vorsicht geboten. Es gibt viele, die eine festgeschriebene besondere Bedeutung haben, zum Beispiel *Seehase* oder *Dummkopf,* die nicht hyponym zu *Hase* bzw. *Kopf* sind. Sie erfüllen zwar die Bedingung, dass die Bedeutung des zweiten Bestandteils auf irgendeine Weise in der Bedeutung des Kompositums enthalten ist[2], sind aber

---

[1] Streng genommen muss die Definition für je eine Lesart von A und B formuliert werden. Zum Beispiel ist *Rad* in der Lesart ›Fahrrad‹ Hyponym von *Fahrzeug,* aber in der Bedeutung [grob] ›drehbarer Teil eines Fahrzeugs‹ nicht. Diese Relativierung wird stillschweigend auch bei allen folgenden Definitionen von Bedeutungsbeziehungen vorausgesetzt.

[2] ›Meerestier, das einem Hasen ähnelt‹ bzw. ›jemand, der einen dummen Kopf hat‹.

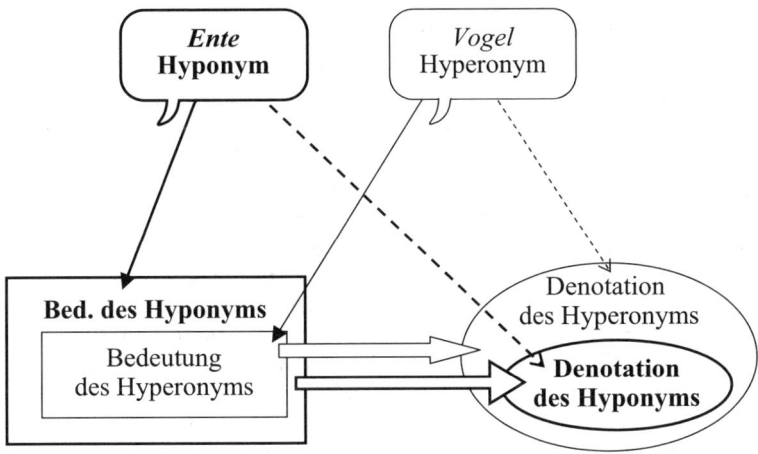

Abbildung 5.1 Das semiotische Dreieck für Hyponym und Hyperonym

nicht Unterbegriffe des zweiten Teils. Dasselbe trifft aus anderen Gründen auf Bildungen wie *Grünblau* zu: Grünblau ist nicht ein bestimmter Blauton (wie Himmelblau), sondern eine Farbe zwischen Grün und Blau, die weder unter Blau noch unter Grün fällt. Die Konstellation, dass das Kompositum zu seinem zweiten Teil hyponym ist, ergibt sich nur bei einem bestimmten, allerdings sehr häufigen semantischen Typ von Komposita, der im nächsten Abschnitt genauer behandelt wird.

Sehr direkte Fälle von Hyponymie sind Ausdruckspaare der Form Y+X und X, bei denen ein Ausdruck X syntaktisch um ein Attribut Y erweitert wird; zum Beispiel verhält sich in den meisten Fällen eine Kombination von Adjektiv und Nomen hyponym zum Nomen allein: *große Freude–Freude*. Aber auch hier gibt es Ausnahmen; zum Beispiel sind Kombinationen wie *frühere Nachbarin* und *angebliche Freundin* nicht hyponym zu *Nachbarin* und *Freundin*. Außerdem gibt es idiomatische „falsche Freunde" wie *falscher Freund, lahme Ente, trübe Tasse*.

Die in Zusammenhang mit Synonymie erwähnten Polyseme mit zwei Lesarten, die im Verhältnis der Differenzierung stehen (zum Beispiel *Karte* in den Bedeutungsvarianten ›Karte [allg.]‹ und ›Eintrittskarte‹), ergeben Fälle, in denen ein Ausdruck in einer seiner Lesarten hyponym zu sich selbst in einer anderen Lesart ist. Allgemein ergibt das Bedeutungsverhältnis der Differenzierung Hyponymie.

5.2.2 Regelmäßige Komposita

Einer der häufigsten Mechanismen der Wortbildung, des Teils der Grammatik, der für die Bildung neuer Lexeme zuständig ist, ist die (morphologische) Komposition.[3] Unter anderem erlauben die Regeln der Wortbildung die Zusammenfügung zweier Nomen zu einem neuen. Für diese morphologische Operation hat das Deutsche eine allgemeine semantische Regel; Komposita können also kompositional interpretiert werden. Das wird nur dann nicht geschehen, wenn sie mit einer anderen Bedeutung im Lexikon abgespeichert sind. Eine kompositional interpretierte Zusammensetzung bezeichnet man als regelmäßiges Kompositum. Ihr erster Teil ist der **Modifikator**, der zweite der **Kopf**; die Bedeutung des Kompositums ergibt sich daraus, dass die Bedeutung des Modifikators verwendet wird, um zu der des Kopfes eine Spezifikation hinzuzufügen. Solche Komposita werden daher als ‚Determinativkomposita' bezeichnet. Zum Beispiel steuert der Modifikator *Apfel-* in dem Kompositum *Apfelsaft* zu der Bedeutung des Kopfes, dem Konzept ›Saft‹, die Spezifikation ›aus Äpfeln hergestellt‹ bei. In *Parkbank* besteht der Beitrag des Modifikators in dem Zusatz ›in einem Park‹, bei *Werkswohnung* handelt es sich um eine Wohnung, die von einem Werk seinen Angehörigen zur Verfügung gestellt wird; der Modifikator *Blumen-* in *Blumenladen* spezifiziert in dem Konzept ›Laden‹ die dort verkaufte Ware als Blumen.

Auch die Bedeutung des Modifikators ist in der des Kompositums enthalten, aber anders als die des Kopfs trägt sie nur einen Aspekt zur Kennzeichnung des Referenten bei. Daher ist die Bedeutungsbeziehung zwischen Kompositum und Modifikator nicht Hyponymie (Apfelsaft ist kein Apfel, eine Werkswohnung kein Werk usw.). Vielmehr handelt es sich um eine spezielle Beziehung, die dadurch bestimmt ist, wie die Bedeutung des Modifikators in die des Kompositums „eingebaut" ist. So besteht die Bedeutungsbeziehung zwischen *Blume* und *Blumenladen* darin, dass das Konzept ›Blume‹ in dem Konzept ›Blumenladen‹ spezifiziert, was in seinem potenziellen Referenten verkauft wird. Obwohl es sich um eine recht spezifische Bedeutungsbeziehung handelt, tritt sie in einer ganzen Reihe von anderen Komposita auf (vgl. *Möbelhaus, Schreibwarengeschäft, Losbude, Eisstand, Zeitungskiosk, Käsetheke* usw.). Abbildung 5.2 illustriert die Bedeutungsbeziehungen innerhalb regelmäßiger Komposita im Allgemeinen anhand des Falles *Apfelsaft*.

---

3   Nicht zu verwechseln mit der semantischen Komposition (§1.2). In der Wortbildung bezeichnet der Terminus die Zusammensetzung von zwei Wörtern zu einem.

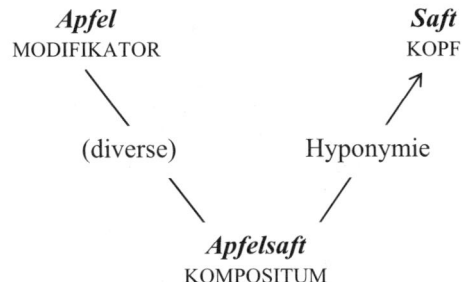

Abbildung 5.2 Bedeutungsbeziehungen zwischen einem Kompositum
und seinen Bestandteilen

5.3   Oppositionen

5.3.1   Beispiele

Wenn man Leute fragt, was das Gegenteil von Wörtern wie *alt, kaufen*
oder *Tante* ist, werden sie ohne Probleme spontan antworten. Die Antworten werden aber uneinheitlich sein, weil manche Wörter mehrere
Gegenteile besitzen. Der intuitive Begriff des Gegenteils umfasst nämlich ein ganzes Spektrum von unterschiedlichen Bedeutungsbeziehungen; sie werden unter dem Fachausdruck **Opposition** zusammengefasst. In (1) sind die üblichen Antworten auf die Frage, was die Gegenteile von *alt, kaufen* und *Tante* sind, zusammengestellt:

(1)   a. *alt*:   (i) *neu*   (ii) *jung*

     b. *kaufen*: (i) *verkaufen* (ii) *stehlen, sich leihen, mieten*

     c. *Tante*:   (i) *Onkel*   (ii) *Neffe, Nichte*

An den beiden Gegenteilen von *alt* wird offenbar, dass *alt* polysem ist.
Als Gegenteil von *jung* bezieht es sich auf das Alter, primär von Lebewesen. Daneben können die beiden Gegenteile *alt* und *jung* auch für
unbelebte Dinge verwendet werden, die damit metaphorisch als etwas
konzipiert werden, das innere Entwicklungen wie Wachstum, Reife
oder Alterung durchläuft (vgl. *junge Nation, alter Wein, junge Sprache*
usw.). In solchen und den Standardfällen denotieren *jung* und *alt* frühe
bzw. späte Stadien einer autonomen inneren Entwicklung. In einer anderen Lesart kann *alt* dagegen für Dinge wie Autos, Bücher, Gebäude,

Schuhe oder auch Wörter verwendet werden. *Alt* bedeutet dann, dass das Objekt schon lange in Gebrauch ist, was unter anderem mit Verschleiß, Abnutzung und Wertverlust, aber in anderen Fällen auch mit einem Wertzuwachs einhergehen kann. Dies ist die Bedeutungsvariante, in der *neu* das Gegenteil von *alt* ist. Die beiden Gegenteile von *alt*, *neu* und *jung*, sind Gegenteile derselben Art: *alt* bezeichnet einen hohen Wert auf einer bestimmten Skala, *neu* und *jung* bezeichnen einen niedrigen Wert darauf. Der Unterschied zwischen *neu* und *jung* betrifft die jeweils zugrunde zu legende Skala.

Was das Gegenteil von *kaufen* ist, ist weniger klar. Dass hier mehrere Kandidaten genannt werden, liegt nicht an einer Polysemie des Wortes *kaufen*, sondern daran, dass es verschiedene Möglichkeiten gibt, zu dem Begriff des Kaufens ein Gegenteil zu konzipieren. Die drei Verben unter (ii), *stehlen, sich leihen, mieten*, bezeichnen alternative Weisen, in den Besitz von etwas zu gelangen. *Sich leihen* und *mieten* unterscheiden sich von *kaufen* dadurch, dass der resultierende Besitz als vorübergehend spezifiziert ist. Dagegen ist im Falle von *kaufen* und *stehlen* der Besitzwechsel dauerhaft. Die Konzepte ›kaufen‹ und ›mieten‹ sehen vor, dass der Besitzwechsel durch Geld kompensiert wird, ›stehlen‹ und ›leihen‹ nicht. Bei ›stehlen‹ tritt hinzu, dass der Besitzerwerb ohne das Wissen der Vorbesitzerin erfolgt. Auch diese drei Gegenteile sind von derselben Art: sie unterscheiden sich von ihrem Gegenstück *kaufen* jeweils durch einzelne Konzeptkomponenten, während sie den Rest der Bedeutung teilen.

Verkaufen, das letzte Gegenteil zu *kaufen*, ist ganz andersartig. Man kann seine Bedeutungsbeziehung zu *kaufen* auf zwei Weisen sehen. Zum einen ist jeder Kauf zugleich auch ein Verkauf: wenn x etwas von y kauft, dann verkauft y etwas an x. Einen bestimmten Besitzwechsel als Verkauf und nicht als Kauf zu konzipieren entspricht einer umgekehrten Perspektive auf denselben Sachverhalt: ein Objekt z wechselt aus dem Besitz von y in den Besitz von x, wobei x an y für z einen Geldbetrag zahlt. Das Verb *kaufen* konzipiert diesen Vorgang als Handlung des Erwerbers x, das Verb *verkaufen* als Handlung der Vorbesitzerin y. Die beiden Verben drücken so gesehen denselben Sachverhalt mit vertauschten Rollen aus. Zum andern kann man eine Situation des Typs „x kauft z" der Situation „x verkauft z" gegenüberstellen. Dann sind *kaufen* und *verkaufen* in dem Sinne entgegengesetzt, dass *kaufen* einen Wechsel von z in den Besitz von x, *verkaufen* aber einen Wechsel aus dem Besitz von x heraus bezeichnet. In dieser Sicht drücken die beiden Gegenteile denselben Vorgang in unterschiedliche Richtungen aus, so wie *ankommen* und *weggehen*.

Die Beispiele haben deutlich gemacht, dass wir intuitiv dann eine Gegenteilbeziehung ansetzen, wenn sich die Bedeutungen von zwei Ausdrücken in ein oder zwei Punkten unterscheiden, ansonsten aber übereinstimmen. So beziehen sich zum Beispiel *alt* und *jung* jeweils auf ein Ende derselben Skala, *alt* auf das obere, *jung* auf das untere. *Kaufen* und *sich leihen* bezeichnen beide einen Besitzwechsel, bei dem etwas in den Besitz dessen, der es tut, übergeht; sie unterscheiden sich darin, ob der Besitzwechsel gegen Geld und auf Dauer erfolgt. *Kaufen* und *verkaufen* bezeichnen dieselbe Art von Besitzwechsel mit dem Unterschied, dass er im einen Fall als Handlung des Erwerbers, im andern als Akt des Veräußerers konzipiert ist. Es handelt sich daher bei Gegenteilbeziehungen um Beziehungen zwischen den Konzepten, die in einem klar definierbaren Verhältnis zueinander stehen. Anders als bei den logischen Beziehungen wie Inkompatibilität oder Komplementarität liegen hier daher echte Bedeutungsbeziehungen vor.

Im Falle der Opposition *Tante–Onkel* ist der gemeinsame Bedeutungsbestandteil die Verwandtschaftsbeziehung, die im einfachsten Fall darin besteht, Geschwisterteil eines Elternteils zu sein. Den Gegensatz bildet die Geschlechtsspezifikation des Referenten. Wenn wir dagegen die Paare *Tante–Nichte* und *Tante–Neffe* betrachten, treffen wir auf dieselbe Art der Opposition wie bei *kaufen–verkaufen* unter der ersten Betrachtungsweise: wenn x eine Tante von y ist, ist y eine Nichte oder ein Neffe von x; *Nichte/Neffe* ist also die Umkehrung von *Tante/Onkel*, dasselbe Verhältnis mit vertauschten Rollen. Dabei ist weder *Nichte* noch *Neffe* ein g e n a u e r Umkehrterm von *Tante*: weder gilt, dass y notwendig ein Neffe [eine Nichte] von x ist, wenn x eine Tante von y ist – y könnte auch das andere Geschlecht haben – noch gilt umgekehrt, dass immer, wenn y ein Neffe [eine Nichte] von x ist, x eine Tante von y ist, denn x könnte auch ein Onkel sein. Das Deutsche hat keine geschlechtsneutralen Terme für Elterngeschwister oder Geschwisterkinder. Dennoch enthalten die Paare *Tante–Nichte* und *Tante–Neffe* als gegensätzliche Bedeutungskomponente die Umkehrung der Verwandtschaftsbeziehung. Bei *Tante–Neffe* ist zusätzlich das Geschlecht des Referenten entgegengesetzt spezifiziert. Die Bedeutung von Verwandtschaftsbezeichnungen und die semantischen Beziehungen zwischen ihnen werden in §5.5 genau untersucht.

5.3.2 Antonymie

Zwei Ausdrücke sind **antonym**, bzw. Antonyme, wenn sie auf einer Skala von Möglichkeiten entgegengesetzte Extreme bezeichnen. Die

Abbildung 5.3 Die Antonyme *klein* und *groß*

prototypischen Beispiele sind Adjektivpaare wie *alt–jung, alt–neu, groß–klein, dick–dünn, hell–dunkel, leicht–schwer*. Ihre Bedeutung kann anhand einer Skala des Alters, der Größe, Dicke, Helligkeit, des Gewichts usw. veranschaulicht werden. Die Skala ist nach beiden Seiten offen.[4] Solche **skalaren Adjektive** bezeichnen auf der Skala einen nach oben bzw. unten offenen Bereich hoher bzw. niedriger Werte. Dabei kann ein neutraler Mittelbereich frei bleiben, der weder dem einen noch dem anderen Fall zugeschlagen wird. Das eine Adjektiv, zum Beispiel *groß, dick, alt, schwer* wird für die Fälle verwendet, die oberhalb des neutralen Bereichs liegen, sein Antonym für die darunter. Abbildung 5.3 zeigt eine solche Skala.

Antonyme sind logisch inkompatibel, aber wegen der Möglichkeit eines neutralen Mittelbereichs nicht komplementär. Zum Beispiel ist *nicht groß* nicht äquivalent zu *klein*, weil es möglich ist, dass etwas „nicht groß und nicht klein" ist. *X ist klein* impliziert *x ist nicht groß* und *x ist groß* impliziert *x ist nicht klein*, aber *x ist nicht klein* impliziert nicht *x ist groß*. Bezeichnungen für den neutralen Mittelbereich sind selten und meistens ziemlich junge Wortbildungen wie *mittelgroß* oder *halbdunkel*. Meistens kann der neutrale Fall nur durch umständliche Wendungen wie *weder teuer noch billig* ausgedrückt werden. Skalare Adjektive sind steigerbar, das heißt sie werden in dem vollen Formenspektrum von Adjektiven verwendet: nicht nur im Positiv, sondern auch im Komparativ (*größer als*), Superlativ (*größt-*), Äquativ (*so groß wie*) und mit „Intensivierern" wie *sehr*.

In sehr vielen Fällen wird das Antonym durch Voransetzung von *un-* gebildet, bzw. mit den lateinischen Äquivalenten *in-/im-/il-/ir-* oder dem griechischen *a-*: *wahrscheinlich–unwahrscheinlich, effektiv–ineffektiv,*

---

4 Man könnte einwenden, dass zum Beispiel die Größenskala an ihrem unteren Ende nicht offen sei, sondern durch die Größe 0 abgeschlossen. Nach unseren Begriffen können jedoch Dinge immer noch kleiner sein, als sie sind, und daher gibt es keine untere Begrenzung der Größenskala. Sie nähert sich zwar asymptotisch, das heißt beliebig nah, an den Wert 0 an, schließt ihn aber nicht ein. Dementsprechend sagen wir auch nicht, dass etwas, was gar keine räumliche Ausdehnung besitzt, zum Beispiel der typische Geschmack eines Radieschens, die Größe 0 hätte.

potent–impotent, loyal–illoyal, regulär–irregulär, symmetrisch–asymmetrisch. In solchen Fällen wird das unpräfigierte Adjektiv als positiv empfunden, nicht im Sinne einer expressiven Bedeutung, sondern als Bezeichnung für die Fälle im oberen Skalenabschnitt; die Antonyme mit dem Negativpräfix beziehen sich auf das untere Skalenende. Wir werden bald sehen, dass Wortpaare dieser Form (X – *un*-X, X – *in*-X, usw.) nicht immer Antonyme sind, sondern auch andersartige Fälle von Oppositionen abgeben können.

Antonymie ist nicht auf Adjektive beschränkt. Es gibt antonyme Paare von Nomen (*Krieg–Frieden, Liebe–Hass, Stille–Lärm*), von Verben (*lieben–hassen, rasen–schleichen, ermutigen–entmutigen*), von Pronomen (*alles–nichts*) und Adverbien (*immer–nie, oft–selten*) und auch im Bereich der Expressive (*leider–Gott sei Dank*).

5.3.3 Direktionale Opposition

Paare wie *oben–unten, vorne–hinten, rechts–links* haben mit Antonymen viel gemeinsam. Für jedes solche Paar gibt es einen Bezugspunkt, von dem aus man entlang einer Raumachse in entgegengesetzte Richtungen blicken kann. Der Bezugspunkt entspricht einem neutralen Bereich auf einer Antonymenskala mit Blick in beide Richtungen; wie eine solche Skala ist auch eine Raumachse in beide Richtungen unbegrenzt. Nehmen Sie in Gedanken eine aufrecht stehende Position ein, den Kopf in normaler Haltung, weder geneigt noch gedreht. Dann bezeichnet *vorne* die Richtung, in die Sie sehen, und *hinten* die entgegengesetzte Richtung entlang derselben horizontalen Achse. Die beiden

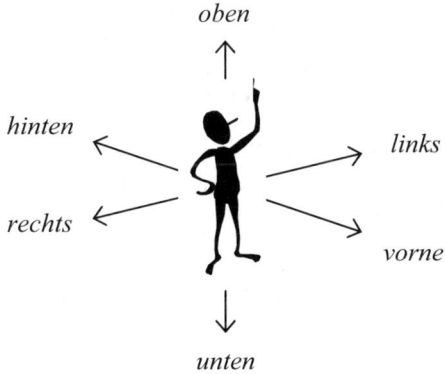

Abbildung 5.4 Sechs Richtungen

Richtungen korrelieren mit mehreren Asymmetrien des menschlichen Organismus: der Körper hat eine Vorderseite, zu der in der eingenommenen unmarkierten Haltung Gesicht, Brust, Bauch usw. gehören; nach „vorne" ist die Richtung, in die man normalerweise geht, und auch das ist in unserem Organismus angelegt (Stellung der Füße, Ausrichtung der Beingelenke, Muskulatur etc.). Der Körper definiert also relativ zum Betrachter eine Achse im Raum, die Vorne-Hinten-Achse oder auch primäre horizontale Achse. Eine weitere durch den Körper definierte Achse ist die vertikale Oben-Unten-Achse. Das Adverb *oben* bezeichnet die Richtung, die durch die Verlängerung der Achse Körpermitte-Kopf entsteht; *unten* denotiert die entgegengesetzte Richtung. Schließlich definiert der Körper durch seine seitensymmetrische Anlage (mit zwei Augen, Ohren, Armen, Beinen und der symmetrischen Form von Kopf und Rumpf) eine dritte, zu den beiden anderen orthogonale Achse: die Rechts-Links-Achse. Die drei Achsen sind in Abbildung 5.4 dargestellt.

Den Typ von Opposition, der bei *vorne–hinten* vorliegt, nennt man **direktionale Opposition**. Direktionale Gegenteile beziehen sich auf entgegengesetzte Richtungen auf einer gegebenen Achse. Fälle, die sich auf die vertikale Achse im Raum beziehen, sind außer *oben–unten* zum Beispiel *hoch–niedrig, hinauf–hinunter, steigen–fallen, bergauf–bergab, heben–senken*. Auf die primäre horizontale Achse sind *vorwärts–rückwärts, vorrücken–sich zurückziehen* und viele mehr bezogen.

Auch die Zeitachse kann den Bezug für direktionale Oppositionen liefern: *vor–nach, eben–gleich, vorhin–nachher, nächster–voriger, Vergangenheit–Zukunft, gestern–morgen* und die Tempora Präteritum–Futur: das Präteritum lokalisiert eine Situation vor der Äußerungszeit, das Futur danach. Ebenfalls auf die Zeit bezogen sind Oppositionen wie *einziehen–ausziehen* (Wohnung), *einsteigen–aussteigen, sich anziehen–sich ausziehen, einschalten–ausschalten, aufladen–entladen, betreten–verlassen, öffnen–schließen*. Alle diese Verbpaare drücken einen Wechsel von einem Vorzustand in einen Nachzustand aus, jeweils in entgegengesetzter Richtung. Eine Vertauschung von Vor- und Nachzustand ergibt eine Umkehrung auf der Zeitachse. Zusätzlich kann das Bedeutungsverhältnis von Paaren wie *einziehen–ausziehen, einsteigen–aussteigen, betreten–verlassen* auch noch als räumlich-direktionale Opposition in Bezug auf eine Innen-Außen-Achse aufgefasst werden. Das Paar *kaufen–verkaufen* in der zweiten Sichtweise der Gegenteilbeziehung (in Besitz bringen vs. weggeben) steht ebenfalls in direktionaler Opposition.

5.3.4 Semantische Komplementarität

Der Oppositionstyp, der durch *Tante–Onkel, kaufen–mieten* oder *kaufen–stehlen* repräsentiert wird, heißt **komplementäre Opposition**. Semantisch komplementäre Gegenteile haben identische Bedeutungen bis auf ein polares (auch: ‚binäres‘) Entweder-Oder-Merkmal, in dem sie sich unterscheiden. Eingeschränkt auf bestimmte Bereiche verhalten sie sich wie Negationen zueinander: eine verwandte Person, die Geschwisterteil eines Elternteils ist, ist entweder ein Onkel oder eine Tante; wenn man etwas gegen Geld erwirbt, kauft man es entweder oder mietet es usw. Semantische Komplementäre sind daher auch logisch komplementär[5]: Jeder der beiden Ausdrücke bezeichnet in einem eingegrenzten Bereich eine von genau zwei Möglichkeiten. Komplementäre Adjektive, zum Beispiel *gerade–ungerade* (von Zahlen), *möglich– unmöglich, ledig–verheiratet, frei–besetzt, kompatibel–inkompatibel* sind nicht graduierbar: sie gestatten ohne Bedeutungsverschiebung weder Komparativ, Superlativ und Äquativ noch Modifikation mit *sehr*. Natürlich können sie dennoch in diesen Formen verwendet werden, zum Beispiel in Feststellungen wie:

(2)   *Klaus ist viel verheirateter als seine Frau.*

Sie verlieren dann jedoch ihre wörtliche Bedeutung und sind nicht mehr komplementäres Gegenteil zu ihren angestammten Gegentermen (in diesem Fall *ledig*), sondern antonym dazu. Die Verwendung des Komparativs löst eine Bedeutungsanpassung des Adjektivs aus. Hier liegt also eine kontextbedingte Bedeutungsverschiebung vor (§3.4.2), die durch eine grammatische Form erzwungen wird.

Wie die Beispiele zeigen, gibt es auch unter komplementären Adjektivpaaren solche der Form X – *un*-X. Präfigierung mit *un*- (oder seinen fremdsprachlichen Entsprechungen) kann also nicht nur zu antonymen, sondern auch zu komplementären Gegenteilen führen. Im letzteren Fall hat sie den Effekt einer Negation, im ersten nicht (weil Antonyme nicht logisch komplementär sind). Die *un*-Präfigierung hat also keinen einheitlichen semantischen Effekt.

Komplementarität ist häufiger bei Nomen anzutreffen, zum Beispiel in Gestalt von Wortpaaren, die sich durch gegensätzliche Geschlechtsspezifikation unterscheiden: *Frau–Mann, Ärztin–Arzt, Abgeordnete–Abgeordneter* usw. oder Paare wie *Mitglied–Nichtmitglied* und *Inland–Ausland*.

---

5   Leider gibt es für die Bedeutungsbeziehung keinen anderen Terminus als für die logische Beziehung; daher hier der Zusatz ‚semantisch‘ komplementär.

5.3.5 Heteronymie

Heteronymie involviert mehr als zwei Lexeme. Sie liegt vor, wenn eine größere Menge von Lexemen, zum Beispiel die Hyponyme eines gemeinsamen Hyperonyms, semantisch ein (möglicherweise offenes) Spektrum von Alternativen aufspannen. Typische Fälle sind die Wochentagsbezeichnungen, die Grundfarbwörter (§8.4), die Zahlwörter oder die Terme für Tier- oder Pflanzenarten. Der gemeinsame Bedeutungsbestandteil von zum Beispiel *Dienstag* und *Freitag* ist, dass sie einen der sieben Tage des Wochenzyklus bezeichnen; sie kontrastieren darin, welche zeitliche Position ihre Referenten innerhalb der Woche einnehmen. Heteronyme sind wie Antonyme logisch inkompatibel, bezeichnen aber nicht entgegengesetzte Fälle auf einer Skala von Möglichkeiten, sondern gleichrangige Alternativen. Es gibt große Verbände von Heteronymen, außer den schon genannten Fällen etwa die Bezeichnungen für Kleidungsstücke, Nahrungsmittel, Fahrzeuge, Musikinstrumente usw. Auch Verben bilden Felder von Heteronymen: Verben der Fortbewegung (*laufen, fahren, fliegen, schwimmen*), des Sprechens (*sprechen, schreien, flüstern, rufen*) oder Aktivitätsverben (*arbeiten, essen, schlafen, spazieren gehen, tanzen*). Als Beispiele für heteronyme Adjektive wurden bereits die Farbadjektive erwähnt.

5.3.6 Konversität

Den Typ von Opposition zwischen *Elternteil* und *Kind* oder zwischen *x kauft z von y* und *y verkauft x z* bezeichnet man als **Konversität**. Diese Opposition ist nur zwischen Ausdrücken möglich, deren Bedeutung zwei oder mehr Dinge betrifft.[6] Solche Ausdrücke beinhalten im weitesten Sinne eine Beziehung zwischen diesen Dingen; zum Beispiel spezifiziert *Mutter* eine Verwandtschaftsbeziehung zwischen zwei Lebewesen und das Verb *kaufen* eine Beziehung zwischen dem Verkäufer, der Käuferin und der Ware. **Konverse** sind folgendermaßen definiert: zwei Ausdrücke sind genau dann (zueinander) konvers, wenn sie dieselbe Beziehung mit vertauschten Rollen ausdrücken. Beispiele sind *über–unter, vor–nach, jmdm. leihen–sich leihen, Elternteil–Kind*, auch einige Fachtermini, die hier eingeführt wurden: *implizieren–folgen aus, Unterbegriff–Oberbegriff, Hyponym–Hyperonym*. Konversität hat die Äquivalenz geeigneter Testsätze zur Folge:

---

6 Diese etwas vage Definition lässt sich mit den Begrifflichkeiten, die im nächsten Kapitel eingeführt werden, präzisieren: ‚Ausdrücke, deren Bedeutung zwei oder mehr Dinge betrifft' sind genauer gesagt mehrstellige Prädikatsausdrücke.

(3) x ist über y $\Leftrightarrow$ y ist unter x

        x leiht dem y z $\Leftrightarrow$ y leiht sich z von y

        x ist ein Elternteil von y $\Leftrightarrow$ y ist ein Kind von x

        x impliziert y $\Leftrightarrow$ y folgt aus x

Konversität geht nicht mit einer einheitlichen logischen Beziehung einher. Paare wie *über–unter* oder *jmdm. leihen–sich leihen* sind logisch inkompatibel, aber *Ehemann–Ehefrau* sind komplementär. Anders als alle anderen Typen von Gegenteilen schließen sich Konverse nicht notwendig gegenseitig aus: zum Beispiel sind *implizieren* und *folgen aus* miteinander kompatibel, da sich zwei Sätze wechselseitig implizieren können (§4.3.1); die beiden Verben sind also logisch unabhängig. Manche Ausdrücke können als zu sich selbst konvers betrachtet werden, zum Beispiel *gleich, verschieden, verwandt, Geschwisterteil, Nachbar*: wenn x und y gleich oder verschieden sind, dann auch y und x; wenn x mit y verwandt ist, dann auch y mit x usw. In diesem Sinne selbstkonverse Ausdrücke beinhalten symmetrische Beziehungen. Man nennt sie **reziprok**. Wenn man den Begriff der Konversität als echte Gegenteilrelation definieren möchte, muss man ihn auf nicht-reziproke Ausdrücke beschränken.

Immer konvers sind die Komparative von antonymen Adjektiven. Die Positivformen sind nicht konvers, jedenfalls nicht, wenn sie einstellig sind (§6.4.2), also lediglich eine Eigenschaft ihres potenziellen Referenten beinhalten, wie zum Beispiel *klein* und *groß*; die Komparativformen sind es, weil sie einen Vergleich zwischen zwei Entitäten ausdrücken. Wie der Positiv ist der Komparativ beider Antonyme auf dieselbe Skala bezogen und drückt eine Differenz in die eine oder andere Richtung aus:

(4) x ist größer als y $\Leftrightarrow$ y ist kleiner als x

Konvers sind auch Passiv und Aktiv von transitiven Verben, wenn das Subjekt der Aktivkonstruktion im Passiv spezifiziert wird:

(5) x kauft z $\Leftrightarrow$ z wird von x gekauft

Wie die Beispiele zu den verschiedenen Typen von Oppositionen gezeigt haben, kann ein Paar von Ausdrücken gleichzeitig in mehreren Oppositionen stehen. *Kleiner–größer* sind sowohl konvers als auch antonym, und das Paar *kaufen–verkaufen* kann, wie wir uns eingangs überlegt haben, einerseits als direktional entgegengesetzt, andererseits auch als konvers betrachtet werden. In Tabelle 5.1 sind die verschiedenen Arten der Opposition in einem Überblick zusammengefasst.

Beispiele	**Opposition**	Definition	Log. Beziehung
groß–klein *Krieg–Frieden* *alles–nichts*	**Antonymie**	Gegenpole auf derselben Skala	inkompatibel [7]
über–unter *vor–nach* *anzieh.–ausziehen*	**direktionale Opposition**	entgegengesetzte Richtungen auf einer Achse	inkompatibel [7]
gerade–ungerade *Frau–Mann* *ja–nein*	**Komplemen- tarität**	erschöpfende Alternative	komplementär
Montag–Samstag *blau–weiß* *drei–acht*	**Heteronymie**	mehrere Alternativen	inkompatibel [7]
kaufen–verkaufen *dicker–dünner* Aktiv–Passiv	**Konversität**	dasselbe mit ver- tauschten Rollen	(unterschiedlich)

Tabelle 5.1 Typen von Oppositionen

5.4   Wortfelder

5.4.1   Definition

Die meisten Lexeme bilden semantische Gruppen mit anderen. Antonyme gehören mit ihren Gegenteilen zusammen, ebenso bilden Ausdrücke wie *Kind* und *Erwachsener* oder *Mutter* und *Vater* Paare. Größere Gruppen sind die Monats- oder Wochentagsbezeichnungen, die Farbwörter, Zahlwörter und andere, die bereits im Abschnitt zur Heteronymie genannt wurden.

In semantischen Theorien unterschiedlicher Ausrichtung hat man versucht, diese Gruppenbildungen im Lexikon mit dem Begriff **Wortfeld** zu erfassen. In der Literatur finden sich recht unterschiedliche Auffassungen und Definitionen. Hier soll die folgende, relativ enge, dafür aber präzise Charakterisierung zugrunde gelegt werden.

---

[7]   ‚Inkompatibel‘ ist hier als ‚inkompatibel, aber nicht komplementär‘ zu verstehen.

DEFINITION

Ein **Wortfeld** ist eine Gruppe von Lexemen, die die folgenden Bedingungen erfüllt:

- die Lexeme gehören zu derselben grammatischen Kategorie,
- ihre Bedeutungen haben gemeinsame Bestandteile,
- zwischen ihnen bestehen klar definierte Bedeutungsbeziehungen,
- die Gruppe ist bezüglich dieser Beziehungen abgeschlossen.

Wir notieren Wortfelder wie Mengen als Listen von Lexemen, die in geschweifte Klammern eingeschlossen werden, zum Beispiel wäre das Feld der Wochentagsbezeichnungen {*Montag, Dienstag, Mittwoch, Donnerstag, Freitag, Samstag, Sonntag*}.

Die Bedeutungsbeziehungen, die ein Wortfeld konstituieren, können ziemlich speziell sein wie zum Beispiel eine Geschlechts- oder Altersopposition (im Wortfeld der Personenbezeichnungen, s.u.). Die sechs Adverbien in Abbildung 5.4, *oben, unten, vorne, hinten, rechts* und *links* bilden ein Feld aus drei Paaren, die sich auf drei zueinander orthogonale Raumachsen beziehen. Die Wochentagsbezeichnungen sind durch eine zyklische Ordnung unter ihren potenziellen Referenten korreliert; die Abfolgebeziehung ist Teil der Bedeutung der einzelnen Terme. Aus diesem Grunde ist ein Schluss wie der in (6) logisch gültig:

(6)   *Heute ist Dienstag.* ⇒ *Morgen ist Mittwoch.*

Eine solche Abfolgebeziehung korreliert auch die Zahlwörter untereinander. Zusätzlich ist das offene Feld der Zahlwörter durch andere spezielle Bedeutungsbeziehungen definiert, zum Beispiel die, dass *dreißig* das Zehnfache von *drei* bezeichnet.

5.4.2 Kleine Wortfelder

Manche Felder sind ganz klein. Zum Beispiel bildet jedes Antonymenpaar ein vollständiges Feld für sich: die Bedeutungen der beiden Ausdrücke haben einen gemeinsamen Bestandteil (Bezug auf die Skala); sie stehen in einer klaren Beziehung zueinander (Antonymie) und, da sie wechselseitig Antonyme sind, bilden sie eine in sich abgeschlossene Gruppe. Da sich Bedeutungsbeziehungen auf Lesarten beziehen und nicht auf die Ausdrücke selbst, kann ein polysemer Ausdruck in zwei Bedeutungsvarianten zwei verschiedenen Wortfeldern angehören, zum Beispiel {*alt, neu*} und {*alt, jung*}. Genau genommen bestehen Wortfelder nicht aus Lexemen, sondern aus Lexemen-in-einer-Lesart.

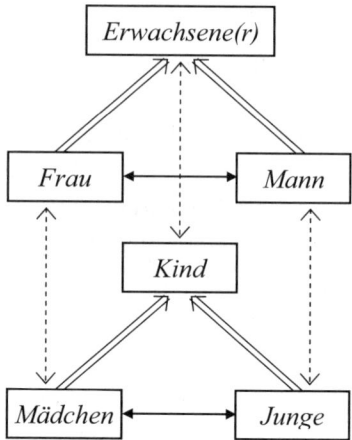

Abbildung 5.5 Wortfeld der allgemeinen Personenbezeichnungen

   Auch die Komplementäre *Mädchen* und *Junge* bilden ein Wortfeld
aus zwei Elementen; wenn wir das geschlechtsunspezifische *Kind* hinzufügen, erhalten wir das Wortfeld der Kinderbezeichnungen[8], das
durch zwei Bedeutungsbeziehungen, die Komplementarität *Mädchen–
Junge* und die Hyponymie zwischen *Mädchen/Junge* und *Kind* konsti-
tuiert wird. Abgeschlossenheit bezüglich der Hyponymie ergibt sich
allerdings nur, wenn man die Hyponymiebeziehung speziell auf das
Vorhandensein oder Fehlen der Geschlechtsspezifikation bezieht. Es
gibt eine Reihe weiterer Nomenwortfelder mit analoger Struktur:
{*Frau, Mann, Erwachsene(r)*} oder {*Stute, Hengst, Pferd*}. Wir können das erste Feld zu dem der Kinderbezeichnungen hinzufügen und
erhalten das Feld in Abbildung 5.5. Die zwei Dreiergruppen in dem
Feld sind durch die komplementäre Altersopposition *Erwachsene(r)–
Kind, Frau–Mädchen* und *Mann–Junge* aufeinander bezogen. Das
Feld ist also durch die drei Bedeutungsbeziehungen der Altersopposi-
tion, der Geschlechtsopposition und der Hyponymie (in Bezug auf die
Geschlechtsspezifikation) definiert.

---

8   *Kind* ist hier als Gattungsbegriff, nicht als Verwandtschaftsbegriff zu verstehen. In
    der Lesart als Verwandtschaftsbegriff ergibt *Kind* das analoge Feld {*Tochter, Sohn,
    Kind*}.

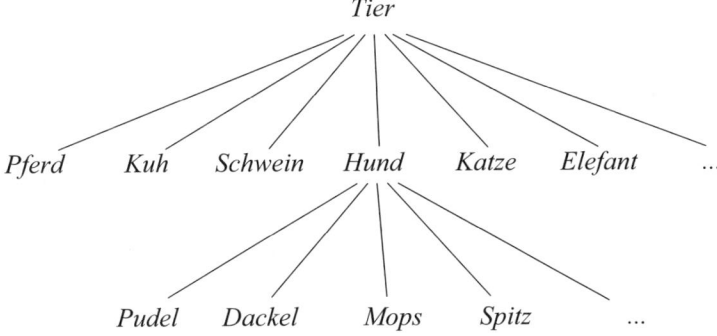

Abbildung 5.6 Ausschnitt aus der Taxonomie der Tierbezeichnungen

5.4.3 Taxonomien

Heteronyme für Pflanzen, Tiere, Nahrungsmittel oder Artefakte wie Mobiliar, Kleidung, Fahrzeuge, Musikinstrumente bilden Wortfelder von beträchtlicher Größe. Die zugrundeliegende Struktur ist eine auf Hyponymie beruhende Begriffshierarchie mit zwei oder mehr Ebenen: ein Hyperonym an der Spitze, zum Beispiel *Fahrzeug* „dominiert" die nächsttiefere Ebene von heteronymen Hyponymen, zum Beispiel *Fahrrad, Auto, Schiff*, an die sich nach unten weitere Ebenen anschließen können. Solche Systeme bilden einen besonderen Typ von Begriffshierarchien, so genannte **Taxonomien**: Unterbegriffe in Taxonomien sind Hyponyme, und zwar speziell solche, die eine U n t e r a r t von dem bezeichnen, was das Hyperonym denotiert. Nicht alle Hyponyme sind von dieser Art: ein „Auto" ist eine Art von „Fahrzeug", aber „Jungen" sind nicht eine Art von „Kindern". Daher ist die Hierarchie der Geschwisterterme in Abbildung 4.2 (S.105) keine Taxonomie, wohl aber die dort abgebildete Hierarchie der Wortarten. Die Hyponyme in Taxonomien unterscheiden sich in vielen Spezifikationen (Merkmalen) ihrer Referenten, während die Hyponyme in Hierarchien wie *Kind–Mädchen/Junge* nur in einem Merkmal, hier der Geschlechtsspezifikation, differieren. Abbildung 5.6 zeigt einen Ausschnitt aus der Taxonomie der deutschen Tierbezeichnungen. Wir werden uns mit Taxonomien in §9.3 noch einmal näher befassen.

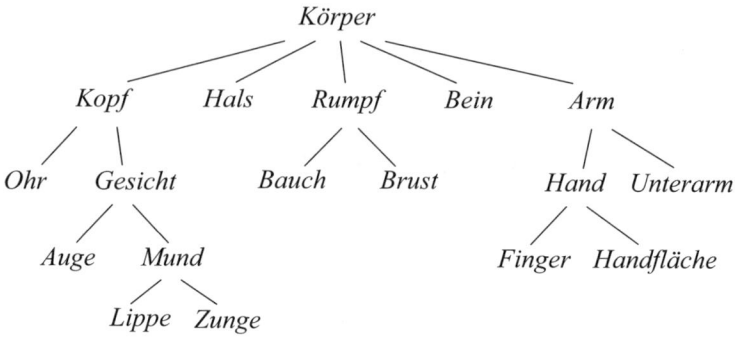

Abbildung 5.7 Ausschnitt aus der Mereologie der Körperteilbezeichnungen

5.4.4 Meronymie

Wir betrachten sehr viele Dinge in unserer Erfahrungswelt als Ganzes mit charakteristischen Teilen, und entsprechend enthalten unsere Konzepte für solche komplexen Dinge Spezifikationen ihrer Teile als Komponenten der mentalen Beschreibung. Eines der besten Beispiele für ein komplexes Objekt ist der menschliche Körper[9] mit seinen Teilen, deren Unterteilen usw. Körperteile sind nicht einfach Stücke des Körpers, sondern funktionale Einheiten. Der Kopf ist der Teil des Körpers, der die wichtigsten Sinnesorgane, Augen, Ohren, Nase und Zunge trägt; er birgt das Gehirn usw. Das Gesicht bildet den vorderen Teil des Kopfes; zu ihm gehören die Augen, die Nase und der Mund; es dient dem mimischen Ausdruck; wir unterscheiden Personen nach der Gesichtsgestalt. Als Teil des Gesichts dient der Mund zum Essen, Trinken, Reden, Atmen, Küssen, Lächeln usw. Der Mund hat wiederum funktionale Teile wie Lippen, Gebiss und Zunge; die Zunge hat wesentliche Funktionen zum Beispiel beim Sprechen, Essen und Schmecken, und so fort.

Abbildung 5.7 zeigt einen kleinen Ausschnitt des Systems der Körperteilbezeichnungen. Seine Elemente bilden auch eine Hierarchie, aber von anderer Art als Begriffshierarchien. Die vertikalen Linien stehen für eine Teil-Ganzes-Beziehung zwischen einzelnen Referenten der Ausdrücke: ein Gesicht ist Teil eines Kopfes. Dagegen repräsen-

---

[9] Unter „Körper" ist in diesem Abschnitt immer der gesamte Körper mit Kopf und
     Gliedmaßen zu verstehen, nicht nur der Rumpf, was einer anderen Lesart des Wortes
     entspräche.

tieren die Linien in einer Begriffshierarchie eine Teil-Ganzes-Relation zwischen den gesamten Denotationen von Unter- und Oberbegriff: die Menge der Enten ist Teil(menge) der Menge der Vögel, aber eine einzelne Ente ist natürlich nicht Teil eines einzelnen Vogels. Hyponymie beruht auf einer dritten Art von Teil-Ganzes-Relation: Die Bedeutung des Hyperonyms ist Teil der Bedeutung des Hyponyms.

Der Fachausdruck für die konstituierende Bedeutungsbeziehung in Systemen wie dem der Körperteilbezeichnungen ist **Meronymie** (von altgriechisch *meron* ›Teil‹); Systeme, die auf Meronymie basieren, heißen **Mereologien**. A ist genau dann ein **Meronym** von B, und B ein/ das **Holonym** von A, wenn ein potenzieller Referent von A durch die Bedeutung von A als konstitutiver echter Teil eines potenziellen Referenten von B konzipiert ist. „Konstitutive Teile" sind dabei zu verstehen als wesentliche Teile, die das Ganze mit zu dem machen, was es ist. Man kann daher Meronymieverhältnisse durch logisch wahre Sätze wie *zu einem B gehört ein A – B's haben ein A – A's gehören zu einem B – A's sind Teil von einem B* usw. ausdrücken, zum Beispiel: *zu einem Gesicht gehören zwei Augen* oder *ein Mund hat Lippen*. Ein zuverlässiger Test ist das allerdings nicht, weil die tragenden Ausdrücke wie *gehören zu* und *haben* auch für andere Beziehungen stehen können; so kann man auch sagen, dass zu einer Person ihr Name, ihre Größe, ihre Adresse und ihr Beruf „gehört", doch sind das alles nicht Teile der Person. Die Bedeutungsbeziehung zwischen Meronym und Holonym besteht darin, dass die Zugehörigkeit des Teils zum Ganzen Bestandteil der Konzepte für das Teil und für das Ganze sein muss: zum Beispiel ist in dem Konzept ›Hand‹ angelegt, dass eine Hand Finger hat, und in dem Konzept ›Finger‹, dass Finger bestimmte Teile der Hand sind.

Noch ein weiterer wichtiger Punkt unterscheidet Begriffshierarchien, speziell Taxonomien, von Mereologien: logische Unterordnung und Hyponymie sind transitive Relationen, daher ist der Unterbegriff eines Unterbegriffs von B ebenfalls ein Unterbegriff von B. Diese Möglichkeit der Kettenbildung ist bei Meronymie nicht unbedingt gegeben. Zwar ist zum Beispiel ein Finger ein konstitutiver Teil der Hand und die Hand ein konstitutiver Teil des Arms, aber man würde nicht sagen, dass ein Finger ein konstitutiver Teil des Arms ist.

5.5 Exkurs: Deutsche Verwandtschaftsbezeichnungen

Zum Abschluss soll das etwas komplexere Wortfeld der deutschen Verwandtschaftsbezeichnungen (im Folgenden kurz: VB) semantisch analysiert werden. Dabei werden die Bedeutungen der Terme vollständig in Komponenten zerlegt und damit explizit gemacht. Auf diese Weise lassen sich die Bedeutungsbeziehungen zwischen den VB nicht nur feststellen, sondern auch nachweisen. Darüber hinaus dient der Exkurs dazu, allgemeine semantische Methoden vorzuführen. Die Analyse dient außerdem als Beispiel zum Thema Dekomposition, das in Kapitel 7 ausführlich behandelt wird.

Das Adjektiv *verwandt* bezeichnet eine Beziehung zwischen zwei Personen (oder anderen Lebewesen), die dann besteht, wenn sie gemeinsame Vorfahren haben. Verwandt ist eine Person mit allen ihren biologischen Vorfahren und Nachkommen sowie mit den Nachkommen ihrer Vorfahren. Der Kreis der so genannten „Verwandtschaft" ist dagegen weiter; dieser Begriff fußt auf der Familienzusammengehörigkeit: die Verwandtschaft ist die erweiterte Familie. Daher gehört zu der Verwandtschaft die gesamte eigene Familie einschließlich dem Ehepartner, mit dem man nicht „verwandt" ist, und dessen Familie (Schwiegereltern, Schwägerinnen und Schwäger), außerdem Ehepartner von Kindern usw. Die im Folgenden untersuchten VB schließen alle diese Fälle mit ein, und unter „Verwandtschaftsrelation" (VR) sollen im weiteren Sinne alle Beziehungen verstanden werden, die auf Blutsverwandtschaft und/oder Ehebeziehungen beruhen. Bei der Eherelation handelt es sich streng genommen nicht um eine VR; die VB *Ehefrau/Ehemann* sind quasi Ersatzbezeichnungen für eine VR, für die es im Deutschen gar keinen Begriff gibt: die VR, gemeinsame Kinder zu haben. Das soll uns zunächst nicht kümmern; später wird diese Problematik ausführlich behandelt. Nicht berücksichtigt werden die „Stiefverwandten" wie Stiefeltern, Stiefkinder und -geschwister.

5.5.1 Der relationale Teil der Bedeutung

Die Bedeutung eines VB enthält immer eine relationale Komponente, die eine bestimmte VR festlegt, und fast immer auch eine Geschlechtsspezifikation. Wir betrachten zunächst nur den relationalen Teil. Will man die Bedeutung von VB wie *Cousin* oder *Großtante* erklären, dann verwendet man dazu andere, zentralere VB, zum Beispiel:

(7)   a.   Ein Cousin ist ein <u>Sohn</u> einer <u>Tante</u> oder eines <u>Onkels</u>.

        b.   Eine Großtante ist eine <u>Schwester</u> einer <u>Großmutter</u> oder eines <u>Großvaters</u>.

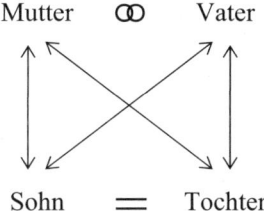

Mutter ⚭ Vater

Sohn = Tochter

Abbildung 5.8 Verwandtschaftsrelationen in der Kernfamilie

Man kann nun versuchen, bei derartigen Definitionen mit möglichst wenigen, grundlegenden Begriffen auszukommen, indem man VB wie *Tante* oder *Großvater* ihrerseits durch elementarere ausdrückt und dadurch die zur Erklärung herangezogenen VR auf ein kleines Inventar beschränkt. In einem ersten Schritt sollen nur die elementaren VR verwendet werden, die die wohlbekannte Kernfamilie ausmachen: die Eltern-Kind-Relation (dazu die VB *Mutter*, *Vater*, *Elternteil*[10], *Tochter*, *Sohn*, *Kind*[11]), die Geschwisterrelation (*Schwester*, *Bruder*, *Geschwisterteil*) und die Eherelation (*Ehefrau*, *Ehemann*, *Ehepartner*). Auf dieser Basis kann man zum Beispiel in (7a) die Ausdrücke *Tante* und *Onkel* eliminieren und erhält:

(8)   Ein Cousin ist ein Sohn eines Geschwisterteils eines Elternteils.

Abbildung 5.8 zeigt die VR innerhalb der Kernfamilie. Dabei stehen Pfeile für die Eltern-Kind-Beziehung, = für die Geschwisterbeziehung und ⚭ für die Beziehung zwischen den Eltern.

Code 3

Zunächst werden wir diese drei Beziehungen verwenden, um den relationalen Teil der Bedeutung (im Folgenden kurz: die relationale Bedeutung) der gängigen VB aufzuschlüsseln. VB drücken immer eine Beziehung zwischen zwei Personen aus: die eine Person ist die oder der Verwandte dieser Art (zum Beispiel der Cousin, die Großtante) und damit der potenzielle Referent des Nomens; die andere ist die Bezugs-

---

10 Im Folgenden werden ausschließlich VB behandelt, die im Singular verwendet werden können; die VB *Eltern* und *Geschwister* sind von der Analyse ausgenommen.

11 Das Wort *Kind* wird hier natürlich in seiner relationalen Bedeutung ›Kind von ...‹ behandelt, nicht in der Bedeutung ›nicht erwachsene Person‹, in der es in Abbildung 5.5 ein Element des Wortfeldes der Personenbezeichnungen bildet.

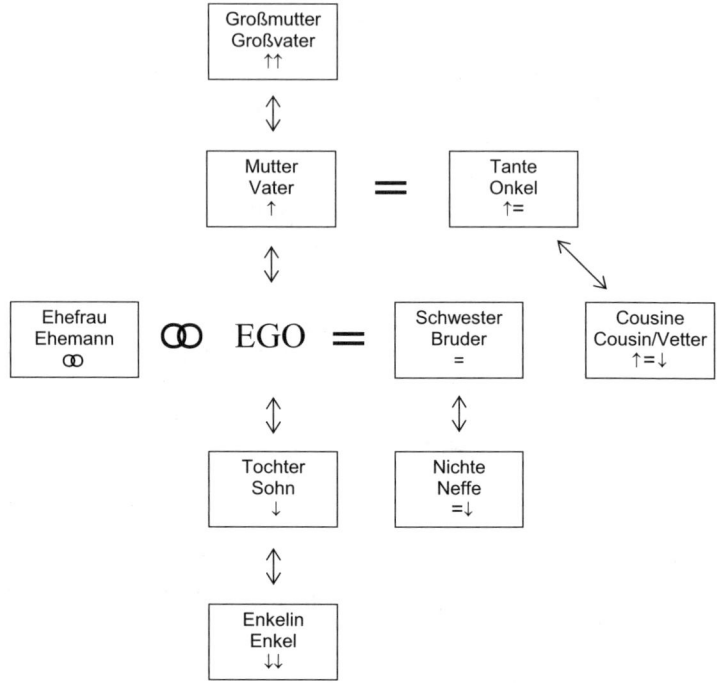

Abbildung 5.9 Die wichtigsten Verwandtschaftsbezeichnungen auf der Basis von Eltern-Kind-, Geschwister- und Paarbeziehung

person, zu der diese Beziehung besteht, also zum Beispiel die Person, von der die Großtante die Großtante ist; wenn ich von „Ihrer Großtante" sprechen würde, wären Sie die Bezugsperson. Die Bezugsperson, von der aus die VR sozusagen „gerechnet" wird, heißt in der Terminologie der ausgedehnten VB-Forschung **Propositus**. VB-Systeme lassen sich am besten vom Propositus ausgehend beschreiben: man setzt ihn als „Ego" in die Mitte eines Schemas und gibt an, in welcher Beziehung er zu welchen Verwandten steht.

Dies ist in Abbildung 5.9 geschehen. Alle Verbindungen zu den verschiedenen Verwandten sind so eingezeichnet, dass sich ein Weg über eine oder mehr Verbindungen vom Ego zum „Alter" (lat. ›der Andere‹), dem jeweiligen Verwandten, ergibt. Um das Bild zu vereinfachen, sind jeweils die beiden geschlechtsspezifischen VB in einem Kästchen zusammengefasst. Geschlechtsneutrale VB werden aus Platzgründen nicht eigens angeführt. Zwischen den Kästchen bestehen drei Arten von Verbindungen: $\updownarrow$ verbindet Eltern und Kinder, = Geschwister und ∞ Ehepartner. Schreitet man den Weg von Ego zu Alter ab, so ergibt sich eine Folge von Schritten entlang solchen Verbindungen, die sich durch eine Abfolge der Symbole $\uparrow$, $\downarrow$ (je nachdem in welche Richtung die $\updownarrow$-Verbindung beschritten wird), = und ∞ beschreiben lässt. Zum Beispiel gelangt man zu Egos Onkel, indem man im ersten Schritt $\uparrow$ zu einem Elternteil von Ego und von dort mit einem zweiten Schritt = zu einem von dessen Geschwistern übergeht; der Weg zum Onkel in dem System lässt sich daher durch die Symbolfolge $\uparrow$= beschreiben. Umgekehrt lässt sich jede Symbolfolge als Darstellung einer bestimmten VR lesen: $\uparrow$= bedeutet ‚Geschwisterteil von Elternteil' und $\downarrow\infty$ = ‚Geschwisterteil vom Ehepartner vom Kind' (wofür es im Deutschen keinen Begriff gibt); die Symbolfolgen sind also sozusagen rückwärts zu lesen, das will die deutsche Syntax so. In den Kästchen ist jeweils die zugehörige Symbolfolge eingetragen. Ich möchte die Darstellung der relationalen Bedeutung der VB mit den drei Grundsymbolen $\uparrow/\downarrow$, = und ∞ „Code 3" nennen.

Das Diagramm in Abbildung 5.9 beschränkt sich darauf, die relationale Bedeutung der VB auf die einfachstmögliche Weise in Code 3 darzustellen. Es ist als eine simultane Bedeutungsbeschreibung der VB zu lesen und nicht als eine vollständige Darstellung der VR zwischen den Personen in dieser Konstellation. Zum Beispiel fehlt eine Pfeilverbindung zwischen *Ehefrau/Ehemann* und *Sohn/Tochter*, weil die relationale Bedeutung von *Sohn/Tochter* $\downarrow$ ist und nicht alternativ auch $\infty\downarrow$; *Sohn von x* bedeutet ›männliches Kind von x‹ und nicht ›männliches Kind von x und/oder von x' Ehepartner‹. Es fehlen auch Beziehungen, die sich aus den angegebenen errechnen lassen, zum Beispiel die Eltern-Kind-Beziehung zwischen Großmutter/Großvater und Tante/Onkel, die sich aus der Geschwisterbeziehung von Tante/Onkel zu Mutter/Vater zwingend ergibt.

Zugleich mit der Bedeutungsbeschreibung der VB ergibt das Diagramm eine partielle Darstellung des Wortfelds der deutschen VB und der Bedeutungsbeziehungen zwischen ihnen. Zum Beispiel besteht die Bedeutungsbeziehung zwischen *Mutter/Vater* und *Tante/Onkel* darin, dass Mutter/Vater eine „Station" auf dem Weg zu Tante/Onkel ist: ›Tante/Onkel‹ ist ›Schwester/Bruder von Mutter/Vater‹.

Die Darstellung in Abbildung 5.9 ist etwas verkürzt: die VB können zum Teil auch für indirektere VR benutzt werden. Das betrifft alle Begriffe, die sowohl vertikale ($\uparrow$ oder $\downarrow$) Links als auch horizontale (= oder ∞) enthalten. Zunächst kann eine Tante oder ein Onkel auch die Frau

eines Onkels oder der Mann einer Tante sein, also ↑=∞. Auf diese
Weise sind aus der Sicht von Ego die beiden Eltern einer Cousine oder
eines Cousins auf jeden Fall Onkel und Tante, obwohl sich hinter den
VB zwei verschiedene VR, ↑= und ↑=∞, verbergen. Ebenso können
die VB *Nichte* und *Neffe* auch für Nichten und Neffen des Ehepartners
(∞=↓) verwendet werden. Im Folgenden wird daher die Beziehung zu
Tante/Onkel als ↑=[∞] angegeben und die zu Nichte/Neffe als [∞]=↓;
beide haben also einen optionalen ∞-Link. In diesem Sinne angeheiratete Tanten, Onkel, Nichten und Neffen würden in dem Diagramm
eine eigene Position einnehmen; wenn diese Bedeutungsvariante gemeint ist, wird im Folgenden an den VB $^+$ angefügt: *Tante*$^+$ usw. Die
Erweiterungen der Bedeutung von *Tante/Onkel* und *Nichte/Neffe* hängen zusammen: gemeinsam garantieren sie, dass *Tante/Onkel* und
Nichte/Neffe **relational konvers** sind: x ist Tante/Onkel von y genau
dann, wenn y Nichte/Neffe von x ist.[12]

Von diesen beiden Erweiterungen abgesehen, können die Begriffe
Tante, *Onkel*, *Nichte*, *Neffe*, *Cousine* und *Cousin* auch für entferntere
Verwandte der jeweiligen Generation benutzt werden. Diese Verwen-
dungsmöglichkeiten werden im Folgenden nicht berücksichtigt.

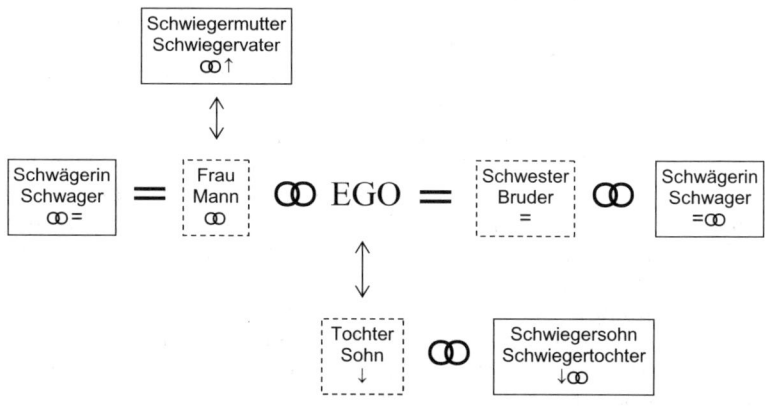

Abbildung 5.10 Die Bezeichnungen für die Schwiegerverwandten

---

12 Mit ‚relational konvers‘ ist gemeint, dass die Ausdrücke hinsichtlich des relationalen
   Teils ihrer Bedeutung konvers zueinander sind. In ihrer vollen Bedeutung sind Paare
   von relationalen konversen VB nur dann konvers, wenn sie wie zum Beispiel *Kind–
   Elternteil* keine Geschlechtsspezifikation enthalten (vgl. Ende § 5.3.1).

Wir fügen jetzt in dem System die angeheiratete Verwandtschaft hinzu (Abbildung 5.10). Aus dem Diagramm wird deutlich, dass die VB *Schwägerin/Schwager* zwei verschiedene VR abdecken: Geschwisterteil des Ehepartners ∞= und Ehepartner eines Geschwisterteils =∞. Das Phänomen lässt sich funktional dadurch erklären, dass auf diese Weise alle deutschen Bezeichnungen für Verwandte derselben Generation **relational reziprok** sind (das heißt: in Bezug auf ihre relationale Bedeutung reziprok): wenn x Schwägerin/Schwager von y ist, ist auch y Schwägerin/Schwager von x; relational reziprok sind außerdem *Schwester/Bruder* (=), *Cousine/Cousin* (↑=↓) und *Ehefrau/Ehemann* (∞).

Code 2

Der nächste Schritt ist typisch und entscheidend für diese Art der Analyse: wir versuchen die Anzahl der Beschreibungselemente zu reduzieren. Braucht man wirklich drei Grundrelationen? Sind diese drei wirklich elementar oder lässt sich ein Teil durch die übrigen ausdrücken und damit eliminieren? Das geht in der Tat. Offensichtlich lassen sich Geschwister als Kinder derselben Eltern definieren; Egos Schwester oder Bruder steht also zu Ego in der VR ↑↓. Man kann daher in den Symbolfolgen überall = durch ↑↓ ersetzen und gelangt so zu Code 2, der mit nur noch zwei Grundrelationen ↑/↓ und ∞ auskommt. Auf diese Weise ergeben sich neue Repräsentationen für die VB in Tabelle 5.2. Durch die Elimination der Links vom Typ = ändert sich die Architektur des Systems: zum Beispiel werden Tante/Onkel und Schwester/ Bruder mit einem Elternteil verbunden. Das Ergebnis wird ausschnittweise in Abbildung 5.11 gezeigt.

Die Repräsentationen in Code 2 sind prinzipiell so zu verstehen, dass sich benachbarte Aufwärts- und Abwärtspfeile nicht gegenseitig aufheben. Auf die Diagramme bezogen heißt das: wenn man einen Schritt hinauf geht und dann einen Schritt hinunter, darf man nicht

	Schwester Bruder	Cousine Cousin	Schwägerin Schwager	Tante Onkel	Nichte Neffe
Code 3	=	↑=↓	=∞ od. ∞=	↑=[∞]	[∞]=↓
Code 2	↑↓	↑↑↓↓	↑↓∞ od. ∞↑↓	↑↑↓[∞]	[∞]↑↓↓

Tabelle 5.2 Code 2

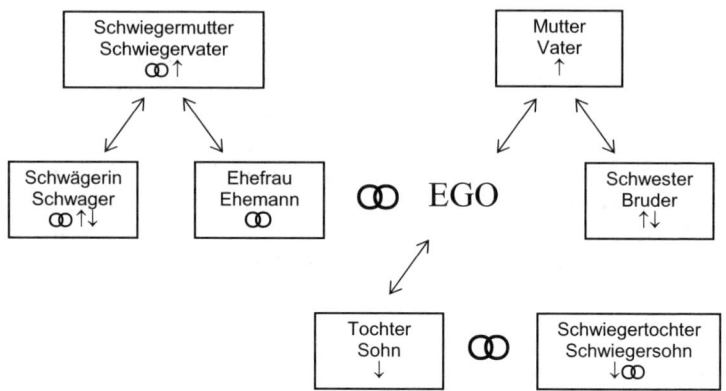

Abbildung 5.11 Ausschnitt aus dem VB-System auf der Basis von Eltern-Kind-Beziehung und Ehebeziehung

denselben Weg zurück gehen. So wird verhindert, dass zum Beispiel die Bruderrelation zum Ausgangspunkt zurückführt: jede männliche Person wäre sonst ihr eigener Bruder, die Ehefrau als Tochter der Schwiegermutter zugleich eine Schwägerin usw.

Die Reduktion von Code 3 auf Code 2 ermöglicht eine einfache formale Beschreibung der Bedeutung des Adjektivs *verwandt*: zwei Personen sind miteinander genau dann verwandt, wenn sie in einer Beziehung zueinander stehen, die sich in Code 2 in der Form $\uparrow^m\downarrow^n$ darstellen lässt; dabei steht $\uparrow^m$ für eine Folge von m Aufwärtspfeilen ($m \geq 0$) und $\downarrow^n$ für n Abwärtspfeile ($n \geq 0$), wobei n+m mindestens 1 sein muss, damit ausgeschlossen wird, dass jede Person mit sich selbst verwandt ist (Fall n=0 und m=0).

Code 1

Gibt es die Möglichkeit, den Code auf nur noch eine Grundrelation zu reduzieren? Konkret würde das bedeuten, auch die Relation ∞ durch eine Pfeilkombination zu ersetzen. Die Antwort ist: ja und nein. Einerseits ist festzustellen, dass für die Begriffe *(Ehe-)Frau, (Ehe-)Mann, Schwägerin/Schwager, Schwiegermutter/Schwiegervater* und *Schwiegertochter/Schwiegersohn* so, wie sie derzeit gebraucht werden, die zugrunde liegende Relation ∞ als die des Verheiratetseins betrachtet werden muss (unter zunehmender Ausweitung auf Beziehungen, die auf „eheähnlichen Partnerschaften" beruhen). Insofern sind sie gar keine echten VB, dann nämlich nicht, wenn man unter „echten" VR nur solche versteht, die tatsächlich auf Abstammungsbeziehungen beruhen. Wenn jemand mit einer anderen Person ein Kind hat, ist er aufgrund dessen zwar nicht mit dieser Person verwandt, steht aber zu ihr in einer echten VR: der Mitelternschaft. Diese Relation ist $\downarrow\uparrow$. Es ist klar, dass sich die VR der Mitelternschaft nicht mit der Ehebeziehung deckt: Eheleute können kinderlos sein und die Eltern eines Kindes brauchen nicht in einer Ehe- oder eheähnlichen Beziehung zueinander zu stehen. Das Deutsche hat, wie viele andere Sprachen auch, keine VB für die Beziehung der Mitelternschaft und die sich daraus ergebenden indirekteren Beziehungen wie Schwiegermutter (Mutter der Person, mit der Ego ein gemeinsames Kind hat) usw. [13]

Daraus folgt, dass sich Code 2 nicht weiter reduzieren lässt, wenn man die ∞-Begriffe, das heißt alle Begriffe, die einen ∞-Link beinhalten, in ihrer üblichen Bedeutung nimmt. Das Feld der „Verwandtschaftsbezeichnungen" ist dann heterogen, weil die zugrunde liegenden Bedeutungsbeziehungen einerseits auf der VR $\uparrow/\downarrow$ und andererseits auf der sozialen Beziehung der Eherelation fußen.

Auf der anderen Seite lassen sich die ∞-Begriffe aber auch als Ersatz für die im System fehlenden $\downarrow\uparrow$-Begriffe auffassen (und so werden sie bei Bedarf auch gebraucht). Als $\downarrow\uparrow$-Begriffe aufgefasst ist in ihrer Bedeutungsrepräsentation jeder ∞-Link durch $\downarrow\uparrow$ zu ersetzen. Damit erhält man Code 1, der allein auf der Eltern-Kind-Relation in den beiden Richtungsvarianten beruht. Ich werde VB im Folgenden mit $^{\vee}$ kennzeichnen, wenn sie als $\downarrow\uparrow$-Begriffe aufgefasst werden (das Symbol $^{\vee}$ steht für $\searrow\nearrow$). Das Ergebnis der neuen Kodierung ist in Tabelle 5.3 wiedergegeben.

Abgesehen von der Reduktion der Grundrelationen auf nur noch eine wird das entstehende System in entscheidender Weise verbessert. Da man annehmen möchte, dass unser Begriffssystem so angelegt ist, dass es möglichst ökonomisch und schlüssig ist, spricht dieser „Ertrag" dafür, dass unser System der VB und ihrer Beziehungen untereinander tatsächlich so strukturiert ist. Der erste Ertrag ist eine Abrundung des

---

[13] Es ist eine sehr interessante Frage, warum im Deutschen VB fehlen, die auf der $\downarrow\uparrow$ - Relation beruhen. Die Sanktionierung der Ehe in unserer Gesellschaft als der soziale Rahmen, in dem Kinder gezeugt und aufgezogen werden sollen, in Verbund mit der Jahrhunderte langen Diskriminierung von unehelichen Kindern und deren Müttern hat zu einer geringen Zahl von nicht verheirateten Eltern einerseits und kinderlosen Eheleuten andererseits geführt. Dieser gesellschaftliche Druck bewirkte, dass die ∞-Begriffe als de-facto-Ersatz für die fehlenden $\downarrow\uparrow$-Begriffe verwendet werden konnten und können. Unter anderen sozialen Bedingungen würden sicher $\downarrow\uparrow$-Begriffe entstehen.

VB	Code 3	Code 2	**Code 1**
Frau/Mann	∞	∞	↓↑
Schwiegermutter/ Schwiegervater	∞↑	∞↑	↓↑↑
Schwiegertochter/ Schwiegersohn	↓∞	↓∞	↓↓↑
Schwägerin/ Schwager	⎰ ∞= ⎱ =∞	∞↑↓ ↑↓∞	↓↑↑↓ ↑↓↓↑
Tante+/Onkel+	↑=∞	↑↑↓∞	↑↑↓↓↑
Nichte+/Neffe+	∞=↓	∞↑↓↓	↓↑↑↓↓

Tabelle 5.3 Code 1

Systems: im Code 2-System sind nur drei der vier möglichen Kombinationen aus zwei Pfeilen vertreten: neben ↑↑, ↓↓ und ↑↓ fehlt die Kombination ↓↑, die jetzt hinzu kommt. Der zweite Ertrag besteht in der Beseitigung von Unstimmigkeiten im System. Systeme, die auf Code 3 oder Code 2 basieren, sind einseitig auf die Beziehungen von Ego zu seinen Verwandten ausgerichtet. Das zeigt sich darin, dass man, wenn man zum Beispiel von Ego aus zu Egos Großmutter geht, einen anderen Code erhält, als wenn man sich von Egos Cousine aus zu ihrer Großmutter bewegt: in Abbildung 5.9 erhält man im ersten Fall ↑↑ und im zweiten Fall ↑=↑, obwohl es sich ja in beiden Fällen um dieselbe VR handelt. Solche Diskrepanzen ergeben sich auch, wenn man ∞ nicht eliminiert: zum Beispiel ist die Verbindung von Egos Kindern zu Ego selbst ↑, aber zu dem anderen Elternteil ↑∞.

Man könnte einwenden, dass man, anstatt die Relationen = und ∞ zu eliminieren, so genannte Redundanzregeln formulieren könnte, die postulieren, dass ↑=↑ zu ↑↑ äquivalent ist und ↑∞ zu ↑. Aber erstens ist ein System ohne Redundanzregeln einfacher und daher vorzuziehen, und zweitens wären diese Regeln inadäquat. Wenn jemand verheiratet ist und ein Kind mit jemand anderem hat, dann ist die Beziehung dieses Kindes zum Ehegatten (Stiefmutter oder Stiefvater) ↑∞, ohne dass sie sich auf ↑ reduzieren ließe. Also ist ↑∞ nur dann dasselbe wie ↑, wenn Ehepartner und Mitelternteil zusammenfallen, sonst aber nicht. Wenn ein Diagramm wirklich die Zusammenhänge zwischen den VB abbildet, dürfen sich solche Diskrepanzen nicht ergeben.

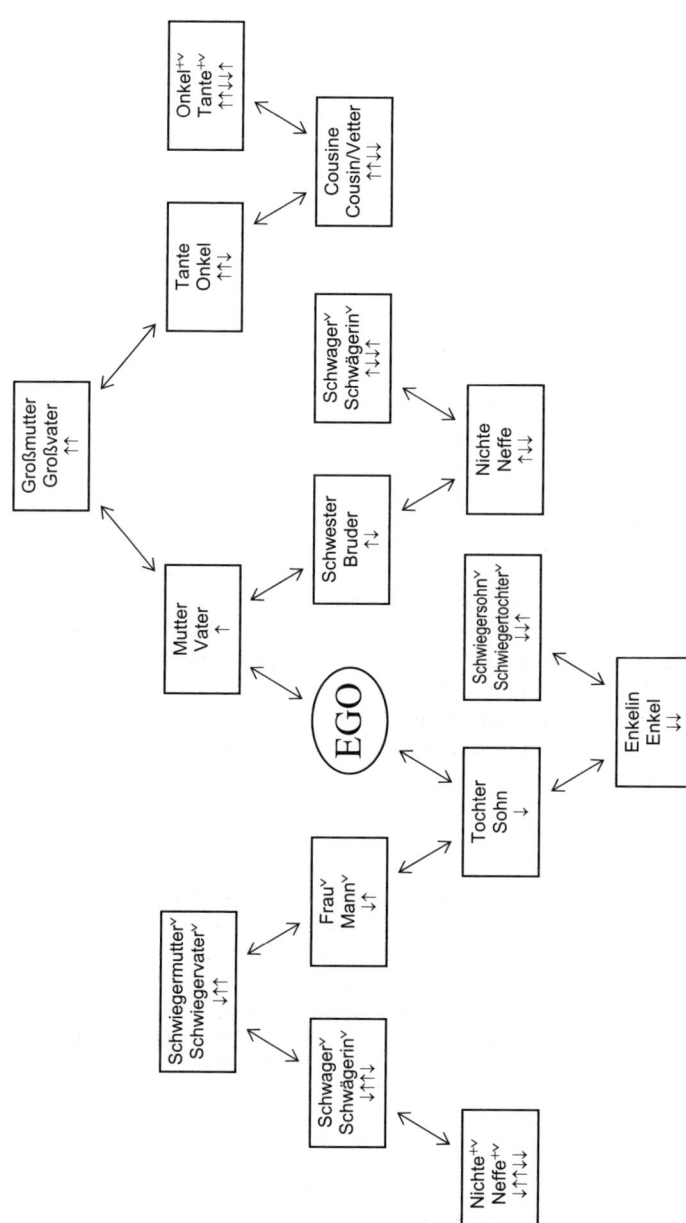

Abbildung 5.12 Die deutschen Verwandtschaftsbezeichnungen auf der Basis der Eltern-Kind-Beziehung

Durch die Reduktion auf Code 1 verschwinden solche Probleme. Wir erhalten anstelle des bisherigen Diagramms das in Abbildung 5.12, in dem nun zum Beispiel der Weg von der Cousine zur Großmutter ebenfalls ↑↑ ergibt. Das System integriert alle besprochenen VB einschließlich der jeweils zwei Varianten von *Tante/Onkel* und *Nichte/Neffe*. Erst aus diesem Diagramm lässt sich allgemein die VR zwischen beliebigen Verwandten ablesen, zum Beispiel ist die Relation zwischen Nichte/Neffe und einem Kind von Ego ↑↑↓↓, also Cousine/Cousin.

Im Folgenden werden Code 1 und die Bedeutungsanalysen, die sich damit ergeben, als grundlegend betrachtet. Code 3 ist jedoch leichter zu lesen und wird daher weiter verwendet; dabei sind die Symbole = und ∞ lediglich als Abkürzungen für ↑↓ bzw. ↓↑ zu verstehen.

5.5.2 Die Geschlechtsspezifikation

Zur Erfassung der Geschlechtsspezifikation wird die Codenotation jetzt erweitert. Bisher repräsentiert die Codierung nur die Links zwischen Ego und Alter und eventuellen Zwischenstationen, aber nicht die Personen selbst. Dafür werden jetzt Punkte in die Kodierung eingefügt. Der erste Punkt repräsentiert Ego (den Propositus), der letzte Alter (den Referenten des Nomens), die übrigen die Zwischenstationen: ›Tante/Onkel‹ in der einfacheren Lesart wird dann als •↑•=• notiert, statt wie bisher als ↑=. Wenn man nun für eine der Personen in der Kette das Geschlecht spezifizieren möchte, ersetzt man den Punkt durch **w** für ›weiblich‹ oder **m** für ›männlich‹. Damit können wir jetzt ›Tante‹ und ›Onkel‹ unterscheiden als •↑•=**w** bzw. •↑•=**m**.

Im Deutschen wird das Geschlecht entweder für kein Glied der Kette spezifiziert – das ist bei *Kind* •↓• der Fall – oder nur für das letzte, das heißt den Referenten des Nomens. Das war im Deutschen nicht immer so; im Mittelalter gab es unterschiedliche Bezeichnungen für Tanten bzw. Onkel mütterlicherseits und väterlicherseits: (die damalige Form von) *Muhme* für die Schwester der Mutter, *Oheim* für ihren Bruder, *Vetter* für den Bruder des Vaters und *Base* für seine Schwester. *Muhme* in der alten Bedeutung wäre also als •↑**w**=**w** zu analysieren, ›Oheim‹ als •↑**w**=**m** usw. Es gibt auch Sprachen, in denen das Geschlecht des Propositus zu berücksichtigen ist; dann gibt es beispielsweise unterschiedliche Ausdrücke für den Bruder einer männlichen Person **m**=**m** und den Bruder einer weiblichen Person **w**=**m**.

Eine scheinbare Ausnahme von der Regel, dass im Deutschen, wenn überhaupt, nur das Geschlecht von Alter festgelegt ist, sind die Begriffe *Ehefrau/Ehemann*. Ist nicht ›Ehefrau‹ **m**∞**w** und ›Ehemann‹ **w**∞**m**, weil Eheleute immer verschiedenes Geschlecht haben? Nun, das ist

zwar faktisch in den meisten Fällen so, und wenn ∞ ersatzweise für
↓↑ steht, dann ist es sogar aus biologischen Gründen (noch) erforderlich. Aber solche Beschränkungen brauchen nicht in die Bedeutungsrepräsentationen mit aufgenommen zu werden. Vielmehr erlauben sie,
die Bedeutungen „schlank" zu halten. Die lexikalische Bedeutung
eines Wortes ist das, was wir über seine semantischen Eigenschaften
wissen bzw. lernen müssen. Wir müssen über das Wort *Ehemann* wissen, dass der Ehemann von x eine männliche Person ist, die mit x verheiratet ist. Dass diese andere Person weiblich sein muss, müssen wir
nicht wissen. Inzwischen ist es ja auch nicht mehr so; aber selbst wenn
Ehen zwischen Männern gesetzlich unmöglich wären, könnten wir diese
„Regel" getrost unserem Weltwissen anvertrauen. Sie muss nicht als
Teil der Bedeutung des Wortes *Ehemann* im Lexikon mit abgespeichert
werden. Wir können daher einfach • ∞ w bzw. • ∞ m als Bedeutung
von *Ehefrau* und *Ehemann* ansetzen.
  Fassen wir die Ergebnisse der semantischen Analyse zusammen.
Die Bedeutungen deutscher VB können in einem Code dargestellt
werden, der aus einer Folge von Elementen besteht, die durch nur eine
elementare VR, die der direkten Abstammung ↑/↓, verknüpft sind. Alternativ zu der Darstellung mit ↑ und ↓ allein kann die Relation ∞ als
weitere Grundrelation eingesetzt werden, wenn man die Ausdrücke,
deren Bedeutung diese Relation enthält, nicht als Ersatzausdrücke für
die fehlenden eigentlichen VB nimmt. Die Folge der Verknüpfungen
ergibt den relationalen Teil der Bedeutung. Für das letzte Element der
Kette, das den potenziellen Referenten repräsentiert, kann eine Ge-
schlechtsfestlegung getroffen sein. Die Repräsentation nicht spezifi-
zierter Glieder durch Punkte kann man einsparen. Wir schreiben also
zum Beispiel einfach ↑ = w für ›Tante‹ statt • ↑ • = w. Tabelle 5.4
gibt einen Überblick über alle hier behandelten VB; dabei wird aus
Platzgründen jeweils nur eine Geschlechtsvariante berücksichtigt. In
der Spalte ‚Paraphrase' steht E für Elternteil, G für Geschwisterteil, K
für Kind und P für Partner[v].

5.5.3 Ergebnisse und ihre Erklärung

Mit dieser Analyse haben wir zwei Ergebnisse erzielt: erstens eine explizite Bedeutungsrepräsentation und damit zweitens eine Basis, um die
semantischen Daten in Form der Bedeutungseigenschaften und -bezie-
hungen der VB zu erklären.

Die ↓↑-Lücke. Die Analyse, insbesondere der Versuch, die Anzahl der
Grundelemente so weit wie möglich zu reduzieren, hat ergeben, dass

Term	Code 1	Code 3	Paraphrase
Mutter	↑w	↑w	wbl. E
Sohn	↓m	↓m	mnl. K
Schwester	↑↓w	=w	wbl. G
Großvater	↑↑m	↑↑m	mnl. E von E
Enkelin	↓↓w	↓↓w	wbl. K von K
Mann	↓↑m	∞m	mnl. P
Schwiegermutter	↓↑↑w	∞↑w	wbl. E von P
Schwiegersohn	↓↓↑m	↓∞m	mnl. P von K
Schwägerin	↑↓↓↑w ↓↑↑↓w	=∞w ∞=w	wbl. P von G wbl. G von P
Onkel [+]	↑↑↓[↓↑]m	↑=[∞]m	mnl. [P von] G von E
Nichte [+]	[↓↑]↑↓↓w	[∞]=↓w	wbl. K von G [von P]
Cousin	↑↑↓↓m	↑=↓m	mnl. K von G von E

Tabelle 5.4 Bedeutung deutscher Verwandtschaftsbezeichnungen

in dem System der deutschen VB an zentraler Stelle eine Lücke klafft: es gibt keinen Begriff für die VR der gemeinsamen Elternschaft und für alle sich daraus ergebenden Fälle (in Abbildung 5.12 mit ˅ gekennzeichnete VB).

Polysemie. Einige der Begriffe sind polysem: *Schwägerin/Schwager* stehen entweder für =∞ oder für ∞=; die Bedeutungen von *Tante, Onkel, Nichte, Neffe* enthalten einen optionalen ∞-Link. Diese Polysemien sind ökonomisch sinnvoll: das System vereinfacht sich, weil auf diese Weise *Schwägerin/Schwager* reziproke Begriffe sind und die beiden Eltern von Cousine/Cousin nicht terminologisch unterschieden zu werden brauchen.

Hyponymie. In manchen Fällen gibt es einen neutralen Term, zum Beispiel *Kind* neben den geschlechtsspezifischen VB *Tochter* und *Sohn*. Die Analyse erklärt, wie sich die Bedeutung der Hyponyme *Tochter* und *Sohn* zu der des Hyperonyms *Kind* verhält: alle drei Ausdrücke stimmen in dem relationalen Bedeutungsanteil •↓• überein, zusätzlich ist bei *Tochter* und *Sohn* das Geschlecht des potenziellen Referenten spezifiziert. Dadurch ist die Denotation von *Tochter* und *Sohn* in der Denotation von *Kind* enthalten und die Bedeutung von *Kind* in der von *Tochter* und *Sohn*.

Komplementarität. Für alle Positionen des Systems gibt es eine weibliche und eine männliche Variante; *Schwester/Bruder* usw. Ihre Bedeutung unterscheidet sich jeweils nur durch die Geschlechtsspezifikation **w** bzw. **m** für den potenziellen Referenten. Da diese beiden Spezifikationen im Bereich der Personen komplementär zueinander sind, stehen damit die Ausdruckspaare jeweils in komplementärer Opposition. Sie verhalten sich im Bereich der Verwandten mit derselben Beziehung zueinander wie Negationen: wenn zum Beispiel eine Person in ↓↓-Relation kein Enkel ist, dann ist sie eine Enkelin.

Reziprozität und Konversität. VB für Verwandte derselben Generation sind relational reziprok. Für alle übrigen gibt es Gegenstücke, die jeweils relational konvers sind. Ein relational konverser Ausdruck drückt dieselbe Relation in die umgekehrte Richtung aus. Entsprechend ergibt sich der relationale Code für die konverse VB, indem man den Weg von Alter zu Ego statt von Ego zu Alter kodiert. Zum Beispiel gelangt man zu Egos (nicht angeheiratetem) Onkel auf dem Weg ↑ zu einem Elternteil, von dort ↑ zu einem Großelternteil und dann ↓ zu einem Sohn der Großeltern: ↑↑↓. Wenn man den Weg rückwärts beschreitet, vom Onkel zu Ego, dann macht man zuerst einen Schritt ↑ zu Onkels Elternteil, von dort ↓ zu dessen Kind (Egos Elternteil) und noch einmal ↓ zu Ego selbst: ↑↓↓. Das ist der Code für *Nichte/Neffe*, was ja auch herauskommen sollte: Ego ist Egos Onkels Nichte oder Neffe. Auf der Basis von Code 1 gibt es ein einfaches formales Verfahren, mit dem man für eine gegebene VR den Code für die Umkehrrelation berechnen kann: man kehrt die Reihenfolge aller Pfeile um und stellt dann jeden Pfeil auf den Kopf; das Verfahren ergibt sich einfach daraus, dass man den ursprünglichen Weg in die Gegenrichtung abschreitet.

In Code 3 stehen die zusätzlichen Symbole = und ∞ beide für symmetrische Relationen; sie bleiben daher gleich, wenn man sie in der Gegenrichtung nimmt. Das ergibt sich daraus, dass sie Abkürzungen für ↑↓ bzw. ↓↑ sind, denn diese beiden Pfeilkombinationen gehen bei der eben beschriebenen Umkehrberechnung in sich selbst über (zum Beispiel ergibt die Umkehrung der Reihenfolge von ↑↓ die Folge ↓↑; dreht man dann jeden Pfeil auf den Kopf, erhält man wieder ↑↓). Die Darstellung der konversen VB in Code 3 erhält man also so: man kehrt die Reihenfolge aller Symbole um und stellt jeden Pfeil auf den Kopf.

VB	Code	Code	konverse VB
Mutter	↑	↓	*Tochter*
Großmutter	↑↑	↓↓	*Enkel*
Onkel	↑=[∞]	[∞]=↓	*Neffe*
Schwiegervater	∞↑	↓∞	*Schwiegertochter*

Tabelle 5.5 Paare relational konverser Verwandtschaftsbezeichnungen

Tabelle 5.5 zeigt alle Paare von relational konversen VB und ihre relationale Bedeutung in Code 3; von den vier möglichen Geschlechterkonstellationen ist jeweils nur eine berücksichtigt.

Mit diesem Verfahren lässt sich n a c h w e i s e n, dass zwei VB relational reziprok oder konvers sind: wenn die Umkehrung des relationalen Codes denselben Code ergibt, ist eine VB relational reziprok; ergibt die Umkehrung des relationalen Codes von A den von B, dann sind A und B relational konvers.

5.5.4 Fazit

Die Analyse hat gewissermaßen die Logik der deutschen Verwandtschaftsbezeichnungen aufgedeckt. Sie bilden ein System mit interessanten Eigenschaften:

- Die Verwandtschaftsrelationen in dem System lassen sich auf zwei Grundrelationen zurückführen, die Eltern-Kind-Relation und die Eherelation; fasst man die Eherelation als Ersatz für die Verwandtschaftsrelation der gemeinsamen Elternschaft auf, reduzieren sich die Grundrelationen auf eine.

Diese Feststellung gilt durchaus nicht für alle VB-Systeme in anderen Sprachen. Häufig spielt zusätzlich das relative Alter von Verwandten derselben Generation eine Rolle. So gibt es im Ungarischen, Türkischen und Japanischen, um nur drei Beispiele zu nennen, unterschiedliche VB für jüngere und ältere Schwestern und Brüder. Im Japanischen gibt es zusätzlich eine durchgängige Dopplung des Systems, weil es jeweils eine formlose und eine förmliche VB gibt (Tabelle 7.1, S.192). Japanische VB haben also auch noch einen sozialen Bedeutungsanteil.

- Geschlechtsspezifikationen beziehen sich ausschließlich auf den Referenten der Verwandtschaftsbezeichnungen (auf „Alter").

Dagegen spielt zum Beispiel in der Sprache der Omaha (Nordamerika) immer auch das Geschlecht des Propositus eine Rolle: für die Verwandten von weiblichen und männlichen Personen gibt es unterschiedliche VB-Systeme. Für viele VB ist auch das Geschlecht der Bindeglieder festgelegt. In den Systemen vieler Sprachen werden Verwandtschaften über die Mutter anders benannt als solche über den Vater.

- In dem engeren Kreis um Ego gibt es für alle Positionen im System verschiedene Verwandtschaftsbezeichnungen.

Ausnahmen bilden lediglich die deutschen VB *Schwägerin/Schwager*, *Onkel/Tante* und *Nichte/Neffe*, die jeweils zwei verschiedene VR bezeichnen; diese Ausnahmen sind systemökonomisch motiviert. In anderen Systemen werden teilweise mehrere Beziehungen zusammengefasst. So gab es ein Stadium des deutschen VB-Systems, in dem *Muhme* (ursprünglich „Schwester der Mutter") auch für Schwestern des Vaters und für Cousinen verwendet werden konnte. Im Italienischen denotiert *il/la nipote* sowohl Enkelkinder als auch Nichten bzw. Neffen. In viel stärkerem Maße gibt es systematische Polysemien in der eben erwähnten Omaha-Sprache: hier wird zum Beispiel die VB für **w↑w=m**, also den Bruder der Mutter eines weiblichen Egos auch für den Sohn dieses „Onkels", für dessen Sohn usw. verwendet.

- Das System der Verwandtschaftsbezeichnungen ist bezüglich der Umkehrung der Verwandtschaftsrelationen in sich geschlossen: jede Verwandtschaftsbezeichnung ist entweder relational reziprok oder es gibt dazu eine relational konverse.

Auf diese Weise stellt das Lexikon mit einer VB für die Beziehung von x zu y immer auch eine VB für die Beziehung von y zu x bereit.

Die semantische Analyse des deutschen VB-Systems erlaubt also einen Vergleich mit den Systemen anderer Sprachen. Das ist deswegen möglich, weil die Beschreibungsmittel, die hier verwendeten Codes, auch für die VB anderer Sprachen eingesetzt werden können, jedenfalls soweit diese Grundrelationen relevant sind. Die durch ↑/↓ , = und ∞ symbolisierten Relationen sind universell verwendbare Bedeutungskomponenten, die wir hier dazu eingesetzt haben, die Bedeutungen der deutschen VB durch die verwendeten Kodierungen darzustellen. Damit wurde in diesem Rahmen exemplarisch eine Zerlegung von Bedeutungen in **Bedeutungskomponenten** vorgeführt sowie erstmals mit konkreten **Bedeutungsrepräsentationen** gearbeitet. Diese Thematik wird im siebten Kapitel ausführlich behandelt.

Schlüsselbegriffe

Synonymie	**Wortfeld**
Hyponymie	Taxonomie
Komposita (regelmäßige)	Meronymie
Oppositionen	**Verwandtschaftsbezeichnungen**
antonym, Antonymie	Propositus
direktionale Opposition	relational reziprok
semantisch komplementär	relational konvers
Heteronymie	Bedeutungskomponenten
konvers, Konversität	Bedeutungsrepräsentation
reziprok	

Übungen

1. Wie unterscheiden sich Bedeutungsbeziehungen von logischen Beziehungen? Und wie hängen sie zusammen?

2. Erklären Sie, inwiefern Euphemismen keine Synonyme sind.

3. A sei ein Hyponym von B. In welchem Verhältnis stehen dann:
   (a) die Bedeutungen, (b) die Denotationen von A und B?

4. Welche zusätzlichen Bedingungen muss eine Begriffshierarchie (im rein logischen Sinne, wie in §4.5.3 definiert) erfüllen, um eine Taxonomie darzustellen?

5. Bestimmen Sie die Bedeutungsbeziehungen zwischen den folgenden Paaren von Wörtern; legen Sie sich dabei, falls notwendig, auf bestimmte Lesarten fest:

   a) *Maus–Reh*   b) *einsteigen–aussteigen*
   c) *vergrößern–verkleinern* d) *gleich–verschieden*
   e) *mehr–weniger*   f) *voll–leer*

6. Bestimmen Sie die Bedeutungsvarianten des Adjektivs *schwer*, geben Sie jeweils die Skala an, auf die sich das Adjektiv bezieht, und bestimmen Sie das einschlägige Antonym.

7. Legen Sie eine Mereologie der Ausdrücke für das Gesicht, seine Teile, deren Teile usw. an.

8. a) Stellen Sie in Code 2 die Bedeutung der VB *Stiefmutter, -vater, -kind, -schwester, -bruder* dar. Welche sind relational reziprok, welche zueinander relational konvers?

   b) Stellen sie in Code 1 die Bedeutungen von *Großtante, Groß-onkel, Großnichte* und *Großneffe* dar.

   c) Finden Sie heraus, was man unter einem „Schwippschwager" versteht. Stellen Sie die Bedeutung(en) des Wortes in Code 3 dar.

   d) Finden Sie heraus, was man unter einer Cousine bzw. einem Cousin 2. Grades versteht, und stellen Sie die VR in Code 3 dar.

Lesehinweise

Cruse (1986) zu Bedeutungsbeziehungen („sense relations'), Lutzeier (1985) zu Wortfeldern.
Zu Verwandtschaftsterminologien: Jones (1990) über die deutschen Verwandtschaftsbezeichnungen im Mittelalter; Greenberg (1966: 100ff) mit einem typologischen Überblick, Lounsbury (1964) zu dem Omaha-VB-System. Foley (1997: §6) zu Verwandtschaftsbezeich-nungen aus anthropologischer Sicht.

6 Prädikation

Wir haben uns bis jetzt mit der Bedeutung einzelner Wörter befasst, entweder für sich (Kapitel 2 und 3) oder in ihrem Verhältnis zu anderen Wörtern (Kapitel 4 und 5). Wir werden uns jetzt näher ansehen, wie Verben, Nomen und Adjektive bei der Bildung von Sätzen zusammenspielen, und uns damit eingehender dem Mechanismus der Komposition (§1.2) zuwenden. Wir werden sehen, dass ein Satz viel mehr ist als eine Abfolge von Wörtern, bei der eins hinter das andere gereiht wird wie Perlen auf einer Schnur. Sätze haben eine raffinierte Struktur, in der jeder Teil seine eigene Rolle spielt und auf seine eigene Weise mit den anderen interagiert. Wir konzentrieren uns dabei auf die zentrale Funktion von Verben, Nomen und Adjektiven, die darin besteht, dass sie eine Aussage („Prädikation") über einen oder mehrere Referenten des Satzes beisteuern. Grammatische Bedeutung wird dagegen ausgeklammert.

Ein erstes Beispiel in §6.1 eröffnet die Thematik. Nach der Einführung der grundlegenden Begriffe in §6.2 werden wir einen näheren Blick darauf werfen, wie die häufigsten Typen von Verben, Nomen und Adjektiven an der Gesamtaussage eines Satzes mitwirken (§6.3 und §6.4). §6.5 gibt eine rudimentäre Einführung der prädikatenlogischen Notation. Der zweite Teil des Kapitels befasst sich dann mit allgemeinen Fragen der Prädikation. In §6.6 wird der Begriff der ‚thematischen Rollen' eingeführt, der für das Verständnis der Grammatik von Verben wichtig ist. §6.7 behandelt logische Vorbedingungen der Prädikation, die so genannten Selektionsbeschränkungen, und welchen Beitrag sie zur Satzbedeutung leisten.

6.1 Prädikationen in einem Satz

Wir betrachten als Beispiel den folgenden deutschen Satz und versuchen, seine semantische Struktur zu bestimmen:

(1)   *Klaus aß den Salat mit einer roten Gabel.*

Das Wort *Klaus* ist eine besondere Art von Nomen, ein **Eigenname**. Wie Pronomen (*sie, ich, wer, etwas* usw.) bilden Eigennamen vollständige NPs. Die VP (Verbalphrase) des Satzes enthält *aß* als finites Verb, das heißt als ein Verb, das Tempus trägt und im Deutschen mit dem Subjekt in Person und Numerus kongruiert. In unserem Fall ist das finite Verb *aß* im Präteritum, sein Subjekt ist die NP *Klaus* und entsprechend hat das Verb die Form 3. Person Singular. Der bestimmte Artikel *den* und das Nomen *Salat* bilden eine weitere NP, das so genannte direkte Objekt (Akkusativobjekt) des Verbs. Die letzten drei Wörter des Satzes, *einer roten Gabel*, bilden eine dritte NP aus unbestimmtem Artikel, Adjektiv und Nomen, die ihrerseits Teil einer PP (Präpositionalphrase) ist, die durch die vorangehende Präposition *mit* eingeleitet wird. Diese PP bildet eine so genannte adverbiale Bestimmung zu dem Verb und ist daher zusammen mit dem direkten Objekt Teil der VP *aß den Salat mit einer roten Gabel*. In Abbildung 6.1 ist der Satz syntaktisch aufgeschlüsselt.

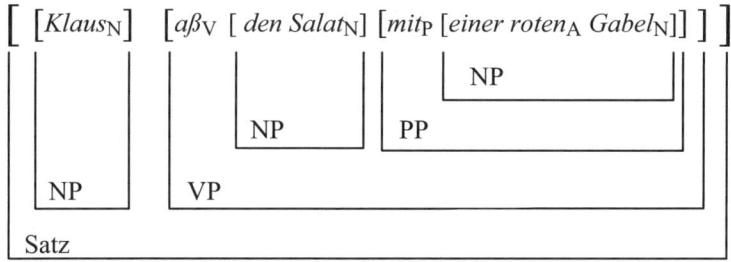

Abbildung 6.1 Syntaktische Struktur von Satz (1)

Nehmen wir einen ÄK an, in dem Satz (1) wahr ist. Dann liefert jede der drei NPs die Beschreibung eines Referenten. Die Subjekt-NP *Klaus* beschreibt ihren Referenten als etwas, das den Namen „Klaus" trägt, die Objekt-NP *den Salat* charakterisiert ihren Referenten als „Salat" und die NP *einer roten Gabel* steuert die Information bei, dass es sich bei ihrem Referenten um eine „rote Gabel" handelt. Nennen wir diese drei Referenten r_k, r_s und r_g. Das Verb sagt aus, dass sie an einem Essereignis (in der Vergangenheit, was wir ab jetzt außer Betracht lassen werden) beteiligt sind: r_k als Essender, r_s als das Gegessene und r_g als Essgerät. Mithilfe der Inhaltswörter liefert der Satz also komplexe Information über die drei NP-Referenten. Wenn ein Ausdruck auf diese Weise Information über etwas beiträgt, sagt man, er macht eine „Prädikation" bzw. „prädiziert". In Tabelle 6.1 werden die Prädikationen in (1) über die verschiedenen Referenten auseinanderdividiert. Der Ereignisreferent des Verbs, das Essereignis, auf das man mit dem Satz

Inhaltswort	Prädikationen
Klaus	r_k heißt Klaus
aß	r_k aß [r_s mit r_g]
	r_s wurde gegessen [von r_k mit r_g]
	mit r_g wird gegessen [r_s von r_k]
Salat	r_s ist (ein) Salat
roten	r_g ist rot
Gabel	r_g ist eine Gabel

Tabelle 6.1 Prädikationen in Satz (1)

referiert, wird dabei zunächst nicht berücksichtigt (wir kommen aber in §6.3.2 darauf zurück). In der Liste fehlen die Artikel und die Präposition *mit*, weil sie keine Prädikationen beitragen.

Diese einfache Analyse verdeutlicht zwei wichtige Punkte. Erstens prädizieren die Inhaltswörter über unterschiedlich viele Referenten: das Verb über drei, die Nomen und das Adjektiv jeweils nur über einen. Zweitens können verschiedene Inhaltswörter über denselben Referenten prädizieren (*Klaus* und *aß* über r_k, *aß* und *Salat* über r_s und *aß*, *roten* und *Gabel* über r_g). Diese Verhältnisse sind in Abbildung 6.2 dargestellt. Die gestrichelten Linien ordnen den NPs ihren jeweiligen Referenten zu; die durchgezogenen Pfeile zeigen an, welche Inhaltswörter über welche Referenten prädizieren. Die Abbildung verdeutlicht die zentrale Rolle des Verbs im Satz: indem es über alle NP-Referenten prädiziert, hält es den ganzen Satz zusammen. Im Gegensatz dazu liefern die drei NPs nur Information über ihren eigenen Referenten.

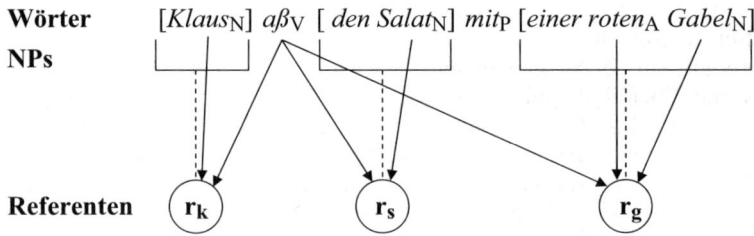

Abbildung 6.2 Prädikationsstruktur von Satz (1)

6.2   Prädikate und Argumente

6.2.1   Spezifikation und Festlegung von Argumenten

Die Bedeutungen der prädizierenden Verben, Nomen und Adjektive sind Konzepte, die eine oder mehrere Entitäten betreffen, oder involvieren: ›Klaus‹, ›Salat‹, ›Gabel‹ und ›rot‹ betreffen jeweils eine Entität, ›essen‹, so wie es in (1) gebraucht ist, betrifft drei.[1] Solche Konzepte werden **Prädikate** genannt, die Entitäten, die sie betreffen, ihre **Argumente**. Prädikate mit einem Argument heißen einstellige Prädikate, solche mit zwei Argumenten zweistellige usw. Prädikate prädizieren über ihre Argumente bestimmte Eigenschaften oder Beziehungen zwischen ihnen, aber sie selbst legen nicht fest, um welche konkreten Entitäten es sich handelt. So prädiziert das Verb *aß* in (1) über drei Argumente: dass das erste Argument isst, das zweite gegessen wird und das dritte als Essgerät dient.

Das Verb *aß* allein besagt in der in (1) vorliegenden Verwendung soviel wie ein Satz mit drei Leerstellen für das Subjekt, das direkte Objekt und die NP, die auf *mit* folgt:

(2) $[\,.\,.\,.\,.\,]_{\text{NP NOM}}$ *aß* $[\,.\,.\,.\,.\,]_{\text{NP AKK}}$ *mit* $[\,.\,.\,.\,.\,]_{\text{NP DAT}}$

Wenn man diese drei Leerstellen mit NPs besetzt, zum Beispiel so wie in Satz (1), sagt man Näheres dazu, worum es sich bei dem Essenden, dem Gegessenen und dem Essgerät handelt. Das geschieht wieder, indem man prädiziert: dass der Essende „Klaus" sei, das Gegessene „der Salat", das Essinstrument „eine rote Gabel". In diesem Sinne „spezifizieren" die drei NPs die drei Argumente, über die *aß* prädiziert. Aber auch diese Spezifikation ist keine wirklich konkrete Festlegung: die Bedeutungen der NPs sind ja wiederum Prädikate über ihre jeweiligen Referenten (vgl. Abbildung 6.2). Auch für diese Prädikate muss noch festgelegt werden, worüber sie prädizieren; denn was sie über ihre Argumente prädizieren, trifft auf alle ihre potenziellen Referenten zu. Dass die Ausfüllung von Leerstellen wie in (2) nicht konkret festlegt, worüber prädiziert wird, ist vielleicht deutlicher zu sehen, wenn man ganz unspezifische Spezifikationen macht, zum Beispiel:

(3)   *Jemand isst etwas mit einer Gabel.*

Durch *jemand* wird für ›essen‹ nur spezifiziert, dass der Essende eine Person ist; durch ›etwas‹, dass das Gegessene keine Person ist. Anders

---

[1]   Wie viele Entitäten eine Verbbedeutung in diesem Sinne „betrifft", ist zu einem gewissen Grad variabel: siehe §6.3.3 auch speziell für das Verb *essen*.

gesagt: auch wenn alle Argumente „spezifiziert" sind, ist immer noch prinzipiell offen, worauf sich die ganzen Prädikationen in dem Satz konkret beziehen. Ein Satz ergibt eine komplexe Prädikation, die sich aus allen Einzelprädikationen zusammensetzt, sozusagen ein Prädikationsgeflecht, wie es für den Satz (1) in Abbildung 6.2 dargestellt ist. Dieses Geflecht prädiziert über ein Set von potenziellen Referenten (in Satz (1) über die potenziellen Referenten der drei NPs).

Wodurch und wann wird nun festgelegt, worüber konkret ein Satz und die Prädikationen darin eigentlich prädizieren? Diese Festlegung wird erst auf der Ebene der Äußerungsbedeutung (§1.1.2) getroffen, bei der Interpretation im Kontext. Wenn die Hörerin im Fall einer konkreten Äußerung in einem gegebenen ÄK dem Satz eine Äußerungsbedeutung zuordnet, legt sie eine konkrete Referenzsituation fest und damit auch Referenten für die NPs in dem Satz. Und dadurch wird im konkreten Verwendungsfall festgelegt, auf welche Argumente sich die Prädikate beziehen. Wenn sich zum Beispiel im Fall einer konkreten Äußerung von (1) die Hörerin für ihren Vetter als r_k, den Referenten der Subjekt-NP, entscheidet, dann bezieht sie das Prädikat ›Klaus‹ auf ihren Vetter; und weil die NP *Klaus* in (1) als Subjekt das Esser-Argument spezifiziert, ist damit der Vetter auch derjenige, über den prädiziert wird, dass er aß.

6.2.2   Prädikatsausdrücke und Argumentausdrücke

Ausdrücke, deren Bedeutungen Prädikate sind, nennt man **Prädikatsausdrücke**. (In der Literatur wird allerdings der Ausdruck ‚Prädikat' oft unterschiedslos für Prädikatsausdrücke und für deren Bedeutungen verwendet.) Alles, was hier bisher ‚Inhaltswörter' genannt wurde, sind Prädikatsausdrücke: Nomen, Verben, Adjektive, aber auch manche Adverbien wie *schnell* in *sie aß schnell*. Ob auch Eigennamen wie *Klaus* Prädikatsausdrücke sind, ist eine kontroverse Frage. Für viele Semantiker sind sie einfach Namen, das heißt Ausdrücke, die direkt referieren, ohne den Umweg über ein „beschreibendes" Konzept. Alternativ kann man sie als Prädikate betrachten, die die Eigenschaft beinhalten, so zu heißen bzw. diesen Namen zu haben. Als Prädikat ist ›Klaus‹ dann soviel wie ›heißt Klaus‹. Für beide Standpunkte gibt es Argumente; hier wird der zweite eingenommen.

In (1) wird das Verb *aß* als Ausdruck für das dreistellige Prädikat ›jemand isst etwas mit etwas‹ verwendet, das über die drei Argumente r_k, r_s und r_g, nämlich die Referenten der drei NPs im Satz, prädiziert. Wie wir gesehen haben, wird jedes dieser drei Argumente in (1) durch eine eigene NP spezifiziert: r_k durch die NP *Klaus*, r_s durch die NP *den*

Prädikatsausdruck

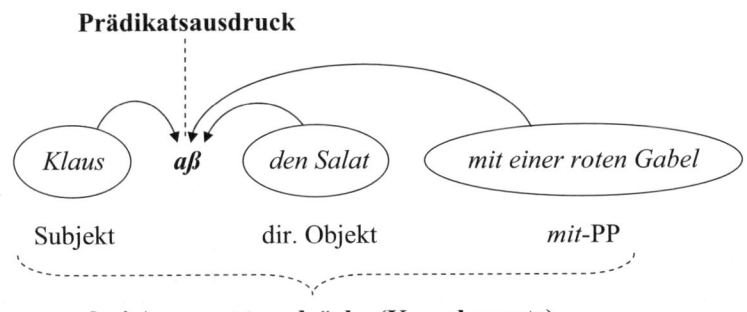

Subjekt   dir. Objekt   *mit*-PP

drei Argumentausdrücke (Komplemente)

Abbildung 6.3 Prädikatsausdruck und zugehörige Argumentausdrücke

Salat und r_g durch die NP *einer roten Gabel*. Der Satz enthält also für jedes Argument des Prädikats ›essen‹ einen separaten Ausdruck, der es spezifiziert. Solche Ausdrücke nennt man **Argumentausdrücke.** Im Folgenden wird für Argumentausdrücke, die zu einem bestimmten Prädikatsausdruck gehören, der Terminus **Komplement** verwendet[2]; das Verb *aß* in (1) hat also drei Komplemente: das Subjekt, das Objekt und die präpositionale NP (Abbildung 6.3). In §6.3.3 werden wir sehen, dass standardmäßig für das Verb *essen* nur Subjekt und Objekt vorgesehen sind, während die PP ein Zusatzkomplement ist.

Die drei Nomen *Klaus*, *Salat* und *Gabel* prädizieren auch jeweils über ein Argument, und zwar über den Referenten der NP, zu der das Nomen gehört (vgl. Abbildung 6.2). Man spricht in solchen Fällen von einem **referenziellen Argument**. Noch anders verhält es sich mit Adjektiven, die Teil einer NP sind: das Argument von *roten* in (1) ist identisch mit dem des Nomens. Da man die Referenz dem Nomen zuschreibt und nicht dem Adjektiv, handelt es sich nicht um ein referenzielles Argument des Adjektivs. Vielmehr „leiht" sich das Adjektiv sein Argument gewissermaßen von dem Nomen aus. Ich will solche Argumente daher als **parasitär** bezeichnen.

---

2 In syntaktischen Theorien wird häufig eine Unterscheidung zwischen grammatisch notwendigen und nicht notwendigen Argumentausdrücken gezogen. Nur die obligatorischen werden Komplemente genannt, die anderen ‚Adjunkte'. Eine allgemeingültige Unterscheidung bereitet enorme Schwierigkeiten und hängt von den jeweiligen theoretischen Annahmen ab. Wir werden diese Frage hier weitgehend ausklammern und den Ausdruck ‚Komplement' gleichermaßen für notwendige und nicht notwendige Argumentausdrücke verwenden.

6.2.3 Wahrheitsbedingungen

Wenn ein Prädikat auf die vorgesehene Anzahl von Argumenten angewandt wird, liefert es einen W a h r h e i t s w e r t, je nachdem ob es darauf zutrifft oder nicht. Man sagt: das Prädikat ist in einem ÄK wahr
oder falsch für ein bestimmtes Argument bzw. ein Set von Argumenten.
Wenn wir zum Beispiel einen ÄK annehmen, in dem Satz (1) wahr ist,
dann sind alle vier Prädikate wahr für ihre Argumente. Aber in einem
anderen Kontext, in dem etwa Klaus den Salat mit einer gelben Gabel
äße, würde das Prädikat ›rot‹ nicht auf das, womit Klaus isst, zutreffen.

Prädikate definieren Bedingungen, die ihre Argumente erfüllen
müssen, damit die Prädikation wahr ist. Daher kann man auch bei Prädikatsausdrücken von Wahrheitsbedingungen sprechen: die Wahrheitsbedingungen eines Prädikatsausdrucks sind die Bedingungen, unter
denen das Prädikat für ein Set von Argumenten wahr ist. Vor diesem
Hintergrund, den wir in Kapitel 4 noch nicht hatten, ergibt sich die
Möglichkeit, die logischen Begriffe für Sätze direkt auf beliebige
Prädikatsausdrücke zu verallgemeinern. Zum Beispiel impliziert ein
Prädikatsausdruck A einen gleichstelligen Prädikatsausdruck B, wenn
für alle Argumentsets (der erforderlichen Anzahl) notwendig B wahr
ist, wenn A wahr ist; A und B sind logisch äquivalent, wenn sie in
allen ÄK für alle Argumentsets gleiche Wahrheitswerte ergeben, usw.
In §4.5 mussten wir für die Übertragung der logischen Beziehungen
auf Wörter noch den Umweg über geeignete Testsätze nehmen, in
denen die Argumente der Inhaltswörter (= Prädikatsausdrücke) durch
Variablen vertreten werden. Umgekehrt sind Sätze auch Prädikatsausdrücke, da sie stets irgendwelche Prädikationen enthalten, und sei es
nur das Tempus des finiten Verbs. Der Begriff der Wahrheitsbedingungen und die darauf gründenden logischen Begriffe und Beziehungen
sind also generell für einfache oder zusammengesetzte Prädikatsausdrücke einschließlich Sätzen definiert.

Die Zusammenhänge zwischen Prädikatsausdruck, Prädikat und
Argumenten lassen sich abermals anhand des semiotischen Dreiecks
verdeutlichen. Wir verwenden es hier in einer gegenüber Kapitel 2
abgewandelten Variante: die Position rechts unten wird nicht von der
Denotation eingenommen, das heißt von der Gesamtheit der Fälle, auf
die sich der Ausdruck beziehen kann, sondern von einem Einzelfall.
Diese Form des Dreiecks stellt die Konstellation in einem bestimmten
Anwendungsfall, sprich: Äußerungskontext dar (Abbildung 6.4).

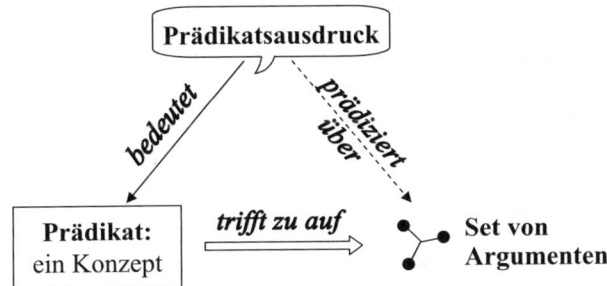

Abbildung 6.4 Das semiotische Dreieck für Prädikationen

Es ist allgemein üblich, von Prädikats a u s d r ü c k e n zu sagen, sie „hätten Argumente", zum Beispiel dass das Verb *essen* in (1) „drei Argumente hat" oder dass in (1) das direkte Objekt ein bestimmtes „Argument des Verbs" *essen* spezifiziert. Streng genommen handelt es sich hier um eine Vermischung der Ausdrucksebene (Verb als Prädikats a u s d r u c k) und Bedeutungsebene (Verb b e d e u t u n g als Prädikat, das sich auf Argumente bezieht); die Aussage „das Verb XY hat zwei Argumente" ist so zu verstehen, dass die Bedeutung des Verbs ein zweistelliges Prädikat ist.

6.3   Verben

Finite Verben werden mit einem gesonderten Argumentausdruck für jedes ihrer Argumente kombiniert, mit Ausnahme des referenziellen Arguments, das in §6.3.2 besprochen wird. Wenn wir Verben als einstellig, zweistellig usw. klassifizieren, wird das referenzielle Argument nicht mitgezählt. Wir beschränken uns auf die häufigsten Typen von Verben. Bei der Festlegung ihrer Stelligkeit geht man von der Anzahl der Argumente in Standardkonstruktionen aus. Man kann ganz offensichtlich eine Verbkonstruktion immer noch um zusätzliche Argumente erweitern. Zum Beispiel ist die Angabe des dritten Arguments von *aß* in (1), des Essinstruments, eine Erweiterung der Standardkonstruktion für *essen*, in der nur ein Subjekt und ein direktes Objekt vorgesehen sind. Es wäre nicht sinnvoll zu versuchen, alle möglichen Argumente für ein gegebenes Verb zu bestimmen. Die Frage, wie viele Argumente für ein Verb im Lexikon vorgesehen sind, ist jedoch nicht trivial und wird am Ende dieses Abschnitts wieder aufgenommen.

6.3.1 Die wichtigsten Typen von Verben

Intransitive Verben sind einstellige Prädikatsausdrücke. Das einzige
Argument wird durch eine NP spezifiziert, die im Deutschen in der
Regel das <u>Subjekt</u> des Satzes bildet. Zu den einstelligen Verben kön-
nen auch reflexive Verben wie *sich öffnen* in (4c) gerechnet werden.

(4) a. <u>*Die Katze*</u> *schläft.*

  b. <u>*Der Schnee*</u> *wird* **schmelzen.**

  c. <u>*Die Tür*</u> *hat* **sich geöffnet.**

  d. <u>*Klaus*</u> *hat* **gearbeitet.**

Transitive Verben sind zweistellig; sie haben zwei Komplemente: das
<u>Subjekt</u> und das <u>direkte Objekt</u> im Akkusativ.

(5) a. <u>*Die Katze*</u> **schleckt** <u>*das Hundefutter.*</u>

  b. <u>*Angelika*</u> **braucht** <u>*Klaus' Fahrrad.*</u>

  c. <u>*Der Hund*</u> *kann* <u>*die Tür*</u> *nicht* **öffnen.**

  d. <u>*Sechzig Studenten*</u> *haben* <u>*den Fragebogen*</u> **ausgefüllt.**

Ditransitive Verben (auch: bitransitive) haben drei Komplemente: zusätzlich zu <u>Subjekt</u> und <u>direktem Objekt</u> ein <u>indirektes Objekt</u> im Dativ.

(6) a. <u>*Klaus*</u> *wird* <u>*ihrer Tochter*</u> <u>*den Schlüssel*</u> **geben.**

  b. <u>*Ich*</u> **zeigte** <u>*ihnen*</u> <u>*das Foto.*</u>

Andersartige Komplemente. Die Komplemente eines Verbs sind nicht
immer NPs. Viele Verben haben PPs als Komplemente, darunter sehr
viele mit einer lexikalisch festgeschriebenen Präposition, zum Beispiel
sich freuen auf, halten für, leiden unter/an, abhängen von. Andere
Verben wie die Bewegungsverben (*gehen, fahren, stellen* usw.) können
mit PPs mit allen räumlichen Präpositionen kombiniert werden. Zusätzliche Komplemente wie *mit einer roten Gabel* in (1) haben in den
meisten Fällen ebenfalls die Form einer PP. Andere Verben nehmen
dass-Sätze als Komplement (*wissen, glauben, behaupten*) oder Infini-
tive (*versuchen, anfangen, sich trauen*), um nur die häufigsten Typen
zu nennen.

Argumentspezifikation ohne Komplement. Das Argument eines Verbs
kann in bestimmten Fällen auch auf andere Weise als durch ein Komplement spezifiziert werden. Zum Beispiel haben Imperativsätze im
Deutschen und vielen anderen Sprachen kein explizites Subjekt: als das
betreffende Argument werden der oder die Adressaten verstanden. Der
Imperativsatz in (7a) drückt dieselbe Proposition aus wie der Deklara-

tivsatz in (7b); *legen* ist ein dreistelliges Verb mit einer PP als drittem Komplement:

(7) a. **Leg** <u>den Schlüssel</u> <u>unter die Matte!</u>

 b. <u>Du</u> **legst** <u>den Schlüssel</u> <u>unter die Matte.</u>

In Sprachen wie Spanisch oder Italienisch sind Person und Numerus des Subjekts an der Endung des Verbs erkennbar. Daher kann in entsprechenden Kontexten ein bloßes Personalpronomen als Subjekt weggelassen werden, weil es keine andere Information enthält als Person und Numerus. Sätze ohne Pronomen in Subjektposition sind äquivalent zu Sätzen mit dem entsprechenden Pronomen:[3]

(8) a. **habl**-*o*   *árabe*   ⟺   <u>*yo*</u> *hablo árabe*   [Spanisch]
  sprech-1s *Arabisch*   ich spreche Arabisch

 b. **habl**-*as*   *árabe*   ⟺   <u>*tú*</u> *hablas árabe*
  sprech-2s *Arabisch*   du sprichst Arabisch

6.3.2 Referenzielle Verbargumente

Heute wird in den meisten semantischen Ansätzen angenommen, dass auch Verben referieren, und zwar auf ein Ereignis der Art, wie durch das Verb angegeben. Einfach gesagt ist der Referent zum Beispiel des Verbs *essen* das, was man „essen" nennt: in (1) etwa wird ausgesagt, dass Klaus etwas tut, und das, was er tut, wird als „essen" bezeichnet, also als eine Handlung einer bestimmten Art. Als allgemeinen Oberbegriff für Handlungen, Vorgänge, Prozesse und andere Geschehnisse, die durch Verben ausgedrückt werden, hat sich der Ausdruck **Ereignis** eingebürgert. Das Ereignis, worauf ein Verb referiert, ist ein weiteres Argument, über das es prädiziert, also ein referenzielles Argument zusätzlich zu den Argumenten, die durch Komplemente oder grammatische Mittel angegeben werden. Die Position, dass Verben auf Ereignisse referieren, wurde auch in §2.2.1 bezogen. Es gibt gute Gründe für diesen Standpunkt. Erstens kann man (etwas vereinfachend) annehmen, dass das referenzielle Verbargument zugleich das Argument des Tempus ist. Es ist plausibel, das Tempus als eine eigene Prädikation anzusehen; zum Beispiel prädiziert die Präteritumform des Verbs *aß* in (1) über das Essereignis, dass es in der Vergangenheit liegt, das heißt vor der Äußerungszeit. Zweitens kann das referenzielle Verbargument als Argument bestimmter Adverbien betrachtet werden, zum Beispiel von

---

3 Weil man ein Subjektpronomen im Normalfall weglässt, hat es die Wirkung einer besonderen Betonung, wenn man es dennoch benutzt. In diesem Sinne ist ein Subjektpronomen, wenn es verwendet wird, nicht redundant.

Adverbien der Art und Weise wie *langsam, bedächtig, ungeschickt*. In
(1) eingefügt, würden sie ebenfalls über das Essereignis prädizieren.
Drittens gibt es viele von Verben abgeleitete Nomen, die ein Ereignis
derselben Art bezeichnen, vergleiche etwa die beiden Sätze in (9):

(9)   a. *Morgen eröffnet Angelika einen Secondhandshop.*

     b. *Die Eröffnung von Angelikas Secondhandshop findet*
       morgen statt.

Wenn wir annehmen, dass das Verb *eröffnen* in (9a) ein referenzielles
Argument hat, dann ist dies das Ereignis der Eröffnung des Second-
handshops von Angelika und damit identisch mit dem Referenten der
NP *die Eröffnung von Angelikas Secondhandshop* in (9b). Der semantische Effekt der Ableitung des *-ung*-Nomens vom Verb lässt sich dann
zu einem Teil dadurch beschreiben, dass das referenzielle Argument
(der potenzielle Referent) des Verbs zu dem des Nomens wird.

Es sollte jedoch auch an dieser Stelle darauf hingewiesen werden,
dass die Annahme eines referenziellen Arguments nicht für alle Verben
gleichermaßen plausibel ist, zum Beispiel nicht für Hilfsverben wie
sein, haben, werden oder die Modalverben *können, müssen, dürfen,
wollen, sollen, mögen*.

6.3.3   Das Problem der Stelligkeit von Verben

Es ist oft schwer zu entscheiden, wie viele Argumente ein Verb „von
Haus aus" hat. Nur zwei Aspekte dieses Problems sollen hier erwähnt
werden. Sehr viele Verben treten in mehreren Konstruktionen mit unterschiedlich vielen oder verschiedenartigen Komplementen auf. Ein Typ
von Variabilität kann relativ einfach gehandhabt werden: wenn dieselbe
Form gleichzeitig verschiedenen grammatischen Kategorien zuzurechnen ist, zum Beispiel den transitiven und den intransitiven Verben. Die
beiden Varianten können dann als zwei Lexeme mit unterschiedlicher
Stelligkeit betrachtet werden.[4] Ein Beispiel wäre *rollen* in (10):

(10)   a. *Klaus **rollte** die Tonne aus dem Weg.*   (transitiv)

     b. *Der Ball **rollte** über die Seitenauslinie.*   (intransitiv)

Als intransitives Verb prädiziert *rollen* von seinem Subjektargument
eine bestimmte Art der Fortbewegung, die aus einer Rotation um eine
inhärente Achse entsteht. Als transitives Verb prädiziert es von seinem

---

4   Verben mit unterschiedlicher Stelligkeit gehören zu verschiedenen grammatischen
   Kategorien, weil sie sich syntaktisch nicht gleich verhalten (zum Beispiel ein direk-
   tes Objekt erfordern oder nicht). Daher bilden nach der Definition des Lexems in §3.1
   Varianten desselben Verbs mit unterschiedlicher Stelligkeit verschiedene Lexeme.

Subjektargument eine Handlung, die darin besteht, das Objektargument in eine solche Art der Bewegung zu versetzen. Die beiden Varianten des Verbs drücken also ganz unterschiedliche Prädikationen über ihr jeweiliges Subjektargument aus und sind daher als zwei Lexeme zu betrachten.[5]

Ein zweiter Typ von Variation bereitet mehr Schwierigkeiten: ein Verb wie *essen* kann in einer Vielzahl von Konstruktionen verwendet werden, darunter den in (11) illustrierten:

(11) a. <u>*Fred*</u> **isst** <u>*Nudeln*</u>.

   b. <u>*Fred*</u> **isst** <u>*Nudeln*</u> *mit einer Plastikgabel.*

   c. <u>*Fred*</u> **isst** <u>*Nudeln*</u> *mit einer Plastikgabel aus der Schüssel.*

   d. <u>*Fred*</u> **isst** *mit einer Plastikgabel aus der Schüssel.*

   e. <u>*Fred*</u> **isst** *aus der Schüssel.*

   f. <u>*Fred*</u> **isst**.

Anders als *rollen* in (10) prädiziert das Verb *essen* in (11) immer dasselbe über sein Subjektargument, nämlich dass es isst. Angesichts von (11f) könnte man meinen, dass alle Argumente außer dem Subjektargument optional sind und *essen* daher eigentlich intransitiv. Aber das Objektargument ist anders als die anderen möglichen Zusatzargumente. Das Konzept ›essen‹ involviert notwendig ein zweites Argument, weil man „essen" nicht konzipieren kann ohne anzunehmen, dass e t w a s gegessen wird. Deshalb wird *essen* auch in Konstruktionen ohne direktes Objekt immer als ›etwas essen‹ interpretiert. *Fred isst* bedeutet dasselbe wie *Fred isst etwas*. Daher stammt auch das Gefühl, dass in (11d-f) ein Akkusativobjekt ergänzt werden könnte, falls es fehlt. All dies gilt nicht für die anderen zusätzlichen Argumente in (11). Man muss nicht m i t etwas essen (wie in (11b-d) angegeben) und man muss nicht a u s etwas essen (wie in (11c-e)). Dementsprechend wird *Fred isst* auch nicht wie *Fred isst mit etwas* oder *Fred isst aus etwas* interpretiert; er könnte ein Brötchen auf der Hand essen. Weder ein Essgerät noch ein Essgefäß sind notwendige Bestandteile einer Esssituation; sie sind daher im Esskonzept nicht als Argumente fest vorgesehen; allerdings lassen sie sich nachträglich einbauen. Solche optionalen Argumente werden bei der Festlegung der Stelligkeit nicht berücksichtigt: *essen* ist zweistellig und transitiv, auch wenn es ohne Akkusativobjekt verwendet werden kann. Der eingangs betrachtete Beispielsatz

---

5   Mit ‚Subjektargument' ist kurz das durch das Subjekt spezifizierte Argument gemeint: es ist identisch mit dem Subjektreferenten. Die Bezeichnung ‚Subjektargument' betont die Beziehung zum Verb; analog ist vom ‚Objektreferenten' die Rede.

(1) enthält also wegen des zusätzlichen Komplements *mit einer roten Gabel* eine dreistellige (erweiterte) Verwendung des eigentlich zweistelligen Verbs *essen*.

Nicht alle transitiven Verben erlauben Verwendungen ohne Akkusativobjekt, zum Beispiel nicht *verschlingen* oder *zubereiten* und sehr viele andere; diese sind in dem Sinne strikt zweistellig, als zwei Komplemente tatsächlich auch grammatisch obligatorisch sind.

6.4 Nomen und Adjektive

6.4.1 Die wichtigsten Typen von Nomen

Einstellige Nomen. Die meisten Nomen sind einstellige Prädikatsausdrücke. Sie werden hauptsächlich referenziell, das heißt als Kopf referierender NPs benutzt, die zum Beispiel als Verbkomplement dienen. Wir kommen in §6.4.3 auch auf einen anderen, den „prädikativen" Gebrauch zu sprechen. In (12) ist das Argument des einstelligen Nomens *Hund* der Referent der NP *der Hund*; entsprechend prädiziert *Tür* über den Referenten der Objekt-NP: beide Nomen haben also ein referenzielles Argument.

(12)   Der **Hund** hat die **Tür** zerkratzt.

Relationale Nomen. Manche Nomen sind zweistellige Prädikatsausdrücke, so genannte relationale Nomen. Verwandtschaftsbezeichnungen sind eine Gruppe von Fällen:

(13)   Mein **Onkel** heiratet Angelikas **Schwester**.

Jede der beiden NPs *mein Onkel* und *Angelikas Schwester* hat einen Referenten: den Onkel der Sprecherin und die Schwester von Angelika. Das sind die referenziellen Argumente der beiden Nomen *Onkel* und *Schwester*. Zusätzlich haben beide Verwandtschaftsterme noch ein **relationales Argument** für die Person, zu der die Verwandtschaftsbeziehung „Onkel" bzw. „Schwester" besteht; in §5.5 wurde dafür der Ausdruck *Propositus* eingeführt. Der Propositus zu *Onkel* in (13) ist die Sprecherin, wie durch das Possessivpronomen *mein* angezeigt; der Propositus zu *Schwester* wird durch den vorangestellten Genitiv *Angelikas* spezifiziert. Weder die Sprecherin noch Angelika sind referenzielle Argumente der Nomen *Onkel* und *Schwester*. Die Sprecherin kann als Referent des Possessivpronomens betrachtet werden; Angelika ist referenzielles Argument der Genitiv-NP *Angelikas*, die ihrerseits Bestandteil der NP *Angelikas Schwester* ist.

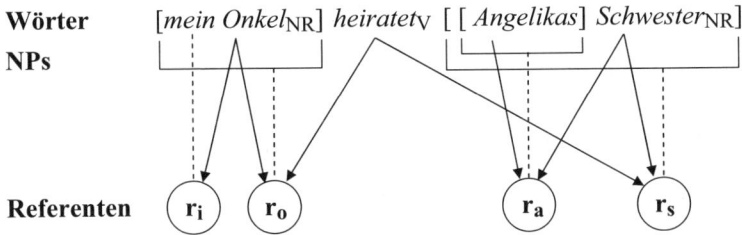

Abbildung 6.5 Prädikationsstruktur von Satz (13)

Zusätzlich zu den beiden relationalen Nomen enthält (13) das transitive Verb *heiraten*. Die Proposition vereint also drei zweistellige Prädikationen: dass jemand ein Onkel der Sprecherin ist, dass dieser Jemand eine zweite Person heiraten will und dass diese wiederum eine Schwester von Angelika ist. Die Analyse in Abbildung 6.5 verdeutlicht, welche Prädikate sich auf welche Argumente beziehen. Das Subskript ‚NR' steht für ‚Nomen, relational'; r_i, r_o, r_a und r_s sind die Sprecherin („ich"), ihr Onkel, Angelika und ihre Schwester.

Das zweite Argument eines relationalen Nomens wird in der Regel durch eine Possessivkonstruktion angegeben und daher allgemein ‚Possessor' (Besitzer) genannt. Im Deutschen gibt es vier Possessivkonstruktionen. Im einfachsten Fall wird einem Nomen in der Artikelposition ein Possessivpronomen vorangestellt (*mein Onkel*) und so eine komplette NP gebildet. Wenn der Possessor nicht durch ein Pronomen angegeben wird, kann in derselben Konstruktion eine NP im Genitiv an die Stelle des Possessivpronomens treten (*Angelikas Schwester*, *des Nachbarn Tochter*); diese Konstruktion ist mit zusammengesetzten NPs ziemlich ungebräuchlich geworden und daher auf vorangestellte Eigennamen beschränkt. Alternativ dazu kann man an das relationale Nomen eine NP im Genitiv oder eine *von*-PP anfügen (*der Beruf des Nachbarn*, *die Temperatur von flüssigem Stickstoff*). Possessive Argumente sind generell syntaktisch nicht obligatorisch. Sie werden dennoch als echte Argumente mitgezählt, weil die Bedeutung relationaler Nomen nicht ohne Bezugnahme auf dieses Argument definiert werden kann: ein Onkel ist immer Onkel von jemandem usw. (vgl. die Analyse der Verwandtschaftsbezeichnungen in §5.5).

Relationale Nomen gibt es in sehr großer Zahl: Wörter wie *Freundin* (*von*), *Nachbar* (*von*), *Konkurrent* (*von*), *Chef* (*von*), abstrakte Nomen wie *Name* (*von*), *Höhe* (*von*), *Beruf* (*von*) oder linguistische Termini: *Bedeutung* (*von*), *Aussprache* (*von*), *Subjekt* (*von*), *Argument* (*von*)

usw. In einigen Fällen wird das zweite Argument auch durch nicht
possessive PPs angegeben: *Fahrkarte nach, Angriff auf, Zufriedenheit
mit, Äquivalenz zu, Folgerung aus, Unterschied zwischen* usw.

6.4.2 Die wichtigsten Typen von Adjektiven

Einstellige Adjektive. Die meisten Adjektive sind einstellige Prädikatsausdrücke, wenn sie in ihrer Grundform, dem Positiv, verwendet werden; in der Komparativform sind sie zweistellig. Man kann Adjektive
auf drei Weisen gebrauchen, von denen wir hier nur die ersten beiden
behandeln: attributiv, prädikativ oder adverbiell. Beim **attributiven**
Gebrauch sind sie in einer NP dem Kopfnomen vorangestellt: *eine
rote Gabel, der leckere Salat, angeheiterte Gäste.* Wie wir gesehen
haben, ist dann der Referent der NP das Argument des Adjektivs. Da
das Adjektiv nach herkömmlicher Sicht nicht selbst referiert, ist das
Argument weder referenziell noch durch ein Komplement spezifiziert.

Die zweite Verwendungsweise ist die **prädikative.** In der häufigsten Prädikativkonstruktion des Deutschen wird das Adjektiv mit dem
so genannten Kopulaverb *sein* kombiniert oder mit ähnlichen Verben
wie *werden* und *bleiben*; mit diesem Verb bildet es die VP des Satzes.
In solchen Fällen bezieht sich die Adjektivprädikation auf den Referenten des Subjekts. Das Subjekt ist also ein Komplement zu dem
komplexen Prädikatsausdruck aus Kopulaverb und Adjektiv.

(14) a. <u>*Thorsten*</u> *ist* **unkommunikativ.**

     b. <u>*Die Milch*</u> *wird* **heiß.**

Nicht alle Adjektive erlauben beide Verwendungen, zum Beispiel
können *rosa, okay, super, schuld, scheiße, zu, an, weg*[6] prädikativ,
aber nicht oder zumindest nur eingeschränkt attributiv gebraucht werden; das liegt daran, dass sie aus unterschiedlichen Gründen nicht wie
Adjektive flektiert werden können. *Ober-, unter-, recht-, link-* (in der
Bedeutung ›rechtsseitig‹, ›linksseitig‹) können dagegen nicht prädikativ gebraucht werden. Sie müssten dann die aus irgendeinem Grund
nicht zulässige bloße Stammform annehmen: *das obere/untere/rechte/
linke Fach* ist möglich, aber nicht *das Fach ist *ober/*unter/*recht/
link. Stattdessen werden in prädikativer Position die jeweils entsprechenden Adverbien verwendet: *das Fach ist oben/unten/rechts/links.*

---

6 Syntaktisch verhalten sich alle diese Ausdrücke in prädikativem Gebrauch wie
    Adjektive; sie können zum Beispiel mit *sehr, ganz, total* usw. modifiziert werden.

Zweistellige Adjektive. Manche Adjektive haben in der Positivform ein zweites Argument: *anders als, verschieden von, zufrieden mit, scharf auf, reich an* usw. Das zweite Argument wird meistens durch ein PP-Komplement spezifiziert. In seltenen, heute eher veraltet wirkenden Fällen haben solche Adjektive ein Genitiv- oder Dativkomplement (*mir genehm, voll des süßen Weines*). In Bezug auf ihr erstes Argument verhalten sich zweistellige Adjektive wie einstellige: in der etwas umständlich wirkenden attributiven Verwendung ist das erste Argument des Adjektivs identisch mit dem referenziellen Argument des nachfolgenden Nomens, in der prädikativen Verwendung erhält das Adjektiv sein erstes Argument durch das Subjekt des Kopulaverbs:

(15)   a.   *die auf Currywurst scharfen Gäste ...*   [attributiv]

      b.   *Die Gäste waren scharf auf Currywurst.*   [prädikativ]

Einen weiteren Fall von zweistelligen Adjektiven bilden einstellige Adjektive in Komparativkonstruktionen. Das Adjektiv steht in der Komparativform A*er* und die Konstruktion sieht die Spezifikation eines weiteren Arguments für das Adjektiv in Form einer *als*-PP vor, die einen Vergleichsfall definiert. Daher ist *groß* einstellig, *größer* aber zweistellig. Der Komparativ eines zweistelligen Adjektivs ergibt entsprechend ein dreistelliges wie in (16d). Komparative in attributiver Stellung haben entweder kein *als*-Komplement (16a) oder es wird vom Adjektiv getrennt (16b). (16c) zeigt den Komparativ eines einstelligen Adjektivs mit *als*-Komplement, (16d) den eines zweistelligen.

(16)   a.   *Ein öderes Buch habe ich noch nie gelesen.*

      b.   *Ein öderes Buch als dieses habe ich noch nie gelesen.*

      c.   *Seine Haare waren **fettiger** als Utes.*

      d.   *Sie ist mit ihrer Arbeit noch **unzufriedener** als du.*

Nicht prädizierende Adjektive. Manche Adjektive fungieren nicht als Prädikatsausdrücke. Dazu gehört die Gruppe der „modalen" Adjektive wie *angeblich, mutmaßlich, potenziell, wirklich, eigentlich* usw. Sie werden nur attributiv gebraucht: *der angebliche Terrorist, ein potenzieller Referent* usw. Sie drücken keine eigenständige Prädikation aus – es macht keinen Sinn von etwas zu sagen, es sei „angeblich" oder „potenziell" – was auch der Grund dafür ist, dass sie nicht prädikativ verwendet werden können. Vielmehr modifizieren sie die Prädikation, die das nachfolgende Nomen ausdrückt, indem sie deren Geltung relativieren: der „angebliche Terrorist" ist jemand, auf den die Prädikation „Terrorist" nicht im gegebenen ÄK zutrifft, sondern in einem faktisch nicht vorliegenden ÄK, wie er von jemand anderem dargestellt wird;

ein „potenzieller" Referent ist etwas, auf das das Prädikat ›Referent‹ nur potenziell zutrifft. Ähnlich verhalten sich Adjektive, die eine zeitliche oder örtliche Geltung der durch das Nomen ausgedrückten Prädikation anzeigen: *ehemalig, zukünftig, dortig* usw. Eine andere nicht prädizierende Verwendung von Adjektiven liegt bei Konstruktionen wie *das väterliche Erbe, ein atomarer Störfall, eine didaktische Katastrophe* vor: hier modifiziert das Adjektiv die Bedeutung des Nomens, indem es eine seiner Konzeptkomponenten näher spezifiziert: ›Erbe, das der Vater hinterlässt‹, ›Störfall in einer Atomanlage‹, ›Katastrophe in der Didaktik‹. Nicht immer also sind Adjektive Prädikatsausdrücke und nicht immer drückt die Kombination aus attributivem Adjektiv und Nomen eine doppelte, gemeinsame Prädikation aus.

6.4.3 Nomen in prädikativem Gebrauch

Auch NPs werden prädikativ verwendet; sie referieren dann nicht:

(17)   *Klaus ist ein **Schlagzeuger**.*

Der Satz hat nur einen Referenten, den der Subjekt-NP *Klaus*. Syntaktisch ist das Subjekt Komplement der Kopula *ist*. Semantisch wird das Argument von der Kopula gewissermaßen an die NP *ein Schlagzeuger* durchgereicht (dasselbe geschieht bei prädikativen Adjektiven). Die Kopula allein ist kein Prädikatsausdruck; sie ist ein sprachliches Mittel, um mit einer NP oder einem Adjektiv einen Prädikatsausdruck zu bilden, der auf ein anderweitig spezifiziertes Argument bezogen werden kann. Weitere Argumente des Nomens oder Adjektivs werden auf dieselbe Weise spezifiziert wie bei referenziellem Gebrauch:

(18)   *Monika ist seine **Tante**.*   [relationales Nomen]

(19)   *Monika ist **jünger** als er.*   [zweistelliges Adjektiv]

Tabelle 6.2 zeigt die Haupttypen von Prädikatsausdrücken und die Art und Weise, wie ihre Argumente im Satz spezifiziert werden. NPs und einstellige Adjektive in prädikativen Verwendungen sind nicht berücksichtigt. Verben, Nomen und Adjektive unterscheiden sich darin, wie ihr erstes Argument spezifiziert wird, aber sie erhalten Spezifikationen für zusätzliche Argumente in ähnlicher Weise durch Komplemente, zumeist NPs oder PPs. Das zweite Argument für relationale Nomen wird durch spezielle Possessivkonstruktionen angegeben.

	Unterart	Beispiel	1. Argument	weitere Arg.
V	intransitiv	*Die Klingel **schellte.***	Komplement	–
V	transitiv	*Sie **öffnete** die Tür.*	Komplement	Komplement
N	einstellig	*Der **Briefträger** grüßte.*	referenziell	–
N	relational	*Ist das Ihr **Name**?*	referenziell	Possessor
		*Eine **Paketsendung** an Sie.*	referenziell	Komplement
A	einstellig	*in **blauem** Papier*	parasitär	–
A	Komparativ	***kleiner** als das letzte*	parasitär	Komplement
A	zweistellig	*aber **voll** mit Pralinen*	parasitär	Komplement

Tabelle 6.2 Typen von Prädikatsausdrücken und die Spezifikation ihrer Argumente

6.5 Prädikatenlogische Notation

Wir beschließen diesen ersten Teil des Kapitels mit einer sehr kurzen und ausschnitthaften Einführung in die so genannte Prädikatenlogik. Dieses formale System geht im Ansatz bereits auf Aristoteles zurück. Es wird in der Semantik heute sehr viel zur logischen Analyse und zur Darstellung von Satzbedeutungen eingesetzt (Näheres dazu in Kapitel 10). In der Prädikatenlogik (kurz: PL) wurde eine sehr einfache Schreibweise für Prädikationen entwickelt. Die Grundausdrücke in der Prädikatenlogik, sozusagen ihre Lexeme, sind ein-, zwei- und mehrstellige Prädikatsausdrücke und so genannte Individuenausdrücke. Individuenausdrücke dienen als Argumentausdrücke für die Prädikatsausdrücke und werden als Bezeichnungen für „Individuen" interpretiert, wobei ein Individuum alles sein kann, was als Argument für ein Prädikat in Frage kommt. Man verwendet zwei Sorten von Individuenausdrücken: Individuenkonstanten und Individuenvariablen. Grob gesagt sind erstere so etwas wie Eigennamen, während letztere als Variablen für nicht näher identifizierte Individuen fungieren. Wir definieren für unsere Zwecke eine einfache prädikatenlogische Sprache mit den folgenden Grundausdrücken (es ist üblich, „Anleihen" aus der zu analysierenden natürlichen Sprache in Fettschrift zu setzen):

- 1-stellige Prädikatsausdrücke: **Salat, Gabel, rot, schlaf, Hund**
- 2-stellige Prädikatsausdrücke: **heirat, Onkel, Schwester**

- 3-stellige Prädikatsausdrücke: **ess-mit**
- Individuenkonstanten[7]   **a** [Angelika], **k** [Klaus], **i** [„ich"]
- Individuenvariablen   x , y , z

Prädikatsausdrücke werden in einheitlicher Weise mit Argumentausdrücken kombiniert. In der vorherrschenden Notationsvariante wird die erforderliche Zahl von Argumentausdrücken in Klammern an den Prädikatsausdruck angefügt, durch Kommas getrennt. In (20) sind drei einfache prädikatenlogische Formeln wiedergegeben:

(20) a. **Salat**(x)   x ist ein Salat

       b. **Onkel**(**a** , **i**)   Angelika ist ein Onkel von mir

       c. **ess-mit**(**k** , x , y)   Klaus isst x mit y

Mit der geeigneten Anzahl von Argumentausdrücken ausgestattet ergibt ein Prädikatsausdruck eine **Formel**, das prädikatenlogische Pendant zu einem vollständigen Satz. Solche Formeln sind in einem gegebenen ÄK entweder wahr oder falsch und damit Aussagen im Sinne der Aussagenlogik (§4.4), so dass aussagenlogische Verknüpfungen wie Negation und Konjunktion auf sie angewandt werden können. Das erlaubt es, die in einem natürlichsprachlichen Satz enthaltenen Prädikationen in eine zusammengesetzte prädikatenlogische Formel zu „übersetzen". Die einzelnen Prädikationen werden mit ∧ („und") verbunden. In den folgenden Beispielen werden für Referenten, die nicht durch Namen spezifiziert sind, Variablen verwendet. Tempus und Artikel werden nicht berücksichtigt.

(21) a. *Der Hund schläft.*
         Hund(x) ∧ **schlaf**(x)

       b. *Klaus aß den Salat mit einer roten Gabel.*
         ess-mit(**k** , x , y) ∧ **Salat**(x) ∧ **rot**(y) ∧ **Gabel**(y)

       c. *Mein Onkel heiratet Angelikas Schwester.*
         heirat(x , y) ∧ **Onkel**(x , **i**) ∧ **Schwester**(y , **a**)

Diese Form der Analyse macht deutlich, welche Prädikationen ein Satz enthält, was ihre jeweiligen Argumente sind und wie die Prädikationen durch gemeinsame Argumente miteinander verflochten sind. In Kapitel 10 werden wir uns eingehender mit dieser Methode befassen und sehen, wie eine solche Analyse systematisch und theoretisch begründet vorgenommen werden kann.

---

7 Der Einfachheit halber werden hier Eigennamen und Personalpronomen als Individuenkonstanten aufgefasst. In §10 wird gezeigt, wie sich Eigennamen als Prädikatsausdrücke behandeln lassen.

6.6   Thematische Rollen

6.6.1   Die Argumente des Verbs als thematische Rollen

Die verschiedenen Argumente eines Verbprädikats werden als seine **Rollen** oder **Partizipanten** bezeichnet. Bei einem transitiven Verb gibt es zwei Rollen, zum Beispiel den Essenden und das Gegessene, den Öffnenden und das Geöffnete, die Helfende und den, dem geholfen wird. Die Grammatik unterscheidet die verschiedenen Rollen mehrstelliger Verben konsequent. Wenn das Verb *essen* im Aktiv verwendet wird, spezifiziert das Subjekt immer den Essenden und das direkte Objekt (falls vorhanden) das Gegessene. Entsprechendes gilt für mehrstellige Nomen und Adjektive.

Eine interessante und wichtige Frage ist nun, ob die Grammatik einer Sprache die verschiedenen Argumente mehrstelliger Verben in einheitlicher Weise unterscheidet. Haben zum Beispiel die Rolle des Essenden, des Helfenden, des Öffnenden etwas gemeinsam, was der Grund dafür ist, dass diese Rolle im Subjekt „erscheint"?[8] Haben alle Subjektargumente etwas gemeinsam? Zeichnen alle Akkusativobjekte und alle Dativobjekte dieselbe Art von Argumenten aus? Kann man die Argumente, die bei Zehntausenden von Verben zu unterscheiden sind, in einheitlicher Weise einigen wenigen abstrakten Rollen zuordnen, die mit den grammatischen Unterscheidungen korrespondieren? Lassen sich diese abstrakten Rollen universell für alle Verben in allen Sprachen ansetzen? Viele semantische und syntaktische Theorien haben sich um eine positive Antwort auf diese Fragen bemüht. Die Bemühungen sind Erfolg versprechend, aber die Verhältnisse sind nicht so einfach, wie die gestellten Fragen vermuten lassen könnten. Schon ein erster Blick auf die Daten zeigt, dass das Subjekt selbst bei demselben Verb nicht immer dieselbe Rolle spezifiziert. Betrachten wir zum Beispiel das Verb *öffnen* und seine einstellige reflexive Variante *sich öffnen*:

(22) a. *Die Tür$_O$ öffnet sich.*

     b. *Dieser Schlüssel$_I$ öffnet die Tür$_O$.*

     c. *Das Kind$_A$ öffnet die Tür$_O$.*

     d. *Das Kind$_A$ öffnet die Tür$_O$ mit dem Schlüssel$_I$.*

---

8   Die etwas unsaubere, aber bequeme Redeweise, dass ein bestimmtes Argument in einer bestimmten Satzposition „erscheint" (eigentlich kann ja ein Argument nicht Bestandteil eines Satzes sein) ist so zu verstehen, dass das Argument in dieser Position spezifiziert wird, also gewissermaßen sprachlich in Erscheinung tritt.

Rolle	Beschreibung	Beispiele
Agens	vollzieht die Handlung	*Klaus schreibt einen Brief.* *Die Katze hat ein Ei gefressen.* *Mein Onkel heiratet Marion.*
Thema/ Patiens	an ihm wird die Handlung vollzogen oder vollzieht sich das Ereignis	*Klaus schreibt einen Brief.* *Die Katze hat ein Ei gefressen.* *Die Tür öffnete sich.* *Mein Onkel heiratet Marion.*
Experiencer	nimmt wahr, empfindet	*Ich hörte ihn husten.* *Dieser Anfall überraschte mich.*
Instrument	Mittel einer Handlung	*Dieser Schlüssel öffnet die Tür.* *Sie aß mit Stäbchen.*
Ort	Ort, wo etwas ist; Ort des Geschehens	*Der Schlüssel steckt im Schloss.*
Ziel	Ziel einer Bewegung	*Leg das Buch auf die Erde.* *Sie gab mir den Schlüssel.*
Weg	Weg einer Bewegung	*Er ritt durch die Wüste.*

Tabelle 6.3 Thematische Rollen

Das Verb (*sich*) *öffnen* hat in diesen Sätzen zwar verschiedene Bedeutungen, aber in allen Fällen drückt es ein Öffnen aus, bei dem die beteiligten Rollen immer aus dem festen Repertoire der folgenden drei entstammen: (i) ein belebter Handelnder A, der etwas öffnet, (ii) ein Objekt O, das geöffnet wird oder sich öffnet, und (iii) ein Instrument I, mit dem O geöffnet wird. In (22a) spezifiziert das Subjekt O, in b) I und in c) und d) A. Von den Rollen her betrachtet wird O in a) durch das Subjekt, in b)-d) durch das Objekt angegeben; I erscheint als Subjekt in b), aber als adverbiale Bestimmung in d). Dennoch zeichnen sich in dieser kleinen Gegenüberstellung durchaus Regelmäßigkeiten ab: wenn A spezifiziert wird, dann in der Subjektposition; O wird immer durch das direkte Objekt angegeben außer in der einstelligen Variante, wo es als Subjekt erscheint.

Seit den ersten Versuchen in den 1960er Jahren sind viele Ansätze zur Etablierung eines universellen Rolleninventars unternommen worden. Es ist heute üblich, von **thematischen Rollen** (auch θ-Rollen,

Theta-Rollen, mit dem griechischen Buchstaben θ ‚Theta' für thematisch) zu sprechen oder auch von **semantischen Rollen**. Manchmal werden diese beiden Begriffe unterschieden, aber darum brauchen wir uns hier nicht zu kümmern. Das genaue Inventar von thematischen Rollen ist abhängig von der jeweiligen Theorie, aber über die Rollen in Tabelle 6.3 herrscht weitgehend Einigkeit.

Die Annahme allgemeiner thematischer Rollen ist in vieler Hinsicht nützlich. Sie erlaubt es, Bedeutungsbeziehungen zwischen Varianten eines Verbs wie dem reflexiven *öffnen* in (22a) und den zwei transitiven Verwendungen in (22b) bzw. (22c, d) genauer zu beschreiben. Für Verben ist ein wichtiges Charakteristikum, über wie viele Argumente in welchen Rollen sie prädizieren; diese Charakteristik bezeichnet man als ihre **Argumentstruktur**. Zum Beispiel hat das Verb *essen* die Argumentstruktur, dass es über ein Agensargument (den Essenden) und ein Themaargument (das Gegessene) prädiziert. Verben mit derselben Argumentstruktur verhalten sich von Ausnahmen abgesehen grammatisch gleich: sie bilden im Lexikon so genannte **Subkategorien**, das heißt Unterfälle der grammatischen Kategorien. Thematische Rollen erlauben auch die Beschreibung von Phänomenen wie dem Passiv, das die Argumentstruktur eines Verbs auf eine bestimmte Weise abwandelt.

6.6.2 Linking

Der Prozess, durch den in einer Sprache die Argumente eines Verbs grammatisch realisiert und unterschieden werden, heißt **Linking**. Wir werden uns mit diesem sehr komplexen syntaktischen Phänomen nicht eingehender beschäftigen. In Bezug auf das Deutsche können einige einfache Prinzipien festgehalten werden, die in Zusammenhang mit (22) oben schon angesprochen wurden: ein Agens ist in Aktivsätzen immer das Subjektargument, ein Thema kann nur dann durch das Subjekt spezifiziert werden, wenn das Verb kein Agensargument vorsieht (wie etwa in (22a)). Für Passivsätze gelten andere Regeln: das Agensargument wird getilgt, das Thema und andere Rollen können dadurch zum Subjektargument werden. Das Agensargument kann aber als zusätzliches präpositionales Komplement angegeben werden:

(23) a. Aktiv:
<u>Der Hund</u> (Agens, Subjekt, obligatorisch) *öffnete*
<u>den Karton</u> (Thema, direktes Objekt, obligatorisch).

b. Passiv:
<u>Der Karton</u> (Thema, Subjekt, obligatorisch) *wurde*
<u>von dem Hund</u> (Agens, PP, nicht obligatorisch) *geöffnet*.

Entscheidend für ein funktionierendes Linking ist eine grammatische Unterscheidung verschiedener Komplemente wie Subjekt und direktes Objekt im Satz. Im Deutschen werden Subjekt und direktes Objekt mit zwei grammatischen Mitteln unterschieden; sie gehören zu den typischen Linkinginstrumenten, die sich in der einen oder anderen Form in den Sprachen der Welt feststellen lassen:

- **Kongruenz.** Das finite Verb „kongruiert" mit dem Subjekt in Numerus und Person: die Form des Verbs richtet sich in diesen beiden Merkmalen nach dem Subjekt.

In (23a,b) ist das Verb in beiden Fällen in der dritten Person Singular. Kongruenz besteht in manchen Sprachen auch zwischen dem Verb und dem direkten Objekt; wieder andere Sprachen haben keine Kongruenzerscheinungen (zum Beispiel Japanisch und Chinesisch).

- **Kasus.** Die Komplemente des Verbs werden durch Kasus unterschieden. Im Deutschen trägt das Subjekt Nominativ, das direkte Objekt Akkusativ.

Zu dem Linkinginstrument Kasus können im Deutschen auch die Präpositionen gezählt werden. In der Regel werden die Komplemente, die die Stelligkeit des Verbs ausmachen, mit Kasus markiert, zusätzliche Argumente dagegen mit Präpositionen. Präpositionen sind im Vergleich zu Kasus semantisch spezifischer: sie markieren eine engere Auswahl von semantischen Rollen. Zum Beispiel wird die Instrumentrolle im Deutschen meistens durch *mit* markiert; (1) und (22d) sind Beispiele dafür. *Mit* kann aber auch andersartige Argumente auszeichnen, ist also polysem: die PPs in (24) sind keine Instrumentspezifikationen, sondern markieren andere Rollen, die in der Zusammenstellung in Tabelle 6.3 nicht enthalten sind:

(24)   a.   *Klaus aß den Salat mit Widerwillen.*

      b.   *Klaus aß den Salat mit Angelika.*

Ein drittes Unterscheidungsmittel ist die Wortstellung:

- **Wortstellung.** Häufig sind für verschiedenartige Komplemente, vor allem Subjekt und direktes Objekt, im Satz verschiedene Positionen vorgesehen.

Im Deutschen geht das Subjekt im Normalfall dem Objekt voraus. Satz (25) wird daher ohne besonderen Kontext so interpretiert, dass Angelika die Anruferin und Klaus der Angerufene ist.

(25)   *Angelika hat Klaus angerufen.*

Satz (26) kann nur in dieser Weise gelesen werden:

(26)   *Gestern hat Angelika Klaus angerufen.*

Unter besonderen Bedingungen, zum Beispiel als Antwort auf die
Frage „Wen hat Klaus angerufen?" und mit Betonung auf *Angelika*
kann (25) auch so interpretiert werden, dass *Angelika* direktes Objekt
ist. Die Möglichkeit dieser Interpretation von (25), aber auch Stellun-
gen wie die in (26) zeigen, dass das Subjekt im deutschen Deklarativsatz keine unverrückbare Position hat. Das Linking des Subjekt-
arguments könnte also nicht allein über die Wortstellung erfolgen. In
Sprachen wie dem Chinesischen dagegen, die weder Kongruenz noch
Kasus haben, ist die Wortstellung das einzige grammatische Mittel,
um die verschiedenen Komplemente eines Verbs zu unterscheiden.

Natürlich ist die Grammatik nicht die einzige Ebene, auf der entschieden wird, welche Komplemente des Verbs welche Rollen spezifizieren. Dass man zum Beispiel in bestimmten Kontexten (25) so interpretieren kann oder sogar muss, dass Angelika von Klaus angerufen
wird und nicht umgekehrt, zeigt, dass auch im Satz selbst nicht gegebene Kontextinformation den Ausschlag für die Rollenzuweisung geben
kann, natürlich nur im Rahmen dessen, was die Grammatik zulässt. Oft
wird die Rollenverteilung auch auf semantischer Ebene entschieden;
zum Beispiel kann in (27) aus Gründen, auf die wir im nächsten Abschnitt zu sprechen kommen, *ein Spiegelei* nur das Thema und *Klaus*
nur den Agens spezifizieren:

(27)   *Ein Spiegelei hat Klaus gegessen.*

Bei der Rollenbestimmung aufgrund semantischer und kontextueller
Bedingungen handelt es sich aber nicht um Linking. Darunter werden
nur die grammatischen Mittel der Rollenauszeichnung verstanden.

6.7   Selektionsbeschränkungen

Ein Prädikat kann nicht auf beliebige Argumente angewandt werden,
und entsprechend kann ein Verb oder ein Nomen oder Adjektiv in prädikativem Gebrauch nicht mit beliebigen Komplementen kombiniert
werden. Die Komplemente müssen neben den grammatischen Erforder-
nissen des Linkings auch semantische Bedingungen erfüllen; dadurch
sind die Komplemente, durch die ein bestimmtes Argument spezifiziert
werden kann, semantisch beschränkt. Diese Thematik wird hier nur
für Verben diskutiert; analoge Überlegungen gelten jedoch auch für
Adjektive und Nomen.

6.7.1   Selektionsbeschränkungen für Verben

Zwei etwas merkwürdige Beispielsätze sollen zeigen, worum es geht:

(28)   a.   *Der Koch hat die Wurst ermordet.*

      b.   *Die Kartoffeln braten den Koch.*

Wenn man diese Sätze wörtlich nimmt, beschreiben sie logisch unmögliche Situationen. Das Verb *ermorden* erfordert als Themaargument ein lebendiges Wesen, im Normalfall einen Menschen. Manche würden das Verb auch für das Töten von Tieren verwenden, aber sicherlich niemand für Würste. Das Verb *braten* in (28b) erfordert als Agens ein Wesen, das zu Handlungen in der Lage ist. Das muss kein Mensch sein; man könnte sich auch vorstellen, dass ein Affe etwas, was er essen will, auf einen heißen Stein legt und dort liegen lässt, um es zu garen. Aber Kartoffeln können die Rolle des Braters nicht einnehmen. Weniger Probleme bereitet in diesem Satz die Themarolle, für die hier der Koch vorgesehen ist. Obwohl das recht unwahrscheinlich ist, kann ein Mensch Gegenstand eines Bratvorgangs sein: logisch unmöglich ist das nicht, Menschen sind bratbar. Aber auch die Themarolle unterliegt logischen Beschränkungen; zum Beispiel kann man Wörter, Zahlen, Eigenschaften oder Adressen nicht braten.

Die logischen Bedingungen, die ein Argument erfüllen muss, nennt man **Selektionsbeschränkungen**[9] oder auch sortale Beschränkungen. Beispiel (29) illustriert die Auswirkungen solcher Bedingungen. Nehmen wir an, dass das Verb *impfen* einen Menschen als Agens erfordert (die Argumentation würde sich nicht ändern, wenn man den Kreis der potenziellen Impfer um Schimpansen oder Klingonen erweitert). Dann würden die folgenden beiden Sätze den Anforderungen an das Agensargument entsprechen, wenn sie auf einen geeigneten ÄK bezogen werden:

(29)   a.   *Die Ärztin selbst hat den Kater geimpft.*

      b.   *Die nächste impft den Labrador.*

Die Wahl des Subjekts in (29a) garantiert, dass die Selektionsbeschränkungen (im Folgenden kurz ‚SB') für das Agensargument erfüllt sind: Ärztinnen sind Menschen. Wie der zweite Satz zeigt, ist es jedoch nicht

---

9   Der Ausdruck ist im Grunde veraltet; er stammt aus einem inzwischen aufgegebenen Ansatz der Generativen Grammatik, in dem davon ausgegangen wurde, dass diese Bedingungen in der Syntax in der Weise wirksam sind, dass ein Verb schon auf der grammatischen Ebene nur semantisch passende Komplemente zulässt (‚selegiert'). Nach dieser Position wären die Sätze in (28) ungrammatisch, was heute mit Recht nicht mehr so gesehen wird.

notwendig, dass die Wahl des Komplements die SB sicherstellt. Das
Verb ›impfen‹ erfordert, dass das Agens-A r g u m e n t, also der Referent der Subjekt-NP, ein Mensch ist, nicht dass bereits in der Bedeutung
des Subjekts der Referent als Mensch spezifiziert ist. Als potenzielle
Referenten der NP *die nächste*, die in (29b) als Subjekt dient, kommt
im Prinzip alles Mögliche in Frage: Menschen ebenso wie Handtaschen,
Böen, Reisen, kurz: alles was mit einem Nomen im Femininum bezeichnet werden kann. Auf welche Art von Entität *die nächste* referiert,
hängt vom Kontext ab. Wenn der ÄK es zulässt, erfüllt der Referent
des Subjekts in (29b) die SB, obwohl dies durch die Wahl der Argumentspezifikation nicht semantisch garantiert ist.

Es ist unter Umständen sehr schwierig, die SB eines bestimmten
Prädikats genau zu bestimmen. Betrachten wir zum Beispiel die logischen Bedingungen für das Thema von ›öffnen‹. Was für Dinge kann
man öffnen? Man kann eine Tür öffnen und damit auch ein Zimmer.
Man kann seinen Mund öffnen. Man kann seine Augen öffnen; oder
seine Arme, oder eine Faust. Man kann auch einen Briefumschlag öffnen, indem man ihn aufschlitzt oder aufreißt, einen Brief, den man
auseinander faltet, oder ein Buch, das man aufschlägt. Man kann eine
Datei öffnen und vieles andere. Das alles sind nicht nur unterschiedliche
Dinge, sondern *öffnen* bezeichnet bei genauerem Hinsehen in jedem der
genannten Fälle etwas anderes. Wenn ich eine Tür öffne, bewege ich
das Thema (die Tür) und schaffe dadurch zum Beispiel eine Öffnung
in den Wänden, die ein Zimmer einschließen. Wenn ich eine Tüte oder
einen Briefumschlag öffne, ist das Thema die Umhüllung, und wieder
schaffe ich eine Öffnung in der Umhüllung, zum Beispiel, indem ich
ein Loch hineinreiße. Wenn ich aber ein Zimmer, einen Schrank oder
meinen Mund öffne, ist das Thema nicht die Umhüllung, sondern der
umhüllte Raum (eventuell zusammen mit seiner Umhüllung). In den
betrachteten Fällen nimmt das Thema also bei näherem Hinsehen eine
der folgenden unterschiedlichen Rollen ein: (i) eine umhüllte Raumre-
gion (Zimmer, Schrank, Mund), (ii) deren Umhüllung (Umschlag, Tüte)
oder (iii) einen beweglichen Teil (Tür) in der Umhüllung, der den Zu-
gang zu der umhüllten Region ermöglicht oder versperrt. Für jede dieser
spezielleren Rollen gelten eigene SB. Die übrigen Fälle liegen anders:
wenn ich die Augen öffne, oder auch die Augenlider[10], öffnet sich kein

---

[10] Man kann nur „die Augen öffnen", indem man „die Augenlider öffnet". Dennoch ist
hier ein und derselbe Vorgang auf verschiedene Weisen konzipiert, weil das Thema
einmal die Augen selbst, einmal ein beweglicher Teil ihrer Umhüllung ist. Die zwei
Formulierungen sind ein schönes Beispiel für Ausdrücke, die dieselben Wahrheitsbedingungen, aber unterschiedliche Bedeutung haben (vgl. §4.6.1).

Hohlraum. In den Varianten *eine Faust öffnen, einen Brief öffnen* (nicht den Umschlag, sondern einen zusammengefalteten Brief), *die Arme öffnen* oder *die Flügel öffnen* spielt das Thema eine noch andere Rolle in dem Vorgang: etwas, das zu vollem Umfang ausgebreitet wird.

Es wäre falsch, daraus die Konsequenz zu ziehen, die SB für das Thema von ›öffnen‹ so allgemein zu fassen, dass fast alles sie erfüllt. Vielmehr ist das Verb mehrfach polysem. In jeder seiner Bedeutungsvarianten drückt das Verb für sein Themaargument einen anderen Vorgang aus und bringt daher andere Beschränkungen mit sich. Wenn man diese Unterschiede ernst nimmt, kann man erklären, wie die Bedeutungsvarianten genau zusammenhängen, zum Beispiel die von *öffnen* in *die Augen öffnen* und *die Augenlider öffnen*.

Selektionsbeschränkungen – das ist wichtig – gelten nicht nur, wenn die betreffende Prädikation wahr ist:

(30) a. *Der Hund hat das zerkratzt.*

     b. *Der Hund hat das nicht zerkratzt.*

     c. *Hat der Hund das zerkratzt?*

Nach (30a) trifft die Prädikation auf den Hund und „das" zu, nach (30b) nicht, nach (30c) kann sie wahr oder falsch sein. Unabhängig davon aber muss der Referent von *das* die SB für das Thema von ›zerkratzen‹ (in der hier relevanten Variante) erfüllen. Die SB eines Prädikats kommen also immer zur Anwendung, wenn der zugehörige Prädikatsausdruck gebraucht wird, nicht nur, wenn er für seine Argumente wahr ist. Die logischen Bedingungen an die Argumente sind Vorbedingungen, die erfüllt sein müssen, um die Frage der Wahrheit oder Falschheit in einem gegebenen ÄK überhaupt stellen und entscheiden zu können. SB stellen daher so genannte **Präsuppositionen** einer Prädikation dar (mehr zu Präsuppositionen in Fußnote 13 S. 287).

6.7.2 Der Prozess der Fusion

Wenn ein Prädikatsausdruck mit einem Komplement kombiniert wird, werden über das betreffende Argument zweierlei Informationen zusammengeführt. Erstens liefert das Komplement eine explizite Spezifikation des Arguments, zweitens trägt der Prädikatsausdruck Selektionsbeschränkungen bei. Wenn die Bedeutung des Satzes komponiert wird, werden diese beiden Informationen miteinander verknüpft. Man kann sich diesen Prozess als logische Konjunktion („und"-Verknüpfung) vorstellen. Nach Jackendoff (1990) nennen wir ihn **Fusion** (Abbildung 6.6).

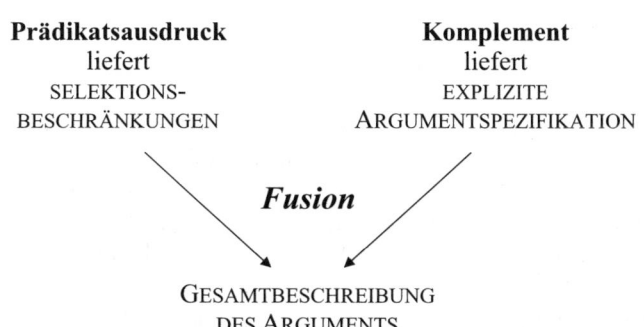

Abbildung 6.6 Argumentbeschreibung durch Fusion

In (30) ist das Thema des Zerkratzens durch die Objekt-NP lediglich als „das" spezifiziert, was so ungefähr auf alles referieren kann, was nicht belebt ist; der Referent muss aber außerdem die SB erfüllen, etwas Zerkratzbares zu sein; das schränkt die in Frage kommenden Referenten von *das* erheblich ein. Die SB leisten also in diesem Fall einen echten Beitrag zu der Beschreibung des Arguments.

Das ist nicht festzustellen, wenn wir das Subjekt *der Hund* der Sätze in (30) betrachten: die Spezifikation des Agensarguments als „Hund" ist so spezifisch, dass damit die SB für dieses Argument automatisch erfüllt sind: Hunde sind potenzielle Zerkratzer. Die SB fügen dieser Spezifikation nichts hinzu.

In (29b) ist eine dritte Möglichkeit zu beobachten: die SB verlangt dass das Argument eine Person ist: die Argumentspezifikation *die nächste* besagt, dass es weiblich ist (oder in die Denotation eines im ÄK gegebenen Femininums fällt); die Fusion ergibt als Argumentbeschreibung eine echte Kombination der beiden Bedingungen.

Schließlich kann die Zusammenführung der beiden Informationen über ein Argument auch zu einem Konflikt führen, dann nämlich, wenn die beiden Bedingungen inkompatibel sind wie in (28a) *der Koch hat die Wurst ermordet* oder (28b) *die Kartoffeln braten den Koch*. In diesem Fall entsteht durch die Und-Verknüpfung ein logischer Widerspruch. Fusion kann also vier Ergebnisse zur Folge haben:

(i)   Wenn die Argumentspezifikation spezifischer als die SB ist, ist die resultierende Gesamtbeschreibung des Arguments identisch mit der Argumentspezifikation.

(ii) Wenn die SB spezifischer als die Argumentspezifikation sind, ist die resultierende Gesamtbeschreibung des Arguments identisch mit den SB.

(iii) Wenn die SB und die Argumentspezifikation einander weder implizieren noch widersprechen, ergibt die Fusion eine neue Argumentbeschreibung, die spezifischer ist als beide.

(iv) Wenn sich die SB und die Argumentspezifikation widersprechen, ist die resultierende Gesamtbeschreibung des Arguments logisch falsch.

Die SB und die Argumentbeschreibung können auch identisch sein; in diesem Fall liefert die Fusion natürlich eine Argumentbeschreibung, die mit beiden identisch ist. Ein Beispiel wäre die resultierende Beschreibung für das Subjektargument in (31):

(31)   *Jemand muss den nächsten Patienten impfen.*

Wenn ein Satz im Kontext interpretiert wird, scheiden logisch falsche Lesarten, die sich nach (iv) ergeben, aufgrund des Prinzips der konsistenten Interpretation in der Regel aus (§3.4.3). Daher erhalten Sätze wie die in (28) bei wörtlicher Interpretation überhaupt keine kontextuell zulässige Interpretation. In anderen Fällen kann die Elimination logisch falscher Lesarten zu Desambiguierung führen. Betrachten wir zum Beispiel (32), wobei wir um der Argumentation willen annehmen wollen, dass das Prädikat ›trinken‹ seinem Thema die SB auferlegt, flüssig zu sein:

(32)   *Sie trank Kaffee.*

Für sich genommen referiert die NP *Kaffee* nicht notwendig auf eine Flüssigkeit: *Kaffee* kann auch Kaffeepulver, Kaffeebohnen oder Kaffeepflanzen bezeichnen. Diese anderen Möglichkeiten werden aber in (32) durch die SB für das Thema ausgeschlossen. Die möglichen Lesarten von *Kaffee* werden daher in diesem Kontext desambiguiert. Umgekehrt lässt sich Desambiguierung auch am Verb beobachten:

(33)   a. *Sie verbesserte ihren Onkel.*

        b. *Sie verbesserte den Fehler in der Formatvorlage.*

In (33a) erfordert die Spezifikation des Themas eine Bedeutungsvariante des Verbs mit einem belebten Thema und schließt damit die Lesart aus, die in (33b) benötigt wird.

6.7.3   Selektionsbeschränkungen und Bedeutungsverschiebungen

Wenn die Fusion zu einem logischen Widerspruch führt, kann man oft durch geeignete Bedeutungsverschiebungen (§3.4.2) zulässige Lesarten erhalten. Betrachten wir zunächst eine metonymische Verschiebung.

(34)   *Moskau hat die Rebellen für besiegt erklärt.*

Das Prädikat ›erklären‹ verlangt als Agens eine Person oder menschliche Organisation, aber die gegebene Argumentspezifikation *Moskau* bezeichnet eine Stadt. Um diesen Konflikt zu lösen, verändert man die Bedeutung von *Moskau* durch eine metonymische Verschiebung (Ort → dort ansässige Regierung), wodurch der neue Referent die SB der Prädikation erfüllt. Dabei geben die SB die Richtung der Verschiebung vor.

Bei metaphorischen Verschiebungen ist oft das Verb betroffen, wie etwa in (35):

(35)   *Sein Zorn verpuffte.*

Die wörtliche Bedeutung von *verpuffen* verlangt ein materielles Thema, zum Beispiel ein entzündliches Gas, das Subjekt dagegen referiert auf eine Emotion. Der Konflikt wird gelöst, indem das Verb metaphorisch ungefähr im Sinne von ›plötzlich ohne Rest verschwinden‹ uminterpretiert wird; in der neuen Interpretation hat es SB, die den Subjektreferenten zulassen.

In der Regel tangieren die Prozesse der metonymischen oder metaphorischen Verschiebung die SB einer Prädikation. Wenn ein Komplement metonymisch uminterpretiert wird, erhält es einen Referenten anderer Art; man vergleiche etwa die Verschiebungen von „Universität" als Institution auf „Universität" als Campus oder Lehrbetrieb. In jeder Lesart kann das Komplement daher anderen Prädikationen als Argumentspezifikation dienen. Ebenso ergibt eine metaphorische Interpretation eines Komplements Referenten in einem konzeptuell anderen Bereich, wenn zum Beispiel „Geld" metaphorisch als Flüssigkeit interpretiert wird, die „fließen" oder „versickern" kann. Wenn ein Prädikat, wie in (35), metaphorisch uminterpretiert wird, ändern sich auch seine SB, sodass es andersartige Argumente zulässt.

6.7.4   Semantische Irregularität

Die häufigen Bedeutungsverschiebungen bei Interpretation im Kontext – das heißt im wirklichen Sprachgebrauch – verschleiern ein Problem, das für die semantische Analyse sehr wichtig ist: die Frage, wann ein komplexer Ausdruck semantisch abweichend oder irregulär ist. Der Begriff der Selektionsbeschränkungen liefert eine klare Klasse von Fällen: wenn die Spezifikation eines Arguments für einen Prädikatsausdruck den SB widerspricht, dann ist diese Konstruktion semantisch **irregulär**. Das ist zwar einfach gesagt, doch hängt die Entscheidung, ob ein Satz semantisch irregulär ist, davon ob, welche Lesarten man für den Prädikatsausdruck und seine Komplemente zugrunde legt. Zum Beispiel ist (28a), *der Koch hat die Wurst ermordet*, nur dann irregulär, wenn man an den wörtlichen Bedeutungen von *ermorden* und *Wurst* festhält. Es ist Ihrer Fantasie überlassen, Bedeutungsverschiebungen zu finden, die den Satz akzeptabel machen. Da man den Begriff der semantischen Irregularität auch für Sätze im Kontext, und wie sie dort interpretiert werden, in Anspruch nehmen möchte, ist es sinnvoller ihn dadurch zu ersetzen, dass man bei Sätzen unterscheidet, unter welchen Bedingungen sie interpretierbar sind. Man kann dann Grade der Akzeptabilität oder Abweichung unterscheiden, zum Beispiel (i) interpretierbar ohne Bedeutungsverschiebungen, (ii) interpretierbar mit gängigen Typen von Verschiebungen, (iii) interpretierbar nur unter Zuhilfenahme ungewöhnlicher Verschiebungen. Gänzliche Uninterpretierbarkeit als vierten Grad dürfte es kaum geben.

6.8 Zusammenfassung

Dieses Kapitel hat die Prädikation in den Mittelpunkt gestellt, die primäre Funktion der Hauptwortklassen Verb, Nomen und Adjektiv. In einen Satz eingebaut steuert jedes Inhaltswort eine Prädikation zu der gesamten Proposition bei, über einen oder mehrere Referenten. Die drei großen Wortklassen unterscheiden sich darin, wie die Argumente für die mit ihnen vorgenommenen Prädikationen spezifiziert werden. Bei Verben werden die Argumente, mit Ausnahme des referenziellen, durch Komplemente angegeben. Einstellige Nomen werden primär referenziell verwendet, sie prädizieren über ihren Referenten. Einstellige Adjektive in attributivem Gebrauch parasitieren von dem Argument eines Nomens. Eine der wichtigsten Erkenntnisse über die Satzbedeutung ist, dass die Prädikationen, die in einem Satz enthalten sind, alle dadurch miteinander verknüpft sind, dass sie Argumente teilen, über die sie gemeinsam prädizieren. Ein Blick auf die Beispiele, insbesondere in den Abbildungen 6.2 und 6.5 zeigt, dass alle Einzelprädikationen in den Sätzen in das Netzwerk eingebunden sind. Das ist es, was einen Satz zu einem in sich zusammenhängenden, sinnvollen Ganzen macht. Das finite Verb hat dabei eine Schlüsselrolle inne. Wie eine

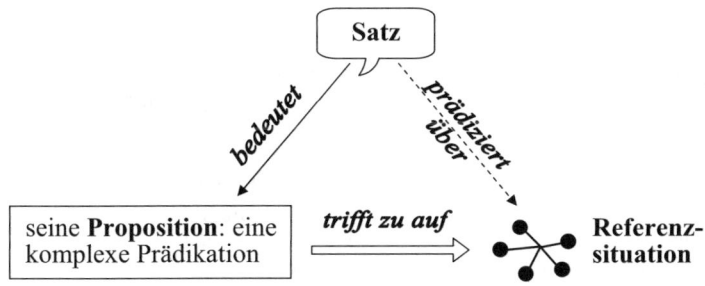

Abbildung 6.7 Das semiotische Dreieck für den Satz als Prädikation

Spinne im Netz nimmt es die Mitte ein und hält die Fäden zusammen. Diese Rolle hängt damit zusammen, dass die meisten Verben mehrstellige Prädikatsausdrücke sind.

Da die Bedeutung eines Satzes, seine Proposition, ein solches Netzwerk von Prädikationen über die Referenten des Satzes ist, kann der Satz als Ganzes als eine komplexe Prädikation über die Referenzsituation (§2.2.1) angesehen werden. In Abwandlung von Abbildung 6.4 zeigt Abbildung 6.7 diese Konstellation. Zum Beispiel ergibt Satz (1) *Klaus aß den Salat mit einer roten Gabel* eine komplexe Prädikation folgenden Inhalts: ein Ereignis e findet statt, zu einem Zeitpunkt z; z und e liegen in der Vergangenheit, das heißt vor der Äußerungszeit; das Ereignis e besteht darin, dass r_k (Agens) r_s (Thema) mit r_g (Instrument) isst; r_k heißt Klaus, r_s ist ein Salat und r_g ist eine Gabel, und zwar eine rote. All dies kann der Satz, aufgrund seiner grammatischen Struktur, mit ganzen acht Wörtern ausdrücken – und dabei sind andere Bedeutungsaspekte wie der Satzmodus und die Funktion der Artikel noch nicht berücksichtigt.

Die Analyse der Prädikation wirft Licht auf den Mechanismus der Komposition. Erstens geht es bei der Komposition zu einem beträchtlichen Teil darum, die Teilprädikationen, die ein Satz enthält, in ein zusammenhängendes Ganzes zu integrieren. Zweitens haben wir gesehen, dass Prädikats- und Argumentausdrücke im Prozess der Fusion interagierend Argumentbeschreibungen ergeben.

Hiermit wird der erste Teil des Buches abgeschlossen, in dem zentrale semantische Begriffe und Phänomene eingeführt und miteinander in Verbindung gebracht wurden. Teil 2 wird drei theoretische Ausrichtungen der Semantik vorstellen. Die Kapitel 7, 8 und 9 konzentrieren sich auf Wortsemantik; Überlegungen zur Satzsemantik werden im zehnten Kapitel über Formale Semantik wieder aufgenommen.

Schlüsselbegriffe

Prädikat
Stelligkeit
Prädikatsausdruck

Argument
referenzielles
Argumentausdruck
Komplement
Argumentspezifikation

Verben
intransitive, transitive, ditransitive
Verbkomplement
  Subjekt
  direktes, indirektes Objekt
referenzielles Verbargument

Nomen
einstellige, relationale
Possessivkonstruktionen
referenziell vs. prädikativ

Adjektive
einstellige, mehrstellige
Komparativ
attributiv vs. prädikativ
nicht prädizierende

Prädikatenlogik
Prädikatsausdruck
Individuenausdruck

Thematische Rollen
Partizipanten
Agens, Thema, Instrument usw.
Linking
  Kongruenz, Kasus, Wortstellung

Selektionsbeschränkungen
Fusion
Gesamtbeschreibung eines Arguments
Bedeutungsverschiebungen
semantische Irregularität

Übungen

1. Was ist der Unterschied zwischen einem Prädikat und einem Prädikatsausdruck, zwischen einem Argument und einem Argumentausdruck? Diskutieren Sie diese vier Begriffe, und wie sie zusammenhängen.

2. Diskutieren Sie, wie die Argumente für Verben, Nomen und Adjektive im Satz angelegt sind.

3. Geben Sie für die beiden folgenden Sätze Analysen wie in den Abbildungen 6.2 und 6.5:

    a) *[Bitte] bring mir etwas Leckeres mit.*
    (Beachten Sie das nicht explizite Subjekt.)

    b) *Die Frau brachte ihre verängstigte Tochter zum Zahnarzt.*
    (Nehmen Sie an, dass *ihre* und *die Frau* denselben Referenten haben.)

4. Drücken Sie die in den beiden Sätzen enthaltenen Prädikationen (ohne Tempus und Imperativ) in prädikatenlogischen Formeln wie in (21) aus.

5. Bestimmen Sie die thematischen Rollen des Verbs in den beiden Sätzen.

6. Die folgenden Beispiele illustrieren drei Typen von prädikativen NP-Konstruktionen, zwei davon nicht besprochen. Versuchen Sie für jeden Typ zu beschreiben, wie die Prädikation, die durch die NP *ein notorischer Querkopf* ausgedrückt wird, zu ihrem Argument kommt:

   a) *Peter ist ein notorischer Querkopf.*
   b) *Sie nannte Peter einen notorischen Querkopf.*
   c) *Peter, ein notorischer Querkopf, wurde sehr bald entlassen.*

7. Versuchen Sie anhand thematischer Rollen zu beschreiben, wie sich die folgenden Satzpaare zueinander verhalten:

   a) *Er kippte den Eimer um.*   *Der Eimer kippte um.*
   b) *Sie verbrannte den Schuh.*   *Der Schuh wurde verbrannt.*
   c) *Sie lud Sand auf den Wagen.* *Sie belud den Wagen mit Sand.*

8. Versuchen Sie in den folgenden Fällen die Selektionsbeschränkungen zu bestimmen:

   a) für das Objektargument von *schreiben*
   b) für das Argument von *teuer* (Gegenteil *billig*)

9. Erklären sie unter Bezugnahme auf Selektionsbeschränkungen, wie die metonymischen Verschiebungen von *Universität* in den folgenden Sätzen zustande kommen.

   a) *Die Universität liegt im Süden der Stadt.*
   b) *Die Universität hat die theologische Fakultät geschlossen.*
   c) *Die Universität beginnt wieder am 14. Oktober.*

Lesehinweise

Meibauer et al. (2002: §4.8, §4.9) zu Argumentstruktur und Linking (auch wenn es dort nicht so genannt wird). Zum Englischen: Givón (1993: §3) mit einer ausführlichen Diskussion von Verbtypen und thematischen Rollen; Tallerman (1998: §6, §7) zu Linking, Passiv und Kausativ. Radford (1988: §4) über die Unterscheidung zwischen Komplementen und Adjunkten, §7 zu thematischen Rollen und Selektionsbeschränkungen. Palmer (1994) über thematische Rollen und grammatische Relationen im Sprachvergleich. Saeed (1997: §6) zu thematischen Rollen.

TEIL 2

THEORETISCHE ANSÄTZE

In Teil 1 haben wir erste Schritte auf dem Gebiet der semantischen Analyse und Theoriebildung unternommen. Die Grundlage dafür bildete ein wissenschaftlicher Begriff von „Bedeutung", der präziser als der alltagssprachliche ist und es ermöglicht, semantische Phänomene von denen zu trennen, die in andere Wissenschaftsgebiete gehören (Kapitel 1). In Kapitel 2 wurde eine Unterscheidung zwischen verschiedenen Bedeutungsanteilen getroffen, von denen die deskriptive Bedeutung der wichtigste ist, auf den sich alles Weitere konzentrierte. Die Überlegungen zu Ambiguitäten und kontextbedingten Bedeutungsmodifikationen im dritten Kapitel klärten das Feld für die Untersuchung der lexikalischen Bedeutung. Kapitel 4 und 5 befassten sich mit zwei Arten von Beziehungen: logischen Beziehungen, die auf der Ebene von Wahrheitsbedingungen und Denotationen bestehen, und Bedeutungsbeziehungen auf der konzeptuellen Ebene. In Kapitel 6 wurden Wörter unter dem Gesichtspunkt der Prädikation betrachtet; dadurch wurde deutlich, wie sich die Bedeutung eines Satzes aus den Beiträgen der in ihm enthaltenen Wörter zusammenfügt.

Im zweiten Teil werden drei theoretische Ansätze eingeführt. Der Strukturalismus ist der älteste. Er stellt die Bedeutungsbeziehungen in den Mittelpunkt und ist der erste Rahmen, in dem eine Theorie der semantischen Dekomposition entwickelt wurde, das heißt einer Zerlegung lexikalischer Bedeutungen in allgemeinere Bestandteile. Diese als „Merkmalsemantik" bekannte Theorie erfreut sich noch immer einer beträchtlichen Popularität (obwohl sie bei näherem Hinsehen recht wenig zu bieten hat). Sie wird in Kapitel 7 eingeführt, gefolgt von anderen Ansätzen, die ihr überlegen sind. In Kapitel 8 werden wir eine sprachvergleichende Perspektive einnehmen und uns anhand einiger exemplarischer Überlegungen mit der Frage semantischer Universalien befassen. Die berühmten Untersuchungen von Berlin und Kay zu Farbwortsystemen in verschiedenen Sprachen leiten über zu allgemeinen Fragen der Kategorisierung: Welche Beziehung besteht zwischen der konzeptuellen Bedeutung und der Denotation, oder umgekehrt, wie sind Denotationen (Kategorien) in unserem Kopf durch Konzepte repräsentiert? Wie verhält sich Bedeutungswissen zu unserem Wissen über die Welt, in der wir leben? Diese Fragen stehen im Blickpunkt von Kapitel 9 zur Kognitiven Semantik. Kapitel 10 wird sich wieder der Satzbedeutung und dem Mechanismus der Komposition zuwenden. Der dominante Ansatz in diesem Bereich ist die Formale Semantik, eine Theorie, die sich auf Wahrheitsbedingungen und logische Gesetzmäßigkeiten gründet.

Die drei theoretischen Orientierungen Strukturalismus, Kognitive Semantik und Formale Semantik sind eigentlich keine konkurrierenden Ansätze, sondern ergänzen sich. Der Strukturalismus stellt Bedeutungsbeziehungen in den Mittelpunkt, die Kognitive Semantik fokussiert auf die Beziehung zwischen Bedeutung und Denotation und die Formale Semantik auf die zwischen Ausdruck und Denotation. Es besteht die Hoffnung, dass es eines Tages eine Theorie gibt, die diese drei Perspektiven in einem Ansatz integriert – aber bis jetzt liegt eine solche Theorie noch nicht vor.

7 Dekomposition

Die Erarbeitung semantischer Daten, zum Beispiel die Aufdeckung von Ambiguitäten und Bedeutungsbeziehungen, ist ein wichtiger Schritt bei der Entwicklung einer semantischen Theorie, aber die Theoriebildung selbst beginnt erst an dem Punkt, wo versucht wird, die Daten zu e r - k l ä r e n. Zum Beispiel stehen die Bedeutungen von *Tante* und *Onkel* in derselben Beziehung zueinander wie die von *Schwester* und *Bruder* und der Satz *Irina ist Christophs Cousine* impliziert *Christoph ist Irinas Cousin* (vorausgesetzt wir betrachten *Irina* als Frauennamen und *Christoph* als Männernamen). Das sind semantische Daten. Aber wie können diese Feststellungen aus den Bedeutungen der betreffenden Ausdrücke hergeleitet werden? Oder wie lassen sich, um ein anderes Beispiel zu nehmen, die Selektionsbeschränkungen eines Verbs aus dessen Bedeutung begründen? Und wie können solche Begründungen in systematischer und methodischer Weise gegeben werden? Dafür bedarf es des Rahmens einer wissenschaftlichen Theorie.

Es gibt viele semantische Theorien. In jeder wird der Begriff der Bedeutung etwas anders gefasst, jede benutzt andere Mittel um Bedeutungen darzustellen, so genannte Bedeutungsrepräsentationen, manche formale, manche informale. Aber fast alle bedienen sich einer grundlegenden Strategie um semantische Daten zu erklären, einer Strategie, die auch unserer nichttheoretischen Intuition entspricht: sie nehmen an, dass die Bedeutungen der meisten Wörter zusammengesetzt sind aus allgemeineren Bedeutungskomponenten, die auch in anderen Wortbedeutungen enthalten sind. Die Bedeutung eines Lexems wird daher analysiert, indem man sie in ihre **Bedeutungskomponenten** zerlegt. In gewisser Weise ist dieser Vorgang der Bedeutungszerlegung eine Umkehrung des Vorgangs der Bedeutungskomposition, bei dem man die Bedeutung eines zusammengesetzten Ausdrucks aus der Bedeutung seiner Teile zusammensetzt. Daher nennt man eine Analyse der Bedeutung in ihre Komponenten **Dekomposition**. Eine dekompositionale Analyse kann Beiträge zu folgenden zentralen Zielsetzungen leisten:

Bedeutungsbegriff. Entwicklung konkreter Modelle lexikalischer Bedeutung. – Was sind Bedeutungen eigentlich? Wie sind sie strukturiert? Wie lassen sie sich darstellen (repräsentieren)?

Grundbedeutungen. Reduktion der riesigen Menge lexikalischer Bedeutungen auf eine begrenzte Zahl von Grundbedeutungen. – Gibt es lexikalische Bedeutungen, die nicht weiter zerlegbar sind? Wie lassen sich komplexe lexikalische Bedeutungen in elementarere zerlegen?

Präzision. Bereitstellung von Mitteln, die eine präzise Beschreibung lexikalischer Bedeutungen ermöglichen. – Was genau sind die Komponenten einer lexikalischen Bedeutung? Wie sind diese Komponenten ihrerseits präzise zu beschreiben?

Bedeutungsrelationen. Erklärung von Bedeutungsbeziehungen. – Wie lassen sich Bedeutungsbeziehungen aus der Zusammensetzung der Bedeutungen erklären?

Komposition. Erklärung der kompositionalen Eigenschaften von Lexemen. – Mit was für Ausdrücken kann ein Lexem im Satz verknüpft werden? Wie interagiert es im Satz mit anderen Ausdrücken?

Eine ambitioniertere Theorie der Dekomposition könnte darüber hinaus versuchen, ein analytisches Instrumentarium zu entwickeln, das für nicht nur eine Sprache eingesetzt werden kann. Mit einem solchen Instrumentarium könnte man Bedeutungen von Lexemen in verschiedenen Sprachen vergleichen:

Sprachvergleich. Bestimmung der Bedeutungsbeziehungen zwischen Ausdrücken aus verschiedenen Sprachen. – Gibt es überhaupt Ausdrücke aus verschiedenen Sprachen, die dieselbe Bedeutung haben? Wie genau verhalten sich die Bedeutungen bedeutungsähnlicher Ausdrücke zueinander?

Betrachten wir zu diesem Punkt als Beispiel die deutschen und japanischen Bezeichnungen für männliche Geschwister in Tabelle 7.1. Das Japanische unterscheidet zwischen jüngeren und älteren Brüdern und Schwestern; darüber hinaus gibt es jeweils einen förmlichen und einen formlosen Ausdruck mit derselben deskriptiven Bedeutung. Wenn der Bruder als höherstehend zu behandeln ist, weil er der ältere Bruder oder der Bruder einer als höherstehend zu behandelnden Person ist, schreiben die Regeln des sozialen Umgangs vor, den förmlichen Ausdruck zu

	Verwandtschafts- beziehung zu Propositus	Geschlecht	Alters- relation zu Propositus	soziale Bedeutung
Dt. *Bruder*	↑↓	m	–	–
Jap. *ani*	↑↓	m	›älter‹	formlos
Jap. *onîsan*	↑↓	m	›älter‹	förmlich
Jap. *otôto*	↑↓	m	›jünger‹	formlos
Jap. *otôtosan*	↑↓	m	›jünger‹	förmlich

Tabelle 7.1 Bedeutungskomponenten deutscher und japanischer Wörter für „Bruder"

benutzen. Offensichtlich hat keiner der vier japanischen Ausdrücke dieselbe Bedeutung wie das deutsche Wort *Bruder*; sie sind alle spezifischer und verhalten sich zu *Bruder* daher wie Hyponyme. Eine Dekomposition wie in §5.5 kann die Bedeutungsverhältnisse klären.

In diesem Kapitel werden vier verschiedene Ansätze zur Dekomposition vorgestellt. Jeder legt einen anderen Bedeutungsbegriff zugrunde. Als erster wird der strukturalistische Ansatz eingeführt, der schon fast ein Jahrhundert alt ist und einen enormen Einfluss auf die Entwicklung der modernen Linguistik gehabt hat. Er wird daher ausführlicher behandelt und nicht auf die Semantik beschränkt.

7.1   Der strukturalistische Ansatz

7.1.1   Sprache als ein System von Zeichen

Der Ansatz des **Strukturalismus** ist mit dem Namen des Schweizer Linguisten Ferdinand de Saussure verknüpft (1857-1913). Die Grundzüge seiner Theorie wurden 1916 unter dem Titel *Cours de linguistique générale* (dt. *Grundlagen der allgemeinen Sprachwissenschaft*) postum veröffentlicht, auf der Basis von Vorlesungen, die Saussure um das Jahr 1910 gehalten hat.

Für Saussure ist eine Sprache ein komplexes abstraktes System von Beziehungen und Regeln, das allen Gesetzmäßigkeiten zugrunde liegt, die im tatsächlichen Sprachgebrauch zu beobachten sind. Dieses System wird von Zeichen gebildet, die in vielfältiger Weise zueinander in Beziehung stehen. Ein **Zeichen** in diesem Sinne, zum Beispiel ein Wort, besteht aus zwei Komponenten. Die eine ist seine Form, die Lautgestalt, die andere seine Bedeutung, in Saussures Terminologie *signifiant* (‚das Bezeichnende', die Form) und *signifié* (‚das Bezeichnete', die Bedeutung). Die Verknüpfung einer Lautgestalt mit einer Bedeutung beruht auf Konvention. Sie ist arbiträr: ein Zeichen könnte ebenso gut eine andere Bedeutung haben, und die Bedeutung könnte ebenso gut mit einer anderen Lautgestalt verknüpft sein – wenn die sprachlichen Konventionen andere wären. Saussure legt Wert auf die Feststellung, dass Zeichen und ihre Form und Bedeutung real in den Köpfen der Sprachbenutzer existieren, also im Sinne moderner Terminologie kognitive Entitäten sind.

Was die Besonderheit des strukturalistischen Ansatzes ausmacht, ist die Methodik der Analyse und der zugrunde gelegte Zeichenbegriff. Saussure vertritt den Standpunkt, dass eine Sprache konsequent von innen heraus untersucht werden muss. Das sprachliche System ist eine überaus komplexe Struktur mit Einheiten verschiedener Größenordnung, die die Ebenen der linguistischen Analyse bilden: einzelne Laute, Silben, Wörter, syntaktische Phrasen, Sätze. Jede Einheit, außer den kleinsten, steht in Beziehungen zu kleineren Einheiten, aus denen sie besteht und zu größeren Einheiten, in denen sie enthalten ist, und außerdem zu einer großen Zahl von anderen Einheiten derselben Ebene, die in der einen oder anderen Weise ähnlich oder anders sind. Ein Zeichen ist ein Zeichen nur als Bestandteil dieses Systems – nur dadurch, dass es zu anderen Zeichen der Sprache in Beziehung steht und sich von ihnen unterscheidet: ein Zeichen ist durch die Stelle definiert, die es in diesem System einnimmt. Das gilt sowohl für die Form als auch für die Bedeutung des Zeichens: eine individuelle Lautgestalt oder Bedeutung bestimmt sich über deren Beziehung zu anderen Lautgestalten und Bedeutungen. Form und Bedeutung eines Zeichens sind gewissermaßen nur „negativ" bestimmt, durch die Unterschiede zu anderen Zeichen. Sie haben keine eigene „positive" Substanz und können daher nicht isoliert, ohne Bezugnahme auf andere Zeichen, analysiert und beschrieben werden. Weder Form noch Bedeutung eines Zeichens könnten unabhängig, außerhalb des Rahmens eines sprachlichen Systems existieren.

Ich möchte die Saussuresche Zeichenauffassung an einem Beispiel verdeutlichen. Das französische Wort *rouge*, Standardaussprache [ʁuʒ][1],

---

1   Die Zeichen der phonetischen Umschrift werden zum Beispiel in Hall (2000: §1) erklärt. Es ist in der Linguistik allgemein üblich, die Aussprache in eckigen Klammern [...] anzugeben und dabei die phonetische Notation der IPA (International Phonetic Association) zu verwenden. Phonologische Form und Phoneme werden dagegen in Schrägstriche eingeschlossen, wobei nach Möglichkeit normale Buchstaben benutzt werden; daher hier zum Beispiel [ʁ] als Aussprache für *r*, aber /r/ für das r-Phonem des Französischen (s.u.).

bedeutet ›rot‹. Seine Lautform ist eine Folge von drei Lauteinheiten, so genannten **Phonemen**, /r/, /u/ und /ʒ/, für deren Aussprache bestimmte Konventionen gelten. Jedes der drei Phoneme erlaubt eine beträchtliche Bandbreite phonetischer Variation; /r/ beispielsweise wird standardmäßig [ʁ] ausgesprochen, aber es kann auch wie im Italienischen als [r] gerollt werden oder wie deutsch [x] in *Buch* gesprochen werden. Solange es von den anderen Phonemen des Französischen unterschieden werden kann, insbesondere von /l/, darf seine tatsächliche Aussprache variieren. Das japanische /r/-Phonem kann als [l] ausgesprochen werden (was auch häufig geschieht), weil das Japanische nicht zwei so genannte Liquid-Phoneme /r/ und /l/ hat, sondern nur eines. Ein Phonem ist daher, so Saussure, nicht primär durch seine Aussprache oder phonetische Qualität bestimmt, sondern dadurch, wie es sich zu den übrigen Phonemen der Sprache verhält.

Die andere Komponente des sprachlichen Zeichens *rouge*, seine Bedeutung, ähnelt den Bedeutungen von englisch *red* und deutsch *rot* (was nicht ohne weiteres für die Wörter für Rot in allen anderen Sprachen gilt, wie das nächste Kapitel zeigen wird). Welchen Bereich von Farben das Wort genau denotiert, hängt davon ab, welche anderen Farbbezeichnungen es in der Sprache gibt, die mit *rouge* konkurrieren, weil ihre Bereiche an den von *rouge* angrenzen: *orange* (›orange‹), *rose* (›rosa‹), *violet* (›violett‹) und *brun* (›braun‹). Wenn das Französische etwa kein Wort für Violett hätte, würde dieser Bereich von Farben unter den Denotationen von *rouge, rose, brun* und *bleu* (›blau‹) aufgeteilt, wodurch sich die Bedeutung dieser Farbbezeichnungen jeweils erweitern würde. Nach der strukturalistischen Vorstellung wird ein Zeichen dadurch k o n s t i t u i e r t, dass es sich von den übrigen Zeichen des Systems unterscheidet und wie es sich zu ihnen verhält. Sowohl seine Form als auch seine Bedeutung sind die Summe dieser Unterschiede und Beziehungen zu den anderen Formen und Bedeutungen.

Der strukturalistische Bedeutungsbegriff ist also radikal relational. Streng genommen impliziert er die Auffassung, dass die Bedeutung eines Zeichens nicht selbst beschrieben werden kann, sondern nur ihre Beziehungen zu den Bedeutungen anderer Zeichen. Dieser Begriff von Bedeutung wird nicht allgemein geteilt. Einige Semantiker verwenden ihn (zum Beispiel Cruse 1986), aber es wurden auch Alternativen entwickelt, vor allem in der Kognitiven Semantik (Kapitel 9). Der kognitive Ansatz betrachtet die Bedeutung eines Lexems durchaus als etwas, das im Prinzip unabhängig untersucht und beschrieben werden kann. In kognitiven Bedeutungstheorien werden Bedeutungen als integraler Bestandteil nicht eines Systems von sprachlichen Bedeutungen, sondern

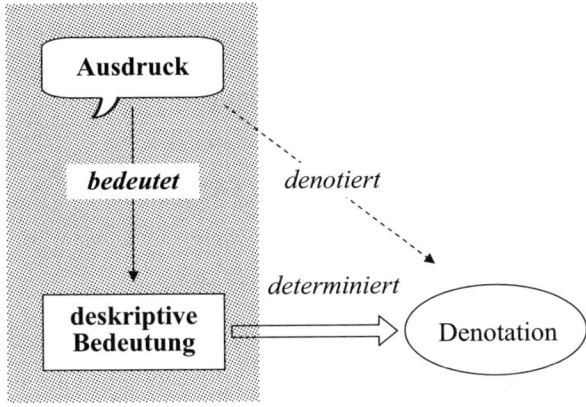

Abbildung 7.1 Der Schwerpunkt des strukturalistischen Ansatzes

des gesamten kognitiven Systems angesehen, das sowohl sprachliche Konzepte (Wortbedeutungen) als auch nichtsprachliche Konzepte umfasst und das mit den Methoden der Kognitionswissenschaft untersucht werden kann.

Bezogen auf das semiotische Dreieck blendet die strukturalistische Sicht die Denotationskomponente weitgehend aus. Durch die Konzentration auf die Bedeutungsbeziehungen richtet sie das Hauptaugenmerk darauf, was eigentlich die Verknüpfung eines Ausdrucks mit seiner Bedeutung ausmacht, und damit auf die linke Seite des Dreiecks. Diese Perspektive ist in Abbildung 7.1 veranschaulicht.

7.1.2 Syntagmatische und paradigmatische Beziehungen

Alle sprachlichen Einheiten – Laute, Silben, Wörter, Phrasen, Sätze – können zu komplexeren Einheiten zusammengefügt werden. In der Terminologie des Strukturalismus heißen solche Zusammensetzungen **Syntagma** (von altgriechisch *syntagma* ›Zusammensetzung‹). Eine Silbe ist ein Syntagma aus meist mehreren Lauten; ein Wort ist ein Syntagma aus (häufig) mehreren Silben; als bedeutungstragende Einheit kann ein Wort ein Syntagma aus mehreren bedeutungstragenden Einheiten (Morphemen, §7.2.1) sein; eine syntaktische Phrase wie die NP *eine glückliche Entscheidung* ist ein Syntagma aus mehreren Wörtern und kann ihrerseits Komponente eines Satzsyntagmas sein. Für jeden Typ von Syntagma gibt es Kombinationsregeln, die festlegen,

Anlaut			**Kern**			**Koda**	
/g/		*Guss*	/i/		*Biss*	/ʃ/	*Busch*
/k/		*Kuss*	/a/		*Bass*	/m/	*Bumm*
/b/	**/u/ /s/**	***Bus***	**/b/**	**/u/ /s/**	***Bus***	**/b/ /u/**	**/s/** ***Bus***
/m/		*muss*	/o/		*Boss*	/t/	*Butt*
/n/		*Nuss*	/ɛ/		*besser*	/d/	*buddeln*
...		...	...		...	...	...

Abbildung 7.2 Die drei durch die Silbe /bus/ definierten Paradigmen

in welcher Weise was für Einheiten zu einem solchen Syntagma kombiniert werden können, und innerhalb eines Syntagmas sind seine **Konstituenten** auf bestimmte Weise auf einander bezogen. Der allgemeine Terminus für die Beziehungen der Konstituenten eines Syntagmas untereinander ist **syntagmatische Beziehungen** (oder Relationen). In einer deutschen NP der Form Artikel+Adjektiv+Nomen bestehen als syntagmatische Relationen zum Beispiel bestimmte Abfolgebeziehungen: Adjektiv und Artikel gehen dem Nomen voran, der Artikel wiederum dem Adjektiv. Außerdem kongruieren Artikel und Adjektiv mit dem Nomen in Kasus, Genus und Numerus: eine weitere syntagmatische Beziehung. Aufgrund der syntagmatischen Beziehungen lassen sich bestimmten Einheiten **syntagmatische** (oder kombinatorische) **Eigenschaften** zuschreiben. Zum Beispiel haben deutsche Adjektive (sofern sie attributiv gebraucht werden können) die kombinatorische Eigenschaft, dass sie in einer NP einem Nomen vorangestellt werden können und mit ihm kongruieren.

Betrachten wir als ein weiteres Beispiel die deutsche Silbe /bus/, in Abbildung 7.2, ein Syntagma aus den drei Phonemen /b/, /u/ und /s/ (stimmloses s), die die drei Grundpositionen der Silbe, ‚Anlaut‘, ‚Kern‘ und ‚Koda‘ besetzen. Wieder sind die syntagmatischen Beziehungen in erster Linie Abfolgebeziehungen: der Anlaut geht dem Kern und dieser der Koda voraus. Zusätzlich bilden Kern und Koda eine Untereinheit, den so genannten Reim.

Für jede Position lässt sich nun bestimmen, welche anderen Einheiten, insbesondere Phoneme, dort vorkommen können. Die Menge aller Einheiten, die alternativ eine bestimmte Position in einem Syntagma einnehmen können, nennt man ein **Paradigma** (von altgriechisch *para-*

deigma, ›daneben Gezeigtes‹).[2] Die Onsetposition einer Silbe kann im Deutschen durch die meisten, aber nicht alle Konsonanten (zum Beispiel nicht durch /ŋ/ ‚ng') gefüllt werden sowie durch eine ganze Reihe von Konsonantenclustern wie /st/, /ʃl/ usw. Das Paradigma der Nukleusposition umfasst Vokale und Diphthonge. In die Kodaposition können wieder die meisten Konsonanten eintreten (aber zum Beispiel nicht /h/ oder /j/) und etliche Konsonantencluster. Abbildung 7.2 zeigt unvollständig die Paradigmen, die durch die drei Positionen in der Silbe /bus/ definiert sind.

Zwischen den Einheiten, die ein Paradigma bilden, bestehen wiederum **paradigmatische Beziehungen**, zum Beispiel Oppositionen. So unterscheidet der Gegensatz stimmlos vs. stimmhaft Paare wie /p/–/b/, /t/–/d/ oder /f/–/w/ innerhalb des Anlautparadigmas. Dementsprechend lassen sich den einzelnen Einheiten **paradigmatische Eigenschaften** wie zum Beispiel Stimmhaftigkeit zuweisen. Diese Eigenschaften werden als **kontrastive** oder **distinktive** Eigenschaften bezeichnet, weil sie für die Unterscheidung der Einheiten im System konstitutiv sind.

Syntagma	zusammengesetzte Einheit
syntagmatische Beziehung	Beziehungen zwischen den Komponenten eines Syntagmas
syntagmatische (kombinatorische) **Eigenschaft**	Eigenschaften einer Einheit, die ihre syntagmatischen Beziehungen determinieren: wie die Einheit mit anderen Einheiten kombiniert wird
Paradigma	Menge aller Alternativen für die Besetzung einer Position in einem Syntagma
paradigmatische Beziehung	Beziehungen zwischen den Elementen eines Paradigmas
paradigmatische (kontrastive) **Eigenschaft**	Eigenschaften einer Einheit, die ihre paradigmatischen Beziehungen determinieren: wie sich die Einheit zu den anderen Einheiten verhält

Tabelle 7.2 Strukturalistische Grundbegriffe

2   Es handelt sich dabei um einen speziellen Gebrauch des Terminus ‚Paradigma'. In der Morphologie bedeutet ‚Paradigma' etwas anderes, nämlich die Gesamtheit der grammatischen Formen eines Wortes.

In Tabelle 7.2 sind die strukturalistischen Grundbegriffe zusammen-gestellt. Die Konzeptionen erlauben die Definition so grundlegender Begriffe wie ‚syntaktische Kategorie' (ein Paradigma syntaktischer Einheiten in Sätzen), ‚Wortart' oder ‚grammatische Kategorie' (ein Paradigma lexikalischer Einheiten bezogen auf Phrasen) oder ‚Lexem' (eine Einheit mit bestimmten paradigmatischen und syntagmatischen Eigenschaften, vgl. die Definition des Lexems in §3.1).

7.2 Anwendung auf die Bedeutungsebene

7.2.1 Semantische Einheiten: Lexeme und Morpheme

Wenn man den strukturalistischen Ansatz auf die Bedeutungsebene anwendet, muss man bestimmen, welche Einheiten im sprachlichen System Bedeutung tragen, und sie anhand ihrer kombinatorischen und kontrastiven Eigenschaften beschreiben. Wörter können bedeutungstra-gende Teile mit anderen Wörtern gemeinsam haben. Daher sind Wörter (besser: Lexeme) nicht die kleinsten bedeutungstragenden Einheiten. Betrachten wir zum Beispiel die folgenden Lexeme:

(1)   a.   *königlich, ärztlich, bedauerlich, veränderlich, rötlich*

     b.   *Dummheit, Notwendigkeit, Flüssigkeit, Vergesslichkeit*

     c.   *Wohnung, Ladung, Regierung, Waschung, Reinigung*

Alle Wörter in (1) sind morphologisch aus anderen abgeleitet, indem als Suffix *-lich, -heit/-keit* oder *-ung* angehängt wurde. Diese Suffixe haben eine bestimmte semantische Wirkung und daher selbst eine Be-deutung, wenn auch eine sehr abstrakte. Das Suffix *-lich* in (1a) leitet aus Nomen (*König, Arzt*), Verben (*bedauern, vergessen*) oder Adjekti-ven (*rot*) in jedem Fall ein Adjektiv ab. Dessen Bedeutung ergibt sich auf systematische Weise aus der des zugrunde liegenden Wortes: darin besteht der Bedeutungsbeitrag des Suffixes. Der ist zwar nicht in allen Fällen gleich, bildet aber bestimmte Muster. In *königlicher Befehl* und *ärztliches Attest* liegt dasselbe Muster vor; ebenso in *rötlich, grünlich, dicklich, länglich*, wo die Bildung A-*lich* soviel wie ›etwas/ein bisschen A‹ bedeutet; *bedauerlich* folgt demselben Muster wie *ärgerlich* oder *beachtlich*, *veränderlich* ist analog zu *löslich*. Das Suffix *-heit/-keit*, dessen Verteilung sich nach der Form des Stammwortes richtet, leitet aus Adjektiven Nomen ab, die meistens die zugehörige Eigenschaft ausdrücken (*Vergesslichkeit, Dummheit*), manchmal aber auch in meto-nymischer Verschiebung (§3.4.2) etwas, das diese Eigenschaft hat (*Neuheit, Flüssigkeit*). Das Suffix *-ung* macht aus Verben Nomen, die eines der Argumente des Verbs denotieren: das Ereignisargument

(*Waschung, Reinigung, Leerung, Impfung*), den Agens (*Regierung, Verwaltung*), das Ortsargument (*Wohnung, Reinigung* in einer zweiten Lesart), das Thema (*Ladung, Bedeutung, Äußerung* in einer Lesart) oder das Instrument (*Kupplung, Spülung*). Es muss dazu angemerkt werden, dass es neben Beispielen, die sich semantisch klar in die Bedeutungsbeiträge von Stammwort und Suffix zerlegen lassen, auch viele gibt, die nicht in diesem Sinne kompositional zu interpretieren sind. Zum Beispiel steht die Bedeutung von *heimlich* in keinem erkennbaren Zusammenhang zu *Heim*.

Die beiden Bestandteile von *Wohnung*, der Verbstamm *wohn-* und das Suffix *-ung* können nicht weiter in bedeutungtragende Teilausdrücke zerlegt werden. Solche minimalen bedeutungtragenden Einheiten heißen **Morpheme**. Der Verbstamm *wohn* kann selbständig benutzt werden, als Imperativform des Verbs *wohnen*, und wird daher als **freies Morphem** bezeichnet. Das Morphem *-ung* tritt dagegen nur als Endung auf, das heißt an andere Morpheme **gebunden**. Die gebundenen Morpheme in den Wörtern in (1) dienen zur Ableitung neuer Wörter. Eine weitere Klasse von gebundenen Morphemen, die **grammatischen Morpheme,** dienen zur Bildung von Flexionsformen. Dazu gehören im Deutschen die Adjektivendungen *-e, -er, -es, -en, -em*, die Pluralendungen von Nomen oder die verschiedenen Verbendungen.

7.2.2 Paradigmatische und syntagmatische Bedeutungsbeziehungen

Bei der Behandlung der Bedeutungsbeziehungen in Kapitel 5 wurde stillschweigend vorausgesetzt, dass es sich um Lexeme derselben grammatischen Kategorie (Wortart) handelt. Grammatische Kategorien sind im Wesentlichen Paradigmen im strukturalistischen Sinne. Daher sind Oppositionen, Hyponymie, Meronymie oder spezifischere Bedeutungsbeziehungen, die bestimmten Wortfeldern zugrunde liegen (§5.4), paradigmatische Bedeutungsbeziehungen, nämlich Beziehungen zwischen den Elementen eines Paradigmas. Zum Beispiel können die Wochentagsbezeichnungen (neben vielen anderen Ausdrücken) in die Leerstelle des Syntagmas *heute ist __* eingesetzt werden. Innerhalb des resultierenden Paradigmas lassen sich Bedeutungsbeziehungen zwischen den einzelnen Bezeichnungen bestimmen.

Die Komponenten eines Syntagmas gehen auch syntagmatische Bedeutungsbeziehungen ein. Sie bestehen darin, wie die Bedeutungen der Komponenten in der Bedeutung des gesamten Syntagmas kompositional verknüpft sind. Betrachten wir dafür zwei einfache Beispiele. In (2) wird

ein transitives Verb mit einem Subjekt und einem direkten Objekt zu
einem Syntagma vom Typ Satz verknüpft:

(2)   *Angelika dekorierte das Schaufenster.*

Die syntagmatische Beziehung zwischen dem direkten Objekt *das
Schaufenster* und dem finiten Verb *dekorierte* besteht darin, dass die
Objekt-NP das Themaargument für das Verb spezifiziert; die Subjekt-
NP spezifiziert das Agensargument für das Verb. Das bedeutet auch,
dass jede der beiden NPs ihr Argument mit dem Verb teilt, also ge-
meinsam mit dem Verb über dasselbe prädiziert. Zwischen den beiden
NPs besteht dagegen keine direkte semantische Beziehung.

(3)   *der rote Ballon*

In dieser NP sind das Adjektiv *rote* und das Nomen *Ballon* einstellige
Prädikatsausdrücke; ihre semantische Beziehung innerhalb des Syntagmas besteht darin, dass sie sich ihr Argument teilen, wodurch eine
„und"-Verbindung zwischen den beiden Prädikationen entsteht. Diese
Bedeutungsbeziehung besteht aber nicht immer zwischen attributivem
Adjektiv und nachfolgendem Nomen. In §6.4.2 haben wir Beispiele
von nicht prädizierenden Adjektiven gesehen, die in anderer Weise mit
dem Nomen zusammenwirken: Kombinationen wie *angeblicher Terrorist, zukünftiger Nachbar* oder *väterliches Erbe, atomarer Störfall* und
didaktische Katastrophe.

Prädikatsausdrücke tragen für ihre Argumente Selektionsbeschränkungen (§6.7). Wie wir gesehen haben, schränken diese Bedingungen
semantisch Wahl der möglichen Komplemente und damit die Kombi-
nationsmöglichkeiten der Prädikatsausdrücke ein. Daher stellen Selektionsbeschränkungen kombinatorische Eigenschaften dar, die für die
Bildung semantisch regulärer Syntagmen relevant sind. Selektionsbeschränkungen erfassen nur die logischen Anforderungen an Argumente; darüber hinaus kann es für bestimmte Lexeme weitere Kombina-
tionsbeschränkungen geben. Zum Beispiel werden im Deutschen in
vielen Fällen für Tiere andere Ausdrücke gebraucht als für Menschen.
Tiere „fressen" und „saufen", während Menschen „essen" und „trinken"; Tiere sind zum Beispiel „trächtig", Menschen „schwanger";
Tiere haben ein „Maul", eine „Schnauze" usw., aber nur Menschen
einen „Mund". In pejorativer Bedeutung (§2.4.1) können die Tierterme
auch für Menschen verwendet werden, zum Beispiel *saufen* für exzes-
sives oder unmanierliches Trinken oder speziell für übermäßigen oder
suchtbedingten Alkoholkonsum.

7.3 Semantische Merkmale

7.3.1 Binäre semantische Merkmale

Ein Gebiet, auf dem sich der strukturalistische Ansatz als besonders fruchtbar erwies, ist die Phonologie. Schon in den 1920er- und 30er-Jahren entwickelte die strukturalistische Prager Schule eine phonologische Theorie, in der Phoneme durch distinktive binäre **Merkmale** zum Beispiel für Artikulationsort und Artikulationsart beschrieben wurden.[3] Mit den Merkmalen konnte man nicht nur die kontrastiven und kombinatorischen Eigenschaften der Phoneme innerhalb einer Sprache erklären; es wurde darüber hinaus ein universelles System von Merkmalen entwickelt, das es erlaubt, die Lautsysteme verschiedener Sprachen zu vergleichen. Wegen seines großen Erfolgs wurde der Merkmalansatz auch auf andere Gebiete der Linguistik einschließlich der Semantik übertragen.

In den verschiedenen Ansätzen, die unter dem Namen **Merkmalsemantik** firmieren, werden semantische Merkmale als Bedeutungskomponenten aufgefasst. Zum Beispiel würde man für die Lexeme in (4a) ein gemeinsames Merkmal [WEIBLICH] annehmen und für die in (4b) ein Merkmal [MÄNNLICH], während die Ausdrücke in (4c) keines der beiden Merkmale erhielten.

(4)   a.   *Mädchen Frau*   *Tante*   *Königin*   [WEIBLICH]

       b.   *Junge*   *Mann*   *Onkel*   *König*   [MÄNNLICH]

       c.   *Kind*   *Person*   –

Die beiden Merkmale [WEIBLICH] und [MÄNNLICH] sind komplementär. Man kann sie daher durch e i n binäres Merkmal ersetzen, entweder [±MÄNNLICH] oder [±WEIBLICH], das die Werte + und – annehmen kann. Hier wird die zweite Möglichkeit gewählt.[4] Das binäre Merkmal wird

---

3   Sie finden eine phonologische Merkmalanalyse zum Beispiel in Hall (2000: §4).

4   In moderneren Merkmaltheorien ist die Wahl eines Merkmals eine Frage der Markiertheit. Von den zwei Möglichkeiten, die durch ein binäres Merkmal unterschieden werden, ist in der Regel eine „markiert" oder besonders und die andere „unmarkiert" oder normal, wobei sich für Markiertheit klare sprachliche Kriterien angeben lassen. Binäre Merkmale werden dann so festgesetzt, dass der unmarkierte Fall das Vorzeichen – erhält. Im Deutschen sind Ausdrücke mit dem semantischen Merkmal [WEIBLICH] häufig dadurch markiert, dass sie von einem maskulinen Nomen mithilfe der Endung *-in* abgeleitet und daher morphologisch komplexer sind (*Student-in, Lehrer-in* usw.), während es die umgekehrte Ableitungsrichtung kaum gibt (*Ente-rich*). Daraus ergibt sich die Wahl von [±WEIBLICH] als semantischem Geschlechtsmerkmal, weil dann die markierten Fälle den Wert + erhalten.

[±WEIBLICH] oder auch einfach [WEIBLICH] geschrieben. Dass das Merkmal den Wert + oder − annimmt, wird durch [+WEIBLICH] bzw. [−WEIBLICH] ausgedrückt. Der Ausdruck ‚Merkmal' wird, etwas unsauber, sowohl für Merkmale ohne Vorzeichen als auch für Merkmale mit Vorzeichen verwendet.

Das Geschlechtsmerkmal [WEIBLICH] erfasst, welches Geschlecht die potenziellen Referenten der Wörter mit diesem Merkmal haben. Es zielt nicht auf das Genus des Worts, auch wenn sich für das Deutsche feststellen lässt, dass alle Nomen mit dem semantischen Merkmal [+WEIBLICH] Femininum sind und alle mit dem Merkmal [−WEIBLICH] Maskulinum. Die Umkehrung gilt natürlich nicht; Personenbezeichnungen, in deren Bedeutung das Geschlecht des Referenten nicht festgelegt ist, können jedes Genus haben (*der Mensch, die Person, das Kind*).

Die Wörter in (4) teilen als weitere Bedeutungskomponente, dass sie Personen denotieren. Dies lässt sich mit einem Merkmal [MENSCH] erfassen, das die Wörter in (4) von denen in (5) unterscheidet:

(5) a. *Hengst   Hahn   Rüde*   [−MENSCH] [−WEIBLICH]

  b. *Stute   Henne   Hündin*   [−MENSCH] [+WEIBLICH]

  c. *Pferd   Huhn   Hund*   [−MENSCH]

Mit den beiden Merkmalen [WEIBLICH] und [MENSCH] und einem weiteren Merkmal [ERWACHSEN] lassen sich die Bedeutungen der sechs allgemeinen Personenbezeichnungen aus Abbildung 5.5 (S.132) dekomponieren, wie in Tabelle 7.3 gezeigt. Die rechte Hälfte der Tabelle ist eine so genannte Merkmalmatrix.

Ausdruck	Merkmale und ihre Werte			[MENSCH]	[ERWACHS.]	[WEIBLICH]
Kind	[+MENSCH]	[−ERW.]		+	−	
Junge	[+MENSCH]	[−ERW.]	[−WEIBL]	+	−	−
Mädchen	[+MENSCH]	[−ERW.]	[+WEIBL]	+	−	+
Erwachsene(r)	[+MENSCH]	[+ERW.]		+	+	
Mann	[+MENSCH]	[+ERW.]	[−WEIBL]	+	+	−
Frau	[+MENSCH]	[+ERW.]	[+WEIBL]	+	+	+

Tabelle 7.3 Merkmale und Merkmalmatrix für die deutschen Personenbezeichnungen

Ein binäres Merkmal mit dem Vorzeichen + oder – stellt, als Bedeutungskomponente eines Inhaltsworts, ein einstelliges Prädikat über den potenziellen Referenten bzw. das referenzielle Argument dar. Wenn etwa ein Nomen das Merkmal [+ERWACHSEN] aufweist, müssen seine potenziellen Referenten die Bedingung erfüllen erwachsen zu sein; wenn es das Merkmal [–ERWACHSEN] hat, sind seine potenziellen Referenten nicht erwachsen; wenn in der Bedeutung für dieses Merkmal kein Wert festgelegt ist, wird seinen potenziellen Referenten in dieser Hinsicht keine Bedingung auferlegt. In der Merkmalsemantik werden Wortbedeutungen also als Kombination einstelliger Prädikationen aufgefasst. Zum Beispiel ist nach der Analyse in Tabelle 7.3 die Bedeutung des Worts *Junge*: ›Mensch und nicht erwachsen und nicht weiblich‹.

7.3.2 Anwendung auf paradigmatische Bedeutungsbeziehungen

Aus manchen Merkmalkonstellationen ergeben sich direkt bestimmte Bedeutungsbeziehungen und die daraus resultierenden logischen Beziehungen, wie in Tabelle 7.4 gezeigt. Zwei Ausdrücke mit entgegengesetzten Werten für ein Merkmal [α] sind logisch inkompatibel, egal wie der Rest ihrer Bedeutungen beschaffen ist, zum Beispiel *Mädchen* und *Hahn*. Dieser Merkmalkonstellation entspricht keine einheitliche Bedeutungsbeziehung, weil der Rest der beiden Bedeutungen ohne Beziehung sein kann. Unterscheiden sich zwei Ausdrücke nur in den Werten für [α], wie *Mädchen* und *Junge* für [WEIBLICH], dann sind sie logisch und semantisch komplementär (§5.3.4), denn der übereinstimmende

Bedeutung von A		Bedeutung von B	logische Beziehung	Bedeutungsbeziehung
X und [+α] *Mädchen*	vs.	Y und [–α] *Hahn*	inkompatibel	*(unbestimmt)*
X und [+α] *Mädchen*	vs.	X und [–α] *Junge*	logisch komplementär	semantisch komplementär
X und [+α], X und [–α] *Mädchen, Junge*	vs.	X *Kind*	untergeordnet	hyponym

Tabelle 7.4 Binäre Merkmale und Bedeutungsbeziehungen

Rest ihrer Bedeutungen definiert einen Bereich, innerhalb dessen das eine Wort wie die Negation des anderen fungiert. Auch manche Fälle von Hyponymie gehen auf bestimmte Merkmalkonstellationen zurück: wenn zwei Ausdrücke A und B dieselbe Bedeutung haben bis auf ein Merkmal, das für A spezifiziert ist und für B offen gelassen (*Mädchen* und *Kind*), dann ist A ein Hyponym von B, da A ein Unterbegriff von B und die Bedeutung von B in der von A enthalten ist. In §7.3.5 werden wir feststellen, dass Hyponymie dieses Typs und semantische Komplementarität die einzigen Bedeutungsbeziehungen sind, die sich in der Merkmalsemantik erklären lassen.

7.3.3 Anwendung auf kombinatorische Bedeutungseigenschaften

Man kann Merkmale dazu verwenden, Selektionsbeschränkungen zu formulieren. Zum Beispiel kann man die Selektionsbeschränkung von *impfen* für das Agensargument durch das Merkmal [+MENSCH] erfassen. Man muss dabei jedoch im Auge behalten, worauf sich dieses Merkmal bezieht: es ist ein Merkmal eines der Argumente des Verbs, nicht ein Merkmal, das sich unmittelbar dem Verb selbst zuordnet. Wenn das Verb *impfen* so wie die Ausdrücke *Frau* und *Junge* das Merkmal [+MENSCH] hätte, dann müsste sich das Merkmal auf den Referenten des Verbs beziehen, also auf das ausgedrückte Ereignis – was es natürlich nicht tut: Impfungen sind keine Menschen, nur die Impfer sind es. Bedingungen an Argumente des Verbs können daher in diesem einfachen merkmalsemantischen Ansatz nicht erfasst werden.

7.3.4 Wichtige Eigenschaften semantischer Merkmale

Wir haben bisher einzelne Merkmale aus Lexembedeutungen extrahiert, zum Beispiel das Geschlechtsmerkmal. Die natürliche Konsequenz aus dieser Herangehensweise ist der Versuch, lexikalische Bedeutungen vollständig in binäre Merkmale zu dekomponieren. Für ein einzelnes Lexem wäre das Resultat einer solchen Zerlegung eine endliche Merkmalliste, die alle relevanten Eigenschaften der potenziellen Referenten erfasst und sich in mindestens einem Punkt von der Merkmalliste für alle anderen Lexeme unterscheidet (sofern sie nicht Synonyme sind). Dieser Versuch hat sich als außerordentlich schwierig und im Ansatz problematisch erwiesen. Es ist zum Beispiel nicht klar, wie sich die Kohyponyme (Hyponyme desselben Hyperonyms) in großen Taxonomien etwa von Tier- oder Pflanzentermen durch binäre Merkmale beschreiben lassen.

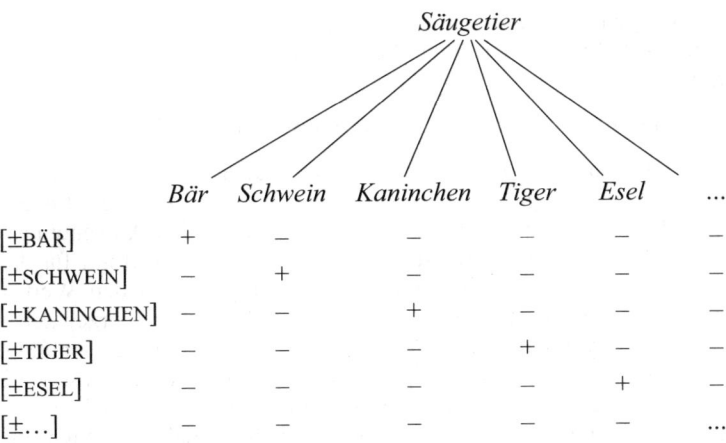

Abbildung 7.3 Triviale Merkmalmatrix für Kohyponyme der Säugetiertaxonomie

Rein formal ist eine triviale Merkmalanalyse immer möglich. Wir könnten zum Beispiel die Tierbezeichnungen *Bär, Schwein, Kaninchen, Tiger* und *Esel* einfach dadurch semantisch unterscheiden, dass wir zu jeder ein entsprechendes Merkmal [±BÄR], [±SCHWEIN], [±KANINCHEN] usw. einführen und jeder Tierbezeichnung für „ihr" Merkmal das Vorzeichen + zuordnen, für alle anderen Merkmale aber den Wert – . Das Wort *Tiger* würde dann zum Beispiel die Merkmale [+TIGER], [–BÄR], [–SCHWEIN], [–KANINCHEN], [–ESEL] und [–α] für alle anderen Merkmale [α] für Säugetierarten erhalten. Das Ergebnis einer solchen „Analyse" (die den Namen nicht verdient) ist in Abbildung 7.3 zu sehen.

Sie erfasst zwar einen zentralen Aspekt des strukturalistischen Bedeutungsbegriffs: dass die Bedeutung eines Lexems die Summe der Unterschiede zu den anderen Lexemen ist. Aber ansonsten würde eine solche Analyse über die bloße Inkompatibilität der Kohyponyme hinaus nichts erklären – und auch das nur, wenn man voraussetzt, dass die Merkmale selbst inkompatibel sind, das heißt, wenn man das, was man beweisen will, schon in die Voraussetzungen steckt. Der ganze Sinn einer Dekomposition besteht natürlich in einer Reduktion der Bedeutung auf elementarere, letzten Endes nicht weiter zerlegbare Komponenten. Wenigstens würde man erwarten, dass zum Beispiel die Tierbezeichnungen in Abbildung 7.3 ein gemeinsames Merkmal [+TIER] haben. Man könnte dann weniger spezifische Merkmale als [±KANINCHEN] usw. verwenden, zum Beispiel [±NAGETIER] um nur noch die Unterschiede zwischen den Tiertermen zu erfassen. Diese

Überlegungen führen zu einer ersten zentralen Forderung für Merk-
malanalysen. Sie gilt, wie auch die folgenden, sinngemäß für alle Dekompositionsansätze:

- Merkmale sollen **elementar** (nicht weiter zerlegbar) sein.

Die 1:1-Analyse mit ebenso vielen Merkmalen wie zu analysierenden Lexemen ist noch in einem weiteren grundsätzlichen Punkt unzureichend: die Merkmale haben einen viel zu speziellen Anwendungs-
bereich. Zum Beispiel würde das Merkmal [±KANINCHEN] nur für das
Lexem *Kaninchen* und eine Handvoll von Hyponymen den Wert +
annehmen. Umgekehrt wäre dasselbe Merkmal mit dem Vorzeichen −
zwar ein notwendiger Bestandteil jeder anderen Tierbezeichnung,
würde aber praktisch fast gar keine Information enthalten: was weiß
man schon über einen Beutelteufel, wenn man weiß, dass er kein Kaninchen ist. Eine Merkmalanalyse sollte mit Merkmalen arbeiten, die
allgemeinere Eigenschaften erfassen und damit einen großen Anwen-
dungsbereich haben, zum Beispiel [±HAUSTIER]. Merkmale dürfen
nicht „ad hoc" sein, das heißt nur zu dem Zweck erfunden, für eine
bestimmte Problemstellung eine Lösung zu haben, ohne dabei größere
Zusammenhänge zu berücksichtigen.

- Merkmale sollen **generell** sein.

Natürlich ist „generell" ein vager Begriff. Aber auf jeden Fall scheiden
Merkmale aus, die nur für eine Handvoll von Lexemen distinktiv sind.

7.3.5 Sprachliche Motiviertheit

Wenn man nach generelleren Merkmalen sucht, um die Tiertaxonomie
zu strukturieren, wird man bald bei seinem Schulwissen aus Biologie-
stunden angekommen sein und versuchen, Kriterien der wissenschaftlichen Klassifikation heranzuziehen wie die Unterscheidung zwischen
Nagetieren und anderen Säugern. Wie wir später in §9.6 deutlicher
sehen werden, muss aber bei der semantischen Analyse grundsätzlich
Bedeutungswissen und Weltwissen auseinander gehalten werden.[5] Bedeutungswissen ist Wissen darüber, worin die Bedeutung von Ausdrücken besteht, Weltwissen ist Wissen über die Dinge in der Welt. Eine
semantische Analyse muss sich auf sprachliche Daten stützen, zum
Beispiel auf Bedeutungsbeziehungen, die innerhalb eines sprachlichen
Systems festzustellen sind. Schließlich ist Semantik die Arbeit von
Linguisten, nicht von Biologen, Chemikern, Geographen usw.

---

[5] In §9.6 wird der Begriff ‚Weltwissen' durch ‚kulturelles Wissen' ersetzt.

- Merkmale müssen **sprachlich motiviert** sein.

Was wären nun relevante s p r a c h l i c h e Daten, die die Annahme semantischer Merkmale rechtfertigen? Bisher haben wir in den Beispielen nur von komplementären Oppositionen und Hyponymiebeziehungen Gebrauch gemacht. Einschlägig sind eine ganze Reihe von weiteren Phänomenen; sie werden hier wieder dem Bereich des Tiervokabulars entnommen.

Selektionsbeschränkungen von Verben. Es gibt spezielle Verben für die Laute, die verschiedene Tierarten von sich geben, zum Beispiel *miauen, bellen, wiehern, blöken, quaken, zirpen* oder auch für bestimmte Fortbewegungsarten: *galoppieren, traben, kriechen, sich schlängeln, fliegen*. Für die Selektionsbeschränkungen dieser Verben lassen sich Merkmale bei den Tierbezeichnungen rechtfertigen, für Tiere, die miauen, blöken, galoppieren, fliegen usw.

Verben mit impliziten Argumenten. Das Verb *reiten* wird als ›auf einem Pferd reiten‹ interpretiert, sofern kein anderes Reitobjekt angegeben wird. Daher kann ein Pferd als implizites, bereits in der Wortbedeutung spezifiziertes Argument von *reiten* angesetzt werden. Das rechtfertigt die Annahme einer Bedeutungskomponente ›Pferd‹ bzw. eines entsprechenden Merkmals. Allerdings ist unklar (§7.3.3) wie in diesem Ansatz das Merkmal [+PFERD] in der Bedeutung von *reiten* unterzubringen wäre.

Lexikalisierte Unterscheidungen für bestimmte Arten oder Gruppen. Für viele Tierarten gibt es im Lexikon neben allgemeinen auch geschlechtsspezifische Bezeichnungen (*Pferd* vs. *Stute, Hengst*) oder besondere Terme für Jungtiere (*Kalb, Lamm, Welpe, Fohlen, Frischling, Küken* usw.); es gibt auch spezifische Ausdrücke für verschiedenfarbige Pferde (*Rappe, Schimmel, Fuchs*). In solchen Fällen erfordern die spezifischeren Ausdrücke (*Stute, Fohlen, Rappe*) Merkmale, die sie mit dem Oberbegriff (*Pferd*) teilen. In anderen Fällen wird derselbe Ausdruck für verschiedene Tierarten benutzt, um die Männchen und Weibchen zu bezeichnen, zum Beispiel *Henne* und *Hahn* oder *Kuh* und *Bulle*. Die betreffenden Tierbezeichnungen müssen ebenfalls ein gemeinsames Merkmal haben.

Mereologische Beziehungen. Für viele Tierarten gibt es aufgrund ihres ähnlichen Körperbaus weitgehend analoge Meronymien (§5.4.4), doch werden für dieselben Teile in den Meronymien oft verschiedene Bezeichnungen verwendet, zum Beispiel *Schnauze, Maul, Schnabel* für den Mund (eventuell mit Nase). Tierbezeichnungen lassen sich daher danach gruppieren, wie bei ihnen welche Teile benannt sind; auch hier

sind entsprechende Merkmale sprachlich motiviert, zum Beispiel ein
Merkmal für Tiere, die einen Schnabel haben. Eine ähnliche semantische Gruppierung ergibt sich auf der Basis, dass Gruppen von Tieren
bestimmte Körperteile haben, zum Beispiel Hufe, Krallen, Federn,
Schuppen oder eine Schale, einen Schwanz, eine Mähne, ein Geweih.
Obwohl solche Kriterien auf den ersten Blick der Biologie entlehnt
erscheinen, handelt es sich doch um sprachliche Daten. Man kann die
Bedeutung von *Feder, Geweih, Huf* usw. nicht erklären, ohne sie mit
der Bedeutung von Tierbezeichnungen wie *Vogel, Hirsch, Kuh* oder
geeigneten Oberbegriffen in Verbindung zu bringen. Daher besteht ein
wechselseitiger konzeptueller Zusammenhang etwa zwischen ›Vogel‹
und ›Feder‹ (in einer Lesart): dass Vögel Federn haben, gehört ebenso
zur Bedeutung von *Vogel* wie zu der von *Feder.* Ein Merkmal für die
Eigenschaft Federn zu haben ist also für das Wort *Vogel* und für alle
Hyponyme für gefiederte Vogelarten sprachlich motiviert. Das ist etwas
anderes, als etwa für das Wort *Gans* ein Merkmal anzunehmen, das erfasst, dass die Eier von Gänsen weiß sind: es besteht kein wechselseitiger Bedeutungszusammenhang zwischen den Wörtern *Gans* und *weiß.*

Metonymische Beziehungen. Ähnliche Beziehungen wie die mereologi-
schen zwischen Tiertermen und Termen für ihre Körperteile bestehen
zwischen Termen für Tiere oder Sachen und Bezeichnungen für Dinge,
die dazu gehören. Beispiele sind *Laich* für Frosch- und Fischeier, *Nest*
für viele Tiere, *Netz* für Spinnen. Bei *Laich* und *Frosch* besteht eine
Zugehörigkeitsbeziehung zwischen den jeweiligen Referenten, wie sie
Metonymien (§3.4.2) zugrunde liegt: *Laich* bezeichnet etwas, das sich
Fröschen oder anderen Amphibien und Fischen zuordnet. Zu dieser Art
von Beziehungen gehört auch die zwischen Ausdrücken für Schlachttiere und für deren Fleisch als Nahrungsmittel, was im Englischen
unterschieden wird: *pig–pork* (‚Schwein[efleisch]‘), *cow–beef* (‚Rind-
[fleisch]‘), *sheep–mutton* (‚Schaf[fleisch]‘).

Von den anzustrebenden Eigenschaften semantischer Merkmale oder
semantischer Bausteine allgemein ist die sprachliche Motiviertheit die
wichtigste. Im Gegensatz zu den anderen drei Eigenschaften ist sie unverzichtbar, denn sie allein garantiert, dass die gewonnenen Merkmale
tatsächlich semantische Merkmale sind und nicht Bausteine allgemeinen Weltwissens. Sprachliche Motiviertheit kann zu den Forderungen,
dass semantische Merkmale elementar, generell und universell sein
sollen, in Widerspruch stehen. Zum Beispiel ist das Merkmal [PFERD]
wegen der Existenz von Wörtern wie *Stute, Fohlen, Schimmel, reiten,*
wiehern sprachlich motiviert, aber es ist weder elementar noch generell.

Aus kognitiver Perspektive ist es plausibel anzunehmen, dass die Konzepte, die wir als Bedeutungen abgespeichert haben, aufeinander aufbauend gebildet werden. Man wird zum Beispiel annehmen, dass die Bedeutung von *Stute* die Bedeutung von *Pferd* als Komponente ›Pferd‹ komplett enthält oder stattdessen einen Verweis auf das Konzept. Das würde bedeuten, dass Komponenten der Bedeutung nicht notwendig an Ort und Stelle in ihre Subkomponenten und die wieder in ihre zerlegt sein müssen usw. Wahrscheinlich ist das Konzept ›Pferd‹ nur einmal im kognitiven System gespeichert und nicht so oft, wie es Begriffe gibt, die dieses Konzept als Komponente enthalten. Wenn diese Überlegung richtig ist, ist die Zielsetzung, alle lexikalischen Bedeutungen in nicht weiter zerlegbare Komponenten aufzulösen, psychologisch nicht plausibel. Wären alle Bedeutungen in dieser Weise im Kopf gespeichert, so würde mit spezielleren Begriffen mehr Information aufgerufen und aktiviert als mit allgemeineren. Es wäre dann zu erwarten, dass die messbaren Verarbeitungszeiten für ein Hyponym generell länger wären als die für seine Hyperonyme. Das ist jedoch experimentell widerlegt, zum Beispiel ist die Verarbeitungszeit für *Fahrrad* kürzer als die für den wesentlich allgemeineren Begriff *Fahrzeug* (§9.3.2).

Allgemein gibt es immer dann eine Bedeutungsbeziehung zwischen Lexemen und damit eine sprachliche Motivation für die Annahme bestimmter Bedeutungskomponenten, wenn sich der Zusammenhang in Form einer logisch wahren Aussage (§4.2), eines so genannten **Bedeutungspostulats**, formulieren lässt. Einige Beispiele sind in (6) zusammengestellt:

(6)   a.   *Eine Stute ist ein weibliches Pferd.*

        b.   *Ein Fohlen ist ein noch nicht ausgewachsenes Pferd.*

        c.   *Laich ist Eier von Fischen oder Amphibien.*

        d.   *Vögel haben Federn.*

        e.   *Pferde haben Hufe.*

7.3.6 Typen von Merkmalen

Mit solchen sprachlichen Daten kommt man zwar ein Stück weiter bei dem Versuch einer Analyse von Wortbedeutungen in binäre semantische Merkmale, aber es ist alles andere als klar, ob man letzten Endes auf diesem Wege eine vollständige Analyse zum Beispiel der Tierbezeichnungen leisten kann. Inzwischen besteht weitgehend Konsens darüber, dass eine Analyse in Merkmale, die gleichzeitig elementar, generell und sprachlich motiviert sind, wohl nicht möglich ist. Merkmale mit die-

sen drei idealen Eigenschaften nennt man **Marker** oder auch **Klasseme**.
Sie sind es, die eine Erklärung der kombinatorischen und allgemeineren
kontrastiven Eigenschaften erlauben. Marker sind zum Teil auch in der
Grammatik relevant; zum Beispiel entscheidet das Merkmal [±MENSCH]
im Deutschen über die Wahl zwischen den Fragepronomen *wer* und
was; im Englischen bestimmt das Merkmal [±WEIBLICH] über die Wahl
zwischen *she* und *he*.[6] Marker erfüllen im Idealfall auch eine weitere
wichtige Bedingung, die mit der Zielsetzung des Sprachvergleichs verknüpft ist:

- Merkmale sollen **universell** sein.

Semantische Merkmale wie [±MENSCH], [±WEIBLICH] oder [±BELEBT]
sind nachweislich in den meisten Sprachen relevant.

Bei den meisten Lexemen ist jedoch eine vollständige Analyse durch
Marker nicht möglich: es bleibt ein zum Teil beträchtlicher Bedeutungs-
rest, der sich nicht mit dieser Art von Merkmalen erfassen lässt. Für
solche Fälle wurden die Begriffe **Sem** und **Distinguisher** eingeführt.
Seme dienen zur Erfassung sehr spezieller Distinktionen innerhalb bestimmter Wortfelder. Zum Beispiel könnte man in dem Wortfeld der
Besitzwechselverben *kaufen, mieten, sich leihen, nehmen* usw. als
spezielle Seme die Merkmale [±PERMANENT] oder [±GEGEN GELD] zur
Distinktion verwenden (vgl. die Überlegungen zu den Oppositionen
zwischen diesen Verben in §5.3.1). Seme sind elementar und sprachlich
motiviert, aber nicht generell und in den meisten Fällen auch nicht
universell. Dagegen werden Distinguisher für nicht näher analysierte
Bedeutungsreste verwendet. Wenn man zum Beispiel die Bedeutung
von *Stute* in [+WEIBLICH] und [+PFERD] zerlegt, ist das erste Merkmal
ein Marker, das zweite ein Distinguisher, denn [+PFERD] wäre eigentlich weiter zu zerlegen. Distinguisher sind weder elementar noch generell, sie sind schlechte Kandidaten für universelle Merkmale, aber sie
können sprachlich motiviert sein (zum Beispiel [±PFERD] durch die Be-
deutungsbezüge zu *Fohlen, Schimmel, wiehern, reiten, Huf* usw.).

7.3.7   Kritische Bewertung der binären Merkmalsemantik

Durch eine Dekomposition in binäre semantische Merkmale lassen sich
zwar einige semantische Daten erklären, aber die Leistungsfähigkeit

---

6   Im Deutschen richtet sich dagegen die Wahl des Personalpronomens der 3. Person
    Singular nach dem Genus des Bezugsnomens, nicht nach dem Geschlecht des
    Referenten.

der binären Merkmalsemantik (kurz: BMS) ist doch stark begrenzt. Das Grundproblem dieses Ansatzes liegt in der Beschränkung auf eine einzige Art von Bedeutungskomponenten, eben binäre Merkmale.

Anwendbarkeit der Merkmalsemantik

Wie bereits festgestellt ist ein binäres Merkmal ein einstelliges Prädikat über den potenziellen Referenten des Lexems mit diesem Merkmal. Daher ist etwa die Analyse der Bedeutung von *Junge* in die drei Merkmale [+MENSCH], [−WEIBLICH], [−ERWACHSEN] äquivalent zu der folgenden Definition in der Notation der Prädikatenlogik (vgl. §6.5):

(7)   x ist ein Junge =

Mensch(x) $\wedge$ $\neg$**weiblich**(x) $\wedge$ $\neg$**erwachsen**(x)

,x ist ein Mensch und nicht weiblich und nicht erwachsen'

Diese Notation macht deutlich, dass jede mögliche Bedeutungszerlegung in der BMS ein einheitliches Format hat: eine Konjunktion (Und-Verbindung) von endlich vielen einstelligen Prädikaten, eventuell negiert, falls das Merkmal den Wert − hat. Alle Prädikate haben dasselbe Argument, nämlich den potenziellen Referenten des Lexems.

- In der BMS gibt es nur eine Art von Bedeutungskomponenten und nur eine Weise, daraus Bedeutungen zusammenzufügen.

Auf diese Weise lässt sich aus den möglichen Bedeutungskomponenten immer nur eine einstellige Prädikation zusammensetzen, da die Konjunktion von einstelligen Prädikaten wiederum ein solches ergibt:

- Die Bedeutung von mehrstelligen Prädikatsausdrücken lässt sich in der BMS nicht darstellen.

Damit scheiden die meisten Verben für eine BMS-Analyse ebenso aus wie relationale Nomen oder mehrstellige Adjektive. Manche Aspekte der Bedeutung mehrstelliger Verben lassen sich zwar erfassen, zum Beispiel der Unterschied zwischen ›kaufen‹ und ›mieten‹ durch ein Sem [±PERMANENT]; aber der Kern der Bedeutung, der den beiden Verben gemeinsam ist, nämlich eine dreistellige Prädikation über einen Besitzwechsel, der die drei Rollen Vorbesitzer, Nachbesitzerin und Besitz involviert, ist durch eine Zerlegung in einstellige Prädikationen nicht zu beschreiben. Das bedeutet eine erhebliche Beschränkung der Anwendbarkeit, ganz abgesehen von den diskutierten grundsätzlichen Schwierigkeiten einer vollständigen Merkmalzerlegung selbst in den restlichen Fällen.

- Die BMS lässt sich nur auf bestimmte Klassen von Lexemen anwenden.

Mit der Beschränkung auf Merkmale, die allein den potenziellen Referenten betreffen, hängt ein weiterer Punkt zusammen:

- Die BMS kann bei mehrstelligen Prädikatsausdrücken nur Bedingungen an das referenzielle Argument erfassen.

Manche Phänomene, zum Beispiel Selektionsbeschränkungen, erfordern aber die Möglichkeit, Bedingungen an andere Argumente in der Bedeutung zu verankern, etwa dass das Agensargument von Verben belebt ist. Ebenso möchte man beispielsweise die Möglichkeit haben, bei Kleidungsbezeichnungen das Geschlecht des Trägers oder bei Körperteilbezeichnungen das des „Besitzers" in der Wortbedeutung zu fixieren. Es wäre aber falsch, das Merkmal [−WEIBLICH] dem Wort *Prostata* oder das Merkmal [+WEIBLICH] dem Wort *BH* zuzuordnen, denn es sind ja nicht die potenziellen Referenten dieser Wörter, die das Geschlecht haben, sondern der Besitzer der Prostata bzw. die Trägerin des BHs.

Erfassung und Erklärung von Bedeutungsbeziehungen

Wie in Tabelle 7.4 dargestellt, lassen sich von den wichtigsten Bedeutungsbeziehungen allein semantische Komplementarität und manche Fälle von Hyponymie durch Merkmalkonstellationen erklären. Konversität kann grundsätzlich nicht erfasst werden, weil sie eine Beziehung zwischen zwei- oder mehrstelligen Prädikatsausdrücken ist.

Die Unzulänglichkeit der BMS lässt sich gut am Beispiel der Verwandtschaftsbezeichnungen (VB) illustrieren. Eine auch heute noch viel zitierte[7] Merkmalanalyse der zentralen deutschen VB stammt von Bierwisch (1969). Sie ist unter Weglassung der allen gemeinsamen Merkmale [+LEBEWESEN], [+MENSCH], [+VERWANDT] und der pluralischen Ausdrücke *Eltern* und *Geschwister* in Tabelle 7.5 wiedergegeben. Die verbleibenden Merkmale [DIREKT VERWANDT], [GLEICHE GENERATION] und [ÄLTER] sind zwar verdeckt zweistellig, weil sie sich auf Relationen zwischen Referent und Propositus beziehen, werden aber wie einstellige Merkmale präsentiert. Die Merkmalmatrix ergibt korrekt, dass *Sohn* und *Tochter* Hyponyme von *Kind* und Paare wie *Bruder–Schwester* komplementär sind. Ansonsten besagt die Merkmalzuweisung wenig über die Bedeutung der VB. So erfährt man zum Beispiel über die Art der Beziehung, die bei der VB *Neffe* vorliegt,

---

7   Zum Beispiel in dem Artikel ‚Komponentenanalyse' in Bußmann (2002).

	Vater	Mutter	Bruder	Schwester	Kind	Sohn	Tochter	Onkel	Tante	Cousin	Cousine	Neffe	Nichte
[DIREKT VERWANDT]	+	+	+	+	+	+	+	−	−	−	−	−	−
[GLEICHE GENERATION]	−	−	+	+	−	−	−	−	−	+	+	−	−
[ÄLTER]	+	+			−	−	−	+	+			−	−
[MÄNNLICH]	+	−	+	−		+	−	+	−	+	−	+	−

Tabelle 7.5 Merkmalmatrix für deutsche Verwandtschaftsterme nach Bierwisch (1969)

nur, dass ein Neffe weder direkt verwandt noch älter noch von derselben Generation ist. Das ist allenfalls eine indirekte Form um auszudrücken, dass ein Neffe zum Propositus in der einschlägigen Verwandtschaftsrelation $=\downarrow$ steht. Auf einen Verwandten des Typs $\downarrow\infty$ (Schwiegersohn oder Schwiegertochter) würde das auch zutreffen.

Dass *Neffe* relational konvers zu *Tante* ist (§5.5.1), folgt aus der Merkmalzuweisung ebenfalls nicht. Nach der Merkmalanalyse unterscheiden sich *Neffe* und *Tante* nur durch das Merkmal [ÄLTER]. Daraus ergibt sich nicht einmal eine Umkehrbeziehung in Bezug auf die Altersrelation, weil [−ÄLTER] auch zulässt, dass Onkel und Neffe gleichaltrig sind.[8] Noch weniger lässt sich aus der Merkmalkonstellation ableiten, dass x genau dann Neffe von y ist, wenn y Tante oder Onkel von x ist. Denn wenn wir annehmen, dass indirekte Verwandtschaft eine symmetrische Beziehung ist, ergibt sich aus der Tatsache, dass x ein Neffe von y ist, nur, dass y nicht jünger als x und mit x weder direkt verwandt noch von der gleichen Generation ist; y könnte danach auch ein Großonkel oder dergleichen sein. Ebenso wenig wie die relationale Konversität lässt sich nachweisen, dass VB für Verwandte der gleichen Generation relational reziprok sind. Das einzige Merkmal, das die relational reziproken VB von den nicht reziproken unterscheidet, ist [+GLEICHE GENERATION], aber das ist eine reine Koinzidenz. Die Tatsache, dass die relational reziproken VB mit denen der glei-

---

8 Abgesehen davon ist die Wertezuweisung bezüglich [ÄLTER] für diese VB falsch: Nichten und Neffen können älter als Onkel und Tanten sein, weil es zwischen Geschwistern und erst recht zwischen Geschwistern und deren Schwägerinnen und Schwägern erhebliche Altersunterschiede geben kann. Gemeint ist mit diesem Merkmal offensichtlich so etwas wie [VORIGE GENERATION].

chen Generation zusammenfallen, ist keineswegs logisch notwendig.
Das zeigen die nicht-reziproken japanischen Bruderbezeichnungen in
Tabelle 7.1.

Verglichen mit einer wie auch immer gearteten Merkmalanalyse ist
eine relationale Analyse wie die in §5.5 vorgeführte grundsätzlich überlegen; dieser Typ von Analyse arbeitet mit relationalen Bedeutungskomponenten ($\uparrow$/$\downarrow$, = und ∞), die die eigentlichen Verwandtschafts-
beziehungen zwischen Propositus und Referent erfassen können. Eine
Merkmalanalyse bietet zwar die Möglichkeit, die Bedeutungen der VB
zu unterscheiden und zu einem gewissen Grad indirekt zu beschreiben,
aber sie stellt keine wirkliche Bedeutungsanalyse dar.

Auch mit anderen Bedeutungsbeziehungen tut sich die BMS schwer,
zum Beispiel mit Antonymie. Um etwa *groß* sowohl von *klein* als auch
von *nicht groß* unterscheiden zu können, müsste man mit zwei Merkmalen arbeiten, zum Beispiel [±HOCH] und [±NIEDRIG] bezogen auf
die denotierten Bereiche der Skala (vgl. Abbildung 5.3, S.124). Elegant
ist so eine Lösung nicht.[9] Spezifischere Bedeutungsbeziehungen, die
bestimmte Wortfelder konstituieren, können enorme bis unüberwindliche Probleme für die BMS bereiten: mereologische Beziehungen, die
zyklische Ordnung der Wochentagsbezeichnungen, die verschiedenartigen Beziehungen zwischen einem regulären Kompositum und seinem
Modifizierer (§5.2.2) oder etwa die Bedeutungsbeziehungen zwischen
Zahlwörtern. Es ist nicht möglich, die semantischen Zusammenhänge
zwischen *drei*, *vier*, *zwanzig*, *hundert* und *dreihundertvierundzwanzig*
mit binären Merkmalen für diese fünf Zahlwörter zu erfassen.[10] Als
letztes schwer wiegendes Manko der BMS ist also festzuhalten:

• Die BMS kann Bedeutungsbeziehungen in den meisten Fällen
  nicht erklären.

Die Überlegungen zur BMS lassen sich folgendermaßen zusammenfassen: Der Ansatz ist eine viel zu simple Theorie, um der Komplexität
der semantischen Phänomene im Lexikon gerecht zu werden. Die Ver-

---

9   *Groß* hat das Merkmal [+HOCH], und *klein* [+NIEDRIG], während *nicht groß* [–HOCH]
    ausdrücken würde. Zusätzlich müsste man festlegen, dass [+HOCH] [–NIEDRIG] im-
    pliziert und [+NIEDRIG] [–HOCH]. Implikationen sollten sich aber aus der Dekompo-
    sition ergeben und nicht auf anderer Ebene postuliert werden. Der Zusammenhang
    zwischen den Merkmalen [HOCH] und [NIEDRIG] zeigt, dass sie noch gemeinsame
    konzeptuelle Komponenten haben, also nicht vollständig dekomponiert sind.

10 Die Zusammenhänge bestehen unter anderem darin, dass *dreihundertvierundzwan-
    zig* die Summe der Referenten von *dreihundert* und *vierundzwanzig* bezeichnet,
    dreihundert wiederum das Produkt der Referenten von *drei* und *hundert*, usw.

wendung binärer Merkmale mag adäquat sein, wenn man es mit kleinen
und begrenzten Phänomenbereichen wie in der Phonologie zu tun hat,
wo nur vergleichsweise wenige Einheiten zu unterscheiden und ihre
Systemeigenschaften zu erklären sind. Aber das Lexikon einer Sprache
ist von einer Größenordnung, die mit der des Lautsystems nichts mehr
gemein hat. Das Lexikon bildet einen beträchtlichen Teil unseres überaus komplexen kognitiven Systems. Es ist nicht adäquat anzunehmen,
dass sich die Zusammensetzung von Wortbedeutungen in so simplen
Strukturen erschöpft, wie sie die BMS erzeugt.

Zur Ehrenrettung des Strukturalismus muss angemerkt werden,
dass die Unzulänglichkeit der Merkmalsemantik nicht dem strukturalistischen Ansatz als solchem anzulasten ist. Die Konzentration auf die
sprachlichen Daten, die komplexen Regularitäten des Sprachsystems,
hat entscheidend dazu beigetragen, die Methoden der modernen Linguistik zu entwickeln, die immer noch eine Grundlage der meisten
Theorien bilden. Im Prinzip hätten im Rahmen des Strukturalismus
auch viel anspruchsvollere und leistungsfähigere Dekompositions-
theorien entwickelt werden können, und vieles an den alternativen
Ansätzen ist mit den Prinzipien des Strukturalismus kompatibel.

Im Folgenden befassen wir uns mit drei alternativen Theorien, die
im Ansatz wesentlich leistungsfähiger als die BMS sind.

7.4   Semantische Formeln

Es gibt im Lexikon eine große Zahl von Verben und Adjektiven wie die
in (8), deren Bedeutungen auf eine Weise verbunden sind, die schon früh
zu dekompositionalen Analysen angeregt hat:

(8)	stativ	inchoativ	kausativ
	offen	*sich öffnen*	*öffnen*
	gar	*garen* (intransitiv)	*garen* (transitiv)
	tot	*sterben*	*töten*
	haben	*bekommen*	*geben*

Das „stative" Verb oder Adjektiv in der ersten Spalte bezeichnet einen
Zustand. Das „inchoative"[11] Verb in der zweiten Spalte drückt das Zustandekommen dieses Zustands aus; anders gesagt spezifizieren die inchoativen Verben ein Ereignis mit einem bestimmten Resultatszustand,
und dieser Zustand lässt sich durch das zugehörige stative Verb oder

---

11   von lateinisch *inchoare* ›anfangen‹

Adjektiv ausdrücken. Bei den „kausativen" Verben tritt ein Agensargument hinzu; *öffnen* drückt aus, dass der Agens etwas tut, wodurch das Themaargument „sich öffnet". Allgemein gesagt drückt das kausative Verb aus, dass der Agens ein Ereignis von der Art verursacht, wie es das inchoative Verb beschreibt.

Es gibt sehr viele solche Sets im Deutschen und dazu noch viele Paare, zu denen das dritte Element im Lexikon fehlt, zum Beispiel *alt/ altern/ –, korrekt/ – /korrigieren, – /sich bewegen/bewegen*. In manchen Fällen besteht auch auf der Formebene eine Beziehung, zum Beispiel ist *öffnen* von *offen* abgeleitet, *garen* von *gar* und *töten* von *tot*; das ist aber nicht notwendig der Fall (*tot/sterben, haben/bekommen/geben*). Die Bedeutungsbeziehung zwischen den drei Elementen eines solchen Sets lässt sich durch Implikationen wie die folgenden kennzeichnen:[12]

(9) a. *y öffnet x* ⇒ *x öffnet sich* ⇒ *x wird offen sein*

     b. *z gibt y x* ⇒ *y bekommt x* ⇒ *y wird x haben*

Es ist klar, dass diese Implikationen mit den Mitteln der BMS nicht hergeleitet werden können. Man könnte den Ausdrücken in (9a) für den gemeinsamen Bedeutungsbestandteil ›gar‹ ein entsprechendes, eventuell weiter zu zerlegendes Merkmal [+GAR] zuweisen; das stative Adjektiv *gar* ließe sich durch [–WECHSEL] von den beiden Verben *garen* mit dem Merkmal [+WECHSEL] unterscheiden, und man könnte das transitive *garen* durch ein Merkmal [+KAUSATIV] von dem intransitiven unterscheiden, dem dieses Merkmal fehlt.[13] Damit lassen sich die drei Ausdrücke zwar unterscheiden, aber die genauen Zusammenhänge nicht erfassen: aus den Merkmalen ergibt sich nicht, dass das kausative Verb ein zusätzliches Agensargument hat; außerdem lässt sich nicht ableiten, dass der in (9) zum Ausdruck gebrachte zeitliche Zusammenhang zwischen den drei Prädikationen besteht: das kausative und das inchoative Verb implizieren, dass der Resultatszustand bestehen w i r d.

7.4.1 Dowtys dekompositionale Semantik

Ein klassischer, wenn auch nicht der erste Dekompositionsansatz für dieses Phänomen ist Dowty (1979), eine Theorie im Rahmen der so genannten Montague-Grammatik, mit deren Grundzügen wir uns in Kapitel 10 befassen werden. Dowty behandelt die Bedeutung von *offen* als statives Prädikat, das nicht weiter in seine Bedeutungskomponen-

---

[12] Statt ‚A ⇒ B und B ⇒ C' wird kurz ‚A ⇒ B ⇒ C' geschrieben.

[13] Bei intransitivem *garen* ist eine Verursachung durch ein nicht genanntes Agens nicht ausgeschlossen, daher darf es nicht das Merkmal [–KAUSATIV] erhalten.

ten zerlegt wird.[14] Er repräsentiert die Bedeutung von *x ist offen* durch eine einfache prädikatenlogische Formel (§6.5), in der **offen** als einstellige Prädikatskonstante mit x als Argumentterm verwendet wird:

(10) a. *x ist offen* :   **offen**(x)

Die Bedeutung des reflexiven *sich öffnen* wird unter Verwendung eines Operators BECOME dargestellt:

(10) b. *x öffnet sich* :   BECOME(**offen**(x))

Der Operator BECOME drückt einen Wechsel aus von einer Situation, in der die eingebettete Aussage (noch) falsch ist, zu einer Situation, in der sie wahr ist. Wenn ‚BECOME(**offen**(x))‘ zu einer Zeit z wahr ist, ist ‚**offen**(x)‘ vor z falsch und nach z wahr (wie lange jeweils, braucht uns nicht zu kümmern). Daher folgt aus den Bedeutungsdarstellungen in (10a, b), dass das inchoative *x öffnet sich* die stative Aussage *x wird offen sein* impliziert, wie in (9a) festgestellt.

Für die Analyse kausativer Verben verwendet Dowty einen weiteren Operator, CAUSE, mit zwei Argumenten. Das erste ist ein Agens, der Verursacher, das zweite das verursachte Ereignis; CAUSE prädiziert, dass der Verursacher das Ereignis bewirkt. Die Bedeutung von *öffnen* ist in (10c) (gegenüber dem Original etwas vereinfacht) wiedergegeben:

(10) c. *y öffnet x* :   CAUSE(y, BECOME(**offen**(x)))

Die Formel ist zu interpretieren als ‚y bewirkt, dass x sich öffnet‘. Damit erklärt Dowtys Analyse die andere Implikation in (9a), dass *y öffnet x* das inchoative *x öffnet sich* impliziert.

Entscheidend an dieser Herangehensweise ist, dass die Bedeutungskomponenten ›CAUSE‹, ›BECOME‹ und ›offen‹ in der Bedeutung von *öffnen* nicht einfach nebeneinander stehen bzw. in einer Und-Verbindung, wie es mit den drei Merkmalen [+MENSCH], [−WEIBLICH], [−ERWACHSEN] von *Junge* der Fall ist. Vielmehr sind die drei Komponenten unterschiedlich und auf spezifische Weise miteinander verknüpft. Die Komponente ›CAUSE‹ ist ein zweistelliges Prädikat; sein erstes Argument ist der Agens des kausativen Verbs, sein zweites Argument das durch den Komplex ›BECOME(**offen**(x))‹ spezifizierte Ereignis. Das wiederum wird durch das einstellige Prädikat ›BECOME‹

---

14 Die Analysen in Dowty (1979) betreffen englische Ausdrücke, zum Beispiel *open* als Adjektiv, intransitives und transitives Verb. Da es hier nur um die Methodik der Dekomposition geht, werden die Analysen auf entsprechende Adjektive und Verben des Deutschen übertragen. Entsprechend wird auch im nächsten Abschnitt zu Jackendoffs Ansatz verfahren.

beschrieben, das über ein statives Situationsargument prädiziert; dieses Argument wird durch das einstellige Prädikat ›**offen**‹ spezifiziert, angewandt auf das Themaargument von *sich öffnen* bzw. *offen*. Ein Mittel der Verknüpfung dieser Bedeutungskomponenten ist also die Einbettung der Komponenten ineinander.

Analoge Analysen lassen sich für die anderen Gruppen in (8) angeben, zum Beispiel für *haben/bekommen/geben*, wo das stative Prädikat zweistellig ist:

(11) a. *x hat y* :   **hab**(x,y)

     b. *x bekommt y* :   BECOME(**hab**(x,y))

     c. *z gibt x y* :   CAUSE(z, BECOME(**hab**(x,y)))

Das Erklärungspotenzial eines solchen Ansatzes liegt auf der Hand: Man kann in diesem Rahmen mühelos durch Formeln wie die in (7) (S. 211) alle Dekompositionen der BMS ausdrücken. Darüber hinaus jedoch lässt sich allein diese eine hier vorgestellte Analyse auf Hunderte von analogen Beispielen anwenden. Die Dekomposition nach Dowty legt die Bedeutungsbeziehungen innerhalb solcher Dreiersets vollkommen offen. Die Analyse in Dowty (1979) ist nicht darum bemüht, nicht weiter reduzierbare, also ‚elementare' Bedeutungskomponenten herauszuarbeiten, die zum Beispiel eine weitere Zerlegung von ›offen‹ und anderen stativen Prädikaten ermöglichen würden. Dowtys Rahmen steht aber einer solchen Analyse nicht im Wege.

7.4.2 Jackendoffs Konzeptuelle Semantik

Auch Jackendoffs Konzeptuelle Semantik (Conceptual Semantics[15]) beschäftigt sich schwerpunktmäßig mit Verben. Die Grundlagen dieser Theorie sind ganz verschieden von denen Dowtys. Im Gegensatz zu ihm nimmt Jackendoff an, dass Bedeutungen Konzepte sind, die in unserem kognitiven System (das heißt „im Kopf") repräsentiert sind. Für ihn sind elementare Bedeutungskomponenten zugleich grundlegende Konzeptbausteine, aus denen unser Geist alle möglichen Konzepte bilden kann, mit denen er operiert. Die Methode, nach der Jackendoff Bedeutungen dekomponiert, ist jedoch der von Dowty ganz ähnlich. Wir können uns in diesem Rahmen nicht näher mit den Grundlagen von Jackendoffs Ansatz befassen, noch auf die Einzelheiten seiner semantischen Repräsentationen eingehen, sondern werden uns auf ein paar Beispiele beschränken, die seine Herangehensweise illustrieren.

---

15 Die folgenden Analysen, sinngemäß auf deutsche Beispiele übertragen, sind Jackendoff (1990) entnommen; seine Notation wird beibehalten.

Für den Satz *Klaus ging nach Hause* würde sich in dem Jackendoff-schen Rahmen folgende Analyse ergeben (das Tempus des Verbs ist nicht berücksichtigt):

(12) a. *Klaus ging nach Hause*:
$$[_{\text{Event}} \text{ GO } ([_{\text{Thing}} \text{ KLAUS}], [_{\text{Path}} \text{ TO } ([_{\text{Place}} \text{ ZUHAUSE}])])]$$

Das sieht komplizierter aus, als es tatsächlich ist. Lassen wir zur Vereinfachung zunächst einmal die eckigen Klammern samt ihren Beschriftungen weg. Wir erhalten dann einen Ausdruck von ähnlicher Struktur wie Dowtys Formeln:

(12) b. *Klaus ging nach Hause*: GO(KLAUS, TO(ZUHAUSE))

›GO‹ ist bei Jackendoff ein elementares Konzept (und eine elementare Bedeutungskomponente) für die Bewegung eines Objekts entlang einem Weg. Dementsprechend hat das Konzept ›GO‹ ein Objektargument und ein Wegargument. In (12a) und (12b) repräsentiert ‚KLAUS' das Objektargument. Das Wegargument ist durch ‚TO(ZUHAUSE)' spezifiziert, eine Angabe, die den Weg über sein Ziel bestimmt. Dabei bedeutet der einstellige Operator TO ein weiteres elementares Konzept: es nimmt einen Ort als Argument, in diesem Fall durch ZUHAUSE bestimmt, und „liefert" ein Konzept für einen Weg mit diesem Ort als Ziel. Wenn wir jetzt noch einmal einen Blick auf die Originalfassung der Formel in (12a) werfen, stellen wir fest, dass jedes Paar von eckigen Klammern einen Konzeptausdruck einschließt (wobei die Konzeptausdrücke ineinander geschachtelt sind) und dass die Beschriftung der Klammern das Konzept bestimmten sehr allgemeinen Kategorien zuordnet: Event (Ereignis, Vorgang), Thing (Objekte einschließlich Personen), Place (Ort), Path (Weg); daneben gibt es bei Jackendoff zum Beispiel Action (Handlung), State (Zustand), Time (Zeit), Amount (Betrag) und Property (Eigenschaft). Aus (12a) lässt sich eine allgemeine Bedeutungsdarstellung von *gehen* (zweistellig mit Agens/Thema- und Zielargument) abstrahieren, indem man die beiden Argumentspezifikationen durch Variablen ersetzt:

(13)   *x geht nach y* : $[_{\text{Event}} \text{ GO } ([_{\text{Thing}} \text{ x }], [_{\text{Path}} \text{ TO } ([_{\text{Place}} \text{ y }])])]$

Man könnte einwenden, dass diese Analyse keine wirkliche Dekomposition sei, weil hier die Bedeutung von *gehen* im Wesentlichen durch das elementare Konzept ›GO‹ repräsentiert wird. Das ist für sich genommen nicht viel verdienstvoller, als die Bedeutung von *Schwein* durch ein Merkmal [+SCHWEIN] zu „analysieren". Jackendoff hält dem entgegen, dass das Konzept ›GO‹ zufällig ein nicht weiter zerlegbares Grundkonzept ist. Daher ist dann auch das Verb *gehen* (als Pendant zu englisch *go*) semantisch nicht zerlegbar, also elementar. Jackendoff verwendet das elementare Konzept ›GO‹ als Basiskomponente für die Bedeutung von Übergangsverben ganz allgemein. Er ist ein Vertreter des so genannten Lokalismus, in dem angenommen wird, dass Konzepte für Raum und Bewegung grundlegend sind und als Muster auch für nichträumliche Konzepte dienen. Zum Beispiel setzt Jackendoff die Komponente ›GO‹ auch für Besitzwechselverben wie *geben* an. In der vereinfachten Schreibweise würde *Klaus gab Ute 3 Euro* wie in (14a) und *geben* allgemein wie in (14b) analysiert:

(14) a. *Klaus gab Ute 3 Euro* :   CAUSE(KLAUS, GO(3€, TO(UTE)))

      b. *x gibt y z* :   CAUSE(x , GO(z , TO(y)))

Das Konzept ›GO‹ ist in (14) in das zweistellige Prädikat ›CAUSE‹ eingebettet (das dieselbe Argumentstruktur wie bei Dowty hat) und drückt in diesem Fall keine Bewegung im Raum, sondern einen Übergang in den Besitz von jemandem aus. Dieses Beispiel vermittelt vielleicht einen ersten Eindruck davon, was für Verallgemeinerungen ein solcher Dekompositionsansatz ermöglicht. Es erscheint möglich, auf diese oder ähnliche Weise die Bedeutung tausender Verben nach einigen wenigen sehr allgemeinen Mustern zu dekomponieren.

Auch dieser Ansatz bietet die Möglichkeit, komplexe Bedeutungen zu repräsentieren, indem Komponenten ineinander eingebettet werden. Ich möchte noch zwei weitere Fälle betrachten. Der erste zeigt, wie sich Selektionsbeschränkungen in diesem Ansatz erfassen lassen. Nehmen wir an, dass das Verb *trinken* als Themaargument eine Flüssigkeit erfordert. Jackendoff gibt für *trinken* (bzw. das englische *drink*) sinngemäß die Analyse in (15), hier vereinfacht wiedergegeben:

(15)   *x trinkt y* :
        CAUSE (x_i , GO(FLÜSSIGKEIT y_j, TO(IN-MUND-VON x_i)))

Die Bedeutungsstruktur von *trinken* ist also sehr ähnlich der von *geben* (was man zunächst nicht vermuten würde). Das Themaargument, hier das Objekt der Bewegung, ist in dem Konzept ›trinken‹ nicht einfach offen gelassen, sondern durch ›FLÜSSIGKEIT‹ vorspezifiziert. Diese Vorspezifikation, die nichts anderes als die Selektionsbeschränkung ist, wird dann bei der Kombination des Verbs mit einem Themakomplement auf die in §6.7.2 beschriebene Weise „fusioniert". Die Indizes ‚*i*' und ‚*j*' haben die Funktion anzuzeigen, dass diese Argumentpositionen zu spezifizieren sind; dabei gilt eine Spezifikation für alle Argumente, die gleich indiziert sind. In diesem Fall hat die ‚Koindizierung' (so lautet der Fachausdruck) des Agens und des Possessors des Mundes zur Folge, dass die Flüssigkeit ihren Weg in den Mund des Agens nehmen muss; das ist korrekt, denn *trinken* kann nicht einen Vorgang bezeichnen, bei dem der Agens jemand anderem Flüssigkeit einflößt.

Das zweite Beispiel ist das Verb *ölen* (Jackendoff verwendet *to butter*, was aber keine genaue Entsprechung im Deutschen hat). Das Verb ist offensichtlich semantisch mit dem Nomen *Öl* in der Weise verknüpft, dass *ölen*, grob gesagt, so etwas wie ›Öl an etwas tun‹ bedeutet.[16] In diesem Konzept ist als implizites Argument „Öl" spezifiziert. Die beiden vorgesehenen explizit anzugebenden Argumente sind der Agens und das geölte Objekt. Nach Jackendoff wäre *ölen* wie folgt zu analysieren:

(16) x *ölt* y :   CAUSE (x_i , GO(ÖL, TO(AN y_j)))

Es gibt sehr viele solcher von Nomen abgeleiteten Verben im Deutschen, die sich so oder ähnlich analysieren lassen. Bei anderen Paaren liegen teilweise etwas andere Muster vor, zum Beispiel bei *Speicher–speichern, Tüte–eintüten* oder *Säge–sägen*. Offensichtlich gibt es noch eine Reihe weiterer ähnlicher Muster.

Soviel soll genügen als kurze Skizze dieser beiden Dekompositionsansätze, die ich formlos als „Formelansätze" bezeichnen möchte. Sie repräsentieren Bedeutungen mit Hilfe von Formeln, deren Bestandteile in mannigfacher Weise kombiniert werden können und dadurch abbilden, wie sich eine Bedeutung aus ihren Komponenten zusammensetzt. Sowohl Dowtys Ansatz als auch Jackendoffs sind eingebettet in ausgearbeitete allgemeine Theorien, in denen die Dekomposition lexikalischer Bedeutung nur einen Teil der gesamten Zielsetzung ausmacht. In beiden Fällen dient die Dekomposition nur als Mittel, um die kombinatorischen Eigenschaften der Ausdrücke zu erklären: womit sie im Satz kombiniert werden können und wie sie mit den anderen Teilen semantisch interagieren. Jackendoffs Theorie erlaubt zum Beispiel die Definition bestimmter Typen von semantischen Rollen auf der Basis der Dekomposition der Verbbedeutungen.

Obwohl die beiden Ansätze von unterschiedlichen theoretischen Voraussetzungen ausgehen und nicht dieselben Ziele verfolgen, benutzen sie doch ähnliche Dekompositionsstrukturen. Beide arbeiten mit Bedeutungskomponenten, die ein oder mehrere Argumente haben und dadurch die Einbettung weiterer Komponenten erlauben. Damit ist es möglich, komplexe Strukturen zu bilden, die zum Beispiel auch die

---

16 Diese Bedeutungsbeschreibung ist genauer besehen zu allgemein. Man kann zum Beispiel nicht von „ölen" reden, wenn man Öl an einen Salat tut. Hier geht es aber um die Art der Analyse, nicht um semantische Akkuratesse.

Bedeutung mehrstelliger Prädikatsausdrücke abbilden können. Anders als durch binäre Merkmale können so nicht nur Bedingungen über den potenziellen Referenten formuliert werden.

Eine scheinbare Beschränkung der beiden Ansätze ist ihre einseitige Anwendung auf Verben. Es gibt jedoch ähnlich ausgerichtete Theorien, in denen andere Wortarten dekompositional behandelt wurden, zum Beispiel Bierwisch & Lang (1987) für Adjektive und die ‚Qualia-Theorie‘ in Pustejovski (1995) mit einer einheitlichen Dekomposition für Verben und Nomen. Allen Formelansätzen gemeinsam ist die Verwendung einer „formalen Sprache" zur Repräsentation von Bedeutungen, die ein Vokabular von Grundelementen hat, zu denen eine präzise Syntax (Kombinationsregeln) und Semantik (Interpretationsregeln) definiert sind.[17] Auch die in §5.5 vorgeführte Analyse der deutschen Verwandtschaftsbezeichnungen gehört zu den Formelansätzen. Die Kodierungen lassen sich leicht in prädikatenlogische Formeln überführen.

7.5   Wierzbickas Natural Semantic Metalanguage

Der letzte Dekompositionsansatz, der hier vorgestellt werden soll, wurde von Wierzbicka[18] entwickelt. Ihr Ziel ist die Entwicklung eines Systems, in dem sich alle Bedeutungen in allen Sprachen mithilfe eines strikt begrenzten Inventars von „**semantischen Primitiven**", das heißt semantisch nicht weiter zerlegbaren Grundbegriffen, beschreiben lassen. (Sie selbst nennt diese Primitive *semantic primes* in Anlehnung an den Begriff *prime number* ›Primzahl‹.) Dieses System bezeichnet sie als **Natural Semantic Metalanguage**, im Folgenden kurz NSM. NSM besteht aus einer im Vergleich zu einem natürlichsprachlichen Lexikon sehr kleinen Menge von semantischen Primitiven und einer elementaren Syntax, um daraus Sätze zu bilden. Diese Primitive sind nicht Elemente mehr oder weniger formaler Bedeutungsrepräsentationen, sondern einfach bestimmte Ausdrücke der zu analysierenden Sprache selbst. Die folgende Bedeutungsdefinition des englischen Wortes *envy* ›Neid‹ ist typisch für eine NSM-Analyse.[19]

---

17 Solche formalen Sprachen als Mittel der Bedeutungsrepräsentation, ihre Syntax und Interpretationsregeln werden ausführlich in Kapitel 10 behandelt.

18 Der Name wird in etwa [vjeӡbitska] ausgesprochen.

19 Ich benutze in diesem Abschnitt die englischen Originalbeispiele ohne deutsche Übersetzungen, weil dafür eine deutsche Variante der NSM zur Verfügung stehen müsste. Das Beispiel ist aus Wierzbicka (1996:161).

(17)   X feels envy. =
         sometimes a person thinks something like this:
         something good happened to this other person
         it did not happen to me
         I want things like this to happen to me
         because of this, this person feels something bad
     X feels something like this

Der definierende Teil enthält die semantischen Primitive SOME, PERSON
(= SOMEONE), THINK, (SOME)THING, LIKE, THIS, GOOD, HAPPEN, OTHER,
NOT, I, WANT, BECAUSE, FEEL, BAD. Daraus sind nach den syntaktischen
Regeln der (englischen Variante von) NMS einfache Sätze gebildet.

In diesem Ansatz ist das zentrale Anliegen die sorgfältige, empirisch
begründete Herausarbeitung der semantischen Primitive. Semantische
Primitive müssen zwei Bedingungen erfüllen:

- Sie müssen **undefinierbar** sein, das heißt nicht durch elementarere Begriffe ausdrückbar.

- Sie müssen **universell** sein, das heißt in allen Sprachen lexikalisiert.

Beides sind Idealbedingungen, die in der Praxis nur annäherungsweise
erfüllt werden können. Manche Kandidaten für semantische Primitive
erscheinen nur wechselseitig definierbar, zum Beispiel AUGE und SEHEN
(›Auge‹ als ›Organ, mit dem man sieht‹, ›sehen‹ als ›mit den Augen
wahrnehmen‹). Nur durch die Untersuchung sehr vieler Sprachen lässt
sich entscheiden, welcher der beiden Begriffe grundlegender ist. Die
Forderung nach Universalität ist natürlich in der Praxis nicht einzulösen,
weil eine Untersuchung aller existierenden Sprachen nicht geleistet werden kann. Tatsächlich haben Linguisten, die diesen Ansatz verfolgen,
sehr viele Sprachen aus Europa, Asien, Afrika und Australien untersucht, sodass die bisher (versuchsweise) etablierten Primitive gute
Kandidaten für universelle semantische Bausteine sind. In Wierzbicka
(1996: 37f, 73f) werden insgesamt 55 Primitive aufgelistet; sie sind hier
leicht umgruppiert. Die Liste wächst ständig.

(18)   I, YOU, SOMEONE (PERSON), SOMETHING (THING), PEOPLE;
         WORD
         THIS, THE SAME, OTHER, PART (OF), KIND (OF)
         ONE, TWO, MANY (MUCH), MORE, VERY, ALL, SOME (OF)
         THINK, KNOW, WANT, FEEL, SEE, HEAR, SAY
         GOOD, BAD; BIG, SMALL
         DO, HAPPEN; MOVE, THERE IS, (BE) ALIVE

> WHEN, BEFORE, AFTER; A LONG TIME, A SHORT TIME; NOW
> WHERE, UNDER, ABOVE; FAR, NEAR; SIDE; INSIDE; HERE
> NOT, CAN; IF, BECAUSE, LIKE, IF … WOULD, MAYBE

Soweit diese Primitive universell sind, wird angenommen, dass jede Sprache ein Set von Lexemen hat, die ihnen semantisch entsprechen; dazu würden im Deutschen die Lexeme *ich, du, jemand/Person, etwas, Leute, Wort* usw. gehören. Wenn darunter polyseme Lexeme sind, müssen sie auf die richtige Lesart festgelegt werden; zum Beispiel wäre für *weit* als Entsprechung von FAR die Lesart zugrunde zu legen, in der es Antonym von *nah*, nicht von *eng* ist. Wenn man für jede Sprache außerdem die benötigten syntaktischen Regeln formuliert, lassen sich die NSM-Analysen in jeder Sprache ausdrücken, und zwar auch die von Lexemen aus anderen Sprachen.

Betrachten wir einige weitere Beispiele um zu sehen, was diese Art der Analyse leistet. Die Primitive ABOVE und FAR erlauben, unter anderem, eine Beschreibung der Bedeutung von *sky* bzw. *Himmel*:

(19)　　*sky* (Wierzbicka 1996: 220)
　　　　something very big
　　　　people can see it
　　　　people can think like this about this something
　　　　　　it is a place
　　　　　　it is above all other places
　　　　　　it is far from people

Das so gewonnene Konzept SKY kann dann wiederum für eine Definition von *sun/Sonne* und von *blue/blau* verwendet werden:

(20)　　*sun* (Wierzbicka 1996: 220)
　　　　something
　　　　people can often see this something in the sky
　　　　when this something is in the sky people can see other
　　　　things because of this
　　　　when this something is in the sky people often feel
　　　　something because of this

(21)　　X is *blue* (Wierzbicka 1996: 309)
　　　　at some times people can see the sun above them in the sky
　　　　when one sees things like X one can think of the sky at
　　　　these times

An einem letzten Beispiel möchte ich zeigen, wie der NSM-Ansatz mit der Art von Beispielen verfährt, die von Dowty und Jackendoff analysiert wurden. Goddard (1998), der ebenfalls den NSM-Ansatz verfolgt, gibt folgende Definition für die kausative Version des Verbs *break*, das von demselben Typ wie *öffnen* ist:[20]

(22) a. x_{Person} *break(s)* y (e.g. *Howard broke the window*) =
    (i) x does something to y
    (ii) because of this, something happens to y at this time
    (iii) because of this, after this y is not one thing any more

Dasselbe Verb würde bei Dowty und Jackendoff so analysiert:

(22) b. *x breaks y* : CAUSE(x, BECOME(**broken**(y))) Dowty

    c. *x breaks y* : CAUSE(x, GO(y, TO(BROKEN))) Jackendoff

(Die Komponente **broken**/BROKEN ist hier nur aus Bequemlichkeit eingesetzt, sie müsste eigentlich weiter dekomponiert werden; das tut hier aber nichts zur Sache.) Die Komponente CAUSE drückt eine Handlung des Agens aus, die eine Veränderung an dem Themaargument bewirkt. Das wird in (22a) durch die ersten beiden Bedingungen ausgedrückt. Der Zustandswechsel des Themaarguments y findet sich bei Dowty in der Form BECOME (**broken**(y)) und bei Jackendoff als GO(y, TO(BROKEN)); in der NSM-Definition wird er durch die dritte Klausel anders, aber in etwa äquivalent ausgedrückt. Tatsächlich leisten die drei Analysen also annähernd dasselbe, obwohl die Bedeutung auf sehr unterschiedliche Weise repräsentiert wird.

Im Gegensatz zu den anderen Ansätzen ist Wierzbickas Analyse nicht auf bestimmte Wortarten beschränkt. Sie bietet sogar Analysen für Gefühlsbegriffe wie *envy*, Farbwörter oder auch expressive Interjektionen wie englisch *yuk!* (‚ih!'), die sich in anderen Ansätzen nicht dekomponieren lassen. Der NSM-Ansatz ist auch in der Lage unterschiedliche Bedeutungsbeziehungen zu erfassen, zum Beispiel die besondere Hyponymiebeziehung, die Taxonomien zugrunde liegt (durch das Primitiv KIND OF) oder Meronymie (durch PART OF). Mehr als jeder andere Dekompositionsansatz ist er der Universalität verpflichtet und erlaubt daher sprachübergreifende Bedeutungsvergleiche.

Dennoch hat auch diese Theorie ihre Unzulänglichkeiten. Erstens muss festgestellt werden, dass die NSM-Analysen unter einem Mangel an Präzision leiden, da die semantischen Primitive sehr allgemein und die Definitionen dadurch zu vage sind. Zum Beispiel würde die Definition von ›Neid‹ in (17) auch auf ein Gefühl der Zurücksetzung passen, und die Definition von ›break‹ trifft auch auf andere Zerstörungs-

---

[20] Die Originaldefinition in Goddard (1998:281) ist im Präteritum (‚x broke y') formuliert. Die Beschriftung PERSON an der Variablen x schließt die Lesart aus, in der das Subjektargument von *break* ein Ereignis ist, wie in *the storm broke the window*.

verben wie *zertrümmern, zersplittern, spalten, zerschneiden, zersägen*
usw. zu. Dieser Ungenauigkeit, die viele der bisher vorgelegten Bei-
spielanalysen betrifft, könnte durch detailliertere Beschreibungen be-
hoben werden. Systemimmanent ist dagegen ein zweiter prinzipieller
Schwachpunkt: dass es in diesem Ansatz nicht möglich ist, offenkundige Bedeutungsbeziehungen zwischen bestimmten Primitiven zu erklären, zum Beispiel die Oppositionen zwischen BIG und SMALL, FAR
und NEAR, ABOVE und BELOW oder MANY/MUCH und MORE. Da diese
NSM-Elemente als Primitive in NSM semantisch nicht zerlegbar sind,
lassen sich die Beziehungen nicht auf gemeinsame Bedeutungskomponenten zurückführen.

7.6   Zusammenfassung und Vergleich

Sie sind hier das erste Mal in diesem Buch mit Theorien bzw. Teilen
davon konfrontiert worden. Zunächst wurden Grundideen des Strukturalismus skizziert. Dieser Ansatz ist zwar heute nicht mehr unter den
führenden Paradigmen, aber immer noch sehr wichtig. Die Methode,
Sprache als in sich geschlossenes System zu betrachten, hat entscheidend dazu beigetragen, die Linguistik als selbständige Wissenschaft
zu etablieren. Im Strukturalismus wurde die heute noch grundlegende
Methodik entwickelt, die kontrastiven und kombinatorischen Eigenschaften sprachlicher Einheiten vom Phonem bis zur syntaktischen
Phrase zu bestimmen und dadurch das jeder Sprache zugrunde liegende
Regelwerk aufzudecken und mit dem anderer Sprachen zu vergleichen.
    Nach dem Strukturalismus wurden vier Dekompositionsansätze
vorgestellt: die strukturalistische Merkmalsemantik (BMS), die Formel-
Ansätze von Dowty und Jackendoff und Wierzbickas NSM. Zum Ab-
schluss sollen diese vier Ansätze einem kritischen Vergleich unterzo-
gen werden in Bezug auf die eingangs formulierten Zielsetzungen der
Dekomposition:

- Entwicklung eines **Bedeutungsmodell**s

- **Reduktion** auf Grundbedeutungen

- **Präzision** der Bedeutungsbeschreibung

- Erklärung von Bedeutungs**relationen**

- Erklärung der **kompositionalen Eigenschaften** von Lexemen

- **Bedeutungsvergleich** über Sprachgrenzen hinweg

	BMS	Dowty	Jackendoff	Wierzbicka
Bedeutungsmodell	+	+	+	+
Reduktion	(+)	(+)	(+)	+
Präzision	(−)	+	+	(−)
Relationen	(−)	+	+	(+)
Komposition	(−)	+	+	(−)
Sprachvergleich	(−)	(+)	(+)	+

Tabelle 7.6 Dekompositionsansätze im Vergleich

Das Ergebnis der Bewertung ist in Tabelle 7.6 wiedergegeben. Die BMS erfreut sich unter diesen Ansätzen der größten Beliebtheit (wahrscheinlich weil sie so simpel ist), weist aber dabei die gravierendsten Mängel auf. Durch ihre Beschränkung auf ein einziges sehr einfaches Dekompositionsmuster (Konjunktion einstelliger Prädikate über den potenziellen Referenten) ist sie nicht in der Lage, andersartige und komplexere Bedeutungsstrukturen abzubilden; daher entzieht sich diesem Ansatz die Erklärung der meisten Bedeutungsrelationen ebenso wie die der kompositionalen Eigenschaften. Da sie zur semantischen Analyse generell nur sehr eingeschränkt geeignet ist, leistet sie entsprechend wenig für den Sprachvergleich.

Die Formelansätze von Dowty und Jackendoff schneiden beide gut ab. Ihre Stärken liegen in den reichhaltigen Bedeutungsstrukturen, die sie vorsehen. Damit lassen sich sowohl Bedeutungsrelationen als auch kompositionale Eigenschaften gut erklären. Nicht so viel Gewicht legen diese beiden Ansätze auf die Dekomposition in nicht weiter zerlegbare Primitive oder auf den Sprachvergleich, obwohl die zentralen Bausteine wie CAUSE, BECOME und GO plausible Kandidaten für universelle Bedeutungselemente sind. Wierzbickas NSM ist der einzige Ansatz, der die Suche nach universellen Primitiven, das heißt nach nicht weiter reduzierbaren semantischen Bausteinen in den Mittelpunkt stellt. Es ist allerdings bei diesem Ansatz weniger klar, wie sich aus den etwas amorphen Bedeutungsdefinitionen auf präzise Weise Bedeutungsrelationen und die elementaren logischen Beziehungen ableiten lassen sollen, und es bleibt offen, wieweit ein solcher Ansatz in der Lage ist, die kompositionalen Eigenschaften eines Lexems zu erklären. Diese Unzulänglichkeiten hängen alle mit dem bereits erwähnten Mangel an Präzision zusammen.

Schlüsselbegriffe

Dekomposition
Bedeutungskomponente
Strukturalismus
de Saussure
Zeichen
Bedeutung
Paradigma
    paradigmatische Beziehung
    kontrastive Eigenschaft
    Bedeutungsbeziehungen
Syntagma
    syntagmatische Beziehung
    kombinatorische Eigenschaft
    Selektionsbeschränkungen
Morphem
Lexem

Merkmalsemantik
binäre semantische Merkmale
ideale Eigenschaften
Bedeutungspostulat
Sem, Klassem
Marker
Distinguisher

semantische Formeln
stativ, inchoativ, kausativ
Dowty
Jackendoff
    Conceptual Semantics
Natural Semantic Metalanguage
Wierzbicka
semantische Primitive

Übungen

1. Auf welche Weise ist nach der Sicht des Strukturalismus eine sprachliche Einheit in das sprachliche System integriert und durch das System definiert? Was für Beziehungen und Eigenschaften machen den Stellenwert eines Zeichens im System aus?

2. Beschreiben Sie den strukturalistischen Bedeutungsbegriff.

3. Was wird im Strukturalismus unter syntagmatischen und paradigmatischen Beziehungen verstanden? Was sind insbesondere syntagmatische und paradigmatische Bedeutungsbeziehungen?

4. Was ist der Unterschied zwischen einem Lexem und einem Morphem?

5. Aus welchen Morphemen bestehen die folgenden drei Wörter?

   (a) *bedenklich*   (b) *Umkehrung*   (c) *Trennbarkeit*

   Bestimmen Sie für jedes der gebundenen Morpheme in (a) – (c), an welche Wortart es angefügt wird (Input) und von welcher Wortart das Resultat (Output) ist [zum Beispiel wird das Morphem *be-* intransitiven Verben vorangestellt und ergibt ein transitives Verb]. Finden Sie jeweils zwei weitere Wörter mit demselben Morphem.

6. Was für Typen von Merkmalen werden in der Merkmalsemantik unterschieden? Wodurch unterscheiden sie sich? Finden Sie ein Beispiel zu jedem Typ.

7. Finden Sie fünf weitere Beispiele von Zweier- oder Dreiersets aus stativen, inchoativen und kausativen Verben (bzw. Adjektiven). Überprüfen Sie, ob zwischen den Ausdrücken Implikationen wie die in (9) bestehen.

8. Erklären Sie, warum die „Formelansätze" von Dowty und Jackendoff der Merkmalsemantik überlegen sind.

9. Beschreiben Sie die Unterschiede zwischen den Formelansätzen und Wierzbickas Analysemethode.

Lesehinweise

De Saussure (2001) selbst zum Strukturalismus, ebenso Lyons (1977/1980: §12), Foley (1997: §4) zum Strukturalismus in der linguistischen Anthropologie. Zur BMS Lüdi (1985); zur Kritik am BMS-Ansatz Lyons (1977/1980: §9.9).

Dowty (1979) erfordert Hintergrundwissen in Formaler Semantik; Jackendoff (1990) ist etwas leichter zu lesen, kann aber ohne Kenntnis der Chomskyschen Ansatzes nur partiell verstanden werden. Goddard (1998) bietet einen Überblick über Dekompositionsansätze und eine sehr gut verständliche Einführung in NSM. Wierzbicka (1996) stellt die NSM-Theorie selbst vor und ihr Verhältnis zu semantischen und kulturellen Fragestellungen.

8 Bedeutung und Sprachvergleich

Wenn der Strukturalismus Recht hat mit der Annahme, dass jede einzelne Sprache ein System für sich darstellt, ist zu erwarten, dass die existierenden Sprachen sehr verschieden sind, dass sich in ihren Lexika Ausdrücke für verschiedene Dinge finden und dass umgekehrt dieselben Sachverhalte unter Umständen ganz verschieden ausgedrückt werden. Aber wie groß sind diese Unterschiede? Sind alle Sprachen doch im Wesentlichen gleich und erlauben es, dasselbe auszudrücken, über dieselben Dinge zu kommunizieren, nur eben auf die ihnen jeweils eigene Art und Weise? Oder sind Sprachen in einem Ausmaß verschieden, dass es unter Umständen unmöglich ist, in der einen Sprache dasselbe auszudrücken wie in einer anderen? Sind die semantischen Systeme potenziell völlig verschieden oder gehorchen sie universellen Prinzipien?

Wir werden zunächst anhand einiger Beispiele semantische Probleme verdeutlichen, die die Übersetzung in eine andere Sprache mit sich bringen kann. Dann werfen wir einen näheren Blick darauf, wie in verschiedenen Sprachen ausgedrückt wird, dass man Kopfschmerzen hat, und werden dadurch deutlicher sehen, was für semantische Unterschiede zwischen Sprachen bestehen können. Im zweiten Teil des Kapitels wird die berühmte Farbwortuntersuchung von Berlin und Kay vorgestellt und überlegt, welche Schlussfolgerungen sich daraus ergeben. Die Ergebnisse dieser Untersuchung waren sehr wichtig, nicht nur für das Verständnis, wie sich verschiedene Sprachen zueinander verhalten, sondern auch für die Entwicklung der Semantik überhaupt.

8.1 Übersetzungsprobleme

Wer ernsthaft versucht eine andere Sprache zu lernen, wird früher oder später merken, wie verschieden Sprachen sind, nicht nur in Bezug auf Aussprache und Grammatik, sondern auch in der Zusammensetzung ihres Vokabulars. Wenn man naiv an eine fremde Sprache herangeht, beginnt man zumeist mit der unbewussten Arbeitshypothese, dass es

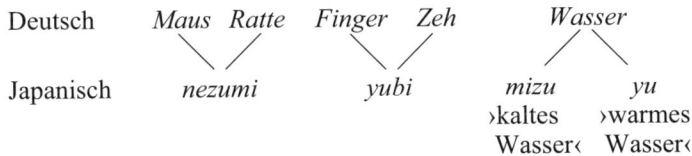

Abbildung 8.1 Unterschiedliche Differenzierungen im Japanischen und Deutschen

für jedes Wort in der eigenen Sprache ein gleichbedeutendes in der anderen gibt. Aber diese Hypothese bröckelt in dem Maße, in dem man in die neue Sprache eindringt. Wer eine andere Sprache so gut erlernt hat, dass er sie fast wie seine Erstsprache beherrscht, weiß, dass eine genaue Bedeutungsentsprechung zwischen zwei Ausdrücken nicht die Regel, sondern eher die Ausnahme ist.

Fehlende Entsprechung zwischen bedeutungsähnlichen Ausdrücken in zwei Sprachen kann verschiedene Formen annehmen. Häufig differenziert eine Sprache in einem bestimmten Fall in ihrem Lexikon stärker und hat zwei oder mehr Wörter, wo die andere nur eines hat (Abbildung 8.1). Aber die Beziehungen können auch komplizierter sein, wie die Bezeichnungen für Wald, Baum und Holz im Deutschen, Englischen und Japanischen zeigen (Tabelle 8.1). Das Englische hat zwei Lexeme *wood*: das zählbare Nomen $wood_1$ und das Massennomen $wood_2$; $wood_1$ bezeichnet eine Ansammlung von Bäumen, $wood_2$ das Material, das aus Bäumen gewonnen wird; an ihrer Bedeutung und ihrem unterschiedlichen grammatischen Verhalten (vgl. Fußnote 12, S.103) lassen sich die beiden Varianten unterscheiden. Auch die beiden japanischen Wörter ki_1 ›Baum‹ und ki_2 ›Holz‹ weisen klare semantische und grammatische Unterschiede auf. Tabelle 8.1 zeigt, dass keiner der beiden englischen Ausdrücke dieselbe Bedeutung wie einer der beiden japanischen hat. Englisch *tree* und japanisch *ki* entsprechen sich jeweils nur in einer Bedeutungsvariante. Aufgrund der allgegenwärtigen Polysemie von Inhaltswörtern und der Tatsache, dass Polysemie im Einzelfall nicht vorhersagbar ist (§3.5.1), kommt es sehr selten vor, dass zwei Lexeme aus verschiedenen Sprachen genau dieselbe Bedeutung haben, wenn man bei beiden alle Bedeutungsvarianten berücksichtigt.

Deutsch	Baum	Holz	Wald
Englisch	tree	wood	wood
Japanisch	ki	ki	mori

Tabelle 8.1 ›Baum‹, ›Holz‹, ›Wald‹ im Deutschen, Englischen und Japanischen

Deutsch	*essen*	*trinken*
Englisch	*eat*	*drink*
Japanisch	*taberu*	*nomu*

Tabelle 8.2 ›essen‹ und ›trinken‹ im Deutschen, Englischen und Japanischen

Die Ausdrücke in Tabelle 8.1 entsprechen sich (in etwa) immerhin in einigen ihrer Lesarten. Aber in vielen Fällen sind die Bedeutungsentsprechungen weniger direkt. Sogar so etwas Elementares wie Essen und Trinken kann unterschiedlich konzipiert sein. Ein erster Blick in zweisprachige Wörterbücher ergibt für Deutsch, Englisch und Japanisch ein scheinbar klares Bild (Tabelle 8.2). Aber wie bereits in §7.2.2 festgestellt sind die deutschen Verben *essen* und *trinken* primär für Menschen vorbehalten und grenzen sich semantisch von *fressen* und *saufen* ab; eine solche Unterscheidung gibt es weder im Englischen noch im Japanischen. Selbst, wenn man dieses Problem ausklammert und sich auf Fälle mit einem menschlichen Agens beschränkt, entsprechen sich die Verbbedeutungen nicht genau. Eine dünne Suppe kann für deutsche Sprecherinnen sowohl „gegessen" als auch „getrunken" werden (für das Englische gilt dasselbe für *eat* und *drink*). Welches Verb zutreffend ist, hängt davon ab, wie man die Suppe zu sich nimmt: wird dazu ein Löffel auf die übliche Weise benutzt, so sagt man im Deutschen, dass der Agens die Suppe „isst", nicht „trinkt". Im Japanischen benutzt man *nomu*, gleichgültig ob die Suppe (wie weitgehend üblich) aus einer Schale direkt getrunken wird oder mit einem Löffel gegessen. Man könnte daraus schließen, dass für die Wahl von *nomu* entscheidend ist, dass das Themaargument flüssig ist. Das ist jedoch nicht der Fall: *nomu* wird auch generell für die Einnahme von Medikamenten verwendet, einschließlich Tabletten oder Pulver. Das entscheidende Kriterium scheint zu sein, dass das Themaargument anders als im Fall von *taberu* ungekaut hinuntergeschluckt wird. Dieses Kriterium wird im Englischen und Deutschen nicht angewandt: wir können Tabletten nicht „trinken" und wir reden bei einer Suppe auch dann von „essen", wenn sie ohne zu kauen hinuntergeschluckt wird.

Doch auch für solche Fälle lassen sich immerhin noch je nach Kontext äquivalente Ausdrücke in der anderen Sprache finden; es ergeben sich nur nicht in allen Kontexten dieselben Übersetzungen. Oft genug gibt es jedoch für einen Ausdruck aus einer Sprache in einer anderen überhaupt keine Entsprechung. Das kann daran liegen, dass es in dem geographischen oder kulturellen Rahmen, in dem die Sprecher der anderen Sprache leben, bestimmte Dinge und Phänomene nicht gibt und daher auch keine sprachlichen Begriffe dafür, zum Beispiel bestimmte Tier- und Pflanzenarten, Artefakte oder soziale Institutionen. Aber auch in semantischen Bereichen, in denen beide Sprachen durchaus Lexeme bereitstellen, können Entsprechungen fehlen. Das Deutsche hat ein Verb *arbeiten*, das wie das englische *work* ein breites Spektrum von Aktivitäten denotiert: bezahlte wie unbezahlte Arbeit (zum Beispiel im eigenen Haushalt oder Garten), eine körperliche oder geistige Tätigkeit, praktisch jede Art von Aktivität, die an einem Nutzen orientiert ist. Das Japanische hat kein Verb für Arbeiten, das all dies umfasst; das Verb *hataraku* kommt dem deutschen *arbeiten* noch am nächsten, aber man kann es nicht für geistige Arbeit verwenden. Auf der anderen Seite besitzt das Japanische so etwas wie ein komplementäres Gegenteil zu *arbeiten*, das Verb *asobu*, das jegliche Art von Zeitvertreib bezeichnet, der keine Arbeit ist. Im Deutschen entspricht dem allenfalls der bereits in seinen letzten Zügen liegende Begriff ,Müßiggang'.

Große, oft unüberwindliche Übersetzungsprobleme können durch Diskrepanzen in der sozialen Bedeutung entstehen. Denken wir uns einen amerikanischen Film vom Typ ,boy meets girl', in dem sich John, ein Yuppie-Makler, in Mary verliebt, die ein Grundstück sucht. Wenn die Dialoge deutsch synchronisiert werden, hat die Übersetzerin das Problem zu entscheiden, an welchem Punkt des Films John und Mary, die sich im Original durchgehend mit ,you' anreden, in der deutschen Fassung vom Sie zum Du übergehen. Als Makler und Kundin müssen sie sich nach deutschem Standard siezen, später im Bett duzen. Weil die Anredepronomen im Deutschen anders als im Englischen soziale Bedeutung tragen, ist man im Deutschen gezwungen, Unterscheidungen zu treffen, die das Englische nicht hat.

Im Falle des Japanischen mit seinem viel komplexeren System sozialer Bedeutung stellen sich die Probleme einer adäquaten Übersetzung von Anredeformen und auch Selbstbezeichnungen noch viel verwickelter und schwieriger dar. Erstens gibt es jeweils eine größere Auswahl von Ausdrücken anstelle von *ich*, *du* und *Sie*. Jeder davon hat unterschiedliche soziale Bedeutung, deren Verwendungskriterien sich nicht mit denen des Duzens und Siezens decken. Zweitens ist im Japanischen, anders als im Deutschen oder Englischen, der Gebrauch von Pronomen der ersten und zweiten Person in vielen Fällen überhaupt inadäquat. Zum Beispiel reden Kinder ihre Eltern und älteren Geschwister mit einer Art Titel an, der jeweils förmlichen Variante der Verwandtschaftsbezeichnung; ein Kind redet seine Mutter immer mit *okâsan* (wörtlich „Frau Mutter") an, nicht mit *anata* („du") oder

gar mit ihrem Namen. Auf sich selbst referiert ein Kind der Mutter
gegenüber mit (einer der Varianten von) „ich" oder mit dem eigenen
Namen (!). Die Mutter bezeichnet sich den Kindern gegenüber selbst
auch als *okâsan* und ihre Kinder mit Namen. Klein-Tarô könnte seine
Mutter sinngemäß wie in (1a) um ein Eis bitten und seine Mutter ihm
wie in (1b) antworten:

(1)   a. *Kauft Frau Mutter Tarô ein Eis?*
       b. *Frau Mutter kauft Tarô ein Eis.*

Keine im Deutschen ü b l i c h e Ausdrucksweise würde den Charakter
dieser japanischen Redeformen abbilden; die soziale Bedeutung der
japanischen Anrede- und Selbstbezeichnungsmittel ginge in jedem Fall
verloren. Im Deutschen würde ein entsprechender Dialog den charakteristischen Wechsel zwischen Personalpronomen der ersten und zweiten
Person zeigen: der Referent von *ich* und *du* wechselt mit der Sprecher-
und Adressatenrolle:

(2)   a. *Kaufst du   mir* ein Eis?

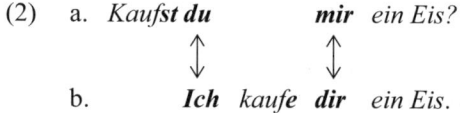

       b.   ***Ich*** *kaufe **dir*** ein Eis.

Für westliche Ohren klingen die Sätze in (1), als wäre von der Mutter
und Tarô als Dritten die Rede. Tatsächlich könnten sie auch so verwendet werden: Tarôs ältere Schwester könnte in dieser Form ihren Vater
fragen, ob ihr kleiner Bruder von der Mutter ein Eis bekommt, und der
Vater könnte in der angezeigten Form antworten.

Ähnliche Regeln gelten für Anrede und Selbstbezeichnung außerhalb
der Familie. Studierende reden ihre Professorinnen und Professoren mit
sensei (›Lehrer(in)‹) oder ‚Nachname+*sensei*', an, nicht mit einem Pronomen wie *Sie*. Ein weiteres Problem ist die im Normalfall bevorzugte
völlige Weglassung, wo im Deutschen oder Englischen ein Personalpronomen verwendet wird. In formlosem Umgang würde zum Beispiel
die Frage ‚Kaufst du mir ein Eis?' einfach als ‚Eis kaufen geben?' formuliert. Solche Formulierungen sind im Deutschen schon aus grammatischen Gründen nicht möglich. All diese Eigenarten des Japanischen
führen dazu, dass direkt übersetzte Dialoge im Deutschen in vielen
Fällen grob inadäquat, teilweise sogar ungrammatisch wirken würden.
Wenn sich dagegen die Übersetzung um Formulierungen bemüht, die
für deutsche Ohren normal klingen, so geht fast vollständig verloren,
wie im Japanischen durch die Wahl von Anredeformen und Selbstbezeichnungen der soziale Umgang zum Ausdruck kommt.

8.2   Internationale Kopfschmerzen

8.2.1   Satzmuster

Tiefer im sprachlichen System lassen sich Unterschiede in der Grammatik ausmachen. Wenn man historisch nicht verwandte Sprachen wie Deutsch und Japanisch betrachtet, finden sich viele Beispiele. Die Strukturen des Japanischen sind aus der Sicht europäischer Sprachen nicht einmal so „exotisch" wie die vieler anderer Sprachen, zum Beispiel der nativen Sprachen in Nord- und Südamerika, in Australien oder Neuguinea. Aber in mancher Hinsicht unterscheidet sich das Japanische semantisch stark von westlichen Sprachen wie Deutsch oder Englisch.

Als Illustration für die Art von Unterschieden jenseits des Lexikons soll hier für ein paar Sprachen verglichen werden, wie sie ausdrücken, dass jemand Kopfschmerzen hat. Eine Kopfschmerzsituation involviert drei Ingredienzien: (i) einen Experiencer (§6.6.1), der die Schmerzen empfindet, (ii) eine bestimmte Empfindung S, der Schmerz, den E empfindet, (iii) ein Körperteil K, in diesem Fall der Kopf, der schmerzt. Sprachen greifen zu unterschiedlichen grammatischen Konstruktionen, um eine solche Situation auszudrücken. Die drei Ingredienzien sind auf unterschiedliche Weise in diese Konstruktionen „eingebaut". Wir beginnen mit Beispielen, in denen E die Sprecherin ist.

(3)   Deutsch 1:   *ich habe Kopfschmerzen*

Diese deutsche Standardkonstruktion verbindet die Komponenten S und K zu einem Konzept ›Kopfschmerzen‹[1]; diese lokalisierte Empfindung wird dem Experiencer E mithilfe von *haben* in einer Possessivkonstruktion zugeordnet. Die *haben*-Konstruktion kann im Deutschen für ein weites Spektrum abstrakter Beziehungen der Zugehörigkeit verwendet werden, darunter ist Besitz nur eine. Personen „haben" einen Namen, ein Alter, einen Beruf, Wörter „haben" eine Form, eine Aussprache, eine Bedeutung oder einen Ursprung, das Badewasser „hat" eine Temperatur, usw. Die Konstruktion ist also keineswegs so zu interpretieren, dass die Kopfschmerzen hier im wörtlichen Sinne als „Besitz" des Experiencers dargestellt werden; *haben* drückt nur aus, dass sich die Kopfschmerzen in irgendeiner Weise dem Experiencer zuordnen. Die englische Konstruktion ist analog, bis auf den Umstand, dass S hier im Singular erscheint:

---

1   Die Tatsache, dass S hier, anders als in den Standardkonstruktionen aus anderen Sprachen, im Plural erscheint, wird nicht weiter verfolgt.

(4)   Englisch: [2]   *I have a headache*
                        wörtlich: ‚ich habe einen Kopfschmerz'

Die französische Konstruktion ist dreistellig, E erscheint als Subjekt,
S als direktes Objekt von ‚haben', K als präpositionale Ortsangabe:

(5)   Französisch: *j'ai mal à la tête*
                       wörtlich : ‚ich habe Schlimm an dem Kopf'

Es gibt eine alternative deutsche Konstruktion[3], die ganz anders ge-
baut ist, und der russischen ähnelt:

(6)   Deutsch 2:   *mir tut der Kopf weh*

(7)   Russisch: *u menya bolit golova*
                    wörtlich: ‚an mir schmerzt Kopf'

Das Verb (*tut ... weh* ist als getrennte Form des Verbs *wehtun* aufzufas-
sen) bezeichnet die Empfindung S, nicht eine abstrakte Zugehörigkeit
der Empfindung zum Experiencer. Der schmerzende Körperteil ist Subjektargument und damit im Zentrum der Konstruktion; der Experiencer
erscheint quasi „am Rande" der Konstruktion als indirektes Objekt oder
präpositionale Ortsangabe. Die ungarische Variante ist ähnlich:

(8)   Ungarisch: *faj   a   fej-em*
                     schmerzt der   Kopf-POSS 1SG.SG [4]
                     wörtlich: ‚der Kopf-mein schmerzt'

Hier ist das Verb ‚schmerzen' nur einstellig konstruiert (in (6) und (7)
ist es zweistellig), das Argument K, der Kopf, ist durch ein Suffix dem
Experiencer S zugeordnet, der auf diese Weise noch peripherer in Erscheinung tritt. Hier sind also zwei Ingredienzien zu einem zusammengefasst, K und E; in (3) und (4) sind es K und S.
      Die japanische Konstruktion hat oberflächlich nur die Komponen-
ten S und K; K erscheint als Subjekt, S in der Verbposition:

(9)   Japanisch: *atama   ga   ita-i*
                     Kopf   NOM   weh sein-PRÄS
                     wörtlich: ‚Kopf ist weh'

---

[2]   Ohne dass dies ausdrücklich vermerkt wird, handelt es sich bei den im Folgenden
       behandelten Konstruktionen immer um die Standardkonstruktionen; natürlich gibt es
       in allen erwähnten Sprachen auch alternative Möglichkeiten.

[3]   Deutsch 1 und Deutsch 2 sind nicht ganz gleichbedeutend: Deutsch 2 kann auch für
       andere Schmerzen am Kopf verwendet werden, zum Beispiel bei Kopfwunden.

[4]   Das Suffix *-em/-am* drückt Zugehörigkeit zum Sprecher und Singular aus.

Ita-i, das finite Element des Satzes, ist ein so genanntes Verbaladjektiv (VA); es trägt Tempus (hier Präsens) und bildet eine VP. VA fungieren als VP wie ein prädikatives Adjektiv mit Kopula *sein* im Deutschen. Das einzige Komplement von *itai*, das Subjekt, spezifiziert K. Was ist mit dem Experiencer? Woher weiß man bei dieser Konstruktion, wem da der Kopf wehtut? Das Interessante an dieser Konstruktion ist, dass man es tatsächlich weiß, obwohl der Experiencer nicht explizit angegeben wird. Dass der Experiencer klar ist, liegt an einer strukturellen Eigenheit des Japanischen, die es von Deutsch, Englisch, Französisch, Ungarisch, Russisch und vielen anderen Sprachen unterscheidet.

Die Antwort auf die Frage, wer in (9) der Experiencer ist, ist einfach: es ist der Sprecher. Es gibt nur zwei Ausnahmen davon. Erstens könnte der Satz mit geeigneter Intonation auch als Frage verwendet werden; er bedeutet dann ›Hast du Kopfschmerzen?‹ Zweitens könnte er sich in fiktionalen Texten auf einen zentralen Protagonisten beziehen, aus dessen Perspektive erzählt wird. Der entscheidende Punkt ist, dass *itai* eine subjektive Empfindung ausdrückt, nicht ein objektives Phänomen. Subjektive Empfindungen wie Schmerzen, Juckreiz, Hunger, Freude, Heimweh oder Verlangen existieren real nur für den Experiencer. (9) sagt so etwas wie „der Kopf macht Schmerzen". Nur E ist in der Lage, das festzustellen oder eine entsprechende Frage zu beantworten. Deswegen bezieht sich (9) als Aussagesatz auf den, der diese Aussage macht und zu vertreten hat, und als Fragesatz auf den, der diese Frage beantworten könnte. Entsprechendes gilt für den Erzähler in fiktionalen Texten. Man kann der Konstruktion in (9) eine Experiencerangabe hinzufügen, nicht als Komplement des VA, sondern als loses Topic, aber nur wenn sich die Angabe mit dem ohnehin feststehenden Experiencer deckt. Daher sind (10a) und (10b) akzeptabel, (10c) aber nur in dem besagten fiktionalen Rahmen. (Die Partikel *wa*, hier als TOP glossiert, ist die japanische Topicmarkierung und schwer zu übersetzen; sie bedeutet in etwa „was ... betrifft", hat aber nicht dieses Gewicht.)

(10) a. *Watashi   wa   atama ga itai.*
        ich   TOP   ...
        wörtlich: ‚was mich betrifft, Kopf ist weh'
        Ich habe Kopfschmerzen.

     b. *Anata   wa   atama ga itai?*
        du   TOP   ...
        Hast du Kopfschmerzen?

     c. *Ken   wa   atama ga itai.*
        Ken   TOP   ...
        Ken hat Kopfschmerzen.

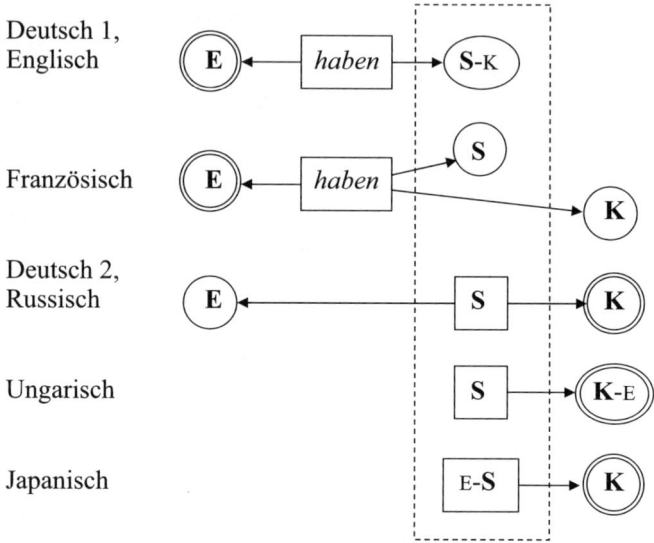

Abbildung 8.2 Kopfschmerz-Konstruktionen

Satz (9) *atama ga itai* ist syntaktisch vollständig. Wörter wie *itai* haben ein implizites Experiencerargument. Japanisch realisiert also einen dritten Typ der Zusammenlegung von zwei Komponenten des Kopfschmerzszenarios: E und S. Bei den Zusammenlegungen ist immer ein Element dominant: S bei *Kopfschmerzen, headache* als der „Kopf" des Kompositums (vgl. §5.2.2), K in ungarisch *fejem* als Stamm mit E als Suffix, S in *itai* als Prädikatsausdruck mit E als implizitem Argument.

Die fünf Konstruktionen werden in Abbildung 8.2 gegenübergestellt. Ein Viereck markiert die zentrale Prädikation, die durch das finite Verb ausgedrückt wird, Kreise markieren seine Komplemente. Das Subjekt ist doppelt umrandet. Sind zwei Komponenten zu einer zusammengelegt, wird die dominante mit einem größeren Buchstaben angegeben. Die Konstruktionen sind an dem konzeptuell zentralen Element S ausgerichtet. Sein zentraler Charakter kommt auch darin zum Ausdruck, dass es als einziges in jeder der Konstruktionen mit einer eigenen Komponente vertreten ist.

Die besprochenen Typen von Konstruktionen sind nicht die einzigen logisch möglichen. Unsere Zusammenstellung enthält zum Beispiel keine Fälle, bei denen K oder E durch das Verb ausgedrückt werden. Solche Konstruktionen sind jedoch auch höchst unwahrscheinlich. Die typische Funktion von Verben besteht darin, Ereignisse und Zustände zu bezeichnen, die nur vorübergehend in Erscheinung treten, während Nomen und Adjektive die permanenteren Erscheinungen in unserer Erfahrungswelt bezeichnen. Daher ist nicht zu erwarten, dass Körperteil und Experiencer durch ein Verb ausgedrückt werden, wohl aber die flüchtige Erscheinung eines Schmerzes. Es gibt jedoch durchaus noch andere plausible Konstruktionstypen. Alternativ zu den *haben*-Mustern lassen sich Konstruktionen mit dem Verb für ›sein‹ denken (viele Sprachen haben kein Verb für ›haben‹, sondern drücken die entsprechende Zugehörigkeitskonstellation mit ‚sein' aus); das ergäbe sinngemäß etwa ‚ein Schmerz ist in meinem Kopf'. Denkbar wäre auch, dass manche Sprachen die Schmerzempfindung durch ein zweistelliges Verb ausdrücken, dessen Subjekt E ist: ‚ich schmerz-empfinde meinen Kopf'. Und sicher gibt es Sprachen, in denen alle drei Komponenten in einem komplexen Satzwort oder Wortsatz zu S-K-E zusammengelegt werden.

8.2.2 Evidentiale

Wie wir gesehen haben, ist in der japanischen Konstruktion keine Angabe eines Experiencerarguments vorgesehen. Wie ist es dann möglich auszudrücken, dass jemand anders Kopfschmerzen hat? In den anderen Sprachen, die wir betrachtet haben, braucht man nur das Subjekt durch eine andere E-Spezifikation zu ersetzen und die Form des Verbs entsprechend anzupassen. Es ergeben sich Konstruktionen, die zu den Varianten für die erste Person völlig analog sind. Nur die ungarische Konstruktion muss erweitert werden, falls E nicht pronominal spezifiziert wird; das Ergebnis ist dann sehr ähnlich zu Deutsch 2:

(11)   Deutsch 1   *Ken hat Kopfschmerzen*

      Französisch   *Ken a* [hat] *mal à la tête*

      Ungarisch   *Ken-nek   fáj   a   fej-   e*
                    Ken-DATIV   schmerzt   der   Kopf POSS3SG.SG

Streng genommen kann man das, was die Sätze in (11) ausdrücken, auf Japanisch nicht sagen. Aber natürlich bietet das Japanische die Mittel über die Kopfschmerzen anderer zu reden. Die Art und Weise, in der das geschieht, ist interessant, weil sie etwas offen legt, das Sprechern von Sprachen wie Deutsch, Russisch oder Ungarisch verborgen bleibt: die Tatsache, dass man nicht wirklich w i s s e n kann, dass jemand anders Kopfschmerzen hat, jedenfalls nicht in dem Sinne, in dem der Experiencer selbst es weiß. Jede Person hat ihren eigenen Körper und ihre eigenen Empfindungen, die niemand sonst direkt wahrnehmen kann. Daher ist „Wissen" über die Kopfschmerzen anderer prinzipiell

Wissen aus zweiter Hand und von anderer Qualität als Wissen aus
direkt zugänglichen Quellen. Damit verbunden ist unter anderem, dass
Aussagen, die sich auf Wissen aus zweiter Hand stützen, einen anderen
Status bezüglich ihrer Verlässlichkeit und Aussagekraft haben. Im Japanischen wird dieser Unterschied obligatorisch zum Ausdruck gebracht;
Wissen aus zweiter Hand wird immer als solches gekennzeichnet. Dies
geschieht auch, wenn man sagt, dass jemand anders Kopfschmerzen hat,
was unter anderem in der folgenden Form möglich ist:

(12)   Japanisch   *Ken   wa   atama ga   ita-   sô   da*
                    Ken TOP Kopf NOM wehtu-EVID KOP.PRÄS
                    Ken scheint Kopfschmerzen zu haben

Das Suffix *-sô*, ein so genanntes **Evidential**, wird an den Stamm *ita-*
des Verbaladjektivs angehängt und liefert ein nichtverbales Adjektiv,
das hier mit der Kopula *da* (Präsens, formlos) prädikativ gebraucht
wird. *Itasô* ist einstellig und hat dieselbe Argumentstruktur wie *itai*; es
bedeutet ›zu schmerzen scheinen‹. Der Experiencer des Schmerzes (nicht
des Scheinens) kann als Topic der Konstruktion hinzugefügt werden.
Damit ergibt sich in etwa die Bedeutung ›Ken scheint Kopfschmerzen
zu haben‹.

Die Grammatik des Japanischen unterscheidet strikt zwischen Aussagen auf der Basis von direkter Evidenz und solchen, die sich auf
Wissen aus zweiter Hand stützen. Evidentiale wie *-sô* werden sehr
häufig eingesetzt; es gibt noch einige andere, zum Beispiel eines, das
Wissen vom Hörensagen kennzeichnet. Nach Martin (1975: 361f) gibt
es etwa siebzig Adjektive für Empfindungen, Gefühle und Stimmungen, die nur in der Evidentialform auf Dritte angewandt werden, zum
Beispiel *ureshii* ›ich bin glücklich‹, *kanashii* , ›ich bin traurig‹, *sabi-
shii* ›ich fühle mich einsam‹, *samui* ›mir ist kalt‹, *atsui* ›mir ist heiß‹,
kawaii ›finde ich süß‹, *suki* ›mag ich‹, *kirai* ›kann ich nicht leiden‹,
kowai ›habe ich Angst vor‹ oder *oishii* ›schmeckt mir‹. Man kann zum
Beispiel nicht sagen, etwas sei „oishii", solange man es noch nicht ge-
kostet hat; im Deutschen kann man sagen: „Gib mir so einen leckeren
Apfel!", auch wenn man eigentlich noch nicht weiß, ob der Apfel
einem wirklich schmecken würde. Im Japanischen müsste man in diesem Fall statt dem einfachen Adjektiv *oishii* die Evidentialform *oishi-
sô* verwenden. Zu den Adjektiven, die gegebenenfalls eine Evidential-
markierung erfordern, gehört auch die übliche Form, mit der im Japanischen ein Wunsch ausgedrückt wird (eine direkte grammatische
Entsprechung zu dem deutschen Modalverb wollen gibt es nicht): das
geschieht, indem man an einen Verbstamm das Suffix *-tai* anhängt,
das grammaisch ein Verbaladjektiv erzeugt. Zum Beispiel bedeutet

tabe-tai, aus dem Verb *tabe-* (›essen‹, die Lexikonform ist das oben erwähnte *tabe-ru*) und diesem Suffix gebildet, so viel wie ›will ich essen‹. Dass ein Dritter essen will, müsste man dann mit dem Evidential der Wunschform ausdrücken, zum Beispiel: *Ken wa tabe-ta-sô da* ‚Ken scheint essen zu wollen'.

Der Vergleich der sprachlichen Konstruktionen, mit denen man Empfindungen, Gefühle oder Wünsche in verschiedenen Sprachen ausdrückt, gestattet Einsichten in die Natur unterschiedlicher Arten von Wissen. Sprachen wie das Japanische zwingen ihre Benutzer dazu, Wissen aus zweiter Hand als solches zu kennzeichnen. Die Einsicht, dass Wissen aus zweiter Hand einen anderen Status als direkte Evidenz hat, kann aus einer Analyse der anderen betrachteten Sprachen nicht gewonnen werden. Im Deutschen etwa besteht in der Form kein Unterschied zwischen den beiden Sätzen in (13), obwohl sich (13a) im Gegensatz zu (13b) nur auf Wissen aus zweiter Hand stützen kann:

(13) a. *Ken hat Kopfschmerzen.*
      b. *Ken hat Pickel.*

8.3   Relativismus und Universalismus

Wie verschieden sind Sprachen also nun? Die möglichen Standpunkte zu dieser Frage bewegen sich auf einer Skala zwischen zwei Extremen. Das eine wird als **Universalismus** bezeichnet. Nach der universalistischen Auffassung gehorchen alle Sprachen denselben Prinzipien. Die Struktur jeder einzelnen Sprache ist eine Variante der so genannten Universalgrammatik, und die Universalgrammatik ist ein Bestandteil der genetischen Ausstattung der Spezies Mensch. Auch das kognitive System ist in seiner Struktur genetisch festgelegt; daher nehmen aus biologischen Gründen alle Menschen sich selbst und ihre Umwelt im Wesentlichen in derselben Weise wahr: sie bilden dieselbe Art von Konzepten und organisieren sie in derselben Weise zu einem komplexen Modell ihrer gemeinsamen „Welt". Infolgedessen können sich Sprachen nur innerhalb einer gewissen Variationsbreite unterscheiden. Auch Universalisten bestreiten nicht, dass es beträchtliche Unterschiede zwischen Sprachen gibt und dass sich in einer Sprache widerspiegeln wird und muss, in welcher Umgebung die Sprachgemeinschaft lebt und welche Kultur sie entwickelt hat. Zum Beispiel wird jede Sprachgemeinschaft bestimmte Gebiete von zentraler Bedeutung haben, in denen der Wortschatz besonders stark differenziert ist. Aber letzten Endes, so sieht es der Universalismus, schöpfen alle Sprachen aus denselben Ressourcen; sie unterscheiden sich nur darin, wie sie sie konkret nutzen.

Der **Relativismus** nimmt die entgegengesetzte Position ein. Für einen extremen Relativisten sind alle Sprachen radikal verschieden. Durch ihre einzigartige Grammatik und ihr auf einzigartige Weise angelegtes Lexikon repräsentiert jede Sprache ein einzigartiges System, um über die Welt zu sprechen, und damit ein besonderes Denksystem. In jeder Sprache manifestiert sich eine bestimmte Weltsicht, die den Mitgliedern der Sprachgemeinschaft durch die Sprache aufgeprägt wird. Diese Position ist mit den Namen zweier amerikanischer Linguisten verknüpft, die in der ersten Hälfte des zwanzigsten Jahrhunderts einheimische amerikanische Sprachen erforschten: Edward Sapir (1884-1939) und Benjamin Whorf (1897-1941). Die folgende Passage von Whorf wird oft als Formulierung der so genannten **Sapir-Whorf-Hypothese** zitiert (hier nach der deutschen Ausgabe Whorf (1963), das englische Original wurde erstmals 1940 publiziert; ich weiche geringfügig von der Übersetzung ab):

> Die Formulierung von Gedanken ist kein unabhängiger Vorgang, der im alten Sinne dieses Wortes rational ist, sondern er ist beeinflusst von der jeweiligen Grammatik. Er ist daher für verschiedene Grammatiken mehr oder weniger verschieden. Wir gliedern die Natur an Linien auf, die uns durch unsere Muttersprachen vorgegeben sind. Die Kategorien und Typen, die wir aus der Welt der Phänomene herausheben, finden wir nicht einfach in ihr vor – etwa weil sie jedem Betrachter ins Auge springen; ganz im Gegenteil präsentiert sich die Welt in einem kaleidoskopartigen Strom von Eindrücken, der durch unseren Geist organisiert werden muss – das aber heißt weitgehend: von dem sprachlichen System in unserem Geist. Wie wir die Natur aufgliedern, sie in Begriffen organisieren und ihnen Bedeutungen zuschreiben, das ist weitgehend davon bestimmt, dass wir an einem Abkommen beteiligt sind, sie in dieser Weise zu organisieren – einem Abkommen, das für unsere ganze Sprachgemeinschaft gilt und in den Strukturen unserer Sprache kodifiziert ist. Dieses Abkommen ist natürlich nur ein implizites und unausgesprochenes, aber sein Inhalt ist absolut obligatorisch; wir können überhaupt nicht sprechen, ohne uns der Ordnung und Klassifikation des Gegebenen zu unterwerfen, die dieses Übereinkommen vorschreibt.

Angewandt auf die japanischen Evidentiale bedeutet diese Sicht, dass die Angehörigen der japanischen Sprachgemeinschaft eine implizite Übereinkunft befolgen, Wissen aus zweiter Hand sprachlich als solches zu kennzeichnen. Diese These ist durchaus plausibel, und es gibt viele andere Phänomene, die zeigen, dass eine Verbindung zwischen sprachlichen Strukturen und der Kultur der Sprachgemeinschaft besteht. Zum Beispiel zwingt das Japanische, zwischen älteren und

jüngeren Geschwistern zu unterscheiden, weil es keine im Alltag ge-
bräuchlichen neutralen Ausdrücke für ›Schwester‹ und ›Bruder‹ gibt.
Dieser Zug des Japanischen ist kein Zufall. Die japanische Gesellschaft ist in einem extremen Maß hierarchisch strukturiert. Keine zwei
Personen, die sozial miteinander zu tun haben, haben die gleiche Stellung: Ältere haben einen höheren Rang als Jüngere, Männer rangieren
höher als Frauen, Lehrer höher als ihre Schüler und natürlich ältere
Geschwister über ihren jüngeren. Diese Rangfolgen sind tief im Sozial-
verhalten und in der Sprache verwurzelt. Zum Beispiel sind die Anredeformen unter japanischen Geschwistern asymmetrisch, während
sich europäische Geschwister einfach gegenseitig mit dem Vornamen
anreden: In Japan werden ältere Geschwister mit einer Art Titel angesprochen, nämlich mit der förmlichen Geschwisterbezeichnung und
einem Anhängsel -*san* im Sinne von ‚Herr/Frau‘: *onêsan* ‚Frau ältere
Schwester‘ bzw. *onîsan* ‚Herr älterer Bruder‘ (die formlosen Varianten
sind *ane* bzw. *ani*); jüngere Geschwister werden dagegen formlos mit
ihrem Namen angeredet.

Im Bereich der Sexualität finden sich weitere interessante Zusammenhänge zwischen Kultur und Sprache. Aufgrund einer sehr langen
Tradition der Tabuisierung durch die christliche Kirche weisen europäische Sprachen auffällige lexikalische Besonderheiten in diesem Gebiet auf. Die Tabuisierung manifestiert sich im massiven Gebrauch
verhüllender Umschreibungen. Die Wörter für ›BH‹, die wir unter anderem Gesichtspunkt schon in §4.6.1 betrachtet haben, eignen sich
gut, um diesen Punkt zu illustrieren. Das Wort *BH* kommt schamhaft
als vollkommen unexplizite Abkürzung daher; die Vollform *Büstenhalter* kaschiert das eigentliche Objekt des „Haltens“ als „Büste“, ein
sonst fast nie als Körperteilbezeichnung verwendetes Wort, das eigentlich die obere Hälfte des Oberkörpers von Personen beiderlei Ge-
schlechts bezeichnet. Das Französische *soutiens-gorge* spricht schamhaft vom Hals (*gorge*) statt vom Busen (auch *Busen* und *Brust* sind ursprünglich noch kaschierende Bezeichnungen). Das Spanische *sujetador* (wörtlich ‚Unterwerfer‘) spiegelt das Tabu auf doppelte Weise: erstens durch die völlige Nichtbenennung der Brust, zweitens durch die
feindselige Attitüde diesem Organ gegenüber, das es zu unterwerfen
gilt. Englisch *bra* ist wieder ganz undurchsichtig; es ist ein Kurzwort,
aus der Entlehnung des französischen *brassière* gebildet, das gar keinen BH, sondern ein kurzes Oberteil mit Ärmeln bezeichnet (*brassière*
ist von *bras* ›Arm‹ abgeleitet). Einen vielsagenden Kontrast bildet der
Tok Pisin Ausdruck *kalabus bilong susu* ‚Gefängnis der Brüste‘, der
die Brüste beim Namen nennt und in der Beschreibung des Kleidungs-

stücks als Gefängnis die aufoktroyierte europäische Tabuisierung widerspiegelt, die seine Benutzung erst notwendig machte.[5]

Ein kulturell interessanter sprachlicher Befund ist auch die in §5.5 festgestellte Lücke in dem System der Verwandtschaftsbezeichnungen im Deutschen und vielen anderen Sprachen, wo es keine Begriffe gibt, die auf der Verwandtschaftsbeziehung der gemeinsamen Elternschaft beruhen (§5.5.3). Dass an deren Stelle Begriffe verwendet werden, die auf der sozialen Relation des Verheiratetseins fußen, entspricht bestimmten sozialen Gegebenheiten.

Solche Phänomene rechtfertigen allerdings nicht eine radikal relativistische Position. Ist es denn wirklich die Sprache, die Japaner in ihr hierarchisches Denken zwingt oder Europäer sexuellen Tabus unterwirft? Eher scheint es doch, dass die Sprachen soziale Strukturen und kulturelle Maßstäbe nur w i d e r s p i e g e l n. Es ist natürlich wahr, dass es unmöglich ist, über Sexualität direkt und konkret zu sprechen, wenn die Sprache nicht das erforderliche Vokabular bereit hält. Aber die so genannte sexuelle Revolution, die sich seit den 1960er Jahren in den westlichen Ländern vollzogen hat, hat gezeigt, dass Sprachgemeinschaften ganz schnell ein gesellschaftlich akzeptables Vokabular entwickeln, sobald sich solche Tabus lockern. Und wenn genügend Paare Ehen ohne Trauschein praktizieren, wird es auch früher oder später die notwendigen Verwandtschaftsbezeichnungen für die Mit-Eltern usw. geben.

In diesem Zusammenhang ist auch zu beachten, dass nicht jede grammatische Besonderheit in einer Sprache die Weltsicht ihrer Benutzerinnen widerspiegelt. Zum Beispiel haben viele europäischen Sprachen (aber nicht alle) die grammatische Kategorie Genus, die sich zum Beispiel auf die Form der Artikel und die Wahl von Pronomen auswirkt. Im Spanischen und Französischen sind Nomen entweder Maskulinum oder Femininum, im Deutschen und Russischen Maskulinum, Femininum oder Neutrum. Es wäre aber absurd, daraus zu schließen, dass die Genuseinteilung den Sprecherinnen dieser Sprachen eine bestimmte Weltsicht aufzwingt; die Tatsache, dass die drei deutschen Nomen *Regierung*, *Liebe* und *Banane* alle drei Femininum sind, veranlasst die Deutschen nicht anzunehmen, dass eine Regierung, die Liebe und eine Banane irgendetwas gemeinsam haben, und ganz bestimmt nicht so etwas wie weibliches Geschlecht.

---

5 Tok Pisin ist eine auf Englisch basierende Kreolsprache, die in Papua-Neuguinea gesprochen wird.

Diese Überlegungen legen eine differenzierte Position irgendwo zwischen den Extremen von Universalismus und Relativismus nahe. Aber die zentrale Frage bleibt: Wie verschieden sind Sprachen? Wie tief liegen die Unterschiede? Was beweisen diese Unterschiede? Zeugen sie von unterschiedlichen Denkweisen? Diese Fragen sind alles andere als geklärt. Wir werden uns jetzt im zweiten Teil des Kapitels einem Feld zuwenden, auf dem ausgedehnte vergleichende Forschungen angestellt worden sind: dem Feld der Farbwortsysteme.

8.4   Berlin und Kays Farbwortuntersuchungen

Das Spektrum der sichtbaren Farben, für alle normalsichtigen Menschen gleich, bildet ein Kontinuum, in dem es keine Abgrenzungen zwischen verschiedenen Farben gibt: Rot geht in Orange, Rosa, Violett und Braun über, Orange in Gelb, Rot und Braun, Grün in Blau und Gelb usw. Es ist daher zu erwarten, dass Sprachen dieses Spektrum unterschiedlich aufteilen, dass sie mehr oder weniger Farbwörter haben und die Farbwörter darin differieren, welchen Farbbereich sie denotieren. Tatsächlich wurde angenommen, dass gerade das Gebiet der Farbbezeichnungen Belege dafür liefert, dass Sprachen bestimmte Bereiche arbiträr aufteilen.[6] Die Untersuchungen von Berlin und Kay haben mit diesen Vorstellungen gründlich aufgeräumt.

Ihre Studie umfasste annähernd einhundert Sprachen. Für zwanzig Sprachen wurden Muttersprachler interviewt, zu den übrigen Sprachen sammelten sie Daten aus Wörterbüchern, Grammatiken und einschlägiger Fachliteratur. Sie untersuchten, wie viele Farbwörter es in diesen Sprachen gibt und welchen Farbbereich sie denotieren. Eine solche Untersuchung ist nur möglich, wenn man sich auf die **Grundfarbwörter** (‚basic color terms' bei Berlin und Kay) beschränkt. Im Deutschen und den meisten anderen Sprachen gibt es sonst Hunderte von Farbbezeichnungen, zum Beispiel *petrol*, *zimtbraun*, *moosgrün*, *umbra* usw., man denke nur an das Farbwortrepertoire in Mode, Kosmetik oder Malerei. Nur wenige dieser Ausdrücke sind Grundfarbwörter. Das wichtigste Kriterium dafür ist, dass ein Grundfarbwort nicht Unterbegriff eines anderen Farbworts ist; damit sind alle genannten Beispiele disqualifiziert, zum Beispiel ist *umbra* ein Unterbegriff von *braun*. Zusätzlich verwendeten Berlin und Kay die folgenden Kriterien: ein GFW (Grundfarbwort) muss morphologisch einfach sein, das heißt

---

6   Berlin & Kay (1969, S.159f) zitieren mehrere Autoren, die diese Ansicht vertreten.

weder abgeleitet wie *bläulich* von *blau*, noch zusammengesetzt wie *himmelblau*; GFW dürfen nicht auf einen speziellen Bereich von Objekten beschränkt sein wie zum Beispiel *blond* und *brünett* auf Haare und, metonymisch übertragen, auf Personen mit dieser Haarfarbe; GFW (nicht die Farben, die sie bezeichnen) müssen psychologisch hervorstechend („salient') sein, das heißt sie müssen unter den zuerst genannten sein, wenn Informanten in spontaner Reihenfolge Farbwörter aufzählen, und sie müssen von allen Informanten übereinstimmend verwendet werden. Berlin und Kay schlossen zusätzlich junge Lehnwörter[7] und solche Farbwörter aus, die aus einer Bezeichnung für etwas mit der denotierten Farbe gebildet sind, zum Beispiel *oliv* von *Olive* oder *silbern* von *Silber*; Farbwörter wie *lehmfarben*, die semantisch ebenfalls hierher gehören, scheiden bereits aufgrund des Kriteriums aus, dass sie morphologisch zusammengesetzt sind. *Orange* (als Farbbezeichnung) leitet sich zwar ursprünglich von der Bezeichnung der Frucht mit dieser Farbe ab; es ist auch ein Lehnwort, aber ein inzwischen voll integriertes, das seinen Platz als GFW für den Farbbereich zwischen Gelb und Rot eingenommen hat. Das entscheidende Qualifikationsmerkmal ist, dass Orange weder unter Rot noch unter Gelb fällt und *orange* damit nicht Unterbegriff anderer Farbwörter ist. Wie wir sehen werden, verbleiben nach diesen Kriterien genau elf deutsche Wörter mit dem Status eines GFW.

Berlin und Kay führten mit ihren Probanden drei Tests durch. Erst elizitierten sie, welche GFW es in den Muttersprachen der Probanden gibt. Dann legten sie ihnen eine Farbtafel (der Munsell Color Company) mit 329 Farbfeldern vor, 9 Felder von Weiß bis Schwarz mit Grautönen dazwischen und 40 mal 8 farbige Felder, so angeordnet, dass die Helligkeit von fast weiß oben bis fast schwarz nach unten abnimmt und sich von links nach rechts das übliche Farbkontinuum von Rot über Orange, Gelb, Grün, Blau, Violett wieder zu Rot ergibt. Die Anordnung ist in Abbildung 8.3 in Schwarzweiß gezeigt, das Original ist zum Beispiel in Berlin & Kay (1969) und in Palmer (1996) abgebildet. Sie forderten ihre Probanden auf, für jedes GFW anzuzeigen, (a) welcher Farbchip das beste Beispiel ist und (b) auf der Farbtafel den Bereich von Farben zu umreißen, auf die das Farbwort zutrifft. Das beste Beispiel zu einem GFW nannten sie die **Fokalfarbe**.

Es stellte sich heraus, dass Informanten derselben Sprache die Fokalfarben übereinstimmend angaben, aber den Farbbereich unterschiedlich

---

7   Ein junges Lehnwort im Deutschen ist zum Beispiel *pink* für einen kräftigen Rosaton; das Original ist im Englischen ein GFW.

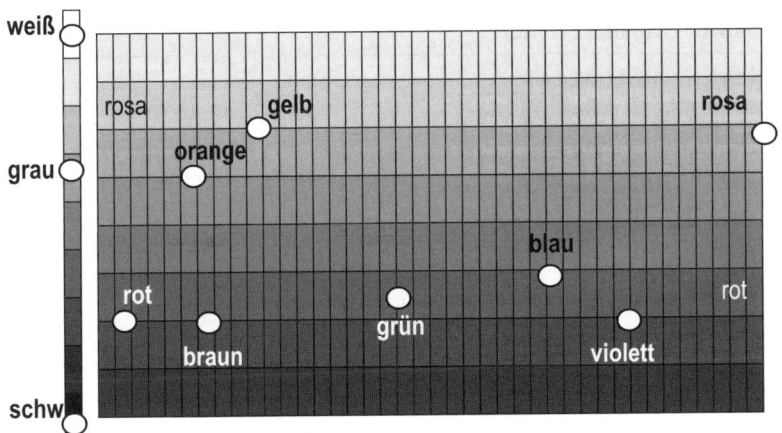

Abbildung 8.3 Munsell-Farbtafel und Fokalfarben

abgrenzten. Das wichtigste Resultat aber war, dass es unerwartete Übereinstimmungen zwischen den verschiedenen Sprachen gab. Die untersuchten Sprachen hatten alle zwischen zwei und elf GFW. Die Fokalfarben zu den jeweiligen GFW in den einzelnen Sprachen sind aber nicht beliebig gestreut, sondern konzentrieren sich sämtlich auf genau elf Farben, die von den Informanten verschiedener Sprachen für ihre GFW übereinstimmend (mit sehr niedriger Streuung) als beste Beispiele angegeben wurden. Es besteht also offensichtlich sprachübergreifend Übereinstimmung darüber, was ein bestes „Rot"/„rouge" (Franz.)/„red" (Engl.)/„akai" (Jap.) usw. ist. Diese elf Farben sind „fokales" (sozusagen „reines", „richtiges", „typisches") Weiß, Schwarz, Rot, Gelb, Grün, Blau, Braun, Orange, Rosa, Violett und Grau, deren Lage auf der Farbtafel durch die weißen Punkte in Abbildung 8.3 angedeutet ist. Diese elf Farben sind die Foki der entsprechenden elf deutschen GFW ebenso wie ihrer englischen oder französischen Entsprechungen. Viel bedeutender ist der Befund, dass sich aus genau diesen Farben auch die Foki von Sprachen mit weniger GFW rekrutieren. Diese Farben sind also so etwas wie universelle Fixpunkte im Farbenspektrum, an denen sich die Denotation von Grundfarbwörtern orientiert.

Der zweite wichtige Befund war, dass Sprachen mit gleich vielen GFW Grundfarbwörter mit denselben Foki haben und dass Sprachen mit n+1 GFW Grundfarbwörter für alle Foki der Sprachen mit n GFW haben plus eines mit einem neuen Fokus. Auf diese Weise bilden die

Stufe	Grundfarbwörter

I	SCHW/2	WEISS/2						
II	SCHW/3	WEISS/3	ROT/3					
IIIa	SCHW/4	WEISS/4	ROT/4	GELB/4				
IIIb	SCHW/4	WEISS/4	ROT/4		GRÜN/4			
IV	SCHW/5	WEISS/5	ROT/5	GELB/5	GRÜN/5			
V	SCHW/6	WEISS/6	ROT/6	GELB/6	GRÜN/6	BLAU/6		
VI	SCHW/7	WEISS/7	ROT/7	GELB/7	GRÜN/7	BLAU/7	BRAUN/7	
VII	SCHW/+	WEISS/+	ROT/+	GELB/+	GRÜN/+	BLAU/+	BRAUN/+	GRAU/+ ROSA/+ ORANGE/+ VIOLETT/+

| **Fokus** Schw. | Weiß | Rot | Gelb | Grün | Blau | Braun | Grau etc. |

Tabelle 8.3 Die sieben Stufen von Farbwortsystemen nach Berlin und Kay

möglichen Grundfarbwortsysteme eine aufsteigende Folge, in der von Stufe zu Stufe ein GFW für einen neuen Fokus hinzukommt, bis es für alle elf Foki ein eigenes GFW mit diesem Fokus gibt (Tabelle 8.3). Dadurch bilden die Fokalfarben selbst eine Rangfolge. Die ersten Foki in dieser Abfolge sind (jeweils fokales) Weiß und Schwarz; als dritter Fokus tritt Rot hinzu; dann kommen Gelb und Grün in beliebiger Abfolge, danach Blau, dann Braun. Für die restlichen vier Foki Grau, Rosa, Orange und Violett lässt sich keine feste Abfolge mehr feststellen. Aus dieser Rangfolge der ersten sieben Fokalfarben folgt zum Beispiel, dass es keine Sprachen gibt, die ein GFW mit Fokus Braun, aber keines mit Fokus Blau oder Grün haben.

Dabei muss man sich vorstellen, dass in einer Sprache mit nur drei GFW mit Fokus auf Weiß, Schwarz und Rot das Rot-Wort natürlich nicht dieselbe Denotation hat wie zum Beispiel das Wort *rot* im Deutschen mit seinen elf GFW. Je weniger GFW eine Sprache hat, desto größer ist der Bereich, den die einzelnen Terme abdecken. Zum Beispiel trifft das Rot-Wort in einer Sprache mit fünf GFW (Foki Weiß, Schwarz, Rot, Gelb, Grün) auch auf die rötlichen Bereiche von Orange, Braun, Rosa und Violett zu, weil es dafür keine eigenen GFW gibt; helleres Orange und gelbliches Braun fallen an das Gelb-Wort, bläuliches Violett ebenso wie Blau selbst an das Grün-Wort oder auch das Schwarz-Wort, wenn es sich um sehr dunkle Töne handelt; sehr helles Rosa wird von dem Weiß-Wort mit abgedeckt. Die Denotation von

GFW mit demselben Fokus hängt also davon ab, welche anderen Foki in der Sprache lexikalisiert sind. Daher muss man zwischen einem Schwarz-Wort in einer Sprache der Stufe I (zwei GFW), der Stufe II usw. unterscheiden. Daher werden die GFW in Tabelle 8.3 in der Form XYZ/n angegeben[8], wobei n die Zahl der GFW in der Sprache angibt. Berlin und Kay unterscheiden sieben Stufen oder Stadien von GFW-Systemen, wobei Sprachen mit acht bis elf GFW zusammen die letzte Stufe bilden; daher ist hier für ‚n' statt 8/9/10/11 nur ‚+' gesetzt.

Die Ergebnisse zeigen, dass Farbwortsysteme alles andere als arbiträr sind. Es gibt zum Beispiel, was an sich durchaus plausibel wäre, keine Dreiersysteme mit den Foki Rot, Gelb und Blau, geschweige denn so unwahrscheinliche Varianten wie Rosa, Türkis und Lila. Es gibt nicht einmal Sprachen mit unterschiedlichem Fokalrot. Aus diesen Befunden schlossen Berlin und Kay, dass die Stufenfolge der möglichen GFW-Systeme deren historische Entwicklung abbildet. Die zwei GFW in Stadium I, WEISS/2 und SCHWARZ/2 bezeichnen hell-warme Farben (Weiß, Gelb, Rot) bzw. dunkel-kühle Farben (Schwarz, Blau, Grün). In Stadium II spaltet sich WEISS/2 in WEISS/3 für helle Farben (Weiß) und ROT/3 für warme Farben auf (Gelb, Orange, Rot, Braun), während SCHWARZ/3 weiterhin für kühl-dunkle Farben zuständig ist. Mit dem Übergang zu Stadium III spaltet sich entweder GELB/4 von ROT, oder GRÜN/4 von SCHWARZ ab, das als SCHWARZ/4 nur noch dunkle Farben bezeichnet, während die kühlen Farben Grün und Blau jetzt unter GRÜN/4 fallen. In Stadium IV tritt entweder GELB/5 oder GRÜN/5 hinzu. Im nächsten Stadium trennen sich die in GRÜN/5 noch vereinten Farben Grün und Blau und fallen unter GRÜN/6 und BLAU/6. Die höheren GFW entstehen nicht durch Abspaltungen bzw. Teilungen, sondern dadurch, dass neue Foki auf halbem Wege zwischen bereits bestehenden etabliert werden: Grau zwischen Weiß und Schwarz, Braun zwischen Gelb und Schwarz, Rosa zwischen Weiß und Rot, Orange zwischen Gelb und Rot, Violett zwischen Rot und Blau.

Die Forschungen von Berlin und Kay haben eine große Zahl von Nachfolgeuntersuchungen ausgelöst, als deren Ergebnis ihre Aussagen etwas differenziert werden mussten. So können die großen Farbkategorien der frühen Stadien mehr als einen Fokus haben, zum Beispiel fokales Weiß, Gelb und Rot im Fall von WEISS/2 oder Grün und Blau für GRÜN/4 und GRÜN/5. Es wurden Typen entdeckt, die nicht ganz in das Stufensystem passen, etwa Systeme auf Stufe III mit einem GFW

---

8 Damit wird hier von der Konvention abgewichen, KAPITÄLCHEN für Kategorien zu verwenden. Kursivschrift für Wörter kommt hier nicht in Frage, weil zum Beispiel GRÜN nur stellvertretend für das jeweilige Grün-Wort in einer Sprache steht.

für Grün und Blau (GRÜN/4), bei denen Gelb noch unter WEISS fällt,
obwohl es sich in Stadium II schon abgespalten haben und zu ROT/3
gehören sollte. Auch ist die Rangordnung für die Fokalfarben nach
Stufe IV weniger strikt: BRAUN kann anscheinend schon vor BLAU
auftreten. Schließlich haben manche Sprachen sogar zwölf GFW.[9] Aber
all das sind nur kleinere Modifikationen; die wesentlichen Ergebnisse
haben sich in zahlreichen Untersuchungen bestätigt:

- Die Denotationen der GFW in einer Sprache lassen sich primär
  anhand von Fokalfarben als Referenzpunkten beschreiben; wie
  weit sich die Denotationen um die Fokalfarben herum ausdehnen, hängt von der Gesamtzusammensetzung des Systems ab.

- Es gibt eine begrenzte Menge von elf oder etwas mehr universellen Fokalfarben; sie bilden im Farbspektrum die Fixpunkte,
  die für die GFW aller Sprachen die besten Beispiele sind.

- Die möglichen Typen von Farbwortsystemen bilden eine Folge
  beginnend mit SCHWARZ/WEISS- bzw. WARM/KÜHL-Systemen
  von zwei GFW; höhere Stufen sind Erweiterungen bzw. Differenzierungen der vorangehenden.

8.5   Schlussfolgerungen

Was für Konsequenzen ergeben sich nun aus diesen Befunden für die
strukturalistische Sicht? Die Ergebnisse zeigen, dass der Arbitrarität
des Lexikons Grenzen gesetzt sind. Dennoch können sich Sprachen
beträchtlich unterscheiden, wie das Nebeneinander von Sprachen mit
nur zwei GFW und elf oder zwölf beweist. Auch eine andere Grundan-
nahme des Strukturalismus hat sich bestätigt: dass die Denotationen von
Termen in einem Wortfeld sich gegenseitig beeinflussen: je weniger
GFW miteinander konkurrieren, desto größer ist der Bereich, den jedes
abdeckt – das Gesamtsystem bestimmt die Bedeutung der einzelnen
Einheiten.

Und was bedeuten die Ergebnisse für die Debatte zwischen Relativismus und Universalismus? Ursprünglich wurden sie als Widerlegung
der Sapir-Whorf-Hypothese betrachtet. Aber sind sie das wirklich? Man
hat versucht, die Übereinstimmungen in den Farbwortsystemen direkt
auf die neurophysiologischen Grundlagen der menschlichen Farbwahr-

---

9   Russisch hat zwei GFW für helles und dunkles Blau (*goluboj* und *sinij*), Ungarisch
    für helles und dunkles Rot (*piros* und *vörös*).

nehmung zurückzuführen (Kay & McDaniel 1978); nach dieser These
läuft die Farbwahrnehmung beim Menschen über vier Zelltypen, die
genau auf fokales Rot, Grün, Blau und Gelb „geeicht" sind, sowie zwei
weiteren, die auf Weiß und Schwarz reagieren. Diese These soll hier
nicht zur Diskussion gestellt werden; aber selbst wenn sie stimmt, kann
diese Art der Erklärung nicht auf das Vokabular in anderen Bedeutungs-
bereichen übertragen werden. Die meisten Dinge, für die wir Wörter
haben, sind nicht wie Farben. Wir können zum Beispiel Tiere sehen
und Tierarten optisch unterscheiden, aber wir haben keine speziellen
Katzen- oder Hühnererkennungszellen. Auch gründen sich unsere
Tierkonzepte nicht allein auf Wahrnehmungsdaten wie das optische
Erscheinungsbild – obwohl es sicher eine Komponente des jeweiligen
Konzepts bildet; in das Konzept gehen zusätzlich kulturelle Aspekte
ein. Zum Beispiel ist in dem Konzept ›Schwein‹ zum deutschen Wort
Schwein enthalten, dass Schweine Schlachttiere sind, deren Fleisch
gegessen wird, und dass sie als Haustiere gehalten werden. In Kulturen,
in denen traditionell kein Schweinefleisch gegessen wird, ist das Konzept anders beschaffen. Selbst wenn Tierbezeichnungen in verschiedenen Sprachen exakt gleiche Denotationen haben und insofern Übereinstimmungen aufweisen, wie sie von Berlin und Kay für die Farbwörter
festgestellt wurden, sind die Konzepte, die eigentlichen Bedeutungen,
kulturabhängig – und da wir in diesen Konzepten denken, sehen wir
eben doch Dinge in einer unterschiedlichen und durch unsere Sprache geprägten Weise. Für abstraktere Bedeutungsbereiche besagen die
Befunde zu den Farbwörtern überhaupt nichts. Viele Wörter denotieren
Entitäten, die wir nicht mit unseren Sinnen wahrnehmen können, die
nicht von der Art sind, dass ein Linguist Probanden auffordern könnte,
mit dem Finger auf das beste Beispiel zu zeigen. Betrachten wir zum
Beispiel das Wort *Fehler*. Das damit verbundene Konzept ›Fehler‹
erscheint uns ganz natürlich, ja fast elementar; aber es setzt sehr komplexe kulturelle Normensysteme voraus, die festlegen, was in welchen
Bereichen unter welchen Gesichtspunkten richtig und was falsch ist.
Solche Konzepte sind vollkommen kulturabhängig.

Der Relativismus betont zu Recht die Unterschiede zwischen den
Sprachen. Es gibt sie; sie sind die Regel und nicht die Ausnahme; sie
sind tief – und faszinierend. Eine relativistische Haltung ist unbedingt
notwendig, wenn man ernsthaft andere Sprachen verstehen will. Sie
bietet die einzige Chance, dem Mechanismus zu entrinnen, nach dem
wir unsere alten Sichten und Kategorisierungen auf neue Dinge anwenden. Nur wenn wir uns wirklich darauf einstellen, dass andere
Sprachen anders sind als unsere eigene, werden wir überhaupt in der

Lage sein, die Unterschiede zu sehen und zu begreifen. Von daher ist
der Relativismus auf jeden Fall die bessere Arbeitshypothese. Wenn
man erst einmal die Unterschiede zwischen Sprachen festgestellt und
verstanden hat, kann man sich daran machen, die universalistische Perspektive einzunehmen und zu versuchen, den gemeinsamen Nenner zu
finden, der einen Vergleich zwischen den Sprachen möglich macht.
Schließlich muss es einen geben – sonst wären wir nicht in der Lage,
mit dem einzigen Kopf, den wir haben, und dem einzigen Begriffssystem sowohl die eigene als auch die andersartige andere Sprache zu
verstehen.

Schlüsselbegriffe

Übersetzung
soziale Bedeutung

Relativismus vs. **Universalismus**
Sapir-Whorf-Hypothese
Weltsicht
Evidential

Farbwortsysteme
Berlin & Kay (1969)
Grundfarbwörter (GFW)
Fokalfarben
Stufen von GFW-Systemen
semantische Primitive

Übungen

1. Wenn Wörter aus anderen Sprachen entlehnt (importiert) werden,
   wird ihre Bedeutung oft mehr oder weniger abgewandelt. Zum Beispiel wurde das deutsche Wort *Arbeit* ins Japanische entlehnt und
   dort zu *baito* verkürzt[10]. Japanisch *baito* hat eine viel engere Bedeutung als *Arbeit*; es bezeichnet einen Nebenjob, wie etwa Nachhilfe-
   unterricht durch Studentinnen und Studenten.

   a) Suchen Sie drei Wörter in Ihrer Muttersprache, die aus anderen
      Sprachen entlehnt sind (es gibt Hunderte). Schlagen Sie in Wör-
      terbüchern Ihrer eigenen und der Herkunftssprache die Bedeu-
      tung der Wörter nach. Beschreiben Sie die Unterschiede.

   b) Versuchen Sie zu erklären, wie es kommt, dass die Bedeutung
      der Lehnwörter sich von ihrem Ursprung unterscheidet – obwohl
      diese Wörter ja ihrer Bedeutung wegen entlehnt werden.

2. Versuchen Sie anhand von ausführlichen Wörterbüchern festzustellen, wie sich die Bedeutungen der folgenden Paare von Wörter
   zueinander verhalten. Schlagen Sie erst die Übersetzung(en) des
   englischen Worts in einem englisch-deutschen Wörterbuch nach

---

10 Eine japanische Silbe kann nicht auf *t* enden, daher wird an *bait* noch ein *o* angefügt.

und dann die des deutschen Wortes in einem englisch-deutschen.

a) englisch *man* (Nomen)   deutsch *Mann*
b) englisch *blue*   deutsch *blau*

3. Zum Thema Tabuisierung: Ein anderes Gebiet, das mit kulturellen Tabus belegt ist, ist der Tod. Versuchen Sie dafür Belege in den Ausdrucksweisen des Deutschen auf diesem Gebiet zu finden.

4. Bitten Sie drei deutsche Muttersprachler, spontan zwanzig Farbwörter in der Reihenfolge, wie sie ihnen einfallen, aufzuschreiben. Vergleichen Sie die drei Listen. Enthalten sie die elf GFW? Kommen sie eher am Anfang der Liste vor? Welche sind die ersten fünf bis sechs?

5. Das GFW SCHWARZ/3 deckt nicht nur Schwarz, sondern auch Blau und Grün ab. Mit welcher Berechtigung wird es dann von Berlin und Kay als SCHWARZ/3 und nicht als BLAU/3 oder GRÜN/3 aufgefasst? (Nur so ergibt sich schließlich das Stufensystem.)

6. Beschreiben Sie kurz und prägnant die Positionen von Universalismus und Relativismus. Nehmen Sie persönlich dazu Stellung: Welcher Standpunkt ist Ihrer Meinung nach realistisch? Denken Sie dabei über Ihre eigenen Erfahrungen mit Fremdsprachen nach.

Lesehinweise

Suzuki (1978: §5) zu japanischen Anredeformen und Selbstreferenz. Aoki (1986) zu Evidentialen im Japanischen, Palmer (2001: §2.2) zu Evidentialen allgemein. Talmy (2000, Bd.2: §1) zu Lexikalisierungsmustern von Bewegungsverben im Sprachvergleich. Whorf (1940/63) zur Relativismusthese, Lee (1996) mit einer Rekonstruktion der Position von Whorf, Salzmann (1993: §8) mit einer Diskussion der Sapir-Whorf-Hypothese; ausführlich dazu Lucy (1992). Berlin & Kay (1969) ist sehr gut lesbar; man kann den Text von der Website www.icsi.berkeley.edu/wcs/data.html herunterladen, wo man auch eine farbige Abbildung der Munsell-Farbtafel und eine detaillierte Dokumentation ihrer Experimente findet. – Kay & McDaniel (1978) und Wierzbicka (1996) bieten unterschiedliche Erklärungen für die Befunde an. Foley (1997: §7) fasst die jüngeren Forschungen zu Farbwortsystemen zusammen; §6 diskutiert Verwandtschaftsbezeichnungssysteme vor dem Hintergrund der Relativismusdebatte. Zimmer (1991:119ff.) bietet eine allgemeinverständliche Darstellung der Debatte zum Zusammenhang zwischen Sprache und Denken.

9 Bedeutung und Kognition

In den letzten drei Jahrzehnten hat die Entwicklung eines neuen Wissenschaftsgebietes, der Kognitiven Psychologie oder allgemeiner: Kognitionswissenschaft, der Linguistik und im Besonderen der Semantik wichtige neue Impulse gegeben. Die Kognitionswissenschaft erforscht, wie der menschliche Geist funktioniert, wie er über die Sinnesorgane Informationen von außen enthält, diese Informationen verarbeitet, indem er sie erkennt, mit früheren Daten abgleicht, klassifiziert und im Gedächtnis ablegt. Die Kognitionswissenschaft versucht zu erklären, auf welche Weise die Riesenmenge von Informationen in unserem Kopf (im „kognitiven System") strukturiert ist und wie wir damit operieren können, wenn wir denken. Die Sprache spielt in diesen Theorien eine zentrale Rolle. Zum einen sind Sprachproduktion und -rezeption und die Struktur des mentalen Lexikons zentrale Untersuchungsgegenstände des als Psycholinguistik bezeichneten Teilgebiets. Zum anderen sagt die Art und Weise, in der wir sprachlich ausdrücken, „was wir im Kopf haben", sehr viel darüber aus, wie es in unserem Kopf aussieht.

Die große Bedeutung der Kognitiven Psychologie für die Semantik liegt darin, dass ihr Hauptanliegen die Erforschung und theoretische Modellierung der Konzepte und Kategorien ist, mit denen wir operieren. Semantik der strukturalistischen Orientierung konzentriert sich auf die Erforschung von Bedeutungsbeziehungen, was zwar Rückschlüsse auf die Bedeutungen erlaubt, sie aber nicht direkt zum Gegenstand macht. Die im nächsten Kapitel ausführlicher vorgestellte Formale Semantik betrachtet Bedeutungen allein unter dem logischen Aspekt von Wahrheitsbedingungen und Implikationen; diese Herangehensweise klammert die konzeptuelle Ebene der Bedeutung vollkommen aus. Nur der kognitive Ansatz zielt auf eben diese Ebene. Er versucht, die Konzepte zu beschreiben, die wir mit Wörtern verknüpfen, und auf diesem Wege zu erklären, warum und wie Wörter das denotieren, was sie denotieren. Bezogen auf das semiotische Dreieck lässt sich die Kognitive Semantik dadurch charakterisieren, dass sie die Grundseite des Dreiecks ins Auge fasst, die Bedeutung als Konzept und wie dieses Konzept die Denotation determiniert (Abbildung 9.1).

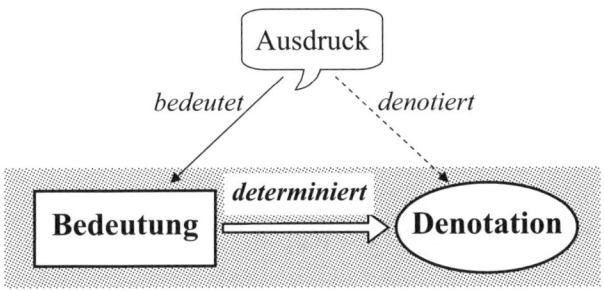

Abbildung 9.1 Der Schwerpunkt der Kognitiven Semantik

In diesem Kapitel wird zunächst der zentrale Begriff der Kategorisierung eingeführt, des geistigen Vorgangs, durch den wir Dinge ordnen und einordnen und die Kategorien bilden, die der Kognition in all ihren Aspekten zugrunde liegen (§9.1). Nach der traditionellen Vorstellung betrachtete man Kategorisierung als eine Frage von notwendigen und hinreichenden Bedingungen; zum Beispiel gehört ein Vogel genau dann zur Kategorie der Pinguine, wenn er eine bestimmte Menge von Bedingungen erfüllt, die diese Kategorie definieren. Diese Sicht wurde von den Vertretern der so genannten Prototypentheorie radikal in Frage gestellt. Nach dieser Theorie sind Kategorien im Wesentlichen durch Prototypen definiert, das heißt durch die Beispiele, die uns als erste in den Sinn kommen und die typischsten Fälle darstellen. Die Prototypentheorie bringt eine ganz andere Sicht auf Kategorien mit sich, nach der Kategorien unter anderem unscharfe Grenzen haben und die Zugehörigkeit zu einer Kategorie eine graduelle Frage ist (§9.2). Eine weitere wichtige Neuerung war die Untersuchung der hierarchischen Ordnung in unserem Kategoriensystem, mit dem Ergebnis, dass es eine so genannte Basisebene von mittlerer Allgemeinheit gibt, die wir im Denken und in der Kommunikation bevorzugen (§9.3).

Das Kapitel wird dann in §9.4 eine relativ kritische Richtung nehmen und die Annahmen der Prototypentheorie aus der Sicht der Semantik unter die Lupe nehmen. Stehen sie in Einklang mit den semantischen Daten? Bietet die Prototypentheorie bessere Erklärungen als andere Ansätze? Wie wir sehen werden, sind viele der zentralen Annahmen der Prototypentheorie aus der Sicht der Semantik problematisch, allen voran die Annahme, dass Zugehörigkeit zu einer Kategorie eine graduelle Frage ist und Kategoriengrenzen daher unscharf (§9.5) sind. Der letzte Abschnitt befasst sich mit der grundsätzlichen Frage,

des Zusammenhangs zwischen Bedeutung und Kognition: mit der Un-
terscheidung zwischen der Bedeutung eines Worts und dem gesamten
Wissenskomplex, den wir in unserem Kopf mit diesem Wort verknüp-
fen. Etwas technischer gesagt wird es um den Unterschied zwischen
Bedeutungswissen und kulturellem Wissen gehen und warum diese
Unterscheidung für die Semantik sehr wichtig ist.

9.1   Kategorien und Konzepte

Kategorisierung ist ein Grundbegriff der Kognitionswissenschaft.
Barsalou (1992: 15) veranschaulicht ihn folgendermaßen:

> Wenn man in eine Wohnung kommt, weiß man sofort, was es da gibt. Man
> erkennt Stühle, Stereoanlagen, Pflanzen, Hunde, Freunde, Guacamole[1],
> Wein und so ungefähr alles, was wir gerade wahrnehmen. [...] Wenn man
> mit anderen interagiert, erkennt man Freunde, Gesichtsausdrücke, Hand-
> lungen und Aktivitäten. Wenn man liest, erkennt man Buchstaben und
> Wörter. Kategorisierung geschieht über alle Wahrnehmungskanäle, nicht
> nur über den Gesichtssinn. Man kategorisiert die Geräusche und Laute von
> Tieren und von Artefakten ebenso wie sprachliche Laute; man kategorisiert
> Gerüche, Geschmäcker, Hautempfindungen und physische Bewegungen;
> und man kategorisiert subjektives Erleben, einschließlich Gefühlen und
> Gedanken.
> Kategorisierung bereitet die Wahrnehmungen für die Kognition auf. Nach-
> dem ein Wahrnehmungssystem Information über eine Entität in unserer
> Umgebung erworben hat, ordnet unser kognitives System diese Entität in
> eine Kategorie ein. [Eigene Übersetzung[2].]

Etwas zu kategorisieren, was wir wahrnehmen oder uns vorstellen
oder woran wir uns erinnern, bedeutet, es a l s etwas von einer bestimmten Art wahrzunehmen. Wenn wir uns ein Foto von einer Person

---

[1] Eine Avocadocreme, die in unserer Kultur vielleicht nicht jeder sofort erkennt;
     Barsalous Einführung richtet sich an US-amerikanische Leser.

[2] Wortlaut des Originals: Upon walking into a home, people know instantly what is
     present. They recognize chairs, stereos, plants, dogs, friends, guacamole, wine, and
     just about anything else they happen to perceive. [...] When people interact, they
     recognize friends, facial expressions, actions, and activities. When people read, they
     categorize letters and words. Categorization occurs in all sensory modalities, not just
     vision. People categorize the sounds of animals and artifacts, as well as the sounds
     of speech; they categorize smells, tastes, skin sensations, and physical movements;
     and they categorize subjective experiences, including emotions and thoughts.
     Categorization provides the gateway between perception and cognition. After a
     perceptual system acquires information about an entity in the environment, the
     cognitive system places the entity into a category.

ansehen, werden wir es als ein Objekt der Sorte „Foto" kategorisieren und das darauf als etwas von der Sorte „Person", und wenn wir die Person erkennen, werden wir sie als diese Person kategorisieren. Alles was in unser Bewusstsein tritt, ordnen wir in eine oder mehr **Kategorien** ein. Die Kategorie HUND[3] setzt sich aus all den Dingen zusammen, die wir als Hund kategorisieren würden. Sie umfasst nicht nur alle real existierenden Hunde, sondern auch vergangene und zukünftige ebenso wie fiktive Hunde aus Romanen, Witzen, Spielfilmen usw. Eine gegebene Entität gehört immer gleichzeitig zu mehreren Kategorien. Zum Beispiel gehört unser Freund Klaus zu den Kategorien PERSON, MANN, FIKTIV, FAHRRADBESITZER, VATER und, wer weiß, vielleicht auch zu den Kategorien HOBBYGÄRTNER und HANDYVERWEIGERER. Größere, allgemeinere Kategorien umfassen als **Subkategorien** kleinere, speziellere: FRAU, MANN, HOBBYGÄRTNER sind Subkategorien von PERSON. Alle Mitglieder einer Subkategorie sind auch Mitglieder der umfassenderen Kategorie. Man muss beachten, dass Subkategorien nicht Mitglieder der allgemeineren Kategorie sind, nicht Einzelfälle, die in diese Kategorie fallen. Wenn Sie ein wenig mit Mengenlehre vertraut sind, ist vielleicht der Hinweis hilfreich, dass Kategorien Mengen sind, Subkategorien Teilmengen und Mitglieder Elemente.

Wir sind Kategorien bereits begegnet: Denotationen (§2.2.2) sind Kategorien. Die deskriptive Bedeutung eines Inhaltswortes determiniert eine Kategorie, nämlich die Menge aller potenziellen Referenten. Wenn wir auf Donald mit dem Wort *Ente* referieren, ordnen wir ihn damit in die Kategorie ENTE ein.

Kategorisierung ist nur möglich, wenn die Kategorien in irgendeiner Weise in unserem kognitiven System zur Verfügung stehen. In der Terminologie der Kognitionswissenschaft sagt man, dass Kategorisierung eine **mentale Repräsentation** der Kategorien erfordert. Über die Art und Weise, wie Kategorien mental repräsentiert sind, gibt es unterschiedliche Theorien und Vorstellungen. In diesem Buch wird davon ausgegangen, dass eine Kategorie in unserem kognitiven System durch ein **Konzept** für seine Mitglieder, eine mentale Beschreibung eines solchen Mitglieds, repräsentiert ist – wie auch immer solche Konzepte genau beschaffen sein mögen. Die Kategorie HUND ist also durch das Konzept ›Hund‹ in unserem Kopf repräsentiert. Wenn wir einem Objekt begegnen, produziert unser Wahrnehmungsapparat eine vorläufige mentale Beschreibung davon, die aus den Daten besteht, die unsere Sinne und der Kontext uns liefern, zum Beispiel Form, Größe,

---

3   Für Kategorien werden ab hier KAPITÄLCHEN benutzt.

Geruch, Farbe, aber auch Rolle und Funktion usw. Diese Beschreibung
wird mit unseren Konzepten abgeglichen, und wenn sie dem Konzept
›Hund‹ entspricht, wird das Objekt als Hund kategorisiert.

Zwei Dinge muss man unbedingt im Auge behalten, wenn von
Wortbedeutungen und Konzepten die Rede ist. Erstens ist nicht jedes
Konzept die Bedeutung eines Wortes in unserer Sprache, was umgekehrt heißt, dass wir nicht für jede Kategorie ein Wort besitzen, das
sie denotiert. Trivialerweise gibt es unendlich viele Konzepte, die sich
als die Bedeutung von komplexen Ausdrücken ergeben und auch nur
auf diese Weise verbalisiert werden können, zum Beispiel das Konzept
›teures Sushirestaurant, das samstags geschlossen hat‹. Die Möglichkeiten der Syntax spiegeln dieses große Potenzial der Konzeptbildung
wider. Aber es gibt auch Konzepte, die sich überhaupt nicht oder nur
unzureichend verbalisieren lassen und die wir dennoch laufend verwenden. Viele Konzepte für körperliche Empfindungen, Gefühle oder
Stimmungen, für Gesichtsausdrücke und Physiognomien, für Gerüche
und Geschmäcker, für Melodien und Harmonien usw. sind kaum oder
gar nicht in Worte zu fassen. Zum Beispiel kann eine verbale Beschreibung eines Gesichts nie auch nur annähernd den visuellen Eindruck
wiedergeben, den wir aufnehmen, kategorisieren und abspeichern und
unter Hunderten herauskennen würden. Wörter können nie vollständig
beschreiben, wie eine Apfelsine schmeckt, eine Nelke duftet oder eine
Geige klingt. Insgesamt ist es plausibel anzunehmen, dass nur ein kleiner Teil unserer Konzepte sprachlich ausgedrückt werden kann.

Zweitens fallen auch für die Kategorien, für die wir Wörter haben,
die Wortbedeutungen nicht einfach mit unseren Konzepten für die Kategorien zusammen. Zum Beispiel ist die Bedeutung des Worts *Fahrrad*
ein sehr abstraktes Konzept, gerade reichhaltig genug, um die Kategorie
zu definieren, die aus allen denkbaren Fahrrädern besteht. Aber Sie
selbst werden ein viel reichhaltigeres Konzept mit dem Wort *Fahrrad*
verbinden, das auf Ihrem individuellen Wissen über Fahrräder und
Ihren persönlichen Erfahrungen mit diesen Fahrgeräten beruht. Vieles
von diesem Konzept ist nicht Allgemeingut, und selbst ein weniger
umfassendes Fahrradkonzept, das weitgehend Allgemeingut ist, ist
immer noch reichhaltiger als das schlanke Konzept ›Fahrrad‹, das als
Bedeutung des Wortes fungiert. Um diese Unterscheidungen wird es
in §9.6 gehen.

Das System der Wortbedeutungen ist also nur ein Teil des riesigen
Konzeptsystems in unserem Kopf, und die Bedeutung eines Wortes ist
jeweils nur Teil eines viel reichhaltigeren Konzepts, das die Kategorie
beschreibt, die wir tatsächlich mit dem Wort verknüpfen.

9.2   Prototypentheorie

9.2.1   Das traditionelle Modell der Kategorisierung

Die traditionelle Vorstellung von Kategorisierung ist durch das Modell der „notwendigen und hinreichenden Bedingungen" (NHB-Modell) geprägt, das auf Aristoteles zurückgeht. Nach diesem Modell ist eine Kategorie durch eine Menge von notwendigen Bedingungen definiert, die zusammen für die Kategorisierung hinreichend sind. Wenn wir zum Beispiel annehmen, dass die Kategorie FRAU durch die drei Bedingungen definiert ist, ein Mensch, weiblich und erwachsen zu sein, dann ist jede dieser drei Bedingungen notwendig. Denn wenn etwas entweder kein Mensch oder nicht weiblich oder noch nicht erwachsen ist, dann ist es keine Frau. Andererseits sind die drei Bedingungen aber auch h i n r e i c h e n d für die Zugehörigkeit zur Kategorie FRAU. Es spielt keine Rolle, welche zusätzlichen Eigenschaften die Mitglieder dieser Kategorie noch erfüllen. Ob etwas oder jemand eine Frau ist oder nicht, hängt genau von diesen drei Bedingungen ab.

Das aristotelische Modell lässt sich durch folgende Punkte kennzeichnen:

- Kategorisierung beruht auf einer festen Menge von Bedingungen.

- Jede dieser Bedingungen ist unabdingbar notwendig.

- Die Bedingungen sind binäre (Entweder-Oder-) Bedingungen.

- Zugehörigkeit zu einer Kategorie ist eine binäre Angelegenheit.

- Kategorien haben klare Grenzen.

- Alle Mitglieder einer Kategorie haben denselben Status.

Dass Kategorien klare Grenzen haben, ist eine direkte Folge davon, dass die Bedingungen (und damit die Mitgliedschaft) binär sind: jede beliebige Entität erfüllt entweder diese Bedingungen oder sie erfüllt sie nicht; wenn sie sie erfüllt, ist sie ein Mitglied der Kategorie, wenn nicht, nicht. Innerhalb der klar bestimmten Grenzen haben alle Mitglieder denselben Status, das heißt, sie sind gleich gute Mitglieder der Kategorie.

Sie haben wahrscheinlich schon gemerkt, dass sich das NHB-Modell, auch als ‚Checklist-Modell' bezeichnet, genau mit dem Ansatz der binären Merkmalsemantik deckt (§7.3). Die binären Merkmale der Merkmalsemantik entsprechen direkt den notwendigen Bedingungen im NHB-Modell.

Jeder einzelne Punkt des NHB-Modells wurde durch die Prototypentheorie in Frage gestellt; sie entwickelte sich aus den ersten umfassen-
den Untersuchungen zur Kategorisierung, die kognitive Psychologen
und Semantiker in den siebziger Jahren unternahmen.

9.2.2 Prototypen

Die Befunde von Berlin und Kay zu Farbwortsystemen, die zugleich
auch Befunde zur Kategorisierung von Farben waren, schienen den
Vorstellungen des NHB-Modells ganz zuwider zu laufen. Die Probanden kategorisierten Farben offensichtlich nicht, indem sie eine Liste
von Merkmalen überprüften, sondern orientierten sich an den Fokalfarben als Fixpunkten der Kategorisierung. Je näher eine bestimmte
Farbe etwa an fokalem Blau liegt, desto eindeutiger wird sie der Kategorie BLAU zugeordnet. Das bedeutet umgekehrt, dass die Kategorisierung mit zunehmendem Abstand unsicherer wird und damit die Grenzen
der Kategorie unscharf werden. „Kategoriengrenzen [...] sind nicht ver-
lässlich, nicht einmal bei wiederholten Tests mit demselben Informanten."[4] Nehmen wir zum Beispiel eine Sprache, die Grundfarbwörter für
Braun und für Rot besitzt. Das Rot-Wort trifft auf jeden Fall auf fokales Rot zu; bewegt man sich im Farbkontinuum von Fokalrot zu Fokal-
braun, so verlässt man irgendwo das Gebiet der Farbtöne, die mit dem
Rot-Wort bezeichnet werden und betritt den Bereich, der durch das
Braun-Wort abgedeckt ist; wo genau die Grenze liegt, ist schwer zu
sagen. Nach unserer Intuition gibt es keine klare Grenze; man würde
eher sagen, dass sich die Kategorien ROT und BRAUN überlappen. Ein
bräunliches Rot ist überwiegend rot, aber eben auch mehr oder weniger braun, bei einem rötlichen Braun ist es umgekehrt. Es scheint daher einleuchtend anzunehmen, dass eine gegebene Farbe dann zu einer
bestimmten Farbkategorie gehört, wenn sie der Fokalfarbe hinreichend
ähnlich ist. Da aber Ähnlichkeit eine Frage des Grades ist, wird damit
auch die Zugehörigkeit zu einer Farbkategorie zu einer graduellen Angelegenheit.

Linguisten und Psychologen nahmen die Ergebnisse der Farbwortuntersuchungen zum Anlass, weitere Bereiche auf ähnliche Phänomene hin zu untersuchen. Sie stellten fest, dass sich auch für viele andere
Kategorien experimentell absichern lässt, dass es so etwas wie beste
Beispiele gibt. Es sind die Fälle, die einem als erste einfallen und die
übereinstimmend als „bessere Beispiele" als andere, weniger typische

---

4   ,Category boundaries [...] are not reliable, even for repeated trials with the same
     informant.' (Berlin & Kay 1969:15)

angesehen werden. Für solche zentralen Beispiele wurde der Terminus
Prototyp eingeführt. Es wurden Experimente durchgeführt, die über-
prüfen sollten, ob die Zugehörigkeit zu einer Kategorie eine Frage der
Ähnlichkeit zum Prototypen und damit etwas Graduelles ist, ob Kate-
gorien unscharfe Grenzen haben und ob die Bedingungen, die eine
Kategorie definieren, binär sind und immer unabdingbar notwendig.

Es stellte sich bald heraus, dass viele Kategorien anscheinend eine
„abgestufte Struktur" haben: sie enthalten prototypische Exemplare,
die die Kategorie am besten repräsentieren, und andere Exemplare, die
dies nicht so gut tun, aber immer noch ganz gute Beispiele sind, während andere nur einen marginalen Status haben. Eleanor Rosch, mit
deren Namen die Prototypentheorie in ihren Anfängen verknüpft ist,
hat experimentell eine Rangfolge innerhalb der Kategorie VOGEL er-
mittelt (das Experiment werden Sie in fast jeder Einführung in die
Kognitive Psychologie zitiert finden). Die US-amerikanischen Ver-
suchspersonen wurden gebeten, verschiedene Vogelarten auf einer Skala
von 1 bis 7 einzuordnen je nachdem, ob sie ein besseres oder weniger
gutes Beispiel für die Kategorie VOGEL abgeben. Das Ergebnis war er-
staunlich übereinstimmend. Rotkehlchen wurden als die besten Beispiele
eingestuft, gefolgt von Tauben, Spatzen und Kanarienvögeln; Eulen,
Papageien, Fasanen und Tukane nahmen mittlere Ränge ein, Enten und
Pfauen gelten als schlechte Beispiele; das Schlusslicht bildeten Pinguine
und Strauße. Ähnliche Befunde ergaben sich aus Untersuchungen der
Kategorien MÖBEL, OBST (genauer gesagt englisch FRUIT, was sich
nicht genau mit OBST deckt), KLEIDUNGSSTÜCK usw. Es stellte sich
außerdem heraus, dass der Rang auf dieser Skala in vielerlei anderer
Hinsicht bedeutsam war; zum Beispiel war die Reaktionszeit auf Fragen
wie „Ist ein x ein Vogel?" kürzer, wenn die Vogelart x als typischer
eingestuft wurde.

Dass wir bei Kategorien wie VOGEL zuerst an die prototypischen
Fälle denken, zeigt sich auch in unserem Sprachgebrauch: wir werden
nämlich, wenn von einem „Vogel" die Rede ist, annehmen, dass auf
einen prototypischen Vogel referiert wird, solange nichts gegen diese
Annahme spricht. Prototypen spielen also eine wichtige Rolle bei dem
so genannten Defaultschließen, das heißt dem Schließen auf der Grundlage von Standardannahmen („Defaults" oder „Defaultannahmen"):
die Defaultannahme bei nicht näher spezifizierten Kategorien ist, dass
es sich um ein prototypisches Exemplar der Kategorie handelt. Wenn
zum Beispiel Angelika zu Klaus sagt:

(1)   *Guck mal, da sitzt ein Vogel auf der Fensterbank!*

dann wird Klaus annehmen, dass es sich um einen prototypischen Vogel und nicht um einen Pinguin, Kondor, Strauß oder Pelikan handelt. Es wäre daher ohne besonderen Kontext irreführend, von einem „Vogel" zu sprechen, wenn man einen Pinguin meint; es wäre irreführend, aber nicht semantisch inkorrekt, denn natürlich sind Pinguine Vögel und können in geeigneten Kontexten auch problemlos so bezeichnet werden, wie etwa in den folgenden Beispielen:

(2) a. *Die einzigen Vögel in der Antarktis sind Pinguine.*

  b. *Pinguine brüten auf der Erde. Die Vögel legen ein bis drei Eier.*

9.2.3 Unscharfe Grenzen

Weitere Experimente wurden durchgeführt um nachzuweisen, dass Kategorien unscharfe Grenzen haben. Der amerikanische Linguist William Labov legte Studenten Zeichnungen ähnlich denen in Abbildung 9.2 vor und forderte sie auf anzugeben, ob sie die abgebildeten Gegenstände als „cup" (Tasse), „bowl" (Schale) oder „vase" (Vase) bezeichnen würden (Labov 1973). Die Probanden bezeichneten Gegenstände wie 3 als Tasse, 10 als Vase und 6 als Schale, gaben aber uneinheitliche Antworten für Vasen oder Schalen mit Henkel (1 und 5) oder für die Gegenstände mit einem Verhältnis von Durchmesser zu Höhe, das zwischen dem von Schalen und Tassen liegt (4 und 7) oder dem von Tassen und Vasen (2 und 9). Die Informanten wurden auch aufgefordert, sich vorzustellen, dass die Gefäße mit Kaffee gefüllt wären oder mit Blumen darin aufgestellt; das hatte starken Einfluss auf die Kategorisierung als Tasse bzw. Vase. Das Experiment zeigte, dass prototy-

Abbildung 9.2 Cups, bowls, vases

pische Tassen (cups) einen Henkel haben, so weit wie hoch sind und zum Kaffeetrinken benutzt werden können, während prototypische Vasen keinen Henkel haben, wesentlich höher als weit sind und für das Aufstellen von Blumen benutzt werden. Wenn man aber mit einem Gegenstand konfrontiert wird, bei dem diese Merkmale in anderer Weise kombiniert sind, geraten die Kriterien für die Kategorisierung als Tasse, Schale oder Vase in Konflikt. Ist zum Beispiel das Gefäß 1 eine Tasse, weil es einen Henkel hat, oder eine Vase, weil es so hoch ist? Wie sind die Gefäße einzuordnen, deren Höhe im Verhältnis zum Durchmesser genau zwischen der von typischen Schalen, Tassen oder Vasen liegt?

9.2.4   Familienähnlichkeit

Die Prototypenphänomene lassen die Merkmale, die eine Kategorie definieren, in einem anderen Licht erscheinen. Wenn eine Kategorie primär durch ihren Prototypen definiert ist, müssen die Bedingungen, die den Prototyp selbst definieren, nicht notwendig für alle Mitglieder der Kategorie gelten. (Wenn sie es täten, wären alle anderen Mitglieder der Kategorie gleichermaßen prototypisch.) Zum Beispiel gibt es henkellose Mitglieder der Kategorie TASSE, obwohl die prototypische Tasse einen Henkel hat; einen Henkel zu haben ist also ein Merkmal des Prototyps, aber nicht eine notwendige Bedingung für alle Elemente der Kategorie TASSE. Ebenso ist Flugfähigkeit sicherlich ein Merkmal des prototypischen Vogels, aber nicht alle Vögel müssen diese Eigenschaft besitzen. Nehmen wir einmal an, dass sich typische Tassen dadurch auszeichnen, dass sie (i) dazu dienen, daraus heiße Getränke wie Kaffee oder Tee zu trinken, dass sie (ii) einen Henkel haben und (iii) in etwa so weit wie hoch sind. In Abbildung 9.3 sind die zehn Gefäße nach diesen drei Merkmalen gruppiert. Wenn man akzeptiert, dass alle Gefäße außer der prototypischen Schale 6 und der prototypischen Vase 10 als Tasse durchgehen können (es geht nicht darum, ob das wirklich realistisch ist, sondern um eine solche Konstellation von Merkmalen), dann gibt es innerhalb der so konstruierten Kategorie TASSE kein gemeinsames Merkmal. Manche Gefäße erfüllen nur eine der drei Bedingungen (1, 5, 7 und 9), manche zwei (2, 4 und 8) und nur 3 alle drei. Was alle Objekte verbindet, ist eine so genannte **Familienähnlichkeit**.

Der Philosoph Ludwig Wittgenstein (Wittgenstein 1958) führte diesen Begriff in Zusammenhang mit einer Analyse der Kategorie SPIEL ein. Nach ihm gibt es keine definierende Eigenschaft, die allen Spielen gemeinsam ist. Vielmehr teilen bestimmte Spiele gewisse Eigenschaften mit anderen und die wieder andere Eigenschaften mit noch anderen.

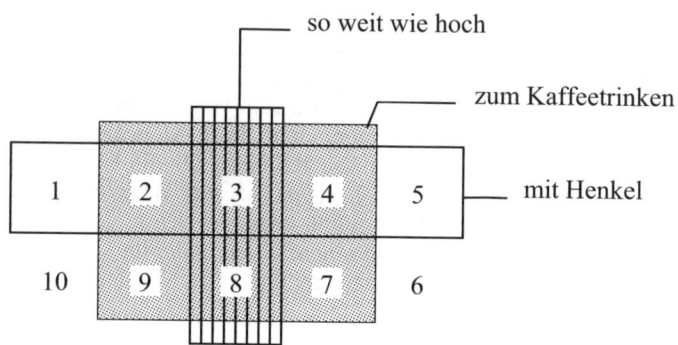

Abbildung 9.3 Merkmale von Tassen und Familienähnlichkeit

Manche Spiele sind Brettspiele, andere Geländespiele; bei manchen geht es darum zu gewinnen, bei anderen nicht; die einen spielt man allein, andere zu zweit, wieder andere mit einer variablen Teilnehmerzahl usw. Es gibt Spiele, die so verschieden sind, dass sie gar keine Merkmale teilen; aber die gesamte Kategorie ist dadurch zusammengehalten, dass zwischen ihren Elementen Ähnlichkeiten bestehen (wie innerhalb einer Familie, in der sich alle Mitglieder ähneln, aber nicht unbedingt in denselben Punkten). Auf unser sehr vereinfachtes Beispiel angewandt ist hier die Kategorie TASSE dadurch zusammengehalten, dass 1 mit 2, 3, 4, 5 das Merkmal ›mit Henkel‹ teilt, 2 mit 3, 4, 7, 8, 9 das Merkmal ›zum Kaffeetrinken‹ und 3 mit 8 das Merkmal ›so weit wie hoch‹. Alle Mitglieder der Kategorie ähneln anderen in mindestens einem Punkt. Manche Mitglieder, zum Beispiel 1 und 9 haben nichts gemeinsam, aber sie sind durch andere (in diesem Fall 2, 3 und 4) verbunden, die mit jedem der beiden ein Merkmal teilen.

9.2.5 Graduelle Zugehörigkeit

Auch wenn wir im vorigen Abschnitt bei der Zuordnung der Gefäße zur Kategorie TASSE recht großzügig waren, so steht doch fest, dass diese Objekte nicht einfach Tassen sind oder nicht. Wir können, wenn wir unbedingt wollen, Objekt 1 als Tasse kategorisieren, aber es ähnelt einer Vase mehr als einer Tasse. Objekt 7 fällt klar z w i s c h e n die Kategorien TASSE und SCHALE. Die jedem bekannten Fälle, in denen man sich nicht sicher ist, ob etwas zu einer bestimmten Kategorie gehört, und die erfolgreichen Einstufungsexperimente von Rosch und anderen, in denen die Probanden verschieden gute Beispiele auf einer

Skala platzieren mussten, legen nahe, dass die Zugehörigkeit zu einer Kategorie keine Ja-oder-Nein-Angelegenheit, sondern graduell ist. Man kann versuchen, Grade der Zugehörigkeit experimentell zu ermitteln. Alternativ könnte man sie auf der Grundlage von prototypischen Merkmalen berechnen, indem man sie gewichtet und den Grad der Zugehörigkeit um einen bestimmten Betrag vermindert, wenn ein Merkmal fehlt. Man könnte, um bei unserem Beispiel zu bleiben, die prototypische Tasse 3 als 100%-Tasse einstufen und die Objekte 2, 4 und 8 als 80%-Tassen. 7 und 9 wären vielleicht 50%-Tassen (Halbtassen) und 1 und 5 sehr marginale 20%-Tassen. Aber die prototypische Vase 10 und die prototypische Schale 6 wären zu 0 Prozent Tassen, das heißt definitive Nichttassen.

9.2.6 Das Kategorisierungsmodell der Prototypentheorie

Das Modell der Kategorisierung, das sich aus der Prototypentheorie ergibt, lässt sich durch folgende Punkte charakterisieren:

- **Abgestufte Struktur der Kategorien**
  Mitglieder einer Kategorie haben nicht denselben Status.

- **Prototypen als beste Beispiele**
  Es gibt prototypische Fälle, die übereinstimmend als die besten Beispiele für die Kategorie betrachtet werden.

- **Keine feste Menge von notwendigen Bedingungen**
  Die Zugehörigkeit zu einer Kategorie ist nicht an die Erfüllung einer festen Menge notwendiger Bedingungen geknüpft. Der Prototyp einer Kategorie kann durch Eigenschaften definiert sein, die nicht alle Mitglieder der Kategorie teilen.

- **Familienähnlichkeit**
  Die Mitglieder einer Kategorie verbindet Familienähnlichkeit.

- **Prototypen als Referenzfälle der Kategorisierung**
  Prototypen dienen als Referenzfälle für die Kategorisierung; die Zugehörigkeit zu einer Kategorie ist eine Frage der Ähnlichkeit mit dem Prototyp.[5]

- **Graduelle Zugehörigkeit**
  Die Zugehörigkeit zu einer Kategorie ist graduell.

- **Unscharfe Grenzen**
  Kategorien haben unscharfe Grenzen.

---

5 Der Begriff ‚Referenzfall' hat nichts mit ‚Referenz' in dem eingeführten Sinne zu tun. Gemeint sind Fälle, die den Maßstab für die Kategorisierung abgeben.

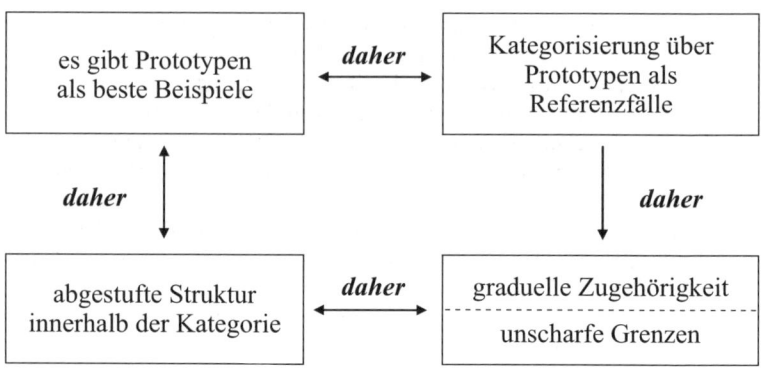

Abbildung 9.4 Annahmen der Prototypentheorie

Um die komplexe Argumentation im Folgenden durchsichtiger zu machen, ist in Abbildung 9.4 zusammengefasst, was die zentralen Annahmen der Prototypentheorie sind und wie sie argumentativ zusammenhängen; dabei wurden die beiden Punkte Familienähnlichkeit und notwendige Bedingungen der größeren Übersichtlichkeit geopfert.

Prototypen haben zwei entscheidende Eigenschaften. Erstens sind sie die besten Beispiele für ihre Kategorie. Dass es beste (und damit auch weniger gute) Beispiele gibt, ist eine Folge der abgestuften Kategorienstruktur und umgekehrt bedeutet die Existenz von verschieden guten Beispielen eine abgestufte Struktur. Zweitens dienen Prototypen als Referenzfälle der Kategorisierung, indem das entscheidende Kriterium für die Zugehörigkeit zu einer Kategorie die hinreichende Ähnlichkeit mit dem Prototypen ist. Diese beiden Eigenschaften von Prototypen werden als wechselseitig bedingt betrachtet: Prototypen sind die besten Beispiele weil sie als Referenzfälle der Kategorisierung dienen, und sie tun das, weil sie die besten Beispiele präsentieren. Aus der zweiten Eigenschaft von Prototypen ergibt sich unmittelbar, dass die Zugehörigkeit zu einer Kategorie eine graduelle Angelegenheit ist, weil die Ähnlichkeit zum Prototypen graduell ist. Damit geht wiederum einher, dass Kategorien unscharfe Grenzen haben. Unscharfe Grenzen bedingen eine abgestufte Struktur: Mitglieder in der Grenzregion sind schlechtere Mitglieder. Umgekehrt sorgen die schlechten Mitglieder an der Peripherie für unscharfe Grenzen, weil ihre Zugehörigkeit relativ unklar bzw. von niedrigem Grad ist. Abgestufte Struktur und graduelle Zugehörigkeit werden als zwei Seiten derselben Medaille angesehen: schlechtere Mitglieder sind dem Prototypen weniger ähnlich und haben damit einen geringeren Zugehörigkeitsgrad; umgekehrt bildet der Zugehörigkeitsgrad unmittelbar ab, wie gut ein Mitglied die Kategorie repräsentiert.

Wie wir in §9.4 und §9.5 sehen werden, sind die meisten dieser Annahmen nicht unproblematisch. Als die Prototypentheorie aufkam, erschien sie sehr überzeugend und plausibel und erwies sich als sehr einflussreich. Sie ist es tatsächlich immer noch, obwohl Rosch selbst und andere ihre anfänglichen Annahmen sehr bald revidierten. Bevor wir uns die Prototypentheorie kritisch vornehmen, werfen wir einen genaueren Blick auf den Begriff des Prototyps, wobei bereits erste Probleme mit der Prototypentheorie als allgemeinem Modell der Kategorisierung deutlich werden.

9.2.7 Was für Entitäten sind Prototypen?

Die informelle Definition von Prototypen als „beste Beispiele" einer Kategorie legt nahe, dass es sich dabei um Mitglieder der Kategorie handelt. Das ist in manchen Fällen zutreffend; zum Beispiel ist fokales Blau, der Prototyp der Farbkategorie BLAU, eine der Farben, die von dem Nomen *Blau* denotiert werden.[6] Aber wenn Prototypen nicht nur die besten Beispiele sind, sondern auch als Referenzfälle der Kategorisierung dienen, können sie in den meisten Fällen nicht individuelle Mitglieder der Kategorie sein. Wenn zum Beispiel ein ganz bestimmter individueller Hund als Prototyp für die Kategorie HUND herhalten müsste, müsste jeder diesen einen Hund kennen, um potenzielle Mitglieder der Kategorie HUND mit ihm abzugleichen und auf dieser Basis zu entscheiden, ob es sich um einen weiteren Hund handelt. Es ist vorstellbar, dass einzelne Mitglieder einer Kategorie, zum Beispiel der erste Hund, dem man im Leben begegnet, in einem sehr frühen kindlichen Stadium der Kategorienbildung die Rolle eines Prototypen spielen. Aber selbst wenn dem so sein sollte (und nicht bereits von diesem ersten Exemplar ein abstrakter Prototyp abgeleitet wird), wird die Vorstellung von diesem Hund früher oder später durch eine allgemeinere abstrakte mentale Repräsentation von „dem" prototypischen Hund abgelöst werden.

In den Experimenten von Rosch und anderen zur Einstufung verschiedenartiger Fälle innerhalb einer Kategorie wurden den Probanden

---

6 Das Nomen *Blau* denotiert Farben als solche, den blauen Farbbereich. Folglich sind die Mitglieder der Kategorie BLAU (mit großem B) Farben. Dagegen denotiert das Adjektiv *blau* alles, was blau ist; die Kategorie BLAU (mit kleinem B) ist die Menge aller Dinge, die blau sind bzw. eine der Farben haben, die zu der Kategorie BLAU gehören. Prototypische Fälle für die Kategorie BLAU (mit kleinem B) wären Dinge mit einer fokalen Blaufarbe, zum Beispiel ein wolkenloser Himmel bei Tag.

nicht einzelne Exemplare, sondern Subkategorien zur Einstufung vor-
gegeben; zum Beispiel sollten die Probanden entscheiden, ob Eulen,
Spatzen oder Strauße (jeweils als ganze Vogel-Subkategorie) bessere
oder schlechtere Vögel sind, wobei Rotkehlchen am besten abschnitten.
Mit einer Subkategorie kann der Prototyp indessen auch nicht gleichgesetzt werden. Erstens würde sich das Problem, was der Prototyp einer Kategorie ist, nur verschieben: Wenn ROTKEHLCHEN (die Subkategorie) der Prototyp der Kategorie VOGEL ist, was ist dann der Prototyp
von ROTKEHLCHEN? Die meisten Leute kennen keine Subkategorien
von Rotkehlchen; dennoch gibt es auch innerhalb dieser Subkategorie
wieder bessere und schlechtere Beispiele. Sind nun alle Rotkehlchen
prototypische Vögel oder nur die prototypischen Rotkehlchen? Wenn
wir letzteres annehmen, ist der Prototyp von ROTKEHLCHEN zugleich
der Prototyp von VOGEL; das würde aber bedeuten, dass die beiden
Kategorien zusammenfallen, weil sich die Kategorisierung allein an
dem Prototypen orientiert. Wenn dagegen alle Rotkehlchen, die
gesamte Subkategorie, den Prototyp für VOGEL liefert, muss man auch
ganz untypische Rotkehlchen als typische Vögel ansehen, Fälle, die
vielleicht Besonderheiten aufweisen, die typische Vögel generell nicht
haben können (zum Beispiel Rotkehlchenmutanten mit verkümmerten
Flügeln). Zweitens haben Rotkehlchen wiederum besondere Eigenschaften, die bei der Kategorisierung als Vogel keine Rolle spielen,
zum Beispiel eine rötliche Brust zu haben. Subkategorien als Prototypen sind also einerseits zu divers und andererseits zu spezifisch.

Sinnvoller erscheint es anzunehmen, dass der Prototyp ein abstrakter Fall ist, der durch ein Konzept repräsentiert wird, das bestimmte
Eigenschaften fixiert und andere offen lässt. Das Konzept für einen
prototypischen Vogel spezifiziert das Erscheinungsbild, den Körperbau
und bestimmte Verhaltensweisen. Farbe und Zeichnung, Ernährungs-
weise oder geographische Verbreitung werden dagegen nicht festgelegt. Ein solches Prototypenkonzept unterscheidet sich sowohl von
Konzepten für individuelle Vögel als auch für Subkategorien von Vögeln. In beiden Fällen enthält das Konzept mehr und individuellere
Spezifikationen. Der Prototyp ist also weder eine spezielle Art von
Fällen (Subkategorie) noch ein konkreter Einzelfall, der zu der Kategorie gehört. Ein Vogel ist prototypisch, wenn er alle Eigenschaften
des abstrakten Prototyps verkörpert. Dabei können sich prototypische
Fälle in Eigenschaften unterscheiden, die das Prototypenkonzept offen
lässt. Wenn eine Subkategorie wie ROTKEHLCHEN alle erforderlichen
Merkmale des Prototyps aufweist, kann sie grob mit dem Prototypen
identifiziert werden, ist aber genau genommen nicht damit identisch.

Es muss jedoch hinzugefügt werden, dass für allgemeinere Kategorien wie die biologische Kategorie TIER, die nicht nur Vierbeiner umfasst[7], der Prototyp wahrscheinlich nicht auf diese Weise definiert werden kann. Es gibt sicherlich prototypische Fälle für diese Kategorie, zum Beispiel Hunde und Katzen, aber Maulwürfe, Vögel, Fische, Dinosaurier, Würmer, Seeanemonen und Amöben sind auch Tiere. Die Kategorie ist viel zu umfassend, als dass sich irgendwelche gemeinsamen Gestalt- oder Verhaltensmerkmale zu einem Prototypenkonzept kombinieren ließen. Offenbar sind für solche sehr allgemeinen Kategorien die prototypischen Fälle nicht dadurch definiert, dass sie repräsentative Eigenschaften aufweisen, sondern dass sie besonders vertraut sind. Ob solche prototypischen Fälle als Referenzfälle für die Kategorisierung taugen, ist mehr als fraglich: man kann nicht verifizieren, dass eine Amöbe ein Tier ist, indem man sie mit einem Hund abgleicht.

9.2.8 Welche Eigenschaften machen den Prototyp aus?

Man ist versucht, diese Frage mit „Die typischen Eigenschaften." zu beantworten. Manche Eigenschaften von Vögeln betrachtet man intuitiv als typisch oder wesentlich, zum Beispiel, dass sie Flügel haben und fliegen können, dass sie gefiedert sind, Eier legen und ausbrüten, einen Schnabel haben usw. Andere, wie eine bestimmte Färbung oder Zeichnung, Gewicht, Größe und anatomische Proportionen sind wichtig für bestimmte Vogelarten, aber nicht für Vögel allgemein. Das Merkmal, Federn zu haben, ist ein „gutes" Merkmal für den Prototypen, weil es gut geeignet ist Vögel von Nichtvögeln zu unterscheiden. Bei solchen Merkmalen spricht man von einem hohen **Erkennungswert** (engl. cue validity): das Merkmal ›hat Federn‹ hat einen hohen Erkennungswert für die Kategorie VOGEL, weil fast alle Mitglieder es haben, während es allen Nichtmitgliedern fehlt. Dagegen haben die Merkmale ›hat Flügel‹, ›kann fliegen‹, ›das Weibchen legt Eier‹ einen geringeren Erkennungswert, weil sie zum Beispiel auch bei sehr vielen Insekten anzutreffen sind. Sie sind allerdings innerhalb des engeren Bereichs der Wirbeltiere wieder von höherem Wert. Am Ende ist es die Kombination von Merkmalen mit mehr oder weniger hohem Erkennungswert, die einen geeigneten Prototyp ausmacht. Für das Prototypenkonzept der Kategorie VOGEL müssen zur Unterscheidung zum Beispiel von Insekten Merkmale mit geringem Erkennungswert einbezogen werden, um so den Erkennungswert von Merkmalen wie ›hat Flügel‹ zu steigern.

---

7 Neben der biologischen Kategorie TIER gibt es eine viel engere Alltagskategorie TIER, ungefähr deckungsgleich mit VIERBEINER, die Vögel, Fische, Insekten usw. nicht einschließt. Hier und im Folgenden ist TIER immer die biologische Kategorie.

9.2.9 Ähnlichkeit zum Prototyp

Nach der Vorstellung der Prototypentheorie ist die Zugehörigkeit zu
einer Kategorie eine Frage der Ähnlichkeit mit dem Prototyp. Das
scheint ein klares und einleuchtendes Kriterium zu sein, aber bei näherem Hinsehen ist es das durchaus nicht. Wenn man sich Anwendungen dieser Konzeption vorstellt, denkt man zum Beispiel daran,
verschiedene Sorten von Vögeln mit dem Prototypen abzugleichen, ob
sie ihm äußerlich ähnlich sehen, das heißt in Gestalt, Größe, Farbe und
anderen Aspekten des optischen Erscheinungsbildes. Aber Ähnlichkeit
in diesem konkreten Sinn, der sich auf die äußere Erscheinung bezieht,
ist in den meisten Fällen irrelevant, weil Kategorisierung in der Regel
nicht allein auf der optischen Erscheinung beruht. Nehmen wir zum
Beispiel einen Wolf, einen Husky und einen Pudel. Wölfe und Huskies
sind äußerlich sehr ähnlich und beide sehr verschieden von Pudeln;
aber Huskys und Pudel gehören zur Kategorie HUND, Wölfe nicht.
Um zur Kategorie HUND zu gehören, muss ein Kandidat dem Prototypen
in anderen Hinsichten ähnlich sein, oder entsprechen, als nur äußerlich.
Es fragt sich dann, in welchen Hinsichten denn ein potenzielles Mitglied
einer Kategorie dem Prototypen ähneln muss. Welche Eigenschaften
sind für den Abgleich relevant? Diese Frage ist alles andere als trivial.

    Betrachten wir einen weiteren Fall. Angelika hat zwei Vettern,
Markus und Christian; sie sind Brüder und sehen sich sehr ähnlich.
Nehmen wir an, Christian entspreche in seinem Erscheinungsbild
ziemlich gut dem Prototypen der Kategorie MANN. Wir können dann
aus der äußerlichen Ähnlichkeit der beiden Brüder darauf schließen,
dass auch Markus zu dieser Kategorie gehört. Aber wenn Christian ein
Metzger oder ein Mathematiker ist, hilft uns die äußerliche Ähnlichkeit in keiner Weise, Markus' Beruf (oder Ausbildung) zu erschließen.
Dafür müssten wir die beiden in ganz anderer Hinsicht, das heißt in
Bezug auf andere Merkmale vergleichen. Die Bestimmung der Zugehörigkeit zur Kategorie MANN erfordert einen Abgleich mit dem Prototypen in ganz anderen Hinsichten, als bei Kategorien wie MATHE-
MATIKER, JUNGGESELLE oder FARBENBLIND.

    Diese Überlegungen zeigen, dass der Prototyp, wenn er als Referenz-
fall für die Kategorisierung dienen soll, durch Spezifikation einschlägiger Merkmale definiert sein muss. Zum Beispiel muss der Prototyp von
JUNGGESELLE (unter anderem) in Bezug auf den Personenstand spezifiziert sein, der von MATHEMATIKER in Bezug auf die fachliche Qualifi-
kation und der von FARBENBLIND hinsichtlich der visuellen Fähigkeiten.
Der Abgleich mit dem Prototyp muss dann in genau diesen Aspekten
vorgenommen werden. Diese Merkmale können unterschiedlich ge-

wichtet sein und in wechselseitiger Abhängigkeit stehen. Zum Beispiel gibt es in der Kategorie VOGEL eine Abhängigkeit des Merkmals ›kann fliegen‹ von den Merkmalen Körpergewicht und relative Flügelgröße (Vögel, die zu schwer sind oder zu kleine Flügel haben, können nicht fliegen). Auf diese Weise erhält man ein Modell der Kategorisierung, das komplexer als das NHB-Modell ist, wo ja jedes Merkmal gleichgewichtig und für sich allein genommen notwendig ist, also unabhängig von dem Vorliegen anderer Merkmale. Aber auch das Prototypenmodell muss sich letztlich im Wesentlichen auf eine Menge von definierenden Merkmalen für jede Kategorie stützen.

Ein weiteres grundsätzliches Problem ist die zugrunde zu legende Ähnlichkeitsskala, die ja den Grad der Zugehörigkeit abbilden soll. Nehmen wir an, die Ähnlichkeit wird in Graden zwischen 0% (keine Ähnlichkeit) und 100% (vollkommene Übereinstimmung) gemessen. Wenn der Prototyp und die relevanten Vergleichskriterien festliegen, ist klar, welche Objekte den Wert 100% auf der Skala erhalten. Aber das andere Ende der Skala ist nicht klar definiert, genau genommen kann es gar nicht für alle Fälle festgelegt werden. Nehmen wir noch einmal das Beispiel der Kategorie HUND. Da Wölfe definitiv keine Hunde sind, müssten sie auf der Skala den Wert 0% erhalten. Aber manche Eigenschaften des prototypischen Hundes sind auch Eigenschaften von Wölfen. Wölfe sind Hunden ähnlicher als Kühe. Aus diesem Grund gehören Wölfe zusammen mit Hunden zu einer biologischen Gruppe, die Kühe nicht einschließt. Man muss daher Wölfen auf der Skala der Ähnlichkeit zum prototypischen Hund einen höheren Rang zuteilen als Kühen, nicht 0%, sondern sagen wir 30%: im Vergleich zu Kühen sind Wölfe 30-prozentige Hunde. Diese Überlegung lässt sich beliebig oft wiederholen: Kühe sind Hunden ähnlicher als Krebse, und Krebse sind hundehafter als Kartoffeln, die wiederum als Steine oder gar französische Personalpronomen. Verglichen damit sind Wölfe 99-prozentige Hunde. Je weiter der Kreis der zu überprüfenden Entitäten gezogen wird, desto näher rücken die Wölfe auf der Skala an Hunde heran. Zu einer gegebenen Kategorie lässt sich der Nullpunkt der Ähnlichkeitsskala nicht allgemein festsetzen, wodurch auch eine allgemeingültige Bewertung der Ähnlichkeit ausgeschlossen ist, da alle Werte relativ sind – außer dem Wert von 100% für die prototypischen Fälle. Offensichtlich hängt der Grad der Ähnlichkeit zum Prototypen und damit der Zugehörigkeit zur Kategorie vom Kontext ab, nämlich davon, wie viele andere Kategorien konkurrieren.

Diese Überlegungen dazu, was Prototypen sind, durch welche Eigenschaften sie sich definieren und was konkreter unter Ähnlichkeit zu verstehen ist, zeigen, dass die Prototypentheorie nicht so unproblematisch ist, wie sie auf den ersten Blick erscheinen mag. Die Annahme, dass die Zugehörigkeit zur Kategorie eine Frage der Ähnlichkeit zum Prototypen ist, wirft schwierige grundsätzliche Fragen auf.

9.3   Die hierarchische Ordnung von Kategorien

9.3.1   Die Basisebene

Was ist das da rechts? Ihre spontane Antwort ist höchstwahrscheinlich: „Ein Löwe." Obwohl diese Antwort nicht schwer zu prognostizieren ist, ist die Tatsache, dass das möglich ist, durchaus nicht trivial.[8] Die Voraussagbarkeit der Antwort ist insofern erklärungsbedürftig, als Sie das, was die Abbildung zeigt, auch auf viele andere Weisen hätten kategori-

Abbildung 9.5

sieren können, zum Beispiel spezifischer als „männlicher Löwe", „erwachsener männlicher Löwe", „typischer männlicher Löwe", „laufender männlicher Löwe mit einer großen Mähne", „laufender Löwe von der Seite gesehen" usw. Auch allgemeinere Kategorisierungen wären korrekt: als „Raubkatze", „Tier", „Lebewesen", „Entität". In dem gegebenen Kontext hätten Sie die Frage auch auf das Bild statt auf das, was es abbildet, beziehen und „Was ist das?" beantworten können mit: „Ein Bild.", „Ein Bild von einem Löwen.", „Eine Illustration.", „Ein Beispiel." usw. Auch wenn wir solche Antworten ausschließen, bleibt das Phänomen, dass ein und dasselbe Objekt immer auf verschiedenen Ebenen der Allgemeinheit kategorisiert werden kann. Das kleine Experiment zeigt, dass wir spontan eine mittlere Ebene irgendwo zwischen sehr spezifischer und sehr allgemeiner Kategorisierung bevorzugen.

Berlin und andere untersuchten große Pflanzentermtaxonomien in einer mexikanischen Sprache und konnten belegen, dass es eine bevorzugte mittlere Ebene gibt, die so genannte **Basisebene**. Rosch untersuchte Taxonomien (§5.4.3) von Bezeichnungen für Kleidungs- und Möbel-

---

8   Sie können das sehr leicht selbst testen: Zeigen Sie zwanzig deutschen Erstsprachlern eine Zahnbürste, fragen Sie sie: „Was ist das?" und zwanzig Leute werden antworten: „Eine Zahnbürste.".

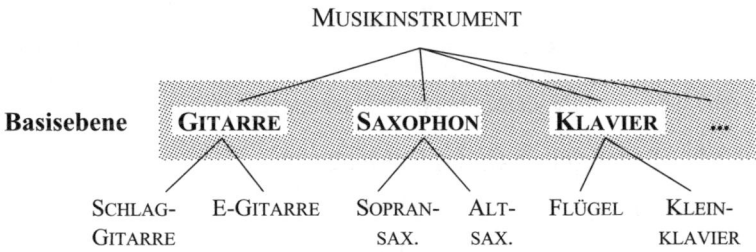

Abbildung 9.6 Kategorien von Musikinstrumenten und die Basisebene

stücke. In Abbildung 9.6 wird ein kleiner Ausschnitt aus dem Kategoriensystem von Musikinstrumenten anhand deutscher Instrumentenbezeichnungen gezeigt. Die Basisebene bilden die Kategorien GITARRE, SAXOPHON und KLAVIER und viele andere hier aus Platzgründen nicht einbezogene wie GEIGE, FLÖTE, TROMMEL, ORGEL, KLARINETTE, MUNDHARMONIKA, KEYBOARD usw.

Die Ebene unterhalb der Basisebene ist ebenfalls nur angedeutet: es gibt noch andere Arten von Gitarren, Saxophonen und Klavieren. Natürlich ist sie nicht die unterste Ebene; auf der nächsten werden zum Beispiel verschiedene Sorten von E-Gitarren, Sopransaxophonen und Flügeln unterschieden. Die Differenzierung setzt sich aber nicht endlos fort, da sie dadurch begrenzt ist, welche Ausdrücke tatsächlich im Lexikon vorhanden sind. Die erste Ebene unterhalb der Basisebene ist wohl die spezifischste für Nichtfachleute, und auch sie enthält schon Begriffe,

übergeordnet	KLEIDUNGS-STÜCK	FAHRZEUG	TIER	FARBE
Basisebene	HOSE, JACKE	FAHRRAD	MAUS, HASE	SCHWARZ
	HEMD, ROCK	AUTO, BUS	HUND, KUH	WEISS, ROT
	KLEID, HUT	LKW, BOOT	BIENE, WURM	GELB, GRÜN
	STRUMPF	KUTSCHE	QUALLE, BÄR	BLAU, BRAUN
	MANTEL	SKATEBOARD	FROSCH, AFFE	ROSA, GRAU
	FRACK, BH	DREIRAD	ELEFANT	LILA, ORANGE
untergeordnet	BLUEJEANS	RENNRAD	FELDMAUS	OCKERGELB
	FALTENROCK	PADDELBOOT	LAUBFROSCH	PETROL

Tabelle 9.1 Beispiele für die Basisebene

die nicht jedem geläufig sind. Tabelle 9.1 gibt weitere Beispiele für die
Basisebene in verschiedenen Taxonomien. Auch hier ergibt sich eine
Verbindung zu Berlin und Kays Farbwortuntersuchungen: die Grund-
farbwörter sind Bezeichnungen für Basiskategorien von Farben.

9.3.2 Eigenschaften der Basisebene

Der psychologische Aspekt: Eigenschaften von Basiskategorien

Die Basisebene ist in unserem kognitiven System in vielerlei Hinsicht
privilegiert. Auf dieser Ebene arbeitet die Kategorisierung schneller
als auf den höheren und niedrigeren Ebenen: bei experimentellen Ka-
tegorisierungsaufgaben sind die Reaktionszeiten für diese Ebene am
kürzesten. Offensichtlich ist die Basisebene auch diejenige Ebene, auf
der das meiste Wissen organisiert ist. Wir haben zum Beispiel Wissen
darüber, wie sich die normale Bekleidung zusammensetzt, die man
trägt, und dieses Wissen verwendet Basiskategorien: man trägt zum
Beispiel Hose, Hemd, Jacke, Schuhe. Ebenso ist etwa die Zusammensetzung eines Jazzquartetts aus Saxophon, Klavier, Bass und Schlag-
zeug in Basiskategorien definiert. Die Farbzusammensetzung von
Flaggen wird in Basiskategorien gefasst, zum Beispiel Blau-Weiß-Rot,
selbst wenn die einzelnen Nationen für die genauen Farbtöne ihrer
Flaggen viel präzisere Festlegungen getroffen haben.

Die Basisebene ist die höchste Ebene, auf der für uns alle Mitglieder
einer Kategorie eine gemeinsame Gestalt haben. So haben zum Beispiel
Trompeten eine gemeinsame Gestalt und auch Gitarren, aber nicht
Musikinstrumente allgemein. Dabei ist unter Gestalt nicht nur die unge-
fähre Form zu verstehen, sondern vor allen Dingen die Zusammensetzung der Entität aus ihren funktionalen Teilen. Ausdrücke, die Basiskategorien denotieren, haben jeweils eine eigene Mereologie (§5.4.4),
das heißt eine spezielle Terminologie für die Teile dieser Art von Entitäten. Zum Beispiel hat ein Klavier eine „Tastatur", die ihrerseits wieder
aus „weißen Tasten" und „schwarzen Tasten" besteht; mit einer Taste
bewegt man einen „Hammer", der die „Saiten" anschlägt, auf die sich,
sobald die Taste losgelassen wird, ein „Dämpfer" legt, sofern nicht
das rechte „Pedal" getreten ist. Jeder dieser Teile und Teilesteile hat
eine bestimmte Funktion und macht damit das Ganze zu dem, was es
ist: die Teile sind in diesem Sinne konstitutiv. Dasselbe gilt auch für
Kategorien von belebten Dingen. Zum Beispiel hat ein „Vogel" einen
„Schnabel", mit dem er Nahrung aufnimmt; er hat „Flügel" zum Fliegen und sein Körper ist mit „Federn" bedeckt. All diese gemeinsamen
Charakteristika gelten nicht mehr für Kategorien auf höheren Ebenen

wie TIER oder MUSIKINSTRUMENT. Im Falle von Basiskategorien sichtbarer Dinge haben die gemeinsamen Gestalteigenschaften zur Folge, dass man ein (schematisches) Bild von dieser Art von Entität zeichnen kann, zum Beispiel ein Bild von einem Schwein oder einem Klavier; ein unspezifisches Bild von einem Tier oder einem Musikinstrument kann man nicht zeichnen.

Ein wichtiger Bestandteil der Definition von Basiskategorien ist eine Spezifikation der Art und Weise, wie wir mit Dingen dieser Art zu tun haben, wie wir sie benutzen oder wie wir mit ihnen interagieren. So werden zum Beispiel ein Klavier, eine Trompete oder eine Gitarre jeweils auf andere Weise gespielt und für verschiedene Arten von Musik verwendet. Strümpfe zieht man auf andere Weise an als Jacken und man trägt sie auch anders. Bei Artefakten wie Kleidungsstücken oder Musikinstrumenten korrespondieren die Teile mit bestimmten Funktionen und Benutzungsweisen; das Mundstück der Trompete dient zum Anblasen, die Manschette am Ärmel der Jacke verhindert, dass der Ärmel hoch- oder herunterrutscht.

Belebte Kategorien kategorisieren wir ebenfalls danach, wie wir mit ihnen zu tun haben, zum Beispiel wie sich bestimmte Tiere dem Menschen gegenüber verhalten, wie wir mit ihnen interagieren bzw. wofür wir sie benutzen. Daher ist, wie bereits erwähnt, in westlichen Kulturen ein Bestandteil des Konzepts ›Schwein‹, dass Schweine als Haustiere gehalten, gemästet, geschlachtet und in vielfältiger Form verzehrt werden. Für die Kategorie KATZE gilt das nicht; Tiger wiederum sind als wilde Tiere kategorisiert, die es bei uns nicht frei gibt, anders als Kaninchen; Mücken stechen einen, Spinnen bauen Netze und sind für viele Menschen Objekte großen Abscheus.

Der sprachliche Aspekt: Eigenschaften von Basisbegriffen

Die Bevorzugung der Basisebene in unserem kognitiven System zeigt sich auch in der Sprache: die Ausdrücke für Basiskategorien, nennen wir sie **Basisbegriffe**, werden in der Kommunikation bevorzugt. Basisbegriffe sind in aller Regel einfache, kurze, nicht entlehnte und alte Wörter, mit Ausnahme von Begriffen für neuartige Artefaktkategorien (vgl. die Beispiele in Tabelle 9.1, S. 273). Wenn Basisbegriffe zusammengesetzt, lang oder aus anderen Sprachen übernommen sind, werden sie meist schnell verkürzt und assimiliert; Beispiele gibt es viele, in Form von Kurzwörtern (*Bus < Omnibus, Auto < Automobil, Rad < Fahrrad, U-Bahn < Untergrundbahn* oder engl. *bra < brassiere, pram < perambulator* ‚Kinderwagen') oder von Abkürzungen (*PC < personal computer, BH < Büstenhalter*). Im Gegensatz dazu sind Begriffe auf niedrigeren Ebenen häufig Komposita mit einem Basisbegriff als Kopf (§5.2.2): *Tenorsaxophon, Jogginghose, Rennrad, himmelblau* usw.; oft sind sie auch aus anderen Sprachen entlehnt (*Sneaker, Notebook, Keyboard, Prosecco*).

Basisbegriffe machen den größten Teil des Grundwortschatzes aus; sie werden als erste gelernt und später am meisten benutzt. Sie eignen sich besonders gut für die Kommunikation; wegen ihres mittleren Allgemeinheitsgrads steht ihre Verwendung in Einklang mit einer der grundlegenden „Spielregeln" der Kommunikation, die fordert, dass man nicht mehr und nicht weniger Information als nötig geben soll.[9] Dass Basisbegriffe in der Kommunikation so bevorzugt werden, hängt natürlich auch mit den genannten psychologischen Aspekten zusammen: auf die Konzepte der Basisebene kann besonders schnell zugegriffen werden, und sie sind so vielfältig mit praktischen Aspekten verknüpft, dass dadurch die Interpretation im Kontext erleichtert wird.

Basiskategorien und Prototypen

Das theoretische Konzept des Prototypen funktioniert auf der Basisebene am besten. Die Gestalteigenschaften und die Konzeptualisierung der Art und Weise, in der wir mit Vertretern einer Basiskategorie zu tun haben, machen im Wesentlichen den Prototyp aus. Basiskategorien bündeln viele Eigenschaften und sind dadurch gut voneinander zu unterscheiden; die komplexen Merkmalkonstellationen, die sie auf sich vereinigen, haben einen hohen Erkennungswert.

9.4   Schwierigkeiten mit der Prototypentheorie

In diesem und dem folgenden Abschnitt werden wir uns näher mit einigen Fragen befassen, die Probleme für die Prototypentheorie (im Folgenden kurz PT) darstellen. Das gibt die Gelegenheit, eine Reihe von grundlegenden Fragen anzusprechen. Die problematischen Punkte der Prototypentheorie sind die in Abbildung 9.4 auf der rechten Seite dargestellten: Kategorisierung über Prototypen als Referenzfälle, graduelle Zugehörigkeit und unscharfe Grenzen. Ich werde argumentieren, dass diese Punkte nicht so gut begründet sind und nicht so eng zusammenhängen, wie in der frühen PT angenommen wurde. Die Phänomene, mit denen sich die PT befasst, können auch anders interpretiert und erklärt werden. Diese Kritik betrifft jedoch nicht die Befunde zur Basisebene, die im vorigen Abschnitt besprochen wurden.

---

9   Die so genannte „Quantitätsmaxime" von Paul Grice (s. Lesehinweise Kapitel 1).

9.4.1 Abgestufte Struktur und graduelle Zugehörigkeit

Einer der Kernpunkte der PT ist die Annahme, dass die empirisch belegbare abgestufte Binnenstruktur von Kategorien (dass es bessere und schlechtere Beispiele innerhalb der Kategorie gibt) gleichzusetzen ist mit gradueller Zugehörigkeit und unscharfen Grenzen (§9.2.6); der Grund dafür liegt, nach der PT, darin, dass die Kategorisierung über den Vergleich mit dem Prototypen läuft. Manche Experimente haben indessen ergeben, dass auch Kategorien mit vollkommen scharfen Grenzen eine abgestufte Struktur haben können. Zum Beispiel wurde experimentell nachgewiesen, dass für die Kategorie UNGERADE ZAHL die Zahlen 1, 3, 5, 7 und 9 als die besten Beispiele angesehen werden und mithin die prototypischen Fälle darstellen. Aber es gibt für diese Kategorie keine Grenzfälle, und die Zahl 18764098376542141 ist in keiner Weise weniger ungerade als 3. Für die Kategorie UNGERADE ZAHL gibt es zwei definierende Bedingungen: eine ungerade Zahl muss eine natürliche Zahl[10] größer als 0 sein und sie darf nicht durch 2 teilbar sein. Beide Bedingungen sind notwendig. Es gibt daher keinerlei Spielraum für eine größere oder geringere Ähnlichkeit mit den prototypischen Fällen. Die Zahl 4 ist in gewisser Hinsicht einer ungeraden Zahl ähnlich, weil sie nicht durch 3 teilbar ist (statt durch 2), aber das zählt nicht. Die Zahl 12,99999999 ist fast identisch mit der ungeraden Zahl 13, aber sie ist genauso wenig ungerade wie die Zahl 2 oder π. Ähnlichkeit mit dem Prototypen reduziert sich damit auf den trivialen Fall der vollkommenen Äquivalenz: dass die entscheidenden Eigenschaften des Prototyps alle vorliegen. Was das anbetrifft, könnte absolut jede ungerade Zahl als Referenzfall der Kategorisierung dienen. Der springende Punkt ist natürlich, dass der Vergleich mit gegebenen Fällen bei der Kategorisierung überhaupt keine Rolle spielt. Wenn wir entscheiden, ob eine Zahl gerade oder ungerade ist, denken wir uns diese in ihrer Dezimaldarstellung (wenn sie nicht ohnehin in diesem Format gegeben ist), und überprüfen, ob die letzte Ziffer 1, 3, 5, 7 oder 9 ist. Diese fünf Fälle können also tatsächlich eine Schlüsselrolle bei der Kategorisierung spielen, jedoch nicht die Rolle, die für die besten Beispiele in der PT vorgesehen ist, nämlich die von besonders typischen Fällen als Vergleichsobjekten. Dennoch sind die ersten fünf ungeraden Zahlen in anderem Sinne durchaus Prototypen: es sind mit Sicherheit diejenigen Fälle, die einem als erste in den Sinn kommen, und es sind

---

10 Die natürlichen Zahlen sind die unendlich vielen Zahlen der Zählreihe; in der Mathematik ist es üblich, in diese Reihe die Null als Anfangsglied einzuschließen: 0, 1, 2, 3, ...

gute Beispiele, weil sie mit nur einer Ziffer geschrieben werden können; aus diesem Grunde kann man auch ihre Ungeradheit bei dezimaler Zifferndarstellung am einfachsten erkennen. Aber obwohl prototypisch, spielen sie bei der Kategorisierung nicht die Rolle, die die PT dem Prototypen zuschreibt. Und die Kategorie UNGERADE ZAHL hat offensichtlich eine abgestufte Struktur und dennoch scharfe Grenzen.

Ähnlich liegen die Verhältnisse bei dem so viel zitierten Beispiel der Kategorie VOGEL. Pinguine sind zwar recht merkwürdige Mitglieder dieser Kategorie, aber sie gehören doch eindeutig dazu, ebenso wie alle anderen Sorten von Vögeln; sie sind keine Halbvögel oder dergleichen. Dass für allgemeinere Kategorien wie TIER die Kategorisierung nicht über einen Ähnlichkeitsvergleich mit den prototypischen Fällen erfolgen kann, hatten wir auch bereits festgestellt (§9.2.7). Es gibt keine Ähnlichkeit zwischen einer Amöbe und einem Hund, bis auf das sehr abstrakte, wahrscheinlich nur Fachleuten bekannte Kriterium, das auch Amöben zu Tieren macht. Dennoch sind auch Amöben hundertprozentige Fälle von Tieren. Für solche Kategorien ist die Kategorisierung eine Frage der Definition, das heißt einer Menge von notwendigen Bedingungen, auch wenn es prototypische Fälle als beste Beispiele gibt. Daraus ergeben sich folgende Korrekturen an den Annahmen der Prototypentheorie:

- Eine Kategorie kann prototypische Fälle enthalten, aber sie brauchen nicht die Rolle von Referenzfällen bei der Kategorisierung zu spielen.

- Zugehörigkeit zu einer Kategorie ist nicht notwendig eine Frage der Ähnlichkeit mit dem Prototypen.

- Wie im NHB-Modell angenommen, kann die Zugehörigkeit zu einer Kategorie durchaus ein Frage von notwendigen Bedingungen sein.

- Abgestufte Binnenstruktur geht nicht notwendig mit gradueller Zugehörigkeit einher.

Fälle wie die der Kategorien UNGERADE ZAHL und TIER zeigen, dass die beiden zentralen Eigenschaften von Prototypen, die in der PT angenommen werden – dass sie die besten Beispiele sind und dass sie als Referenzfälle der Kategorisierung fungieren – tatsächlich voneinander unabhängig sind. Infolgedessen sind abgestufte Struktur und graduelle Zugehörigkeit doch nicht die beiden Seiten derselben Medaille: auch wenn nicht alle Mitglieder eine Kategorie gleich gut repräsentieren, können doch alle hundertprozentige Mitglieder sein und durch eine scharfe Grenze (sprich: klare Kriterien) von den Nichtmitgliedern ge-

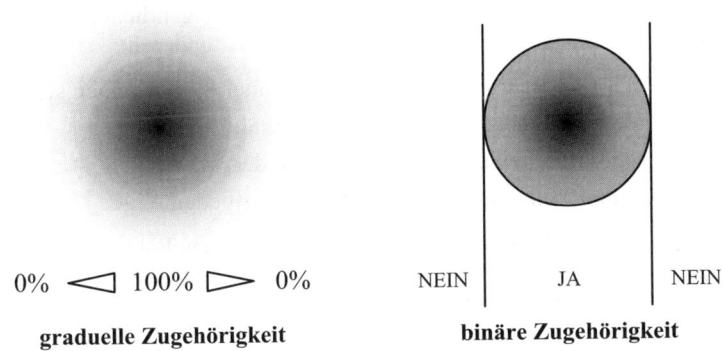

0% ◁ 100% ▷ 0%   NEIN | JA | NEIN

graduelle Zugehörigkeit   **binäre Zugehörigkeit**

Abbildung 9.7 Graduelle und binäre Zugehörigkeit bei abgestufter Struktur

trennt sein. Abbildung 9.7 soll den Unterschied illustrieren. Sie zeigt links eine Kategorie mit gradueller Zugehörigkeit und daher auch abgestufter Struktur und unscharfen Grenzen. Rechts sehen Sie eine Kategorie mit binärer (Ja-oder-Nein) Zugehörigkeit und daher scharfen Grenzen, aber dennoch mit abgestufter Struktur.

9.4.2 Unscharfe Grenzen

Aus der Sicht der Semantik ist die Frage, ob Kategorienzugehörigkeit etwas Graduelles ist, viel zentraler als die Frage nach der Existenz, Beschaffenheit und Rolle von Prototypen. Im nächsten Abschnitt wird argumentiert, dass die Annahme gradueller Zugehörigkeit und unscharfer Kategoriengrenzen für semantische Kategorien, das heißt für Wort- und Satzdenotationen, generell abgelehnt werden muss. Da alle bisher behandelten Beispiele von Kategorien, VOGEL, TASSE, TIER, Farbwortkategorien usw. semantische Kategorien waren, ist das eine These, die der PT sehr stark entgegensteht (nichtsemantische Kategorien wären solche, für die wir keine sprachlichen Begriffe haben, vgl. S. 10).

Es scheint zwei einleuchtende Gründe dafür zu geben, dass die Behauptung, Kategorien hätten unscharfe Grenzen, plausibel und akzeptabel erscheint. Erstens passt diese Behauptung zu unserem intuitiven Eindruck, dass Kategoriengrenzen sehr häufig in irgendeinem Sinne unscharf, unklar, variabel oder fließend sind. Dieser Eindruck hat verschiedene Ursachen und bezieht sich bei näherem Hinsehen auf unterschiedliche Phänomene, die mit unserem eigentlichen Problem nicht alle zu tun haben. Diese Ursachen sind unter anderem:

- **Variation** von Wortbedeutungen in einer Sprachgemeinschaft
- **Unkenntnis** der genauen Wortbedeutung
- **Pragmatismus**: ungenauer Gebrauch der Wörter
- **Vagheit**: inhärente Flexibilität von Wortbedeutungen

Zweitens gibt es die Evidenz aus den zitierten psychologischen Experimenten zur abgestuften Binnenstruktur und scheinbar fließenden Übergängen zwischen Kategorien. Was diese Experimente eigentlich zeigen, ist aber gar nicht so klar, wie es zunächst erscheinen mag. Zum einen sind die Ergebnisse teilweise durch das Testdesign vorherbestimmt. Zum anderen lassen sich die Befunde auch auf andere Weise deuten.

Ursachen des Unschärfeeindrucks

Bedeutungsvariation. Sie werden sicher schon unzählige Male erlebt haben, dass Leute bestimmte Wörter verschieden gebrauchen. Zum Beispiel kann man mit anderen darüber in Streit geraten, ob ein bestimmter Farbton noch ein Grün oder schon ein Blau ist. Für subjektive Kategorien wie SCHÖN, LANGWEILIG oder LECKER ist Uneinigkeit darin, was zu diesen Kategorien gehört, absolut die Regel: das hängt eben von persönlichen Vorlieben und Einstellungen ab. Das bedeutet aber nicht, dass diese Kategorien für den Einzelnen unscharf wären; man kann sehr wohl ganz klare Kriterien dafür besitzen (abgesehen davon, dass diese Kategorien inhärent vage sind; dazu §9.5.3). Neben solchen rein subjektiven Kategorien gibt es Wörter, mit denen verschiedene Leute ähnliche, aber unterschiedliche Konzepte verknüpfen, zum Beispiel das Wort *erwachsen*: für die einen ist das Alter das entscheidende Kriterium, für andere der Stand der Persönlichkeitsentwicklung, für wieder andere Unabhängigkeit der Lebensführung. Verschiedene Leute verknüpfen also mit denselben Wörtern verschiedene Konzepte und damit auch unterschiedliche, wenn auch stark überlappende Kategorien. Es geht aber in der PT nicht darum, wie sich die Kategorien verschiedener Individuen zueinander verhalten, sondern darum, wie beim Einzelnen die Kategorien angelegt sind: die Unschärfehypothese gilt für die individuellen Kategorien einzelner kognitiver Subjekte.

Wir sind uns all dieser Art von Variation bewusst und erhalten dadurch den Eindruck, dass die Kategorien, die sich mit den allgemein verwendeten Wörtern verknüpfen, nicht ganz stabil sind und daher als Gesamtbild einen Bereich mit unscharfen Grenzen ergeben. Zusätzlich zu den eigenen semantischen Kenntnissen hat jeder von uns eine Theorie darüber, wie andere Leute dieselben Ausdrücke gebrauchen und in welchem Rahmen die Wörter semantisch variieren. Eine solche Theorie ist ein wichtiger Bestandteil unserer kommunikativen Kompetenz, weil wir ja für eine erfolgreiche Kommunikation darauf angewiesen sind zu antizipieren, wie a n d e r e die Ausdrücke interpretieren, die wir gebrauchen.

Unwissenheit. Wir alle benutzen viele Ausdrücke, deren Bedeutung wir nicht so richtig kennen. Auch daraus resultiert natürlich der subjektive Eindruck, dass die dadurch denotierten Kategorien reichlich unbestimmt sind. Aber auch dieses Phänomen tangiert die PT nicht; denn die Theorie gilt natürlich nur für die Kategorien, über die das kognitive Subjekt verfügt, nicht für die, über die es nicht verfügt.

Pragmatismus.[11] Es ist eine Frage, ob etwas zu einer bestimmten Kategorie gehört, und eine andere Frage, ob es mit dem betreffenden Wort erfolgreich benannt werden kann. Was nützt es, wenn Klaus genau weiß, was eine „Paspel" ist, sein Gegenüber aber nicht? Die erste Frage, nach der korrekten Kategorisierung, betrifft die Ordnung der Dinge in der Welt (aus der Sicht des kognitiven Subjekts); die zweite, nach der geglückten Benennung, betrifft den kommunikativen Erfolg. Abgesehen davon, dass keine zwei Personen genau denselben Wortschatz haben, besitzen wir nicht für alle Kategorien von Dingen, über die wir vielleicht reden wollen, passende Ausdrücke; wie oft finden wir uns in der Lage, nach einem passenden Ausdruck für etwas zu suchen, für das es kein Wort zu geben scheint und oft genug wirklich keines gibt. Wenn wir dann verlegenheitshalber einen anderen Ausdruck wählen, der streng genommen nicht zutrifft, aber immerhin etwas bezeichnet, das dem Gemeinten so ähnlich ist, dass unsere Intention erkannt werden kann, dann mag das durchaus als normaler Sprachgebrauch durchgehen. Wenn wir tatsächlich verbal kommunizieren, können wir ohne Schaden Wortbedeutungen bis zu einem gewissen Grad überdehnen und damit etwas zweckentfremden. Das geht so lange gut, wie wir auf diese Weise nicht in einen Bereich geraten, wo wir eindeutig besser ein anderes Wort verwenden sollten. Mit andern Worten: wir benutzen unser Vokabular oft in beträchtlicher kalkulierter Ungenauigkeit. Dadurch ist die praktische Denotation eines Wortes tatsächlich eine flexible Kategorie. Aber auch das zeigt nicht, dass die eigentlichen Wortbedeutungen unscharfe Kategorien ergeben, sondern nur, dass man

---

[11] Wesentlich mehr zu dieser Thematik findet sich zum Beispiel in Verschueren (1999: §2) zu *variability*, *negotiability* und *adaptability* von Wortbedeutungen.

von den im Lexikon durch die Wortbedeutungen verfügbaren Kategorisierungen flexibel Gebrauch machen kann.

Vagheit. Wenn man nun alle diese in unserem Zusammenhang irrelevanten Quellen des Eindrucks von Kategorienunschärfe ausschließt, bleibt die Frage, wie die Vagheit (vgl. §3.2.4) so vieler Wortbedeutungen in einem Modell der Kategorisierung zu berücksichtigen ist. Die Vagheit von Adjektiven wie *groß* oder Verben wie *vergrößern* und einem großen Teil der übrigen Inhaltswörter ist nicht zu leugnen. Sie ist mit den Bedeutungen im kognitiven System jedes Einzelnen unlösbar verknüpft, auch wenn diese Bedeutungen vollkommen bekannt sind. Die Prototypentheorie bietet ein Modell für Kategorien mit vagen Grenzen an, nämlich graduelle Ähnlichkeit zum Prototypen. In §9.5.3 wird jedoch gezeigt, dass es ein alternatives Modell gibt, das mit binärer Zugehörigkeit kompatibel ist.

Testdesign und Interpretation der Unschärfeexperimente

Teilweise, muss man feststellen, waren die Ergebnisse der entscheidenden Experimente durch das Testdesign selbst vorherbestimmt. Wenn man Probanden in einem wissenschaftlichen Experiment auffordert, für verschiedene Arten von Möbelstücken Grade der Zugehörigkeit zur Kategorie MÖBELSTÜCK festzulegen, werden sie Grade der Zugehörigkeit angeben. Das beweist aber nicht, dass sie innerlich, als kognitive Subjekte, graduell kategorisieren; es beweist vielleicht nicht einmal, wie sie selbst kategorisieren, sondern möglicherweise eher, wie hoch sie die Wahrscheinlichkeit einschätzen, dass andere diese Kategorisierung vornehmen würden. Diese Art von Testdesign kann jedenfalls nicht dazu verwendet werden, um zu überprüfen, ob die tatsächliche kognitive Kategorisierung der Testpersonen binär oder graduell erfolgt.

Ein anderer Kritikpunkt betrifft das Testmaterial in Experimenten wie der Labovschen Tasse-Vase-Schale-Untersuchung. Labov verwendete als Vorlage zur Kategorisierung schematische Zeichnungen und zwang dadurch die Probanden allein aufgrund der optischen Erscheinung zu kategorisieren. Das Kriterium der Form ist aber bei Tassen, Vasen und Schalen nur sekundär. Primär ist bei allen Artefaktkategorien der Verwendungszweck. Tassen zum Beispiel werden hergestellt, um daraus heiße Getränke wie Kaffee, Tee, Kakao zu trinken. Das ergibt das zentrale und entscheidende Kategorisierungsmerkmal ›Artefakt, um daraus heiße Getränke zu trinken‹. Alle übrigen Charakteristika der Kaegorie TASSE lassen sich daraus ableiten. Weil Tassen für heiße Getränke verwendet werden, müssen sie aus einem wärmefesten Material sein; will man sie öfter benutzen, sollte es ein beständiges Material sein; aus hygienischen und ästhetischen Gründen sollte das Material abwaschbar, also auch wasserfest sein. Ein Henkel schützt beim Trinken vor der Berührung mit der heißen Gefäßwand. Aus Gründen der traditionellen Fertigungstechniken und verwendeten Materialien sind Tassen rund. Das Verhältnis von Höhe zu Durchmesser optimiert die Geschwindigkeit, mit der das heiße Getränk abkühlt. Das Volumen und damit die Größe der Tasse ist dadurch determiniert, in welchen Mengen man die daraus getrunkenen Getränke zu sich nimmt. All diese Merkmale von Tassen sind vorhersagbar. Da sie sich aus dem Gebrauchszweck ergeben und die Brauchbarkeit optimieren, sind sie Merkmale der prototypischen Tasse. Aber keines dieser Merkmale, insbesondere nicht die von Labov vorgegebenen Formeigenschaften, ist notwendig oder unverzichtbar. Keines braucht als Bestandteil des zugrunde liegenden Konzepts betrachtet zu werden, eben weil diese Merkmale vorhersagbar sind; schließlich wird man annehmen, dass das kognitive System möglichst ökonomisch angelegt ist. Wenn alle diese Merkmale aber verzichtbar sind, haben sie mit der Kategorisierung gar nichts zu tun. Allein das entscheidende Merkmal – dass man aus Tassen heiße Getränke trinkt – ist unverzichtbar und ausschlaggebend. Für Vasen ist das entscheidende Merkmal, dass sie dazu verwendet werden, darin Schnittblumen aufzustellen; alle anderen Merkmale sind sekundär und ableitbar. Das scheinbare Ineinanderübergehen der Kategorien TASSE und VASE ist also ein künstlicher Effekt eines Experiments, das sich auf das sekundäre Merkmal der Form statt auf das primäre der Funktion stützt. Die Form einer Tasse lässt sich kontinuierlich in die einer Vase überführen; aber zwischen dem Zweck des Kaffeetrinkens und dem des Blumenaufstellens gibt es keinen kontinuierlichen Übergang. Wie oben erwähnt fragte Labov die Probanden auch, wie sie die Objekte kategorisieren würden, wenn sie sich vorstellen, dass sie mit Kaffee bzw. Blumen gefüllt wären; unter diesen Vorgaben wurden mehr Objekte als Tasse bzw. Vase kategorisiert. Das beweist, dass das Funktionskriterium dominant ist. Was die Experimente wirklich zeigen, ist, dass Kategorisierung flexibel und kontextabhängig ist und dass sie sich nicht primär auf Formmerkmale stützt. Sie zeigt nicht, dass die Probanden mit unscharfen Kategorien arbeiten.

9.4.3 Zusammenfassung

Eine der grundlegenden Annahmen der PT kann nicht zurückgewiesen werden: für viele Kategorien gibt es Prototypen im Sinne von besten Beispielen. Noch allgemeiner kann man annehmen, dass es für die

meisten Kategorien bessere und weniger gute Beispiele gibt, dass sie
also eine abgestufte Struktur haben. In dieser Hinsicht lassen sich die
Befunde von Berlin und Kay auf sehr viele Kategorien übertragen.
Auch sind Kategoriengrenzen in der Tat flexibel und variabel. Man
muss dabei aber zwischen Variabilität auf verschiedenen Ebenen unterscheiden. Bedeutungsvariation, Unwissenheit und ungenauer Gebrauch tragen zu einem subjektiven Unschärfeeindruck bei. Dabei handelt es sich aber um ein Makrophänomen, nämlich wie sich die Kategorisierungen einer großen Zahl von kognitiven Subjekten zueinander
verhalten. Das NHB-Modell und das Kategorisierungsmodell der PT
befasst sich aber nicht mit dieser übergeordneten Ebene, sondern mit
Kategorisierung durch das kognitive Individuum; denn diese Modelle
möchten einen Beitrag dazu leisten zu verstehen, wie das kognitive
System des Menschen arbeitet. Auf der Ebene des Individuums ist nur
eine Art der Flexibilität relevant, die Vagheit vieler unserer lexikalisierten Konzepte; dieses Phänomen lässt sich anders modellieren, wie
im nächsten Abschnitt gezeigt werden soll. Unterm Strich bleiben die
Befunde der PT interessant und herausfordernd, aber die Schlussfolgerungen, die in dieser Theorie aus den Befunden gezogen wurden, sind
teilweise fraglich. Das betrifft die folgenden Punkte, die in dieser Form
nicht hinreichend begründet sind:

?? Kategorisierung beruht nicht auf notwendigen Bedingungen.

?? Zugehörigkeit ist generell eine Frage der Ähnlichkeit zum
Prototypen.

?? Zugehörigkeit ist generell eine graduelle Angelegenheit.

?? Kategoriengrenzen sind unscharf.

Seit den Tagen der frühen PT haben viele Semantiker der kognitiven
Ausrichtung die ursprüngliche Version dieser Theorie aufgegeben.
Statt von Prototypen spricht man heute von „Prototypeneffekten".
Reichhaltigere und anspruchsvollere Modelle der Kategorisierung
werden für die Erklärung der abgestuften Struktur eingesetzt, zum
Beispiel die „Idealisierten Kognitiven Modelle" in Lakoff (1987). Aus
deren Struktur lassen sich dann Prototypeneffekte wie die Tatsache
erklären, dass manche Mitglieder einer Kategorie als typischer gelten.
In dem hier gegebenen Rahmen kann auf die neueren Entwicklungen
der Prototypentheorie nicht eingegangen werden. Die Argumentation
im folgenden Abschnitt bleibt aber im übrigen von diesen Entwicklungen unberührt.

9.5   Semantik und Prototypentheorie

9.5.1   Kognitive Semantik

Überträgt man die Begriffe der Kognitionswissenschaft auf die Semantik, so erhält man die Version des semiotischen Dreiecks in Abbildung 9.8; es handelt sich wie in Abbildung 6.4 (S.161) um die Variante, in der ein Ausdruck in einem angenommenen ÄK referierend verwendet wird. Wenn der Ausdruck ein Inhaltswort ist, ist seine Bedeutung ein Konzept für seine potenziellen Referenten; handelt es sich um einen Satz, dann ist die Bedeutung ein Konzept für seine potenziellen Referenzsituationen. Wenn man in einem gegebenen ÄK einen Satz oder ein Inhaltswort auf seinen Referenten bezieht, dann kategorisiert man sie entsprechend den verwendeten Konzepten. Nehmen wir zum Beispiel an, dass Angelika zu Klaus Satz (3) sagt:

(3)   *Der Kaffee ist lauwarm.*

Dann kategorisiert Angelika die Referenzsituation als eine der-Kaffee-ist-lauwarm-Situation, das Getränk, auf das sie referiert, als Kaffee und seine Temperatur als lauwarm. Jede Prädikation, die in einem Satz enthalten ist, entspricht einer Kategorisierung ihrer Argumente, und die komplexe Prädikation, die durch einen ganzen Satz formuliert wird (§6.8), ergibt eine Kategorisierung der Referenzsituation.

In einem sehr weiten Sinne kann man unter **Kognitiver Semantik** alle semantischen Ansätze verstehen, die die eben formulierte Sicht auf Bedeutung und Referenz einnehmen, das heißt alle mentalistischen Ansätze, zu denen auch der in dieser Einführung gewählte zählt. Der Gegenstandsbereich der Kognitiven Semantik ist wesentlich enger als der der Kognitionswissenschaft; zum einen weil sich die Kognitive

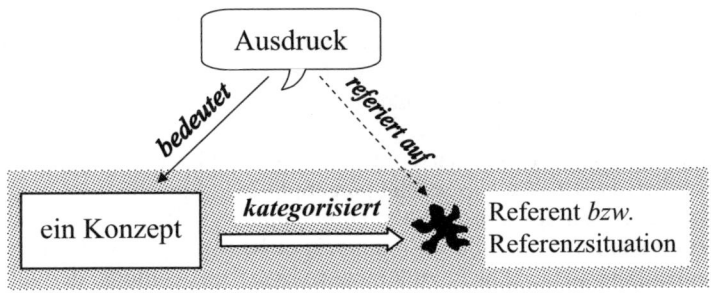

Abbildung 9.8 Die kognitive Version des semiotischen Dreiecks

Semantik ausschließlich mit dem Problem der Kategorisierung und Konzeptualisierung befasst, zum andern, weil die Kategorisierungen, die sprachlich ausgedrückt werden können, nur einen kleinen Teil in unserem kognitiven System ausmachen. Es ist daher sinnvoll, spezieller von **semantischen Konzepten** (sprachlichen Bedeutungen) und **semantischen Kategorien** (Denotationen) zu sprechen.

Die so genannte **Prototypensemantik** (PS) wendet die Prototypentheorie direkt auf die Semantik an. Danach sind Wortdenotationen Kategorien, die primär durch einen Prototyp definiert sind, die unscharfe Grenzen haben und graduelle Zugehörigkeit. Damit ist aber auch die Frage, ob eine bestimmte Entität mit einem Wort zutreffend bezeichnet werden kann, das heißt ein potenzieller Referent dieses Wortes ist, nicht mit Ja oder Nein zu beantworten, sondern nur graduell. Nach der Sicht der PS kann man nicht sagen, dass man für etwas das Wort *Tasse* benutzen kann oder nicht, sondern allenfalls, dass es ganz gut oder nicht so gut als *Tasse* bezeichnet werden kann. Die graduelle Kategorienzugehörigkeit überträgt sich auch auf ganze Sätze: wenn Fiffi nur ein 85%-Hund ist, dann ist der Satz *Fiffi ist ein Hund* auch nur zu 85% wahr, und müsste daher auf einer Wahrheitswertskala zwischen 0,0 (falsch) und 1,0 (wahr) den Wert 0,85 erhalten. In diesem Abschnitt wird argumentiert, dass diese Konsequenz der PS aus pragmatischer und semantischer Sicht nicht tragbar ist.

9.5.2 Polarisierung

In Kapitel 4, in Zusammenhang mit den Überlegungen zu Donald Duck, wurde das Polaritätsprinzip eingeführt: „In einem gegebenen ÄK, mit einer gegebenen Lesart, ist ein Deklarativsatz entweder wahr oder falsch." Dieses Prinzip, das wir damals als trivial und unproblematisch betrachtet haben, erscheint vor dem Hintergrund der Prototypentheorie in einem neuen Licht. So wie es da steht, schließt es zumindest für sprachlich ausdrückbare Kategorisierung graduelle Zugehörigkeit klipp und klar aus. Ist es also falsch? Oder eine Vereinfachung? Oder gibt es doch Evidenz für seine Richtigkeit?

Ja, es gibt Evidenz. Zunächst einmal: wenn es irgendein semantisches Universal gibt, das heißt ein semantisches Phänomen, das in allen Sprachen auftritt, dann ist es die Negation. Jede Sprache hat grammatische und/oder lexikalische Mittel, um einen gegebenen Satz zu negieren. Die möglichen Sätze in einer Sprache (mit ganz wenigen Ausnahmen, die uns hier nicht zu kümmern brauchen) kommen deshalb in Paaren von positiven (nicht negierten) und negativen Sätzen, ihren Negationen, daher. Wie wir in §4.1.3 zur Negation gesehen haben, ist

es nicht immer ganz einfach zu bestimmen, welche Paare zusammengehören, weil man dazu tendiert, die Negation mit Kontrarietät zu verwechseln, zum Beispiel, wenn man denkt, die Negation von *immer* sei
nie und nicht *nicht immer*; dennoch ist eine systematische Bestimmung
möglich, wenn man die Methoden der logischen Analyse korrekt anwendet, und die Schwierigkeiten beschränken sich auf eine Handvoll
Sonderfälle.

Die Tatsache, dass es zu jedem (positiven) Satz eine Negation gibt,
hat zur Folge, dass, was immer man sagt, das Ergebnis der Wahl zwischen zwei Alternativen ist. Wenn Sarah zu Angelika sagt: „Der Hund
hat meinen blauen Rock zerrissen!", dann sagt sie eben das und nicht:
„Der Hund hat meinen blauen Rock nicht zerrissen." Wenn wir uns
entscheiden zu sagen: „Donald ist eine Ente.", entscheiden wir uns zugleich dagegen zu sagen: „Donald ist keine Ente." Auf diese Weise
wird alles, was wir mit einem Deklarativsatz sagen, zu einer Frage
von Ja oder Nein. Die Sprache zwingt uns durch diese Struktur in ein
einfaches Schwarz-Weiß-Denken ohne Zwischentöne. Dieses Phänomen lässt sich am besten als **Polarisierung** bezeichnen[12]: die grundsätzliche Teilung von allem und jedem in zwei entgegengesetzte Möglichkeiten, Ja oder Nein, Wahr oder Falsch.[13]

---

[12] Das ist der Grund, warum in §4.1 für das Polaritätsprinzip diese weniger gebräuchli-
che Bezeichnung gewählt wurde; üblicher ist „Zweiwertigkeitsprinzip".

[13] An diesem Punkt muss eine Anmerkung zum Phänomen der **Präsuppositionen** gemacht werden, das in diesem Buch aus Platzgründen nicht ausführlicher behandelt
werden kann, obwohl es aus semantischer Sicht ein sehr wichtiges Phänomen ist.
Viele, wenn nicht alle Sätze tragen so genannte semantische Präsuppositionen. Dies
sind logische Vorbedingungen dafür, dass ein Satz in einem gegebenen ÄK soweit
sinnvoll interpretiert werden kann, dass es überhaupt möglich ist zu entscheiden, ob
er wahr oder falsch ist. Präsuppositionen haben ihren Ursprung sowohl in den verwendeten Ausdrücken als auch in der Struktur des Satzes. In §6.7 haben wir Selektionsbeschränkungen als eine Sorte von Präsuppositionen behandelt, und dieses Beispiel genügt für unsere Zwecke. Wenn ein Satz einen Prädikatsausdruck enthält,
erfordert die Verwendung dieses Ausdrucks in dem gegebenen ÄK, dass seine
Argumente die Selektionsbeschränkungen erfüllen. Wenn man zum Beispiel sagt:
„Das ist grün." oder „Das ist nicht grün.", und mit *das* auf ein Objekt x referiert,
dann präsupponiert man, dass x sichtbar ist, denn Sichtbarkeit ist die Selektionsbeschränkung des Farbprädikats ›grün‹ für sein Argument. Wenn x nicht sichtbar ist
und *grün* als Farbwort interpretiert wird, sind die beiden Sätze weder wahr noch
falsch. Wenn in einem ÄK also nicht alle Präsuppositionen eines Satzes erfüllt sind,
dann hat er gar keinen Wahrheitswert. Insofern müsste das Polaritätsprinzip genau
genommen folgendermaßen formuliert werden: „Ein Deklarativsatz, in einer bestimmten Lesart, ist in einem gegebenen ÄK, der alle seine Präsuppositionen erfüllt,
entweder wahr oder falsch."
Wegen der Allgegenwart von Präsuppositionen gibt es immer die Möglichkeit,
dass eine Prädikation in bestimmten Sorten von ÄK gar keinen Wahrheitswert er-

Das Phänomen der Polarisierung beschränkt sich nicht auf Deklarativsätze. Es betrifft genauso alle anderen Satztypen, zum Beispiel Interrogativ- und Imperativsätze:

(4)   a.   *Warum ist Bier im Kühlschrank?*
      vs. *Warum ist kein Bier im Kühlschrank?*
      b.   *Tu bitte Bier in den Kühlschrank!*
      vs. *Tu bitte kein Bier in den Kühlschrank!*

In (4a) steht die erste Frage, warum es so ist, in Kontrast zu der negierten Frage, warum es nicht so ist; in (4b) wird aufgefordert, etwas zu tun, im Gegensatz dazu, es nicht zu tun. Insofern ist Polarisierung ein noch umfassenderes Phänomen als die Gültigkeit des Polaritätsprinzips, das ja nur für Deklarativsätze gilt. Die Polarisierung betrifft im übrigen nicht nur ganze Sätze, sondern jede einzelne Prädikation, die in einem Satz enthalten ist, und damit jede durch die Äußerung eines Satzes vorgenommene Kategorisierung mit sprachlichen Mitteln. Nehmen wir zum Beispiel an, Angelika sagt zu Sarah:

(5)   *Die Maus isst ein großes Reiskorn.*

Indem sie das in einem konkreten ÄK sagt, entscheidet sie sich für die positive Alternative des Satzes als Ganzen und damit auch für die positive Alternative für jede in dem Satz enthaltene Prädikation; sie entscheidet sich dafür, den Subjektreferenten als „Maus" zu kategorisieren und nicht als „keine Maus", den Objektreferenten als „groß" und als „Reiskorn" und den Verbreferenten als „essen"; Satz (5) ist nur wahr, wenn jede dieser vier Prädikationen zutrifft. Wenn man in einem Satz Prädikationen benutzt, dann setzt man gewissermaßen vor jede ein Plusoder ein Minuszeichen und im Ergebnis auch vor den ganzen Satz.

Dass man in allen Sprachen jeden Satz negieren kann, ist ein Beleg für die Polarisierung. Einen weiteren, ebenso universellen, liefert die Möglichkeit, jeden Deklarativsatz in einen entsprechenden Fragesatz umzuformen: zu dem Deklarativsatz *Donald ist eine Ente* gibt es den

---

gibt, weil logische Voraussetzungen für die Entscheidung, ob wahr oder falsch, fehlen können. Das Polaritätsprinzip ist dadurch nicht in Frage gestellt, denn dass ein Satz gar keinen Wahrheitswert hat, liegt nicht auf derselben Ebene wie, dass er wahr oder falsch ist: Wahrheitswertlosigkeit ist nicht ein dritter Wahrheitswert, insbesondere nicht eine Möglichkeit zwischen Wahr und Falsch. Wenn ich nicht sagen kann, dass das französische /r/ grün oder nicht grün sei, weil Phoneme eben nicht sichtbar sind, bedeutet das nicht, dass dieser Laut eine Farbe irgendwo zwischen Grün und Nichtgrün, zum Beispiel Türkis hätte. Insofern berührt die Präsuppositionsproblematik die hier verfolgte Argumentation zur Polarisierung nicht. Die kognitive Literatur geht auf dieses grundsätzliche Problem nicht ein.

Interrogativsatz *Ist Donald eine Ente?*, und so weiter. Dieser Typ von Fragesatz erfordert im Normalfall eine einfache Antwort: Ja oder Nein, genau eine von zwei Möglichkeiten. Da ein solcher Fragesatz dieselbe Proposition wie der zugehörige Deklarativsatz hat (§2.2.3), beweist die Tatsache, dass man auf solche Fragen nur mit Ja oder Nein antworten kann, dass es für Propositionen nur zwei Wahrheitswerte Wahr und Falsch gibt und nicht eine ganze Skala von beliebigen Zwischenwerten.

Überlegen wir uns jetzt, was aus der Polarisierung würde, wenn die Zugehörigkeit zu semantischen Kategorien tatsächlich eine graduelle Angelegenheit wäre. Nehmen wir zum Beispiel an, dass die etwas kümmerliche Kreatur, auf die Angelika mit dem Subjekt von Satz (5) referiert, nur eine 80%-Maus wäre, dass das, was sie tut, allenfalls zu 70% Essen genannt werden kann, und dass das Reiskorn, obwohl als solches perfekt, nur zu recht bescheidenen 30% Mitgliedschaft in der Kategorie GROSS beanspruchen kann. Wenn man die verschiedenen Prädikationen angemessen gewichtet, landet man dann vielleicht bei einem Gesamtwahrheitswert des Satzes von 0,5, das heißt, wir hätten eine 50-prozentige die-Maus-isst-ein-großes-Reiskorn-Situation. (In Modellen, die mit graduellen Wahrheitswerten arbeiten, wird 0,5 in der Regel als ein recht hoher Wert betrachtet, der die fragliche Kategorisierung rechtfertigt.) Aber unter diesen Umständen hätte Angelika genauso gut das Gegenteil behaupten können, nämlich dass die Maus nicht ein großes Reiskorn äße – denn 0,5 ist ebenso nah an 1,0 für Wahr wie an 0,0 für Falsch. Es ist ganz klar, dass wir nichts in dieser Art meinen, wenn wir einen Satz und nicht seine Negation äußern. Was wir mit der Äußerung des positiven Satzes zum Ausdruck bringen, ist, dass eben er und nicht seine Negation wahr sei. Auch wenn die Situation, die wir mit einem Satz ausdrücken, vielleicht nicht hundertprozentig der Situation entspricht, auf die wir uns konkret beziehen, stellen wir den Sachverhalt doch s o dar und nicht andersherum. Aus diesem Grunde müssen wir auch für eben diese Option einstehen, wenn es darauf ankommt, und können uns nicht damit herausreden, wir hätten doch nur etwas gesagt, dessen Wahrheitswert irgendwo auf einer Skala zwischen 0 und 1 liegt. Die Bedeutung eines Satzes besteht daher in einer klaren binären Prädikation.

Das Verhältnis zwischen dem semantischen Konzept, das die Bedeutung eines Wortes oder Satzes bildet, und der Realität, auf die man damit referieren kann, lässt sich wie in Abbildung 9.9 symbolisieren. In vielen Situationen wären wir aus Gründen des in §9.4.2 beschriebenen Pragmatismus durchaus damit einverstanden, ein Gebilde wie das linke als „Kreis" zu bezeichnen. Dabei wären wir uns der Tatsache be-

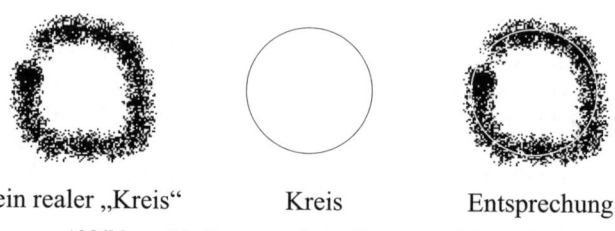

ein realer „Kreis"   Kreis   Entsprechung

Abbildung 9.9 Das semantische Konzept und die Realität

wusst, dass es sich streng genommen nur um eine kreisähnliche
Form handelt. Unser semantisches Konzept ›Kreis‹ beschreibt als potenzielle Referenten des Wortes *Kreis* Formen wie die mittlere (die
sich wiederum unter der Lupe nur als eine Annäherung an einen idealen Kreis entpuppen würde). Die durch das Konzept beschriebene
Form und der reale Referent entsprechen sich für viele Anwendungs-
fälle durchaus hinreichend, und dann können wir uns – polarisierend –
für die Kategorisierung als Kreis entscheiden. Für die wahre Form des
linken „Kreises" haben wir gar keinen Begriff; wir könnten sie verbal
genauer beschreiben, aber eine wirklich genaue Beschreibung wäre so
aufwändig, dass sie jedes vertretbare Maß überschreiten würde – falls
sie überhaupt möglich ist.

Die in die Sprache eingebaute Polarisierung ist unentrinnbar. Aber
sie wäre es nicht, und sie würde wahrscheinlich gar nicht existieren,
wenn die Zugehörigkeit zu semantischen Kategorien etwas Graduelles
wäre. Es bleibt daher nur der Schluss, dass semantische Kategorien
binär (zweiwertig oder auch „diskret") sind.

Daraus ergeben sich jedoch zwei Fragen: (i) Wie lässt sich erklären,
dass viele Kategorien flexible Grenzen haben, wenn die Zugehörigkeit
binär ist? (ii) Mit welchen Mitteln begegnet die Sprache der offensicht-
lichen Tatsache, dass sich die Welt nicht in polaren Dichotomien, sozusagen unterteilt in Schwarz und Weiß, präsentiert, sondern als ein
Kontinuum von Phänomenen ohne naturgegebene Unterteilungen?
Die Antwort auf die erste Frage bietet das Konzept der Vagheit; als
Antwort auf die zweite Frage hält natürliche Sprache ein großes Instrumentarium an Differenzierungsmitteln bereit.

9.5.3   Flexible Konzepte: Vagheit

Der entscheidende Punkt an der Flexibilität semantischer Kategorien
ist die Tatsache, dass die Flexibilität direkt in die Wortbedeutungen,
die semantischen Konzepte, eingebaut ist. Betrachten wir als einfaches

Beispiel das Adjektiv *groß*; es repräsentiert einen prototypischen Fall von Vagheit (§3.2.4), insofern es je nach Kontext sehr unterschiedliche Größen bezeichnen kann. Diese Flexibilität hat zwei Quellen. Zunächst hängt die Frage, ob man etwas als groß oder nicht groß bezeichnet, immer von einer Norm oder einem Normalfall ab, auf den man sich bezieht. Wenn wir noch einmal zu dem Beispiel in (5) zurückkehren, kann das Reiskorn in dem Sinne „groß" sein, dass es groß für ein Reiskorn ist, oder groß für eine Maus zum Essen oder spezieller groß für ein Reiskorn, das diese Maus isst (die Maus könnte sich sonst an kleinere Reiskörner halten). Dies sind drei verschiedene Größennormen; in allen drei Fällen drückt „groß" aus, dass das so kategorisierte Objekt oberhalb der Normalgröße liegt. Die Wahl einer kontextabhängigen Norm bewirkt eine erste Justierung des Konzepts ›groß‹ auf den jeweiligen Anwendungsfall.[14]

Zusätzlich dazu erfolgt gewissermaßen eine Feinjustierung. Größe ist ein Attribut von Objekten, nach dem sie auf einer Skala angeordnet werden können, auf der kleinere Objekte niedriger rangieren als größere. Wenn man für einen Anwendungsfall eine Norm gewählt hat, muss man auf der Skala einen kritischen Wert fixieren, der die nicht großen Fälle von den großen trennt. Dieser Wert wird immer so festgelegt, dass die Normalfälle in dem Negativbereich unterhalb davon liegen und die großen Fälle oberhalb; denn dass etwas „groß" ist, bedeutet, dass es auf der Größenskala oberhalb der Norm liegt, also größenmäßig etwas Besonderes ist. (Auch *klein* bedeutet, dass das Argument größenmäßig besonders ist, aber unterhalb der Norm; dass *klein* und *nicht groß* nicht dasselbe bedeuten, wurde schon in §5.3.2 festgestellt.) Auch die Festlegung des Grenzwerts wird kontextabhängig so getroffen, dass die Trennung zwischen „groß" und „nicht groß" im gegebenen Kontext sinnvoll ist. In Abbildung 9.10 sind sechs verschieden große Objekte symbolisiert und wie sie sich auf einer Größenskala einordnen. Die kritische Grenze kann zwischen den Objekten F und B oder auch an einem anderen Punkt der Skala gezogen werden. Wo immer aber diese Grenze gezogen wird, dort besteht sie dann in dem gegebenen Kontext und ergibt eine binäre Unterscheidung zwischen den „großen" und den „nicht großen" Objekten, das heißt eine kontextabhängige Kategorie GROSS mit scharfen Grenzen. Semantische Konzepte können also in dem Sinne vage sein, dass die Grenzen der Kategorie, die sie bestimmen in Abhängigkeit vom Kontext flexibel festgelegt werden können. Aber in einem gegebenen Kontext, das heißt in einem konkreten Kate-

---

14 Zur normabhängigen Interpretation solcher Adjektive s. Leisi (1975:110ff.)

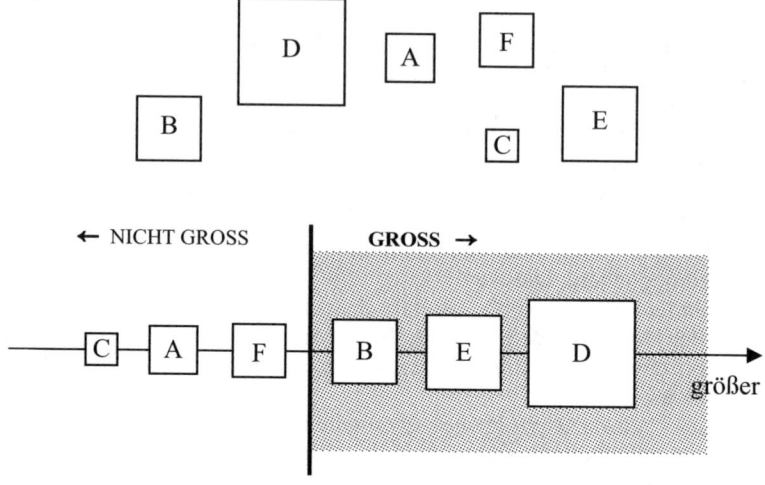

Abbildung 9.10 Kategorisierung als „groß"

gorisierungsfall, müssen sie auf die eine oder andere Weise festgelegt werden und ergeben dann eine einfache Ja-oder-Nein-Kategorisierung.

Auch im Fall von Farbwörtern ist die konkrete Kategorisierung eine Frage der angenommenen Norm. Im Normalfall bildet die Fokalfarbe die Norm, aber je nach Objektbereich kann sie durch andere Normen ersetzt werden; so ist zum Beispiel die Norm für „rote" Haare nicht fokales Rot. Entsprechendes gilt für „blaue" Lippen, „weiße" Haut oder „gelbes" Leder. Wenn man ein Farbwort in einem bestimmten Kontext konkret anwendet, legt man eine geeignete Norm fest und zieht darum sozusagen einen Kreis, der die Grenzen der kontextbedingten Denotation bildet.

Viele Konzepte verdanken ihre Vagheit einer einzelnen vagen Bedeutungskomponente. Zum Beispiel ist von den drei Komponenten der Bedeutung von *Junge* – ›Mensch‹, ›männlich‹ und ›nicht erwachsen‹ – die dritte vage, weil das Konzept der Erwachsenheit die Festlegung einer kritischen Grenze auf einer Skala (von Alter, Reife oder anderem) erfordert. Im Falle des Konzepts ›Tasse‹ ist das zentrale Kriterium der Eignung für heiße Getränke vage, weil die Eignung von vielen sekundären Merkmalen wie Form, Größe, Material, Durchmesser usw. abhängt, die kontinuierlich variieren können. Die mathematischen Konzepte ›gerade (Zahl)‹ und ›ungerade (Zahl)‹ sind nicht vage, aber in seiner gewöhnlichen Bedeutung ist *gerade* vage. Tatsächlich ist die Mehrzahl der Wortbedeutungen auf die eine oder andere Weise vage. Vage Konzepte sind nicht defizitär. Konzepte wie ›groß‹ sind im Gegenteil ganz präzise: sie bestehen in einer Teilung einer Skala in zwei Bereiche, einen normalen und einen besonderen, und denotieren die Fälle, die in den besonderen Bereich fallen. Die Flexibilität dieser Konzepte rührt daher, dass sie an den jeweiligen Kontext angepasst werden können. Sie sind wie ein Objektiv, das man auf verschiedene Brennweiten und Entfernungen einstellen kann. Aber wenn es einmal eingestellt ist, fokussiert es auf einen bestimmten Bereich und liefert dafür ein scharfes Bild. Gelegentlich wird die Vagheit vieler sprachlicher Begriffe als Unvollkommenheit natürlicher Sprachen betrachtet. In Wahrheit handelt es sich um eine große Errungenschaft, weil auf diese Weise von den gegebenen semantischen Mitteln sehr vielfältiger und flexibler Gebrauch gemacht werden kann.

Die Beobachtung, dass viele semantische Konzepte inhärent vage sind, erlaubt eine andersartige Erklärung der Variabilität von Kategoriengrenzen. Die Prototypentheorie erklärt sie durch Grade der Ähnlichkeit zum Prototypen, die einen größeren Spielraum bei der Kategorisierung bieten; demnach würde von festen Mitteln (den etablierten Prototypen) flexibler Gebrauch gemacht. Ein Modell, das von inhärenter Vagheit ausgeht, erklärt die Variabilität der Grenzen durch den variablen Gebrauch flexibler Mittel. Dadurch dass für vage Konzepte wie ›groß‹ im Fall einer konkreten Kategorisierung eine Norm und ein Grenzwert erst festgelegt werden müssen, definiert ein solches Konzept nicht e i n e Kategorie, sondern ein ganzes Cluster von Kategorien, aus denen je nach Kontext eine geeignete ausgewählt wird; die ist dann allerdings binär, das heißt mit einer festen Grenze versehen. Auf diese Weise kann das Vagheitsmodell beiden Phänomenen gerecht werden: variablen Kategoriengrenzen ebenso wie der Polarisierung.

Die Sicht auf Kategorien, die sich jeweils aus dem PT-Ansatz und aus dem Modell der vagen Konzepte ergibt, ist in Abbildung 9.11 veranschaulicht. Die Pfeile in der linken Figur zum PT-Modell symbolisieren durch ihre Dicke und Länge den Grad der Ähnlichkeit zum zentralen Prototypen. In der rechten Figur symbolisieren die Ellipsen und Kreise Cluster von Kategorien, die zum Beispiel durch die Wahl verschiedener Normen und Grenzwerte zustande kommen (den zwei Gruppen von konzentrischen Kreisen und Ellipsen entspricht je eine Norm, kombiniert mit unterschiedlichen Grenzwertsetzungen).

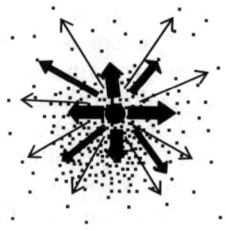
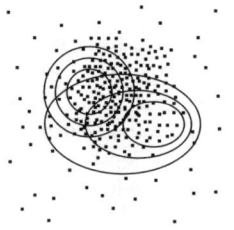

Kategorie auf der Basis von
Prototyp und Ähnlichkeit

Kategoriencluster auf der
Basis eines vagen Konzepts

Abbildung 9.11 Prototypikalität und Vagheit

Wenn die Prototypensemantik an der Position festhält, dass für viele, wenn nicht alle Kategorien graduelle Zugehörigkeit gilt, ist sie durch das Phänomen der Polarisierung mit einem grundsätzlichen Problem konfrontiert. Sie müsste einen allgemeinen Mechanismus annehmen (und ein Modell dafür anbieten), durch den die zugrundeliegenden graduellen Kategorisierungen in binäre umgewandelt werden, sobald die entsprechenden sprachlichen Ausdrücke konkret verwendet werden. Mit dieser Frage hat sich die Prototypentheorie jedoch bisher nicht befasst.

9.5.4   Sprachliche Mittel der Differenzierung

Trotz der durchgehenden Polarisierung hat die Sprache etliche Mittel, um es damit aufzunehmen, dass die Welt nicht in einfachen Zweiteilungen daherkommt. Drei davon sollen hier kurz behandelt werden.

Heckenausdrücke

So genannte Heckenausdrücke werden in der PT oft als Evidenz dafür angeführt, dass Kategoriengrenzen unscharf seien. Es handelt sich um Ausdrucksweisen, durch die sich eine Kategorisierung dahingehend modifizieren lässt, dass die Kategorie entweder erweitert (6a) oder eingeengt wird (6b) (es wird sozusagen eine Hecke um die Kategorie gepflanzt):

(6)   a. *Ein Futon ist <u>so eine Art</u> Matratze.*

        b. *Klaus ist ein <u>richtiger</u> / <u>totaler</u> Gartenfreak.*

Solche Phänomene beweisen aber nicht, dass die Kategorien MATRATZE und GARTENFREAK unscharfe Grenzen und graduelle Zugehörigkeit haben. Satz (6a) besagt nicht, dass Futons Matratzen sind; vielmehr werden Futons als etwas beschrieben, was k e i n e Matratze ist, auch wenn es einer Matratze ähnelt. Das Konzept ›so eine Art Matratze‹ ist ein neues (vages) Konzept, das mittels des Zusatzes *so eine Art* aus dem Konzept ›Matratze‹ abgeleitet wird. Im Falle von (6b) wird ein neues Konzept durch Einengung von ›Gartenfreak‹ gebildet.

Lexikalische Differenzierung

Neben diesen allgemeinen Mitteln der Differenzierung steht einer Sprachgemeinschaft oder individuellen Benutzern die Möglichkeit offen, das Lexikon an die Bedürfnisse einer differenzierteren Kommunikation anzupassen. So wird im Bereich der Farbbezeichnungen das Inventar der elf Grundfarbwörter auf vielfältige Weise ergänzt, zum Beispiel durch:

- Ausdrücke für Kategorien zwischen den Fokalfarben
  gelbgrün, grünblau, blaugrau, graubraun usw.

- lexikalisierte Heckenausdrücke zu den Fokalfarben
  rötlich, gelblich, bläulich, bräunlich, grünlich usw.

- Ausdrücke für hellere und dunklere Varianten der Fokalfarben
  hellrot, dunkelrot, hellblau, dunkelblau usw.

- Ausdrücke für Farbkategorien unterhalb der Basisebene
  zinnoberrot, zimtbraun, grasgrün, taubengrau, ocker, türkis, oliv, umbra und Hunderte mehr.

Quantifikation

Ein weiteres allgemeines Mittel der Differenzierung ist die so genannte Quantifikation[15]. Darunter wird vor allem eine Differenzierung auf einer Quantitätsskala, zum Beispiel zwischen „alles" und „nichts" oder „jede" und „keine" verstanden. Es lassen sich aber auch Differenzierungen auf Skalen wie der zwischen „nie" und „immer" oder zwischen „unmöglich" und „notwendig" als Quantifikation betrachten; das Phänomen ist sehr vielfältig. Betrachten wir zuerst ein Beispiel, in dem nicht quantifiziert wird:

(7)   a. *Die Eier sind roh.*

        b. *Die Eier sind nicht roh.*

(7b) ist die Negation von (7a). Die Alternative zwischen (7a) und (7b),

---

15 Das Phänomen der Quantifikation spielt in der Formalen Semantik eine sehr große Rolle; hier kann es nur am Rande behandelt werden.

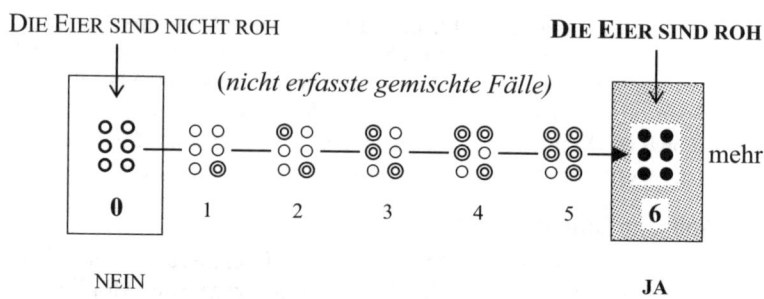

Abbildung 9.12 Alles-oder-Nichts-Kontrast

dargestellt in Abbildung 9.12, erfasst offensichtlich nur die beiden Fälle 6 und 0, in denen die Eier einheitlich roh oder nicht roh sind. Aus pragmatischen Gründen mag man vielleicht auch über eine einzelne Ausnahme hinwegsehen und (7a) akzeptieren, wenn nur fünf der sechs Eier roh sind, oder die Negation, wenn ein Ei gekocht ist; aber das ist nicht, was der Satz wirklich bedeutet. Die gemischten Fälle werden von (7a) und (7b) nicht erfasst; die aus der gewählten Form der Prädikation[16] resultierende Polarisierung blendet alle Konstellationen aus, in denen die Eier nicht einheitlich roh oder nicht roh sind. Die beiden Alternativen bilden ein System aus zwei Kategorien für die Gesamtheit der potenziellen Fälle, das nur die beiden Extremfälle abdeckt. Diese Fälle sind zugleich auch die einfachsten, weil in ihnen alle Eier gleich zu kategorisieren sind. Diese starke Polarisierung mag ziemlich drastisch erscheinen; aber die Strategie, sich auf einfachere Phänomene zu beschränken und die komplizierteren auszuklammern, ist durchaus repräsentativ für die Art und Weise, wie wir von semantischen Kategorien Gebrauch machen. Ein gewisses Maß von Vereinfachung kann kommunikativ ökonomisch sein.

Man ist jedoch nicht dazu gezwungen, es bei solchen Vergröberungen zu belassen. Die Sprache bietet Mittel, in solchen Fällen zu differenzieren und auch den Bereich der gemischten Fälle, sozusagen die Grauzone, semantisch zu erschließen. Dazu dienen so genannte **Quantoren**, Ausdrücke zum Zweck der Quantifikation, mit denen Anzahlen oder

---

[16] Verantwortlich für die starke Polarisierung ist die Verwendung des Plurals *Eier* als Argumentspezifikation für das Prädikat ›roh‹ bzw. dessen Negation. Da das Prädikat für einzelne Eier definiert ist, muss es unterschiedslos auf alle genannten Eier angewandt werden.

Anteile von Gesamtheiten spezifiziert werden können. Gemischte Fälle lassen sich beispielsweise so ausdrücken:

(8)   a. *Manche von den Eiern sind roh.*

       b. *Viele von den Eiern sind roh.*[17]

(8a) ist wahr, wenn mindestens ein Ei roh ist (zwar ist *manche* hier Plural, dennoch genügt es, dass die Prädikation auf ein Ei zutrifft). (8a) ist falsch, wenn seine Negation (8a') wahr ist:

(8)   a'. *Keines der Eier ist roh.*

Bezogen auf die sieben möglichen Konstellationen in Abbildung 9.12 deckt die Alternative zwischen (8a) und (8a') alle Fälle ab: (8a') gilt für den Fall 0, (8a) für alle übrigen.[18] Auch die Verwendung von *viele* erschließt den gesamten Bereich. Die Negation von (8b) ist:

(8)   b'. *Nicht viele von den Eiern sind roh.*

Viele ist ein vages Adjektiv, ganz ähnlich dem Adjektiv *groß*. Es ordnet sein Argument auf einer Mengenskala oberhalb eines kritischen Werts ein; was darunter liegt, ist „nicht viel". Für den konkreten Beispielfall muss dieser Grenzwert irgendwo festgelegt werden, sagen wir zwischen 3 und 4. Dann gilt die Kategorisierung VIELE und damit Satz (8b) für die Fälle 4, 5 und 6 und die Negation (8b') für die Fälle 0, 1, 2 und 3.

Durch die Verwendung eines Quantors wie in (8) wird also zweierlei bewirkt. Erstens erschließt man den Zwischenbereich der gemischten Fälle und damit die ganze Skala von möglichen Anzahlen oder Anteilen zwischen den Extremen „Alles" oder „Nichts". Zweitens wird auf dieser Skala ein Schnitt gesetzt, der eine scharfe Grenze zwischen den positiven (wahren) Fällen und den negativen (falschen) zieht. Die Positionierung der Grenze ist primär eine Frage des gewählten Quantors, sekundär eine Frage der Adjustierung an den Kontext. Für *manche* müsste der Schnitt zwischen 0 und 1 gelegt werden, für *alle* zwischen 5 und 6.

---

[17] Die Verwendung von *viele* für Anzahlen von maximal sechs ist am Rande des Üblichen. Wenn Sie das stört, denken Sie sich bitte eine geeignete größere Gesamtzahl.

[18] Sie fragen sich vielleicht, wieso auch der Fall 6, das heißt „alle" mit unter „manche" fallen soll. Wenn man weiß, dass die Prädikation für alle gilt, würde man natürlich nicht *manche*, sondern *alle* sagen. Daher scheint „manche" nicht „alle" einzuschließen. Man kann aber durchaus sagen, „manche, wenn nicht alle ..." oder „manche, vielleicht sogar alle ...", und das zeigt, dass sich „alle" und „manche" nicht logisch ausschließen; daher schließt die Bedeutung von *manche, viele, einige* und anderen vagen Anzahlangaben den Fall „alle" mit ein. Umgekehrt schließt *nicht viele* auch „keine" mit ein.

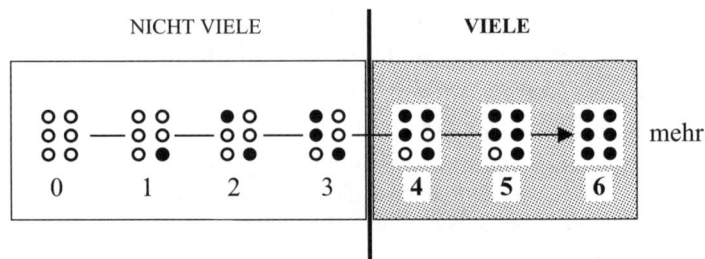

Abbildung 9.13 Quantifikation mit *viele*

In Abbildung 9.13 sind diese Verhältnisse für den Fall der Quantifikation mit *viele* dargestellt. In der Gegenüberstellung mit Abbildung 9.12 wird deutlich, dass nun auch die gemischten Fälle erfasst werden. Ganz entscheidend ist aber, dass sie nicht etwa durch nur graduelle Zugehörigkeit zu einer Kategorie, sondern wiederum durch eine binäre Kategorisierung erfasst werden: wenn sich die Sprache Grauzonen erschließt, erstellt sie neue Schwarz-Weiß-Alternativen und bleibt so dem Polarisierungsprinzip treu. Ein Vergleich von Abbildung 9.13 mit Abbildung 9.10 macht deutlich, dass die Bedeutungen von *groß* und *viel* im Wesentlichen analog sind; sie folgen einem sehr grundlegenden Muster. Es besteht darin, dass ein Kontinuum von möglichen Fälle auf einer Skala geordnet, darauf ein Schnitt gelegt und auf diese Weise eine binäre Kategorisierungsalternative geschaffen wird.

9.5.5 Fazit zur Prototypentheorie

Die kognitive Sicht auf Bedeutungen ist ohne Zweifel sehr wichtig. Insofern hat die Prototypentheorie der Semantik entscheidende Impulse gegeben. Ein zentraler Punkt der PT ist jedoch für semantische Kategorien nicht adäquat: die These, dass Kategorienzugehörigkeit etwas Graduelles und Kategoriengrenzen daher im Prinzip unscharf sind. Dem steht die offenkundige, semantisch universale Eigenschaft natürlicher Sprachen entgegen, alle Kategorisierungen zu polarisieren und dadurch zu einer Ja-oder-Nein-Angelegenheit zu machen. Dennoch erlaubt die Sprache einen flexiblen Gebrauch von Wörtern und Sätzen, weil sehr viele Konzepte vage sind, was bedeutet, dass die Kategorisierungskriterien an den Kontext angepasst werden können. Da diese Flexibilität in die semantischen Konzepte eingebaut ist, sind variable Kategoriengrenzen, die auf anpassbarer Kategorisierung beruhen, mit binärer Zugehörigkeit vereinbar. Neben diesem Phänomen verfügen

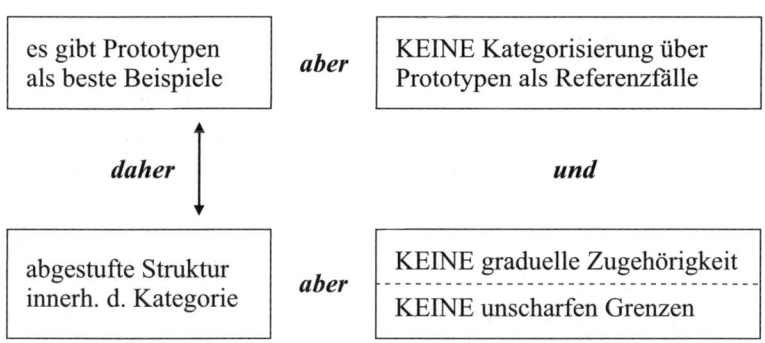

Abbildung 9.14 Revision der Annahmen der Prototypentheorie

natürliche Sprachen über Mittel der Differenzierung, durch die Kategorisierungen bei Bedarf modifiziert oder verfeinert werden können.

Abbildung 9.14 zeigt die wichtigsten Ergebnisse unserer kritischen Diskussion der PT. Wenn Sie das Schema mit dem in Abbildung 9.4 (S. 266) vergleichen, stellen Sie fest, dass die Annahmen der PT auf der rechten Seite revidiert werden müssen. Was von dem ursprünglichen Bild bestehen bleibt, ist vor allem die Feststellung, dass Kategorien eine abgestufte Binnenstruktur haben, also bessere und schlechtere Vertreter enthalten, was wiederum in den meisten Fällen zur Annahme von Prototypen berechtigt. Diese Beobachtung ist wichtig und Gegenstand viel versprechender Erklärungsversuche. Nicht akzeptabel ist jedoch die Schlussfolgerung, dass abgestufte Kategorienstruktur graduelle Mitgliedschaft bedeutet. Außerdem scheint es, dass man mit einem einzigen Kategorisierungsmodell nicht auskommt. Für manche Kategorien, wie zum Beispiel Farbkategorien, mag die Zugehörigkeit über die Ähnlichkeit mit prototypischen Referenzfällen bestimmt werden, wobei jedoch näher zu spezifizieren ist, auf welche Merkmale sich die Ähnlichkeit bezieht. Bei anderen scheint das NHB-Modell adäquat; für wieder andere braucht man noch andere Modelle, zum Beispiel passt weder das PT-Modell noch das NHB-Modell auf Kategorisierungen vom Typ GROSS. Ebenso inadäquat für semantische Kategorien ist die PT-Vorstellung, dass Kategorien in der Regel unscharfe Grenzen haben. Vagheit und Kontextabhängigkeit ergeben zwar in einem Sinne variable Grenzen, aber eine Variabilität auf der Grundlage binärer Kategorisierung.

9.6   Semantisches Wissen

9.6.1   Persönliches Wissen und kulturelles Wissen

In seinem Einführungsbuch ‚Language' hat Sapir 1921, lange bevor die
Kognitionswissenschaft aufkam, die Rolle semantischer Kategorien
folgendermaßen charakterisiert:

> Die Welt unserer Erfahrungen muss enorm vereinfacht und verallgemeinert
> werden, bevor es möglich ist, aus all unseren Erfahrungen mit Dingen und
> den Beziehungen zwischen ihnen ein Inventar von Zeichen zu schaffen,
> und dieses Inventar ist ein Muss, bevor wir anderen Gedanken mitteilen
> können. Die Elemente der Sprache, die Zeichen, mit denen wir Erfahrungen
> etikettieren, müssen daher mit ganzen Gruppen, abgegrenzten Klassen, von
> Erfahrungen verknüpft werden, und nicht mit den einzelnen Erfahrungen
> selbst. Nur so ist Kommunikation möglich, denn die einzelne Erfahrung re-
> sidiert im Bewusstsein des Einzelnen und ist, streng genommen, nicht kom-
> munizierbar. Um kommuniziert werden zu können, muss sie auf eine Klas-
> se bezogen werden, die von der Gemeinschaft stillschweigend als existent
> akzeptiert wird.[19]

Wo Sapir hier von „Klassen/classes" spricht, würde man in der Terminologie der Kognitionswissenschaft von „Kategorien" sprechen. Die
Passage macht deutlich, dass man zwischen dem persönlichen Wissen
über eine Kategorie und dem Wissen unterscheiden muss, das für die
kulturelle Gemeinschaft, der wir angehören, mit dieser Kategorie verknüpft ist und sie definiert. Zum Beispiel weiß jeder von uns einiges
über Äpfel. Ein Teil dieses Wissens ist persönliches Wissen, das aus
unserer individuellen Erfahrung entspringt: wie die Äpfel geschmeckt
haben, die wir in unserem Leben gegessen haben, welche Rolle welche
Sorten von Äpfeln in unserer persönlichen Ernährung spielen, wo wir in
unserer Umgebung Äpfel zu kaufen bekommen usw. Aber ein Teil unseres Wissens ist Gemeingut der kulturellen Gemeinschaft, zu der wir
gehören; dazu zählt das Wissen, dass Äpfel Früchte sind, wie sie ausse-
hen, wie sie schmecken, dass sie Vitamine enthalten, woher sie kommen,

---

[19] Eigene Übersetzung der folgenden Passage aus Sapir (1921, S.12f): „The world of
our experiences must be enormously simplified and generalized before it is possible
to make a symbolic inventory of all our experiences of things and relations and this
inventory is imperative before we can convey ideas. The elements of language, the
symbols that ticket off experience, must therefore be associated with whole groups,
delimited classes, of experience rather than with the single experiences themselves.
Only so is communication possible, for the single experience lodges in an individual
consciousness and is, strictly speaking, incommunicable. To be communicated it
needs to be referred to a class which is tacitly accepted by the community as an
identity.

wie man sie isst und zubereiten kann, wie sie gehandelt werden, was sie kosten, dass daraus Apfelsaft hergestellt wird usw. Nennen wir dieses Wissen **kulturelles Wissen**, im Gegensatz zum **persönlichen Wissen**. Kulturelles Wissen definiert **kulturelle Kategorien**, das heißt die Kategorien, „die von der Gemeinschaft stillschweigend als existent akzeptiert" werden. Bezeichnungen für kulturelle Kategorien werden ab jetzt mit einem Index ‚K' versehen; zum Beispiel ist APFEL$_K$ die kulturelle Kategorie der Äpfel, wie sie durch das gemeinschaftliche Wissen über Äpfel, das **kulturelle Konzept** ›Apfel$_K$‹ definiert ist. Kulturelles Wissen ist nicht mit der Gesamtheit dessen, was überhaupt über die Kategorie bekannt ist, gleichzusetzen; Expertenwissen, wie zum Beispiel über die komplexe Biochemie von Äpfeln, über Anbaumethoden und apfelspezifische Marketingstrategien, gehört nicht zum kulturellen Wissen. Das persönliche Wissen schließt gewöhnlich einen größeren Teil des kulturellen Wissens ein; aber wir sind alle weit davon entfernt, über das gesamte kulturelle Wissen unserer Gemeinschaft zu verfügen, weil es für uns alle viele Erfahrungsbereiche gibt, in denen wir uns nicht gut auskennen.[20]

Wenn sich nun die Kommunikation in einer Sprachgemeinschaft auf kulturelles Wissen stützt, stellt sich die Frage, wie viel davon Bestandteil der Wortbedeutungen ist. Ist die Bedeutung des Wortes *Apfel* mit dem kulturellen Konzept ›Apfel$_K$‹ gleichzusetzen? Wenn ja, dann ist jedes Detail des kulturellen Wissens über Äpfel als Bestandteil der Bedeutung von *Apfel* anzusehen. Wenn nicht, dann ist die Bedeutung des Wortes nur ein Teil des kulturellen Konzepts; Einzelheiten wie der normale Preis von Äpfeln im Supermarkt, die Auswahl im Handel erhältlicher Apfelsorten oder die Zubereitung von Bratäpfeln – alles Bestandteile des kulturellen Wissens – dürften dann nicht als Teil der Wortbedeutung betrachtet werden.

Die Abgrenzung zwischen **semantischem Wissen** (Bedeutungswissen) und „Weltwissen", also kulturellem und persönlichem Wissen, ist geradezu ein Dogma der traditionellen Semantik. Sie ergibt sich zum Beispiel in der strukturalistischen Tradition aus dem Ansatz, semantische Aussagen aus der Analyse des sprachlichen Systems zu gewinnen (vgl. die Forderung nach sprachlicher Motiviertheit semantischer Merkmale in §7.3.5). In der Tat scheint der Standpunkt plausibel, dass man

---

[20] Hier wurde bewusst der Terminus *kulturelles Wissen* gewählt anstelle der Begriffe *Weltwissen* und *enzyklopädisches Wissen*, denen Sie in diesem Zusammenhang häufig begegnen werden. Der Begriff *Weltwissen* wird oft pauschal für kulturelles und persönliches Wissen verwendet, während „enzyklopädisches Wissen" meist auch Expertenwissen mit einschließt.

nicht über das gesamte kulturelle Wissen in Bezug auf Äpfel, Mäuse, Gitarre und Alkohol verfügen muss, um behaupten zu können, dass man weiß, was die Wörter *Apfel, Maus, Gitarre* und *Alkohol* bedeuten.

Viele Vertreter der kognitiven Richtung plädieren aber dafür, die Unterscheidung aufzugeben. Sie argumentieren, dass unser sprachliches Wissen so eng und komplex mit unserem gesamten kognitiven System verflochten sei, dass eine Trennung unmöglich ist; auch könne die Bedeutung eines Wortes nur vollständig beschrieben werden, wenn man das Konzept in umfassendere Strukturen in unserem kognitiven System (zum Beispiel die Idealisierten Kognitiven Modelle in Lakoff 1987) einbettet. Auch dieses Argument hat eine Parallele zum strukturalistischen Ansatz, nämlich die Forderung nach der Analyse im Zusammenhang; aber anders als der Strukturalismus zielt die Herangehensweise dieser kognitiven Richtung nicht auf die Etablierung einer sprachlichen Ebene von Konzepten ab. Vielmehr möchte der Ansatz erklären, wie unser Kategoriensystem, darunter auch die semantischen Kategorien, in unser kognitives Gesamtmodell der Welt integriert ist, der Welt, wie wir sie wahrnehmen und interpretieren, und von der wir ein aktiver Bestandteil sind.

Im Folgenden wird dafür argumentiert, dass man dennoch zwischen kulturellem Wissen und semantischem Wissen trennen muss. Diese Trennung ist machbar, und sie ist sehr wichtig.

9.6.2   Das Apfelsaftproblem

In Ungerer & Schmid (1996), einer neueren Einführung in die Kognitive Linguistik mit Schwerpunkt Semantik, wird explizit der Standpunkt vertreten, dass Wortbedeutungen in dem Erfahrungswissen von Laien bestehen und als solche experimentell bestimmt werden können. Hier wird also semantisches Wissen mit kulturellem Wissen gleichgesetzt. Nennen wir diese Art von Ansatz der Kürze halber **kulturelle Semantik** (das ist keine offizielle Bezeichnung). Die Autoren berichten über die Ergebnisse eines Experiments zur Bestimmung der Kategorie APFELSAFT[21]. Laien wurden aufgefordert, Merkmale von Apfelsaft aufzulisten; dann wurde untersucht, welche Merkmale diese Kategorie mit

---

[21] Details zu der Untersuchung geben sie nicht an; wahrscheinlich ging es um das englische Wort *apple juice*. Es tut der Argumentation hier keinen Abbruch, die Ergebnisse auf das Deutsche zu übertragen; es handelt sich ohnehin nicht um eine Untersuchung der sprachlichen Bedeutung von *Apfelsaft* oder *apple juice*, sondern von Laienwissen über die kulturelle Kategorie APFELSAFT$_K$ von der wir annehmen dürfen, dass sie mit der für den englischen Sprachraum geltenden Kategorie APPLE JUICE$_K$ hinreichend übereinstimmt.

hervorstechendes spezifisches Merkmal:	›aus Äpfeln gemacht‹

gemeinsame Merkmale:	
1 mit SAFT	›flüssig‹ ›alkoholfrei‹ ›durstlöschend‹ ›in Flaschen oder Kartons abgefüllt‹ ›aus Gläsern getrunken‹
2 mit SAFT und APFEL	›süß oder süßsauer‹ ›gesund‹ ›wohlschmeckend‹
3 mit APFEL	›gelb oder ähnlich gefärbt‹ ›fruchtig‹
4 mit keiner von beiden Kategorien	›mit Sprudel gemischt‹ ›naturtrüb‹

Tabelle 9.2 Merkmale der Kategorie APFELSAFT nach Ungerer & Schmid (1996)

den Kategorien APFEL und SAFT teilt und welche nur ihr zukommen, um festzustellen, woher die Merkmale der Kategorie APFELSAFT stammen. Das Ergebnis ist in Tabelle 9.2 wiedergegeben (nach Ungerer & Schmid 1996, S.89); zusätzlich zu den mit APFEL und SAFT geteilten oder nicht geteilten Merkmalen setzen sie ›aus Äpfeln gemacht‹ als hervorstechendes spezifisches Merkmal (salient specific attribute) an.

Das Wort *Apfelsaft* ist (ebenso wie englisch *apple juice*) ein reguläres Kompositum (§5.2.2). Nach der „klassischen" Analyse besteht seine Bedeutung in der Bedeutung des Kopfs *Saft*, erweitert um eine Spezifikation auf der Basis der Bedeutung des Modifikators *Apfel*. Ungerer und Schmid argumentieren, dass ihre experimentellen Ergebnisse diese Analyse widerlegen. Nach ihrer Ansicht müssten, wenn diese Analyse stimmt, die meisten Merkmale der Kategorie APFELSAFT von der Kategorie SAFT stammen und nur ein zusätzliches Merkmal, nämlich ›aus Äpfeln gemacht‹ auf das Konto des Modifikators gehen. Stattdessen, so stellen sie fest, teilt die Kategorie APFELSAFT etliche Merkmale mit der Kategorie APFEL (Gruppe 2 und 3) und weist zusätzlich Merkmale auf, die weder von der Kopf- noch von der Modifikatorkategorie stammen (Gruppe 4). Also ergibt sich, so Ungerer und Schmid, die Merkmalkonstellation für die Kategorie APFELSAFT – in ihren Augen die

Bedeutung des Wortes *Apfelsaft* – nicht wie in der klassischen Analyse angenommen vollständig (kompositional) aus der Bedeutung der beiden Bestandteile des Kompositums.

Die Ergebnisse der Befragung sollen nicht in Frage gestellt werden; es muss jedoch bezweifelt werden, dass die Probanden mit der Zusammenstellung der Merkmale von Apfelsaft beschrieben haben, was für sie die Bedeutung des Wortes *Apfelsaft* ist. Offensichtlich beschrieben haben sie ihr kulturelles Wissen über Apfelsaft, bzw. was sie davon für relevant befanden. Wenn man jedoch die angegebenen Merkmale kritisch unter die Lupe nimmt, lässt sich nicht mehr aufrecht erhalten, sie als Bestandteile der lexikalischen Bedeutung zu betrachten.

Wie kann man entscheiden, ob ein bestimmtes Merkmal einer Kategorie Teil der Bedeutung des zugehörigen Wortes ist? Dafür gibt es (mindestens) zwei mögliche Tests. Erstens kann man überprüfen, ob man wissen muss, ob diese Kategorie von Dingen das fragliche Merkmal hat, um für sich reklamieren zu können, die Bedeutung des Wortes zu kennen. Zweitens kann man das folgende Gedankenexperiment anstellen: Angenommen, unsere Welt wäre dahingehend anders, dass die Mitglieder dieser Kategorie das fragliche Merkmal nicht aufwiesen – würden wir für diese Dinge dann trotzdem dieses Wort benutzen? Solche Gedankenexperimente sind relevant, weil die deskriptive Bedeutung eines Worts ein Konzept für alle p o t e n z i e l l e n Referenten ist; also muss man sich überlegen, was denn potenzielle Referenten wären, wenn man sich über die Bedeutung klar werden möchte.

Wenden wir diese Tests auf die Merkmale in Tab. 9.2 an, und zwar auf die kritischen Gruppen 3 und 4, die nach Meinung der Autoren die klassische Analyse widerlegen. Als Gedankenexperiment stellen wir uns vor, dass in nicht so ferner Zukunft die Marketingabteilung der inzwischen vollends globalisierten Getränkeindustrie beschließt, dem schlappen Absatz von Apfelsaft durch einen radikalen Wechsel des Produktdesigns zu begegnen: Apfelsaft wird geklärt (öko ist out), intensiv blau eingefärbt und mit starkem Pfefferminzaroma versetzt, dass den Fruchtgeschmack überdeckt; außerdem wird der weltweiten Konsumentengemeinde erklärt, dass man Apfelsaft auf keinen Fall mehr mit Sprudel vermischt, sondern unbedingt pur trinkt. Dieses Zeug wäre immer noch Apfelsaft, das heißt man würde es, aus heutiger Sicht, mit dem Wort *Apfelsaft* bezeichnen, weil es nach wie vor aus Äpfeln gemacht wäre; aber es hätte alle Merkmale der Gruppen 3 und 4 verloren.

Das Resultat dieses Gedankenexperiments steht in Einklang mit dem, was man erhält, wenn man sich überlegt, was jemand eigentlich über Apfelsaft wissen muss, um behaupten zu können, die Bedeutung des Wortes *Apfelsaft* zu kennen. Wussten Sie, dass Kartoffelsaft von normalen Kartoffeln nach kurzer Zeit rot wird? Wenn nicht, würden Sie sagen, dass sie das Wort *Kartoffelsaft* in dem vorigen Satz nicht verstanden haben? Natürlich nicht. Also ist es für das Verständnis des Wortes Apfelsaft auch nicht notwendig zu wissen, welche Farbe Apfelsaft hat; man braucht nicht einmal zu wissen, wie Apfelsaft schmeckt (oder wüssten Sie, wie Kartoffelsaft schmeckt?), und schon gar nicht, dass er mit Sprudel vermischt getrunken werden kann; dass es nicht nur naturtrüben Apfelsaft gibt, ist ohnehin klar. Es gibt genau ein zusätzliches Merkmal, an dem sich die Bedeutung des Kompositums *Apfelsaft* im Vergleich zu der des Kopfes *Saft* festmacht: das Merkmal ›aus Äpfeln gemacht‹. Dieses Merkmal muss man wissen und nur dieses: *Apfelsaft* bedeutet ›Saft, aus Äpfeln gemacht‹. Punkt. Wenn man das weiß, kennt man damit die Bedeutung des Wortes *Apfelsaft*. Weil Apfelsaft, anders als Kartoffelsaft, ein beliebtes Getränk ist, sind die anderen Merkmale in Tabelle 9.2 gute (wenn auch nicht gleichermaßen plausible) Kandidaten für das kulturelle Konzept ›Apfelsaft$_K$‹, aber sie sind definitiv nicht Komponenten der Bedeutung des Wortes.

Damit ist die Argumentation von Ungerer & Schmid (1996) gegen die klassische Bedeutungsanalyse von regulären Komposita hinfällig, weil sie nicht den Beweis erbringt, dass es sich bei den fraglichen Merkmalen wirklich um Bestandteile der Bedeutung von *Apfelsaft*, *Saft* und *Apfel* handelt. Was das Experiment zeigt, ist vielmehr, wie wichtig es ist, semantisches Wissen und kulturelles Wissen auseinander zu halten. Man kann durch diese Art der Laienbefragung kulturelles Wissen eruieren, aber ob man auf diesem Wege zuverlässige Daten über das tatsächliche sprachliche Wissen erheben kann, ist mehr als fraglich.

9.6.3 Kulturelles Wissen und semantisches Wissen

Aus den Überlegungen im vorigen Abschnitt ergibt sich folgendes Bild: Wir verknüpfen in unserem individuellen kognitiven System mit einem Wort (zum Beispiel *Apfelsaft*) ein semantisches Konzept, seine Bedeutung (›Apfelsaft‹ = ›Saft, aus Äpfeln gemacht‹). Dieses Konzept determiniert (repräsentiert) eine sehr große Kategorie, die Denotation des Wortes. Markieren wir Bezeichnungen für semantische Kategorien mit dem Index ,S'. Die Kategorie APFELSAFT$_S$ zum Beispiel umfasst alle gegenwärtigen, historischen, zukünftigen und fiktiven Varianten von Apfelsaft, einschließlich der blauen Pfefferminzvariante aus dem Gedankenexperiment. Die semantische Kategorie ist damit wesentlich umfassender als unsere derzeit gültige, von der Sprachgemeinschaft anerkannte, kulturelle Kategorie APFELSAFT$_K$, die durch zusätzliche

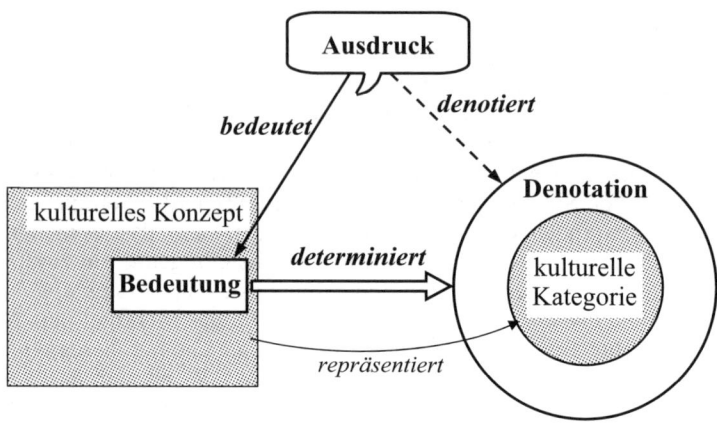

Abbildung 9.15 Kulturelles Wissen im semiotischen Dreieck

Spezifika wie die Merkmale bei Ungerer & Schmid (1996) gekennzeichnet und beschränkt ist. Entsprechend gilt auf der Konzeptebene,
dass das kulturelle Konzept ›Apfelsaft$_K$‹ reichhaltiger ist als das schlan-
kere semantische Konzept ›Apfelsaft$_S$‹. Das ist ein eisernes Gesetz der
Kognition: je spezifischer das Konzept, desto enger die Kategorie, die
es repräsentiert, und umgekehrt. Daher ist die Bedeutung von *Apfelsaft*
nur ein Teil des kulturellen Konzepts ›Apfelsaft$_K$‹, und die kulturelle
Kategorie APFELSAFT$_K$ der uns geläufigen Varianten von Apfelsaft ist
eine Subkategorie (!) der semantischen Kategorie APFELSAFT$_S$. In Abbildung 9.15 sind diese Verhältnisse eingebettet in das semiotische
Dreieck dargestellt. Beachten Sie, wie das semantische Konzept (die
Bedeutung) in dem kulturellen enthalten ist und umgekehrt die kulturelle Kategorie in der semantischen (der Denotation).

Die kulturelle Kategorie kann in etwa mit der **aktuellen Denotation**
eines Wortes gleichgesetzt werden, das heißt mit dem Ausschnitt aus
der gesamten Denotation, dem wir im tatsächlichen Leben zu begegnen
erwarten. Die Gesamtheit der potenziellen Referenten ist umfassender.
Wenn man semantisches Wissen mit kulturellem Wissen gleichsetzt,
setzt man auch die Gesamtdenotation mit der bloß aktuellen gleich
und verliert damit einen Teil des Referenzpotenzials aus dem Auge.

Ansätze, die zwischen semantischem und kulturellem Wissen in der
hier skizzierten Weise unterscheiden, sind der „kulturellen" Semantik
überlegen, da sie eine Erklärung für die folgenden Phänomene bieten:

- Die relative **Stabilität** von Wortbedeutungen.
- Die relative **Abstraktheit** von Wortbedeutungen.
- Die kommunikative **Ökonomie** von Wortbedeutungen.
- Die Einfachheit von **Bedeutungsbeziehungen**.

Stabilität von Wortbedeutungen

Das kulturelle Wissen ist ständigem Wandel unterworfen. Zum Beispiel haben sich die Artefaktkategorien $TELEFON_K$ und $COMPUTER_K$ in einer Weise verändert, die vor zwei Generationen niemand hätte vorhersehen können. Trotzdem sind die heutigen Telefone und Computer genauso Elemente der semantischen Kategorien $TELEFON_S$ und $COMPUTER_S$ wie die vor fünfzig Jahren, denn für beide würde man ohne zu zögern die Bezeichnungen *Telefon* und *Computer* verwenden. Die kulturellen Kategorien haben sich unter anderem durch die Entwicklung von Mobiltelefonen und PCs erheblich verschoben; aber die Wörter *Telefon* und *Computer* haben deshalb nicht ihre Bedeutung verändert. Vielmehr bilden die Wortbedeutungen so etwas wie den festen Kern unserer kulturellen Konzepte. Auf diese Weise ermöglichen stabile Konzepte die Kommunikation in einer Welt, die sich ständig verändert. Natürlich sind auch sprachliche Bedeutungen nicht vollkommen konstant; das Lexikon wird kontinuierlich den veränderten Kommunikationsbedürfnissen angepasst. Der Hauptmechanismus ist dabei, wie wir aus eigener Erfahrung wissen, die Erweiterung des Lexikons um neue Ausdrücke. Daneben gibt es verschiedene Mechanismen des Bedeutungswandels; solche Veränderungen spielen sich aber in viel größeren Zeiträumen ab als die Verschiebungen der kulturellen Konzepte.

Abstraktheit von Wortbedeutungen

Da semantische Konzepte frei von dem größten Teil des konzeptuellen Ballasts der aktuellen kulturellen Konzepte sind, sind sie wesentlich abstrakter; daher sind sie auch für die Verwendung in ungewöhnlichen Kontexten geeignet, die außerhalb unseres gewöhnlichen Erfahrungshorizonts liegen, etwa in anderen kulturellen Kontexten. Ein Beispiel dafür ist die Verwendbarkeit des Konzepts ›$Apfelsaft_S$‹ in dem Setting des oben angestellten Gedankenexperiments. Analoge Auslotungen des Anwendungsbereichs lassen sich mit fast allen anderen Wortbedeutungen unternehmen.

Kommunikative Ökonomie

Obwohl der größte Teil der kulturellen Konzepte nicht Bestandteil der Wortbedeutungen ist, spielt das kulturelle Zusatzwissen eine wichtige Rolle in der Kommunikation. Wir verlassen uns nämlich in der Kommunikation darauf, dass mit dem semantischen Konzept auch das relevante kulturelle Wissen aktiviert wird; das ist dadurch gerechtfertigt, dass die Adressaten das Gesagte immer im Kontext interpretieren und dadurch in konkrete Erfahrungszusammenhänge einordnen. Dadurch können wir das, was wir sagen, semantisch auf ein Minimum von Information beschränken (mit dem wir ein Maximum von zusätzlichem Hintergrundwissen aufrufen). Wenn zum Beispiel Angelika Klaus mit einer Äußerung von (9a) auffordert, Apfelsaft vom Balkon zu holen, verlässt sie sich dabei auf kulturelles Wissen, das sie mit ihrem Nachbarn teilt. Wenn sie den Apfelsaft immer in Kartons kauft, wie Klaus auch, braucht sie nicht zu der expliziteren Formulierung in (9b) zu greifen; dennoch wird Klaus (9a) so interpretieren und auf diese Weise den Apfelsaft auf dem Balkon auch finden.

(9)   a. *Ich habe Apfelsaft auf dem Balkon.*

       b. *Ich habe Apfelsaft in Kartons auf dem Balkon.*

Die Tatsache, dass Klaus (9a) in dem gegebenen Kontext im Sinne von (9b) interpretiert, beweist nicht, dass die Tatsache, dass Apfelsaft in Kartons abgepackt wird, Bestandteil der Wortbedeutung von *Apfelsaft* ist. Im Gegenteil: man darf aufgrund kommunikationsökonomischer Überlegungen annehmen, dass solche Details gerade nicht zur Wortbedeutung gehören, weil sie (a) kontextabhängig und (b) Teil allgemeiner kultureller Wissensbestände sind.

Einfache Bedeutungsbeziehungen

Schließlich muss angemerkt werden, dass die einfachen Bedeutungsbeziehungen, die in Kapitel 5 vorgestellt wurden und ganz wichtige semantische Daten darstellen, in einem „kulturellen" Ansatz nicht mehr gegeben bzw. rekonstruierbar sind: sie werden unter einem Haufen zusätzlicher kultureller Merkmale verschüttet, der die eigentlichen semantischen Zusammenhänge unkenntlich macht. Ein Beispiel dafür ist der Verlust der semantischen Struktur regulärer Komposita, für den Ungerer & Schmid (1996) plädierten. Andere Beispiele gibt es in beliebiger Zahl. Zum Beispiel käme man in Teufels Küche, wenn man versuchte, elementare Bedeutungskomponenten wie die Geschlechtsspezifikationen ›weiblich‹ und ›männlich‹ durch die komplexen kulturellen Geschlechterrollenkonzepte zu ersetzen. Diese Konzepte sind

nicht einfach komplementär und würden daher keine einfachen Bedeutungsbeziehungen ergeben; sie sind vielmehr aus sehr vielen Aspekten
zusammengesetzt, auf eine Weise, die, wie wir alle wissen, gesellschaftlich umstritten und im Wandel begriffen ist.

9.7   Zusammenfassung

Dieses Kapitel hat uns durch eine Reihe von grundsätzlichen Fragen
geführt. Zunächst wurden die Begriffe der Bedeutung als Konzept und
der Denotation als Kategorie in den weiteren Rahmen der Kognitionswissenschaft eingebettet. Dabei ist die zentrale Frage, wie Kategorisierung allgemein funktioniert. Nach der traditionellen Vorstellung, die
zum Beispiel der Merkmalsemantik zugrunde liegt, hängt die Zugehörigkeit zu einer Kategorie davon ab, ob eine feste Menge von notwendigen Bedingungen erfüllt ist. Diese Sicht impliziert, dass die Zugehörigkeit zu einer Kategorie eine Ja-oder-Nein-Angelegenheit ist: ein
beliebiger Gegenstand gehört entweder zu einer gegebenen Kategorie
oder er gehört nicht dazu. Daher haben alle Mitglieder denselben Status,
und eine klare Grenzziehung trennt Mitglieder von Nichtmitgliedern.
    Diese Sicht wurde von der Prototypentheorie radikal in Frage ge-
stellt. Nach den Thesen der PT sind Kategoriengrenzen unscharf; die
Mitglieder einer Kategorie sind nicht alle gleichberechtigt, insbesondere
gibt es beste Beispiele, die Prototypen. Auf der anderen Seite gibt es
auch schlechte Mitglieder, weshalb eine klare Grenze zwischen Mitgliedern und Nichtmitgliedern nicht gezogen werden kann; vielmehr
ist die Zugehörigkeit zu einer Kategorie etwas Graduelles. Und was die
„notwendigen" Bedingungen angeht, so erweisen sich selbst so typische
wie zum Beispiel die Flugfähigkeit von Vögeln als verletzbar. Daraus
zog die PT den Schluss, dass Kategorisierung nicht über das Abchecken
einer Liste von Bedingungen erfolgt, sondern über einen Vergleich
mit dem Prototypen (§9.2).
    All das kann durchaus eine gewisse Plausibilität und Attraktivität
für sich verbuchen, stellt sich aber zum Teil als problematisch dar, wenn
man die zentralen Annahmen genauer überprüft. Zum einen gelten die
Aussagen und experimentellen Ergebnisse der PT nicht in dem allgemeinen Maße wie behauptet und wie es zunächst erschien (§9.4). Wenn
man die PT direkt auf semantische Kategorien anwendet, ergeben sich
massive Probleme aus der Annahme der graduellen Zugehörigkeit: sie
steht in direktem Konflikt mit dem Phänomen der Polarisierung, dem
wahrscheinlich grundlegendsten semantischen Universal menschlicher
Sprache (§9.5.2). Polarisierung durchzieht sämtliche Wort - und Satz-

bedeutungen; sie liegt jeder Prädikation zugrunde – und damit fast allen Wortbedeutungen. Da jeder Satz mindestens eine Prädikation enthält (weil er ein finites Verb enthalten muss und Verben Prädikatsausdrücke sind), unterliegt auch jeder Satz der Polarisierung. Daher ist sprachlich formulierte Kategorisierung immer binär.

Obwohl die PT in diesem zentralen Punkt inadäquat ist, hat sie für die Semantik sehr wichtige Ergebnisse erbracht. Dazu gehört die Erkenntnis, dass wir bei den meisten Kategorien mit Prototypen operieren, zum Beispiel als Defaultfälle, wenn keine genauere oder anderweitige Information zur Verfügung steht. Ein weiterer wichtiger Beitrag der PT ist die Entdeckung und Beschreibung der Basisebene (§9.3).

In der Auseinandersetzung mit den Annahmen der PT über graduelle Zugehörigkeit und unscharfe Kategorien ergaben sich Einsichten in die Beschaffenheit von Wortbedeutungen und in die Mittel, mit denen Sprache, diese polarisierte und polarisierende kognitive Ausrüstung, es mit dem nichtbinären Charakter der „Welt" aufnimmt. Zum einen ermöglichen es vage Bedeutungen, flexibel zu kategorisieren. Man braucht keine Konzepte, die Kategorien mit unscharfen Grenzen und gradueller Zugehörigkeit definieren, weil die zur Verfügung stehenden sprachlichen Konzepte eine Anpassung der Kategorisierung an die kommunikativen Zwecke erlauben (§9.5.3). Neben flexiblen Wortbedeutungen verfügt die Sprache über weitere Mittel der Anpassung wie lexikalische Differenzierung und Quantifikation und kann dadurch die Vergröberungen der Polarisierung kompensieren (§9.5.4).

Das Hauptverdienst der PT liegt zweifellos darin, überhaupt die kognitive Ebene ins Auge zu fassen. Die beiden anderen Hauptströmungen der Semantik, die strukturalistische Tradition und die Formale Semantik (die im nächsten Kapitel eingeführt wird), vermeiden es, sich mit der Bedeutung selbst zu befassen. Der strukturalistische Ansatz nähert sich der Bedeutung indirekt durch die Untersuchung von Bedeutungsbeziehungen an (Sie erinnern sich: „Die Bedeutung eines Ausdrucks ist die Summe seiner semantischen Beziehungen zu anderen Ausdrücken im sprachlichen System."). Die Formale Semantik versucht Bedeutung ebenfalls indirekt durch die logische Untersuchung von Referenz- und Wahrheitsbedingungen zu erfassen.

Die Beschäftigung mit der konzeptuellen Ebene wirft ein anderes grundsätzliches Problem auf: die Rolle sprachlicher Bedeutung im kognitiven Gesamtsystem (§9.6). Sind die Konzepte, von denen wir annehmen, dass sie die Wortbedeutungen darstellen, identisch mit den Konzepten, die unsere Alltagskategorien definieren? Auf jeden Fall muss man eine Unterscheidung treffen zwischen unserem individuellen

Wissen und dem Wissen, das wir als kulturelles Allgemeingut unterstellen können; denn nur auf der Basis von allgemein geteiltem Wissen ist verbale Kommunikation möglich.

Die Betrachtung des Problems, ob die Bedeutung des Wortes *Apfelsaft* mit dem Laienwissen über Apfelsaft gleichgesetzt werden kann, hat dann zu dem Schluss geführt, dass außerdem zwischen kulturellem und semantischem Wissen unterschieden werden muss. Semantische Konzepte sind wesentlich schlanker als kulturelle. Nur so lässt sich erklären, warum Wortbedeutungen inmitten des kulturellen Wandels relativ stabil sind, und genau und einfach beschreiben, welche Bedeutungsbeziehungen zwischen Wörtern bestehen.

In dem einzuhaltenden Rahmen ist es unmöglich, alle wichtigeren kognitiven Ansätze vorzustellen und gebührend zu würdigen. Ein Gebiet sollte jedoch noch erwähnt werden, auf dem die neueren Entwicklungen der Kognitiven Semantik sehr erfolgreich sind: die Untersuchung von Polysemie und, damit eng zusammenhängend, Bedeutungswandel. Insbesondere konnte gezeigt werden, dass Metonymie und Metapher sehr allgemeine kognitive Mechanismen sind, die eine zentrale Rolle bei der Bildung neuer Konzepte, der Variation von Bedeutung (Polysemie) und dem Wandel von Bedeutungen spielen. In sehr vielen Fällen sind gleichzeitige oder historische Bedeutungsvarianten durch eine metaphorische und/oder metonymische Beziehung verbunden. Dieser Punkt wurde in §3.5.2 kurz angerissen und kann hier nicht vertieft werden.

Dieses Kapitel hat sich hauptsächlich mit der frühen PT befasst, weil sich so die Gelegenheit ergab, die genannten zentralen Punkte ausführlicher zu behandeln. Inzwischen ist die Kognitive Semantik – ein Sammelbegriff, unter dem sich recht verschiedenartige Ansätze gruppieren – ein etabliertes Gebiet der Linguistik. Dennoch muss man feststellen, dass sich diese Disziplin noch nicht zu einer voll ausgebauten semantischen Theorie entwickelt hat. Zentrale Probleme der Semantik sind in diesem Rahmen bisher nicht ausgearbeitet worden; dazu gehören Bedeutungsbeziehungen und der gesamte Komplex der Komposition. Das liegt zum Teil an Grundannahmen der bisher entwickelten Ansätze: die Annahme, dass semantische Kategorien unscharf und/oder mit kulturellen Kategorien gleichzusetzen sind, macht eine Beschreibung von Bedeutungsbeziehungen ebenso schwierig wie eine Beschreibung der Komposition. Aber keine der problematischen Annahmen ist zwingend notwendiger Bestandteil einer kognitiven Theorie. Eine kognitive Theorie der Bedeutungsbeziehungen und der Komposition ist nicht unmöglich – sie ist nur bisher nicht entwickelt worden.

Schlüsselbegriffe

Kognition
Kategorisierung
Kategorie
  Mitglied, Subkategorie
Konzept
  mentale Repräsentation
NHB-Modell

Prototypentheorie
Prototyp
  als Referenzfall
abgestufte Struktur
graduelle Mitgliedschaft
unscharfe Grenzen
Familienähnlichkeit
Erkennungswert
Basisebene

Prototypensemantik
Bedeutung, Denotation
Polarisierung
Vagheit
Heckenausdrücke
lexikalische Differenzierung
Quantifikation

Semantisches Wissen
persönliches Wissen
semantische Konzepte/Kategorien
kulturelle Konzepte/Kategorien
„kulturelle" Semantik
reguläre Komposita

Übungen

1. Erklären Sie den Unterschied und den Zusammenhang zwischen Konzepten und Kategorien.

2. Erklären Sie den Unterschied und den Zusammenhang zwischen *Pilz*, ›Pilz‹ und PILZ.

3. Was für Entitäten sind Prototypen?

4. Welche Rolle spielen Prototypen in der Prototypentheorie?

5. Was ist an dem Begriff „Ähnlichkeit zum Prototypen" problematisch?

6. Was versteht man unter „Polarisierung" und warum ist dieses Phänomen ein Problem für die Prototypensemantik?

7. Führen Sie ein Experiment durch wie das in Fußnote 8, S. 272 beschriebene und diskutieren Sie das Ergebnis.

8. Wenden Sie die in §9.3.2 beschriebenen Kriterien für die Basisebene auf die folgenden Wörter an, um festzustellen, ob sie Basiskategorien denotieren oder Kategorien auf höherer oder niedrigerer Ebene:

   Fernseher, Radio, Toaster, Waschmaschine, Kofferradio, Kassettendeck, Walkman, Haushaltsgerät, PC, Notebook, Elektrogerät

9. Bitten Sie drei Leute, in spontaner Reihenfolge dreißig Ausdrücke für Kleidungsstücke aufzuschreiben.
   a) Versuchen Sie festzustellen, welche Sorten von Kleidungsstücken Prototypenstatus haben.
   b) Versuchen Sie, alle Kleidungsbegriffe in eine Taxonomie einzuordnen. Welche sind Begriffe der Basisebene?
10. Erklären Sie den Unterschied zwischen persönlichem, kulturellem und semantischem Wissen anhand des Beispiels *Geld*. Versuchen Sie Merkmale zu finden, die (a) nur zu Ihrem persönlichen Konzept von Geld und (b) zum kulturellen, aber nicht zum semantischen Konzept gehören.

Lesehinweise

Einschlägige Originalarbeiten zur PT und zur Basisebene sind Rosch (1973, 1975a, 1975b), Rosch et al. (1976) und Berlin et al. (1974). Ausführlich zur Prototypentheorie und ihrer Fortentwicklung: Kleiber (1998); weniger ausführlich Aitchison (1994/1997: §5), Ungerer & Schmid (1996); Lakoff (1987: §2) zur Entstehung der PT; allgemeinverständlich Zimmer (1988:142ff.). Zur Basisebene Kleiber (1998: §II.I.II) und Ungerer & Schmid (1996: §3). Zur Rolle von Metapher und Metonymie in der Kognition Ungerer & Schmid (1996: §4), Palmer (1996: § 8), Foley (1997: §9) und die Fallstudien zur Kategorie ÄRGER (bzw. englisch ANGER) in Lakoff (1987: 380-415).

10 Satzbedeutung und Formale Semantik

Aufbauend auf Kapitel 4 und 6 wendet sich dieses Kapitel wieder der Komposition der Satzbedeutung zu. Es führt in die so genannte Formale Semantik ein (auch: modelltheoretische, wahrheitskonditionale, referenzielle, logische oder Mögliche-Welten-Semantik). Dieser theoretische Ansatz gründet sich auf Referenz und Wahrheitsbedingungen, also auf die logische Herangehensweise an Bedeutung. Es ist die bei weitem technischste und schwierigste semantische Theorie, sehr mathematisch, aber es ist der einzige Rahmen, in dem bisher eine Theorie der Satzbedeutung entwickelt worden ist.

Sie werden Schritt für Schritt in die zentralen Begriffe und Methoden dieses Ansatzes eingeführt. Wir beginnen mit einer Analyse des japanischen Zahlwortsystems. Zahlwortsysteme eignen sich sehr gut um zu zeigen, wie die Bedeutungskomposition im Prinzip funktioniert und wie man sie in der Formalen Semantik beschreibt. In Anschluss daran wird in §10.2 eine semantische Analyse einiger einfacher deutscher Satztypen entwickelt. Das Beispiel ist von der wirklichen Komplexität der Satzsemantik weit entfernt, aber es reicht aus, um den Ansatz der Formalen Semantik zu illustrieren, der darin besteht, natürlichsprachliche Sätze in äquivalente logische Formeln zu übersetzen. Diese Formeln erhalten dann ihrerseits eine präzise kompositionale Interpretation in einem so genannten „Modell", das heißt einer konkreten Zuweisung von Referenten und Wahrheitswerten. Die Definition eines solchen Modells wird als Beispiel für eine modelltheoretische Semantik dienen (§10.3). In §10.4 wird diese Art der Bedeutungszuweisung zu einer „Mögliche-Welten-Semantik" ausgebaut. Der abschließende Abschnitt unterzieht die Formale Semantik einer kritischen Bewertung.

10.1 Kompositionale Analyse der japanischen Zahlwörter

10.1.1 Das Zahlwortsystem

Das Japanische hat zwei Zahlwortsysteme, ein rudimentäres und unvollständiges, originär japanisches System mit Ausdrücken für die Zahlen 1 bis 10 und einige größere Zahlen wie 20, 100 und 1000; daneben besitzt es ein voll ausgebautes System, das aus dem Chinesischen übernommen wurde. Dieses System wird hier als Beispiel verwendet, weil es im Gegensatz zu Zahlwortsystemen wie dem deutschen, englischen oder französischen von perfekter Regelmäßigkeit und Ökonomie ist. Wir beschränken uns auf die Wörter für die Zahlen 1 bis 99. Die Grundlage dieses Systems bilden die folgenden Wörter:

ichi	*ni*	*san*	*yon*	*go*	*roku*	*nana*	*hachi*	*kyû*	*jû*
1	2	3	4	5	6	7	8	9	10

Wenn man das Zahlwort *jû* für 10 an die Einerwörter für 2 bis 9 anfügt, erhält man die Zehnerwörter für 20 bis 90. Die Zehnerwörter sind also insgesamt:

jû	*ni jû*	*san jû*	*yon jû*	...	*kyû jû*
10	20	30	40	...	90

‚Dreißig' wird also als ‚drei zehn' ausgedrückt. Zur Bezeichnung für die Zahlen zwischen den Zehnern fügt man das Einerwort an das Zehnerwort. Das Zahlwort für 11 hat also die Form ‚zehn eins', das für 27 ‚zwei zehn sieben' usw. Das komplette System für die Zahlen von 1 bis 99 ist in Tabelle 10.1 angedeutet. Der Rest des japanischen Zahlwortsystems setzt sich in derselben Regelmäßigkeit fort.

		10	*jû*	20	*ni jû*	...	90	*kyû jû*
1	*ichi*	11	*jû ichi*	21	*ni jû ichi*	...	91	*kyû jû ichi*
2	*ni*	12	*jû ni*	22	*ni jû ni*	...	92	*kyû jû ni*
3	*san*	13	*jû san*	23	*ni jû san*	...	93	*kyû jû san*
	...		...		...	...		...
9	*kyû*	19	*jû kyû*	29	*ni jû kyû*	...	99	*kyû jû kyû*

Tabelle 10.1 Das System der japanischen Zahlwörter für 1 bis 99

10.1.2 Formale Beschreibung

Das (Teil-)System in Tabelle 10.1 ist äußerst ökonomisch: mit ganzen
zehn Grundelementen, den Zahlwörtern für 1 bis 10, sind insgesamt
neunundneunzig Zahlwörter gegeben bzw. formbar. Dabei ergibt sich
die Bedeutung der zusammengesetzten Zahlwörter auf eindeutige Weise
aus der Bedeutung ihrer Bestandteile. Zum Beispiel lässt sich die Bedeutung von *nijûsan* aus den Bestandteilen *ni* 2, *jû* 10 und *san* 3 als
2·10+3, also 23 berechnen.[1] Insofern sind die zusammengesetzten
Zahlwörter ein gutes Beispiel für Ausdrücke mit kompositionaler Bedeutung. Sie erinnern sich: nach dem Kompositionalitätsprinzip ergibt
sich die Bedeutung eines komplexen Ausdrucks aus der lexikalischen
Bedeutung seiner Bestandteile, aus deren grammatischer Bedeutung
und der Art und Weise, wie sie miteinander kombiniert sind. Es soll
nun genau dargestellt werden, wie die Komposition der japanischen
Zahlwörter funktioniert. Dabei entfällt die Komponente der grammatischen Bedeutung, weil die Zahlwörter nur eine Form haben.

Es gibt in dem System zwei Typen von komplexen Zahlwörtern: die
Zehnerwörter und die Zahlwörter zwischen den Zehnerwörtern. Beide
Typen werden mit derselben morphologischen Operation gebildet, der
sogenannten Konkatenation (Verkettung, Aneinanderreihung). Durch
Konkatenation wird aus zwei Ausdrücken ein zusammengesetzter gebildet, indem man den zweiten hinter den ersten setzt; zum Beispiel
lassen sich *san* und *jû* zu *sanjû* konkatenieren und *jû* und *san* zu *jûsan*.

Die beiden Typen von Ausdrücken werden zwar mit derselben morphologischen Operation gebildet, doch wird ihre Zusammenfügung je
nach Reihenfolge unterschiedlich interpretiert. Das Wort *sanjû* ,drei
zehn' für 30 bedeutet ›drei <u>mal</u> zehn‹, aber *jûsan* ,zehn drei' ›zehn <u>plus</u>
drei‹. Offensichtlich gilt: Wenn der erste Teil eines zweiteiligen Zahl-
worts eine kleinere Zahl als der zweite Teil bezeichnet, dann werden
die beiden Werte multipliziert; bezeichnet der erste Teil eine größere
Zahl, werden die beiden Werte addiert. (Damit sind alle Möglichkeiten
erschöpft, denn dass beide Teile dieselbe Zahl bezeichnen, kann nicht
vorkommen.) Wenn nun ein Zahlwort aus drei Elementen zusammengesetzt ist, muss es in zwei Schritten zusammengesetzt worden sein,
weil bei der Konkatenation immer nur zwei Ausdrücke miteinander
verbunden werden; daher muss man zunächst zwei Grundelemente zu
einem zweiteiligen Zahlwort verketten und das wiederum mit dem
dritten Element. Dafür gibt es immer zwei Möglichkeiten; betrachten

---

1   Man kann die Bedeutung der Zahlwörter für unsere Zwecke mit dem immer glei-
    chen Referenten, der bezeichneten Zahl, gleichsetzen.

wir zum Beispiel das Wort *sanjûroku* aus den Bestandteilen *san* 3, *jû* 10 und *roku* 6:

(1) a. (3 10) 6   Verkette erst *san* mit *jû* zu *sanjû*,
                        dann *sanjû* mit *roku* zu *sanjû-roku*.

     b. 3 (10 6)   Verkette erst *jû* mit *roku* zu *jûroku*,
                        dann *san* mit *jûroku* zu *san-jûroku*.

Wenn wir (1a) folgen, erhalten wir für *sanjû* den Wert 30 (kleinere erste Zahl 3 mal größere zweite Zahl 10) und anschließend für *sanjûroku* den Wert 36 (größere erste Zahl 30 plus kleinere zweite Zahl 6); das ist die korrekte Interpretation. Nach (1b) ergäbe sich aber der Wert 48: zunächst für *jûroku* der Wert 16 (größere erste Zahl 10 plus kleinere zweite Zahl 6), dann für *san-jûroku* der Wert 48 (kleinere erste Zahl 3 mal größere zweite Zahl 16). Also muss man bei der Bildung der drei-elementigen Zahlwörter zuerst das Zehnerwort bilden und dann ein Einerwort anhängen, weil sich sonst eine falsche Interpretation ergibt.

Nach diesen Vorüberlegungen lässt sich die Komposition in dem System formal präzise beschreiben. Eine solche Beschreibung hat allgemein vier Komponenten[2]: sie sind in Tabelle 10.2 zusammengestellt.

AB	**Ausdrucksbasis**
	Liste der Basisausdrücke
IB	**Interpretationsbasis**
	Angabe der Interpretation der Basisausdrücke[3]
SR	**Syntaxregeln**
	Regeln für die Bildung komplexer Ausdrücke
KR	**Kompositionsregeln**
	Regeln für die Interpretation komplexer Ausdrücke

Tabelle 10.2 Komponenten einer kompositionalen Interpretationsbeschreibung

---

2   Wir vernachlässigen die Komponente der grammatischen Bedeutung in dem allgemeinen Schema der Bedeutungskomposition in Abbildung 1.1.

3   Hier wird dem allgemeineren Begriff ‚Interpretation' anstelle von ‚Bedeutung' der Vorzug gegeben. Unter ‚Interpretation' ist zu verstehen, was immer den Ausdrücken in einem solchen formalen System aufgrund der Interpretationsbasis und Kompositionsregeln zugewiesen wird. Inwieweit diese Interpretationen als Bedeutungen im Sinne der Semantik aufgefasst werden können, wird später diskutiert.

Die Ausdrucksbasis AB$_J$ für das System der japanischen Zahlwörter besteht aus den Bezeichnungen für die Zahlen 1 bis 10:

AB$_J$	*ichi, ni, san, yon, go, roku, nana, hachi, kyû, jû*

Komplexe Zahlwörter werden nach zwei Syntaxregeln gebildet:

SR1$_J$	Bilde UV , wobei U = *ni, san, yon, go, roku, nana, hachi* oder *kyû* V = *jû*
SR2$_J$	Bilde ZX , wobei Z = *jû, nijû, sanjû*, ... , *hachijû* oder *kyûjû* X = *ichi, ni, san, yon, go, roku, nana, hachi* oder *kyû*

Für die Interpretationen, die den Zahlwörtern zugewiesen werden, benutzt man eckige Klammern: [A] ist die Interpretation des Ausdrucks A. Die Systemkomponente IB$_J$ weist den Basisausdrücken ihre Interpretationen zu, in diesem Fall die bezeichneten Zahlen:

IB$_J$	[*ichi*]=1, [*ni*]=2, [*san*]=3, ... , [*kyû*]=9, [*jû*]=10

Die Komponente KR besteht aus zwei Kompositionsregeln, die jeweils zu den beiden Syntaxregeln gehören: sie geben an, wie sich die Interpretation eines komplexen Ausdrucks, der nach der betreffenden Syntaxregel gebildet ist, aus der Interpretation seiner Komponenten ergibt:

KR1$_J$	Wenn UV nach SR1$_J$ gebildet ist, ist [UV] = [U] · [V]
KR2$_J$	Wenn ZX nach SR2$_J$ gebildet ist, ist [ZX] = [Z] + [X]

Wir können jetzt, streng nach den gegebenen Regeln, die Interpretationen der zusammengesetzten Zahlwörter „komponieren". In (2) wird dies für das Zahlwort *nanajûroku* 76 durchgeführt. Der Ausdruck *nanajûroku* kann in dem System nur auf eine Weise gebildet werden: man wendet zuerst SR1$_J$ auf *nana* und *jû* an und erhält so *nanajû* 70; im zweiten Schritt kombiniert man nach SR2$_J$ *nanajû* mit *roku*. Wenn man zuerst nach Regel SR2$_J$ *jû* mit *roku* kombinieren würde, gäbe es keinen Weg, *nana* mit dem Ergebnis *jûroku* zu kombinieren, weil *jûroku* nach keiner der beiden Regeln eine mögliche Inputkomponente ist (vgl. die angegebenen Möglichkeiten für die Komponenten U, V, X und Z). Abbildung 10.1 zeigt die parallelen Schritte der Ausdrucksbildung und Interpretationskomposition.

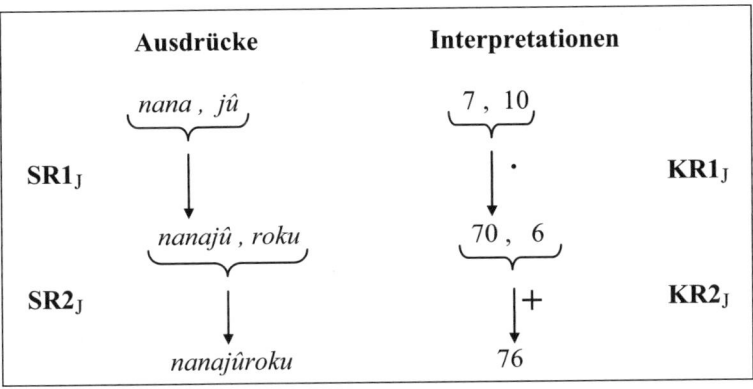

Abbildung 10.1 Bildung und kompositionale Interpretation von *nanajûroku*

(2) a. Bildung des komplexen Ausdrucks *nanajûroku*
   SR1$_J$ *nana, jû* $\longrightarrow$ *nanajû*
   SR2$_J$ *nanajû, roku* $\longrightarrow$ *nanajûroku*

   b. Interpretation des komplexen Ausdrucks *nanajûroku*
   KR1$_J$ [*nanajû*]   = [*nana*] · [*jû*]
                  = 7 · 10   nach IB
                  = 70
   KR2$_J$ [*nanajûroku*] = [*nanajû*] + [*roku*]
                  = 70 + 6   nach IB, oben
                  = 76

10.1.3 Allgemeines Schema der kompositionalen Semantik

Die formale Behandlung des japanischen Zahlwortsystems illustriert das
allgemeine Schema der kompositionalen Semantik (Abbildung 10.2).
Der zentrale Punkt bei der Komposition ist die schrittweise Bildung
komplexer Ausdrücke nach syntaktischen Regeln und die dazu parallele
Ableitung der Bedeutung nach den Kompositionsregeln. Die Grundlage
eines solchen Systems bilden die Komponenten AB und IB: eine Liste
der Basisausdrücke, aus denen sich alle zusammengesetzten Ausdrücke
ableiten, und eine Festlegung ihrer Interpretation, das heißt ihrer lexikalischen „Bedeutungen".

Anders als in dem Beispiel werden die Ausdrücke des Systems im
Allgemeinen in grammatische Kategorien unterteilt, zum Beispiel Nomen, Adjektiv, intransitives Verb usw. Solche Kategorien sind Mengen
von Ausdrücken, die sich bezüglich der syntaktischen Regeln gleich
verhalten, also Ausdrücke mit denselben kombinatorischen Eigenschaften. Man braucht solche Kategorien, um die syntaktischen Regeln zu
formulieren, die zumeist bestimmte Ausdrücke als Input erfordern. Zum
Beispiel erfordern die beiden Regeln $SR1_J$ und $SR2_J$ vier verschiedene
Inputkategorien, für die die Variablen U, V, X und Z benutzt wurden.
U steht beispielsweise für die Kategorie der Einerwörter außer *ichi* 1,
weil diese Wörter die gemeinsame kombinatorische Eigenschaft haben,
den ersten Bestandteil der zusammengesetzten Zehnerwörter bilden zu
können. Auch der Output einer Syntaxregel lässt sich kategorisieren:
$SR1_J$ erzeugt Ausdrücke in der Kategorie der Zehnerwörter, die ihrerseits eine Inputkategorie für $SR2_J$ ist; $SR1_J$ und $SR2_J$ erzeugen beide
Ausdrücke der Kategorie, die an Hunderterwörter angefügt werden
können (die nicht mehr zu dem hier behandelten Teilsystem gehören).
   Wenn das System eine Unterscheidung von Kategorien erfordert,
gehört zu der Komponente AB die Angabe, in welche Kategorien sich
die Basisausdrücke einordnen, und bei der Formulierung der Syntaxregeln muss angegeben werden, welche Kategorien jeweils den Input
der Regeln bilden und welcher Kategorie der Output zugehört. In dem
nächsten Beispiel wird mit Kategorien gearbeitet. Die Komponenten
AB und SR bilden zusammen die **Grammatik** des Systems, das heißt
denjenigen Teil, der bestimmt, welche Ausdrücke in dem System reguläre Ausdrücke sind und zu welchen Kategorien diese gehören. Die
Festlegungen zu den Basisausdrücken, die Komponenten AB und IB,
sind das **Lexikon** des Systems; mit der Angabe von Form, Kategorie
und Bedeutung sind die hier wesentlichen Aspekte von Lexemen erfasst. Die Interpretation der Basisausdrücke IB und die Kompositionsregeln KR sind die **Semantik** des Systems, das heißt der Teil der formalen Beschreibung, der den regulären Ausdrücken Interpretationen
zuordnet. Lexikalische Ausdrücke erhalten direkt eine Interpretation
zugewiesen, während die Interpretation komplexer Ausdrücke schrittweise aus der der Basisausdrücke abgeleitet wird. Jede Anwendung
einer Syntaxregel wird durch die Anwendung einer Kompositionsregel
begleitet, die die Interpretation des neu gebildeten Ausdrucks aus der
Interpretation seiner Bestandteile ableitet. Der gestrichelte Pfeil, der in
Abbildung 10.2 komplexe Ausdrücke mit ihren Interpretationen verbindet, steht für die resultierende Interpretationszuweisung, in der die
eigentliche Leistung des Systems besteht.

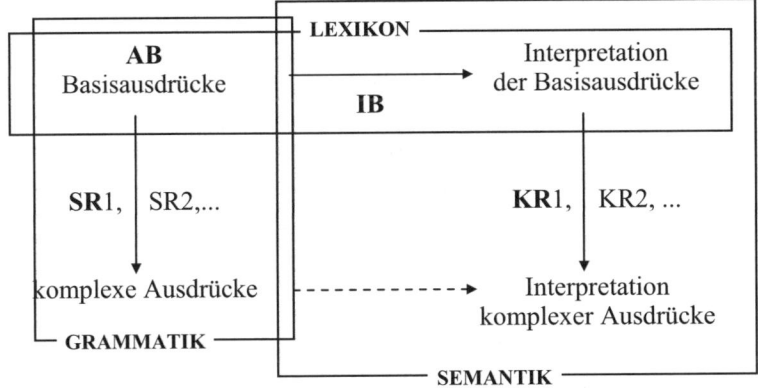

Abbildung 10.2 Allgemeines Schema der kompositionalen Semantik

10.2   Ein kleines Fragment des Deutschen

In der Formalen Semantik wird die kompositionale Beschreibung meistens in zwei Schritten vorgenommen. Der erste Schritt besteht in einer „Übersetzung" der natürlichsprachlichen Ausdrücke in eine geeignete formale Sprache, meistens eine Variante der Prädikatenlogik. Dieser Schritt selbst unterliegt dem Prinzip der Komposition: die Übersetzung eines komplexen Ausdrucks wird Schritt für Schritt aus der Übersetzung seiner Komponenten abgeleitet. In einem zweiten Schritt erhalten dann die Übersetzungen, also die als äquivalent betrachteten logischen Formeln, eine kompositionale Interpretation in Form einer so genannten modelltheoretischen Semantik (Abbildung 10.3).

Auf den ersten Blick mag diese Methode unnötig umständlich erscheinen; sie ist aber tatsächlich von großem Vorteil. Der wesentliche Schritt ist der erste, die Übersetzung in die formale Sprache; in diesem Schritt wird die eigentliche Bedeutungsanalyse geleistet. Da die logischen Formeln, die auf diese Weise gewonnen werden, für das geschulte Auge semantisch vollkommen transparent sind, können sie bereits als Bedeutungsrepräsentation betrachtet werden: sie decken die semantische Struktur der natürlichsprachlichen Sätze auf (soweit sie sich in der formalen Sprache darstellen lässt). Die kompositionale Interpretation der Übersetzungen im zweiten Schritt ist dagegen eine Routinesache, da die verwendeten formalen Sprachen auf eine mathematisch genau festgelegte Weise kompositional interpretiert werden. Daher wird dieser zweite Schritt in der Regel weggelassen.

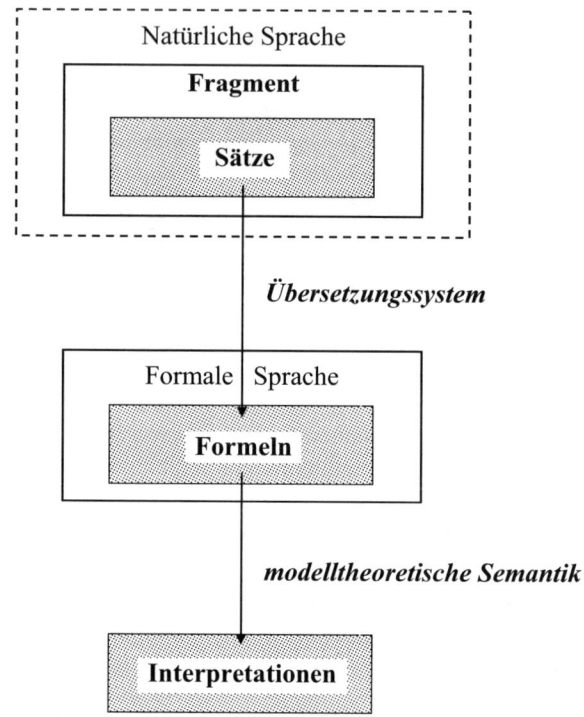

Abbildung 10.3 Zweistufige Interpretationszuweisung in der Formalen Semantik

Es ist technisch möglich, die beiden Schritte zu einem zusammen-zufassen – in manchen Varianten der Formalen Semantik wird das auch getan. Wenn man so vorgeht, werden den natürlichsprachlichen Ausdrücken direkt die Interpretationen der übersprungenen Formeln zugewiesen. Der Nachteil dieser Methode ist, dass die Bedeutungsbe-schreibungen umständlicher werden; logische Formeln sind (für das geübte Auge) einfach auch sehr komprimierte und daher ökonomische Mittel der Bedeutungsbeschreibung.

Die Semantik ist noch weit davon entfernt, eine kompositionale Be-deutungsbeschreibung für den größeren Teil irgendeiner Sprache leis-ten zu können. Daher ist die Analyse in der Formalen Semantik immer auf ein „Fragment" einer natürlichen Sprache beschränkt, ein begrenz-tes Inventar von Lexemen und Syntaxregeln, für die man versucht, die

Kompositionsregeln aufzustellen. Als Beispiel wird hier ein sehr kleines Fragment des Deutschen behandelt, das nur dreizehn Lexeme und einige wenige elementare Syntaxregeln enthält. Den Sätzen des Fragments werden dann prädikatenlogische Formeln als Bedeutungsrepräsentationen zugewiesen, die in etwa denen in §6.5 entsprechen.

10.2.1 Die Grammatik des Fragments

Ausdrucksbasis

Das Lexikon des Fragments ist sehr klein gehalten, gerade groß genug, um die wichtigsten Wortarten zu berücksichtigen und ein Minimum von Variation zu ermöglichen. Um die Ebene der grammatischen Bedeutung auszuklammern, werden alle Verben im Indikativ Präsens Aktiv, alle Nomen im Singular und alle Adjektive im Positiv verwendet. Es werden auch nur feminine Nomen eingesetzt, damit wir uns nicht mit den Tücken der deutschen Flexion herumzuschlagen brauchen. Alle Wörter außer den Adjektiven sind bereits in der „richtigen" Form; das vereinfacht die Syntaxregeln. Ein reicheres Formeninventar ist in dieser Art von Systemen durchaus möglich, würde aber hier von dem Hauptanliegen der semantischen Beschreibung zu stark ablenken. Die Basisausdrücke, hier alle in der Stammform, werden in die üblichen Kategorien eingeteilt:

AB_D	Basisausdrücke		Kategorie
Fritz, Ute	NP	Nominalphrase
Katze, Person	N	Nomen
dünn, klug, reizbar	A	Adjektiv
eine	D	Artikel (Determinierer)
raucht, schielt	VP	Verbalphrase
kennt, hasst	TV	transitives Verb
ist	CV	Kopulaverb

Syntaxregeln

Eine Syntaxregel in einem formalen System mit Kategorien muss drei Dinge spezifizieren: (i) die Inputkategorien, das heißt die Kategorien von Ausdrücken, die nach dieser Regel Komponenten des abgeleiteten komplexen Ausdrucks sein können, (ii) die Form des abgeleiteten Ausdrucks und (iii) welcher Kategorie er angehört. Die erste Syntaxregel des Fragments erlaubt die Kombination einer NP und einer VP; die Outputkategorie der Regel ist S, Satz, eine Kategorie, zu der keine Basisausdrücke gehören. Diese Regel ist die einzige, nach der man in dem Fragment Sätze bildet; alle Sätze werden also die Struktur ‚NP VP' haben. Semantisch betrachtet versieht diese Regel eine VP, also einen einstelligen Prädikatsausdruck, mit einer Spezifikation seines einzigen Arguments, indem die VP mit einer Subjekt-NP kombiniert wird.

SR1$_D$	**NP VP** $\longrightarrow$ **S**

Die Regel ist in einer bestimmten Form notiert, die hier durchgehend verwendet wird. Links vom Pfeil sind die Inputkategorien angegeben, rechts vom Pfeil die Outputkategorie. Die Kurzbezeichnungen für die Kategorien dienen gleichzeitig als Variablen für die Bestandteile des zusammengesetzten Ausdrucks; ihre Anordnung zeigt die Form des Ausdrucks an. Diese Regel besagt also, dass man einen Ausdruck aus einer NP und einer VP bilden kann, indem man diese beiden Bestandteile durch einen Zwischenraum getrennt in der angegebenen Reihenfolge aneinander fügt (Konkatenation); das Ergebnis ist dann ein Ausdruck der Kategorie S (Satz). Die Regel lässt sich also lesen als: „Man nehme eine NP und füge eine VP an; das Ergebnis ist ein Satz." Hätten wir nur diese eine Regel, könnten wir damit genau vier Sätze bilden:

(3)	**NP**	**VP**	resultierender **Satz**
	Ute	*raucht*	*Ute raucht*
	Ute	*schielt*	*Ute schielt*
	Fritz	*raucht*	*Fritz raucht*
	Fritz	*schielt*	*Fritz schielt*

Als nächste Regel führen wir die Bildung von NPs aus unbestimmtem Artikel und Nomen ein.[4]

SR2$_D$	**D N** $\longrightarrow$ **NP**

Diese Regel erlaubt (vorerst) die Bildung von zwei neuen NPs, *eine Person* und *eine Katze*. Damit vergrößert sich eine der beiden Inputkategorien von SR1$_D$, so dass sich jetzt vier weitere Sätze bilden lassen, zum Beispiel *eine Katze schielt*.

---

[4] Es wäre natürlich schön, auch den bestimmten Artikel in das System mit aufzunehmen; aber seine Semantik ist zu komplex, um sie hier zu behandeln.

Die dritte Regel erlaubt es, einem Nomen ein attributives Adjektiv voranzustellen, wobei das Adjektiv die Endung *e* erhält. Da alle Nomen feminines Genus haben und entweder Nominativ oder Akkusativ sind, kommen wir mit dieser einen Endung aus. Die Outputkategorie ist wieder N; nämlich die Klasse der Ausdrücke, die mit vorangestelltem Artikel eine NP ergeben:

SR3$_D$	A*e* N $\longrightarrow$ N

Wenn man diese Regel einmal anwendet, erhält man sechs A-N-Kombinationen, darunter *dünne Katze* und *reizbare Person*. Da aber die Outputkategorie dieser Regel identisch mit einer ihrer Inputkategorien ist, kann SR3$_D$ wiederholt angewandt werden. So kann man aus *dünne Katze* und *klug* die Kombination *kluge dünne Katze* bilden usw.; einem Nomen können also beliebig viele Adjektive vorangehen, zum Beispiel *kluge dünne dünne kluge dünne reizbare reizbare Person*. Das mag zwar als eine merkwürdige Konsequenz aus dieser Regel erscheinen, ist aber harmlos, denn solche Bildungen sind nicht ungrammatisch. SR3$_D$ vergrößert indirekt natürlich auch die Kategorien NP und S, da SR3$_D$ den Input für SR2$_D$ vergrößert und damit auch den für SR1$_D$. Jetzt erzeugt das System aus den gegebenen Basisausdrücken unendlich viele Ns, NPs und Sätze. Mit den drei Regeln SR1$_D$, SR2$_D$ und SR3$_D$ lassen sich Sätze bilden wie *eine dünne kluge Person schielt*.

Noch haben wir jedoch weder von der Kopula noch von den transitiven Verben Gebrauch gemacht. Beide Arten von Verben können mit einer NP zu einer VP kombiniert werden. Dennoch werden für diese Komplexbildung zwei separate Regeln angesetzt, weil, wie sich zeigen wird, die Kombination der Kopula mit einer NP semantisch anders zu interpretieren ist als die Kombination eines transitiven Verbs mit einer NP.[5] Eine weitere Regel erlaubt die Kombination des Kopulaverbs mit einem Adjektiv, wodurch ebenfalls eine VP entsteht.

SR4$_D$	TV NP $\longrightarrow$ VP
SR5$_D$	CV NP $\longrightarrow$ VP
SR6$_D$	CV A $\longrightarrow$ VP

Damit ist die Grammatik des Systems komplett. Die letzten drei Regeln sind an der Bildung der folgenden Sätze beteiligt:

---

5 Nur im zweiten Fall spezifiziert die NP ein Argument des Verbs, vgl. §6.3.1, §6.4.3.

SR	Input 1		Input 2		Output	
(4)	*Ute ist reizbar*					
SR6$_D$	CV	*ist*	A	*reizbar*	VP	*ist reizbar*
SR1$_D$	NP	*Ute*	VP	*ist reizbar*	S	*Ute ist reizbar*
(5)	*Fritz ist eine dünne Katze*					
SR3$_D$	A	*dünn*	N	*Katze*	N	*dünne Katze*
SR2$_D$	D	*eine*	N	*dünne Katze*	NP	*eine dünne Katze*
SR5$_D$	CV	*ist*	NP	*eine dünne K.*	VP	*ist eine dünne K.*
SR1$_D$	NP	*Fritz*	VP	*ist eine d. K.*	S	*Fritz ist e. d. K.*
(6)	*eine Katze hasst Ute*					
SR4$_D$	TV	*hasst*	NP	*Ute*	VP	*hasst Ute*
SR2$_D$	D	*eine*	N	*Katze*	NP	*eine Katze*
SR1$_D$	NP	*eine K.*	VP	*hasst Ute*	S	*eine K. hasst Ute*

10.2.2 Die prädikatenlogische Sprache PL-F: Grammatik

Für die angestrebte Übersetzung des Fragments in eine formale Sprache wird jetzt eine geeignete prädikatenlogische Sprache, PL-F, definiert, und zwar ebenfalls in einem formalen System der hier verwendeten Art. Für alle prädikatenlogischen Sprachen eines gewählten Notationsstandards gelten dieselben Syntaxregeln; sie unterscheiden sich lediglich durch die Festlegung der Basisausdrücke und dadurch, von welchen der verfügbaren syntaktischen Möglichkeiten sie Gebrauch machen.

Die spezielle Sprache PL-F enthält nur die Basisausdrücke, die wir unbedingt brauchen: Individuenkonstanten für Ute und Fritz, einstellige Prädikatskonstanten für die Nomen, Adjektive und intransitiven Verben (lexikalische VPs), sowie zweistellige Prädikatskonstanten für die transitiven Verben. Zusätzlich werden wir zwei Individuenvariablen benötigen. Individuenvariablen und -konstanten gehören beide zur Kategorie T der (Individuen-)Terme; zusätzlich bilden Individuenvariablen eine eigene Kategorie V, weil sie sich syntaktisch anders verhalten als Individuenkonstanten. Bei der Definition der Ausdrucksbasis für PL-F wird Fettschrift für alle Ausdrücke verwendet, die direkte Entsprechungen zu Ausdrücken des deutschen Fragments sind. Alle Endungen werden weggelassen.

AB_P	Basisausdrücke	Kategorie	
f u		**T**	Individuenkonstanten
x y		**V, T**	Individuenvariablen
Katze Person		**P1**	1-stell. Prädikatskonstanten
dünn klug reizbar			
schiel rauch			
kenn hass		**P2**	2-stell. Prädikatskonstanten

Die Syntaxregeln für PL-F sind nur eine Teilmenge der allgemein verfügbaren, weil wir uns auch hier auf das Notwendigste beschränken. Die Regeln $SR1_P$ und $SR2_P$ erlauben die Bildung so genannter **Primformeln**, bei denen ein Prädikatsausdruck mit Termen für seine Argumente ausgestattet wird. Diese Notation wurde bereits in §6.5 besprochen; S ist die Kategorie der Sätze bzw. Aussagen.

$SR1_P$	$P1(T) \longrightarrow S$
$SR2_P$	$P2(T, T) \longrightarrow S$

Mit den beiden Regeln lassen sich insgesamt sechzig Aussagen bilden, zum Beispiel:

(7) **Person(f)**   **dünn**(x)   **hass(u, y)**

Zusätzlich wird ein weiterer Typ von Primformeln eingeführt: einfache Gleichheitsaussagen wie beispielsweise x=u :

$SR3_P$	$T=T \longrightarrow S$

Aus semantischer Sicht ist das Gleichheitszeichen ein zweistelliger Prädikatsausdruck, weil sich daraus mit zwei Termen als Argumentausdrücken ein Satz formen lässt. Es könnte auch als solcher eingeführt werden und syntaktisch wie **hass** und **kenn** behandelt werden; dann würde es nach $SR2_P$ gebraucht, und wir würden statt x=u schreiben: =(x, **u**). In der Prädikatenlogik ist aber die alltägliche Notation von Gleichheitsaussagen fast allgemein üblich. Wie man sieht, hat die Beibehaltung dieser Schreibweise ihren Preis: sie erfordert eine Extraregel – und sie verschleiert den wahren semantischen Charakter des Identitätsprädikats.

Als nächstes verbinden wir zwei Aussagen mit der aussagenlogischen Konjunktion (§4.4). In reichhaltigeren prädikatenlogischen Sprachen werden noch weitere aussagenlogische Verknüpfungen verwendet, zum Beispiel ∨ für ‚oder‘ und → für ‚wenn ..., dann ...‘. Wir können hier darauf verzichten; auch die Negation ¬ wird nicht benötigt.

SR4$_P$ $S \wedge S \longrightarrow S$

Durch wiederholte Anwendung von SR4$_P$ können komplexere Aussagen gebildet werden, zum Beispiel:

(8)   a. **dünn(u)** ∧ **reizbar(u)**

        b. **Katze**(x) ∧ **Katze**(y)

        c. **Katze**(x) ∧ **dünn**(x) ∧ **hass**(x, y) ∧ y=**f**

(8a) besagt, dass Ute dünn und reizbar ist; mit (8b) wird zum Ausdruck gebracht, dass x und y beide Katzen sind; (8c) drückt prädikatenlogisch aus, dass x eine dünne Katze ist, die y hasst, und dass y Fritz ist, mit anderen Worten: dass x eine dünne Katze ist, die Fritz hasst.

Die letzte Syntaxregel führt den so genannten **Existenzquantor** ∃ ein. Dieser Operator wird mit einer Variablen kombiniert und einer Aussage vorangestellt, um so eine neue Aussage zu bilden. Die Aussage, auf die der Quantor angewandt wird (über die er „quantifiziert"), wird als sein **Skopus** bezeichnet und in Klammern eingeschlossen.

SR5$_P$ $\exists V \,(\, S \,) \longrightarrow S$

Der Existenzquantor wird gelesen und interpretiert als „es gibt mindestens ein V, für das gilt ...". Häufig wird *mindestens* beim Lesen des Quantors weggelassen, interpretiert wird er aber immer in diesem Sinne. Die Regel ermöglicht die Bildung von Aussagen wie den folgenden:

(9)   a. ∃x (**dünn**(x))
           es gibt ein x, das dünn ist

        b. ∃x (**dünn**(x) ∧ **Person**(x))
            es gibt ein x, das dünn ist und eine Person ist
            = es gibt eine dünne Person

        c. ∃y (**kenn**(x, y) ∧ x=**u**)
            es gibt ein y, für das gilt: x kennt y und x ist Ute
            = es gibt ein y, das Ute [Subjekt] kennt

Da sowohl SR4$_P$ als auch SR5$_P$ aus Aussagen neue Aussagen formen, können beide Regeln wiederholt und vermischt angewandt werden. Das Potenzial dieser Regeln ist daher ganz beträchtlich; hier wird davon jedoch nur sehr gemäßigt Gebrauch gemacht: wir beschränken uns auf Aussagen, die als Übersetzungen deutscher Sätze aus dem Fragment dienen, zum Beispiel:

(10) $\exists x\,(x=\mathbf{u} \wedge \exists y\,(\mathbf{hass}(x,y) \wedge \mathbf{Katze}(y)))$

Diese Aussage liest sich so: „es gibt ein x, für das gilt: x ist u und es gibt ein y, für das gilt: x hasst y und y ist eine Katze". In (11) wird die syntaktische Herleitung dieser Aussage schrittweise durchgeführt. Zuerst bildet man die Primformeln (Schritte 1 bis 3). Bei den weiteren Schritten folgt man der Klammerung von innen nach außen: zunächst verbindet man die zweite und dritte Teilaussage durch Konjunktion, dann quantifiziert man das Ergebnis mit $\exists y$. Anschließend verbindet man die erste Primformel per $\wedge$ mit dem Ergebnis und quantifiziert noch einmal, diesmal mit $\exists x$:

(11)	Schritt 1	SR3$_P$	$x=\mathbf{u}$
	Schritt 2	SR2$_P$	$\mathbf{hass}(x,y)$
	Schritt 3	SR1$_P$	$\mathbf{Katze}(y)$
	Schritt 4	SR4$_P$	$\mathbf{hass}(x,y) \wedge \mathbf{Katze}(y)$
	Schritt 5	SR5$_P$	$\exists y\,(\mathbf{hass}(x,y) \wedge \mathbf{Katze}(y))$
	Schritt 6	SR4$_P$	$x=\mathbf{u} \wedge \exists y\,(\mathbf{hass}(x,y) \wedge \mathbf{Katze}(y))$
	Schritt 7	SR5$_P$	$\exists x\,(x=\mathbf{u} \wedge \exists y\,(\mathbf{hass}(x,y) \wedge \mathbf{Katze}(y)))$

Variablen können auf zwei Weisen gebraucht werden. Erstens können sie als Folge der Anwendung von SR5$_P$ im Skopus eines Existenzquantors stehen, der mit dieser Variablen gekoppelt ist; sie werden dann als **gebunden** bezeichnet, womit gemeint ist, dass die Quantifikation über diese Variable läuft. Eine Variable kann aber auch in einer Aussage enthalten sein, ohne durch einen Quantor gebunden zu sein; dann ist sie **frei**. Der Unterschied wird deutlich, wenn man den schrittweisen Aufbau der Aussage in (11) verfolgt. Bei den ersten vier Schritten werden keine Variablen gebunden, weil kein Quantor verwendet wird: alle Variablenvorkommen in den ersten vier Aussagen sind frei. Im fünften Schritt wird der Quantor $\exists y$ angewandt. Er bindet die bisher freien Vorkommen der Variablen y in seinem Skopus; jetzt sind beide Vorkommen von y gebunden, aber x ist immer noch frei. Das bleibt auch so im sechsten Schritt. Erst im letzten Schritt werden durch die Anwendung des Quantors $\exists x$ beide Vorkommen von x gebunden.

Freie Variablen werden im Prinzip wie Individuenkonstanten interpretiert, das heißt als Terme, die auf ein bestimmtes Individuum referieren; man interpretiert sie sozusagen wie ‚das x' bzw. ‚das y'. Dagegen werden die durch einen Existenzquantor gebundenen Vorkommen
als ‚es gibt ein x (bzw. y)' interpretiert. Die Schritte 4 und 5 ergeben
daher folgende Interpretationen:

> (12)   Schritt 4   **hass**(x, y) ∧ **Katze**(y)
>   das x hasst das y und das y ist eine Katze
>
>   Schritt 5   ∃y (**hass**(x, y) ∧ **Katze**(y))
>   es gibt ein y, das das x hasst und eine Katze ist.

Gebundene Variablen lassen sich bei geeigneter Umformulierung eliminieren (zum Beispiel *es gibt etwas, das x hasst und eine Katze ist*),
freie Variablen jedoch nicht, weil sie im Wesentlichen wie Eigennamen
fungieren.

10.2.3 Übersetzung des Fragments in die Prädikatenlogik

Probleme der kompositionalen Beschreibung

So klein dieses Fragment ist, bereitet es doch schon einige Probleme
für die kompositionale Analyse. Zunächst muss große Sorgfalt darauf
verwendet werden, dass den Basisausdrücken die richtigen Übersetzungen zugewiesen werden, damit der Rest des Systems funktioniert.
Dann sieht sich die Formulierung der Kompositionsregeln einer Reihe
von Herausforderungen gegenüber:

Referenzielle und prädikative NPs. Das System erlaubt sowohl referenzielle als auch prädikative NPs (§6.4.3). Die NPs in SR1$_D$ und SR4$_D$
füllen die Subjekt- bzw. Objektposition; sie sind Komplemente des
Verbs und damit referenziell. NPs, die nach SR5$_D$ mit dem Kopulaverb kombiniert werden, sind prädikativ. Die Interpretation von NPs
muss beiden Funktionen gerecht werden.

Attributive und prädikative Adjektive. Für Adjektive ergibt sich ein ähnliches Problem: Wie kann die Analyse sowohl den attributiven als auch
den prädikativen Gebrauch abdecken?

Eigennamen und indefinite NPs. Das System enthält NPs unterschiedlicher Form: einerseits Eigennamen, andererseits NPs aus unbestimmtem Artikel und Nomen (eventuell mit attributiven Adjektiven). Als
Verbkomplemente scheinen diese beiden Typen von NPs unterschied-

liche Rollen zu spielen. In §6.5 hätten wir *eine Katze hasst Ute* wie folgt in die Prädikatenlogik übersetzt:

(13) **Katze**(x) ∧ **hass**(x, **u**)

Der Eigenname *Ute*, repräsentiert durch die Individuenkonstante **u**, füllt direkt die zweite Argumentstelle von **hass**. Im Gegensatz dazu steuert die indefinite NP *eine Katze* eine eigene Prädikation über das erste Argument von **hass** bei, das hier durch die Variable x repräsentiert wird. Wie lassen sich diese beiden Fälle unter einen Hut bringen?

Gemeinsame Argumente. Ein allgemeineres Problem ist die adäquate Erfassung der Prädikationsstruktur innerhalb der Fragmentsätze: Die Übersetzungen müssen ein korrektes Bild davon ergeben, welche Prädikate welche Argumente miteinander teilen. Anzustreben sind Lösungen wie die in (13) für Satz (6), durch die deutlich wird, dass das Subjektnomen sein Argument mit dem Verb teilt, dass also das Subjekt das erste Verbargument spezifiziert.

Das Übersetzungssystem

Die Übersetzung des Fragments in die Sprache PL-F folgt dem allgemeinen Schema der Komposition in Abbildung 10.2: dabei ist lediglich der Begriff *Interpretation* durch *Übersetzung* zu ersetzen. Das Ergebnis ist das Schema in Abbildung 10.4. Die Übersetzungsbasis ÜB legt Übersetzungen für alle Basisausdrücke fest; zu jeder Syntaxregel gibt es eine Übersetzungsregel. Die Übersetzungen der Basisausdrücke, die hier angegeben werden, sind insofern keine regulären PL-F-Ausdrücke,

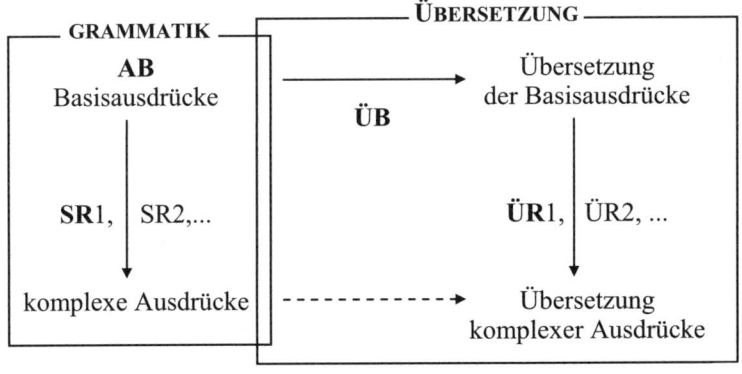

Abbildung 10.4 Allgemeines Schema eines Übersetzungssystems

als sie Leerstellen für später einzusetzende Argumentterme enthalten. Durch die Anwendung der Übersetzungsregeln werden diese Leerstellen gefüllt, so dass die Sätze des Fragments im Endergebnis in syntaktisch korrekte PL-F-Aussagen übersetzt werden. Die Verwendung von Leerstellen erlaubt es, die Übersetzungsschritte zu verfolgen. Zwei Basisausdrücke des Fragments erhalten keine Übersetzung zugewiesen: der unbestimmte Artikel und die Kopula. Ihre Übersetzung wird durch die Übersetzungsregeln besorgt, die die Kategorien D und CV betreffen. Übersetzungen werden durch Unterstreichung notiert: *Ute* ist die Übersetzung von *Ute*, *Fritz ist eine dünne Katze* die Übersetzung von *Fritz ist eine dünne Katze*.

Die Übersetzungsbasis

Alle Basisausdrücke (außer Artikel und Kopula) werden als Prädikatsausdrücke mit Leerstellen übersetzt, auch die beiden Eigennamen.

ÜB	NP	*Ute* :	_=**u**	ebenso: *Fritz*
	N	*Katze* :	**Katze(_)**	ebenso: *Person*
	A	*dünn* :	**dünn(_)**	ebenso: *klug*, *reizbar*
	VP	*raucht* :	**rauch(_)**	ebenso: *schielt*
	TV	*kennt* :	**kenn(_ , _)**	ebenso: *hasst*

Sie fragen sich vielleicht, warum die Eigennamen nicht auch durch einstellige Prädikatskonstanten übersetzt werden, zum Beispiel durch **Ute(_)**. Der Grund ist, dass Eigennamen als Prädikatsausdrücke nur auf ein bestimmtes Individuum, den Träger des Namens, zutreffen. (De facto gibt es in der Regel mehr als ein Individuum, das so heißt; aber in einem gegebenen ÄK werden Eigennamen immer so gebraucht, als gäbe es nur einen Träger dieses Namens.) Die Übersetzung von *Ute* durch , _=**u**' wird beiden Aspekten von Eigennamen gerecht: einerseits wird der Eigenname auf diese Weise als Prädikatsausdruck behandelt, weil die Leerstelle in , _=**u**' mit einem Argumentausdruck zu füllen ist; andererseits ergibt sich eine Prädikation, die nur für ein einziges Individuum wahr ist, eben für **u**, denn ,x ist Ute' ist auf diese Weise äquivalent mit ,x=**u**'. Entsprechendes gilt nicht für andere einstellige Prädikatsausdrücke wie (die meisten) Nomen, Verben und Adjektive. Zum Beispiel gibt es für das Nomen *Person* nicht ein bestimmtes Individuum **p**, für das man sagen könnte, dass ,x ist eine Person' auf ,x=**p**' hinausläuft. Das wäre ja nur dann gegeben, wenn es nur ein

Individuum gäbe und geben könnte, auf das das Prädikat ›Person‹ zutrifft. Das ist natürlich nicht der Fall. „Normale" einstellige Prädikatsausdrücke können auf eine im Prinzip offene Anzahl von Argumenten zutreffen: auf mehrere, auf zufällig genau eines oder auch auf keines. Durch die hier gewählte Sonderbehandlung von Eigennamen wird der Unterschied zu anderen einstelligen Nomen deutlich, ohne dass dabei verloren geht, dass es sich in beiden Fällen um Prädikatsausdrücke handelt.

Die Übersetzungsregeln

Die einfachsten Übersetzungsregeln sind die, die sich der Kopula und des unbestimmten Artikels annehmen: diese beiden Ausdrücke erhalten einfach eine Nullübersetzung.

ÜR2	*eine* N	=	N
ÜR5	*ist* NP	=	NP
ÜR6	*ist* A	=	A

Ein Nomen wie *Katze* ist ein einstelliger Prädikatsausdruck, der auf alle Katzen zutrifft. Die indefinite NP *eine Katze* ergibt genau dieselbe Prädikation. Wenn man eine solche NP mit der Kopula *ist* zu einer VP kombiniert, erhält man wiederum einen einstelligen Prädikatsausdruck, der abermals dieselbe Prädikation ausdrückt. Der Unterschied zwischen der NP *eine Katze* und der VP *ist eine Katze* ist der, dass die NP, falls sie zum Beispiel als Subjekt verwendet wird, die Prädikation auf ihren eigenen Referenten bezieht, während die VP über den Referenten des Subjekts prädiziert. Solche Unterschiede werden aber in der Prädikatenlogik nivelliert, da alle einstelligen Prädikatskonstanten syntaktisch einheitlich verwendet werden: Unterschiede wie die zwischen Verben, Adjektiven und Nomen oder zwischen referenziellen und prädikativen NPs gibt es in der Prädikatenlogik nicht.[6] Mit den drei Regeln und ÜB erhalten wir zum Beispiel folgendes Ergebnis:

(14)   a. *ist eine Person* = *eine Person* = *Person* = **Person(_)**

        b. *ist Fritz* = *Fritz* = _ =**f**

        c. *ist klug* = *klug* = **klug(_)**

---

6 Bei der Nullübersetzung der Kopula fällt dennoch ein Teil ihrer Bedeutung unter den Tisch: nämlich das Tempus Präsens, das sie trägt, wodurch die Prädikation zeitlich in die Gegenwart des ÄK eingeordnet wird. Damit können wir hier leben, weil die Bedeutungskomponente Tempus in dem Fragment ohnehin nicht berücksichtigt wird.

Die Übersetzungsregel für A-N-Kombinationen interpretiert die Verbindung als gemeinsame Prädikation über dasselbe Argument. Für die Adjektive in dem Fragment ist das adäquat, weil sie prädizierende Adjektive sind (§6.4.2).

ÜR3	$\underline{A}e\,\underline{N} = \underline{A} \wedge \underline{N}$

Damit erhalten wir zum Beispiel die folgende Ableitung:

(15)	*ist eine reizbare Person*	
	= *eine reizbare Person*	ÜR5
	= *reizbare Person*	ÜR2
	= *reizbar* ∧ *Person*	ÜR3
	= **reizbar**(_) ∧ **Person**(_)	ÜB

Die beiden Regeln für die Kombination von Verben mit NPs führen einen Existenzquantor für das jeweils durch die NP spezifizierte Argument des Verbs ein:

ÜR1	$\underline{NP}\;\underline{VP} = \exists x\,(\,|\,\underline{NP} \wedge \underline{VP}\,|\text{-}x\,)$

Die Notation $|...|$-x steht für den Ausdruck, den man erhält, wenn man in dem Rahmen $|...|$ die Leerstellen mit der Variablen x füllt, wobei bei Prädikatskonstanten mit zwei Leerstellen nur in die zweite x eingesetzt wird. Zum Beispiel ergibt $|\textbf{dünn}(\_)|$-x die Aussage **dünn**(x) und $|\textbf{kenn}(\_ , \_)|$-y steht für **kenn**(_ ,y). Diese Umformung wird im Folgenden **Variableneinsetzung** genannt. In den bisherigen Ableitungen sind alle Prädikatsausdrücke einstellig, daher müssen wir (noch) nicht darauf achten, bei zwei offenen Leerstellen zuerst die zweite zu füllen. Wenden wir die Regel auf den Satz *Ute schielt* an.

(16)	*Ute schielt*	
	$= \exists x\,(\,|\,\underline{Ute} \wedge \underline{schiel}\,|\text{-}x\,)$	ÜR1
	$= \exists x\,(\,|\,\_{=}u \wedge \textbf{schiel}(\_)\,|\text{-}x\,)$	ÜB
	$= \exists x\,(x{=}u \wedge \textbf{schiel}(x))$	x-Einsetzung

Das Beispiel zeigt, dass die Variableneinsetzung erst dann ausgeführt werden kann, wenn die eigentliche Übersetzungsprozedur abgeschlossen ist, weil dann die Leerstellen in Erscheinung treten. Das nächste Beispiel ist etwas komplexer:

(17) *Fritz ist eine kluge Person*

$= \exists x \, (\, | \, \underline{\textit{Fritz}} \wedge \underline{\textit{ist eine kluge Person}} \, | \text{-x} \,)$ ÜR1

$= \exists x \, (\, | \, \underline{\textit{Fritz}} \wedge \underline{\textit{eine kluge Person}} \, | \text{-x} \,)$ ÜR5

$= \exists x \, (\, | \, \underline{\textit{Fritz}} \wedge \underline{\textit{kluge Person}} \, | \text{-x} \,)$ ÜR2

$= \exists x \, (\, | \, \underline{\textit{Fritz}} \wedge \underline{\textit{klug}} \wedge \underline{\textit{Person}} \, | \text{-x} \,)$ ÜR3

$= \exists x \, (\, | \, \_ \text{=}\mathbf{f} \wedge \mathbf{klug}(\,\_\,) \wedge \mathbf{Person}(\,\_\,) \, | \text{-x} \,)$ ÜB

$= \exists x \, (x\text{=}\mathbf{f} \wedge \mathbf{klug}(x) \wedge \mathbf{Person}(x)\,)$ x-Einsetzung

Die noch fehlende Regel für transitive Verben ist analog zu ÜR1; es handelt sich semantisch gesehen auch um denselben Vorgang: die Spezifikation einer Argumentstelle des Verbs.

ÜR4	$\underline{\text{TV NP}} = \exists y \, (\, | \, \underline{\text{TV}} \wedge \underline{\text{NP}} \, | \text{-y} \,)$

Wenden wir die Regel auf einen einfachen Fall an:

(18) *eine Katze hasst Ute*

$= \exists x \, (\, | \, \underline{\textit{eine Katze}} \wedge \underline{\textit{hasst Ute}} \, | \text{-x} \,)$ ÜR1

$= \exists x \, (\, | \, \underline{\textit{Katze}} \wedge \underline{\textit{hasst Ute}} \, | \text{-x} \,)$ ÜR2

$= \exists x \, (\, | \, \underline{\textit{Katze}} \wedge \exists y \, (\, | \, \underline{\textit{hass}} \wedge \underline{\textit{Ute}} \, | \text{-y} \,) \, | \text{-x} \,)$ ÜR4

$= \exists x \, (\, | \, \mathbf{Katze}(\,\_\,) \wedge \exists y \, (\, | \, \mathbf{hass}(\,\_\,,\_\,) \wedge \_\text{=}\mathbf{u} \, | \text{-y} \,) \, | \text{-x} \,)$ ÜB

Jetzt sind alle Übersetzungsschritte getan. Es verbleibt die Ausführung der beiden Variableneinsetzungen. Diese müssen von innen nach außen erfolgen; wir nehmen daher zuerst die y-Einsetzung vor und füllen zwei Leerstellen im Skopus des zweiten Existenzquantors:

$\quad \ldots \quad = \exists x \, (\, | \, \mathbf{Katze}(\,\_\,) \wedge \exists y \, (\mathbf{hass}(\,\_\,,y) \wedge y\text{=}\mathbf{u}) \, | \text{-x} \,)$

Im letzten Schritt wird die Variable x in die beiden verbleibenden Leerstellen eingesetzt:

$\quad \ldots \quad = \exists x \, (\mathbf{Katze}(x) \wedge \exists y \, (\mathbf{hass}(x,y) \wedge y\text{=}\mathbf{u})\,)$

Das Ergebnis besagt: „Es gibt ein x, das eine Katze ist und für das es ein y gibt, das von x gehasst wird und Ute ist". Das lässt sich vereinfachen zu: „Es gibt eine Katze, von der Ute gehasst wird."[7] oder noch einfacher: „Eine Katze hasst Ute."

---

7 Nur durch die Passivformulierung kann eindeutig ausgedrückt werden, wer wen hasst.

Diskussion der Analyse

Sehen wir uns nun an, wie dieses Übersetzungssystem mit den Herausforderungen zurechtkommt, die am Anfang dieses Abschnitts konstatiert wurden. Wir können feststellen, dass die Übersetzungsbasis den Basisausdrücken des Fragments die richtigen Arten von Übersetzungen zuweist, nämlich einstellige Prädikatsausdrücke für Nomen, Adjektive und intransitive Verben und zweistellige für transitive Verben. Die vier Probleme für die Übersetzungsregeln wurden ebenfalls gelöst, und zwar auf folgende Weise:

Referenzielle und prädikative NPs. Die Regeln ÜR1 und ÜR4, die die referenziellen NPs betreffen, führen jeweils einen Existenzquantor für das Subjekt- und das Objektargument ein. Bei der Übersetzung prädikativer NPs durch ÜR5 geschieht das nicht. Dadurch wird der Unterschied zwischen referenziellen und prädikativen NPs berücksichtigt, denn nur der referenzielle Gebrauch einer NP impliziert die Existenz eines Referenten.

Attributive und prädikative Adjektive. In beiden Verwendungen werden Adjektive gleich behandelt: das Adjektiv steuert jeweils eine eigene Prädikation bei, entweder über dasselbe Argument wie das nachfolgende Nomen (ÜR3) oder über den Referenten des Subjekts der Kopulakonstruktion (ÜR6).

Eigennamen und indefinite NPs. Die Übersetzungsregeln können Eigennamen und indefinite NPs gleich behandeln, weil beide als einstellige Prädikatsausdrücke aufgefasst werden.

Gemeinsame Argumente. Das System liefert korrekte Ergebnisse in Bezug auf die Vernetzung der in einem Satz enthaltenen Prädikationen. Ausdrücke, die ein Argument teilen (A und N, TV und NP, NP und VP) werden zuerst als Prädikationen mit einer Leerstelle durch Konjunktion zusammengefasst; dann werden in die Leerstellen Variablen für den Subjektreferenten und eventuell den Objektreferenten eingesetzt (wenn der Satz ein transitives Verb enthält). Dabei sorgt die Formulierung der Regeln ÜR1 und ÜR4 dafür, dass die richtigen Variablen in die Leerstellen eingesetzt werden, unter anderem auch dieselbe Variable überall dort, wo über dasselbe Argument prädiziert wird. Die Prädikationsvernetzung mittels gemeinsamer Argumente ist in Abbildung 10.5 für die Beispielsätze in (17) und (18) dargestellt.

Das Übersetzungssystem liefert als **Bedeutungsrepräsentationen** prädikatenlogische Aussagen, die im Wesentlichen, aber nicht genau, mit

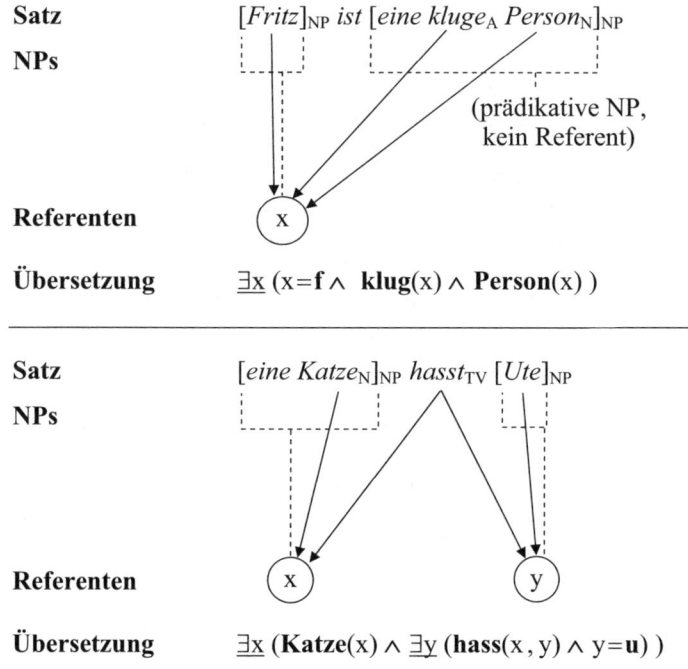

Abbildung 10.5 Prädikationen und Argumente zweier Beispielsätze

den prädikatenlogischen Formeln übereinstimmen, wie sie in §6.5 verwendet wurden. Auf den ersten Blick sind die Repräsentationen recht verschieden. Zum Beispiel wäre der Satz *eine Katze hasst Ute* in §6.5 wie in (19a) analysiert worden, nicht wie hier als (19b).

(19) a. **Katze**(x) ∧ **hass**(x, **u**)

   b. ∃x (**Katze**(x) ∧ ∃y (**hass**(x, y) ∧ y=**u**))

Die Unterschiede zwischen (19a) und (19b) beruhen auf zwei Eigenschaften des Systems. Erstens werden die Eigennamenentsprechungen **u** und **f** nicht direkt in die Argumentpositionen eingesetzt. Deshalb enthält die Übersetzung des Satzes den Teil (20b) anstelle von (20a):

(20) a. **hass**(x, **u**)

   b. ∃y (**hass**(x, y) ∧ y=**u**)

Diese beiden Teilformeln sind jedoch logisch äquivalent. Nach (20b)
gibt es ein y, dass von x gehasst wird und das mit Ute identisch ist. Da
nur Ute mit Ute identisch ist, ist das genau dann der Fall, wenn Ute von
x gehasst wird, also wenn (20a) wahr ist. Zwar führt die Handhabung
der Eigennamen in dem Übersetzungssystem also zu Lösungen, die
etwas komplexer sind, als die in §6.5 intuitiv angenommenen, doch
sind diese Lösungen logisch korrekt, weil sich der zusätzliche Existenzquantor unter Wahrung der Wahrheitsbedingungen eliminieren lässt.
Wenn man von der Äquivalenz von (20b) mit (20a) Gebrauch macht,
erhält man aus (19b) eine Formel, die (19a) schon viel ähnlicher ist:

(19) c. $\exists x\,(\textbf{Katze}(x) \wedge \textbf{hass}(x, \textbf{u})\,)$

Doch immer noch enthält diese Variante gegenüber (19a) einen zusätzlichen Existenzquantor $\exists x\,(\quad)$, der die gesamte Formel (19a)
einbettet. Das Übersetzungssystem erzeugt keine Formeln mit freien
Variablen wie (19a). Alle Variablen werden durch einen Existenzquantor gebunden. Diese Vorgehensweise ist korrekt; das wird im
nächsten Abschnitt deutlicher, wenn die formale Interpretation des
Existenzquantors behandelt wird. Die intendierte Interpretation von
(19a), dass eine nicht näher bestimmte Katze Ute hasst, ergibt sich
nur, wenn man die Variable y mit einem Existenzquantor bindet.

Zu dem hier präsentierten Übersetzungssystem sind einige kritische
Anmerkungen am Platze. Erstens wurde in diesem System mit einer
speziellen, sonst nicht üblichen Notation gearbeitet: anstelle von Leerstellen werden sonst so genannte λ-Operatoren (Lambda-Operatoren)
verwendet. Ich wollte diese Operatoren nicht auch noch einführen; es
geht hier darum, die prinzipielle Vorgehensweise in der Formalen Semantik auf möglichst einfache Weise zu illustrieren, nicht darum, in
einen der bestehenden formalen Ansätze und die dort verwendeten
Notationen und Techniken einzuführen. Zweitens ist das Fragment so
zusammengestellt, dass dadurch eine ganze Reihe von Komplikationen
vermieden wurden. Das fängt damit an, dass alle Nomen Femininum
Singular sind, dass NPs nur Subjekt oder Akkusativ sein können und
daher Artikel und prädikative Adjektive dieselben Endungen haben;
ebenso wurde der ganze Bereich Tempus ausgeschlossen: alle Verben
treten nur in der Präsensform auf. Dazu kommt, dass nur einheitliche
Fallklassen von allen Wortarten berücksichtigt wurden: einstellige Nomen, prädizierende Adjektive, Verben, deren Argumente referenziell[8]

---

8   Es gibt Verben mit nichtreferenziellen Argumenten. Ein häufig genanntes Beispiel
    ist das Verb *suchen*, dessen Objektargument in folgendem Sinne nicht referenziell
    ist: ein Satz wie *Ute sucht eine Putzfrau* hat eine Lesart, nach der er sich nicht als

sind. Keine der angegebenen Übersetzungsregeln gilt für alle Arten von Nomen, Adjektiven oder Verben des Deutschen. Ebenfalls vermieden wurde die Auseinandersetzung mit der komplexen Semantik der Artikelwörter, zu der auch der bestimmte Artikel und Wörter wie *dieser*, *jeder*, *alle*, *manche* oder *kein* gehören. Einige der hier ausgeklammerten Phänomene sind „große Themen" in der Formalen Semantik.

10.3 Modelltheoretische Semantik

Wir werden jetzt den nächsten größeren Schritt unternehmen: die Einführung einer modelltheoretischen Semantik für die Sprache PL-F und damit indirekt für das deutsche Fragment. Eine solche Semantik für eine Logiksprache dient einem einzigen Zweck: der Festlegung eines Wahrheitswertes für jede Aussage der Sprache. Da diese Festlegung in allgemeiner Form getroffen wird, leistet sie mehr als nur eine einmalige Zuordnung von einem Wahrheitswert für jede Aussage: sie ergibt vielmehr eine allgemeine Definition der **Wahrheitsbedingungen** von Aussagen. Die Interpretation einer logischen Sprache folgt wiederum dem Muster der kompositionalen Semantik. Die Interpretationsbasis bildet ein so genanntes **Modell**. Das besteht in einer Festlegung der Interpretationen aller Basisausdrücke, im Falle von PL-F also aller Individuenterme und Prädikatskonstanten. Aus diesen Festlegungen lassen sich dann nach Kompositionsregeln, die für jedes mögliche Modell gelten, die Wahrheitswerte aller Aussagen berechnen. Für jede konkrete Sprache sind beliebig viele Modelle möglich; konkrete Sprachen werden zwar für bestimmte Anwendungszwecke zusammengestellt, aber den Ausdrücken, auch wenn sie der Form nach aus einer natürlichen Sprache entliehen sind, haftet ihre Interpretation nicht an; sie muss vielmehr explizit in einem Modell festgelegt werden. Diese Festlegung ist willkürlich, kann also je nach Anwendungszweck gestaltet werden.

$\exists y(\mathbf{such}(\mathbf{u}, y) \wedge \mathbf{Putzfrau}(y))$ analysieren ließe. Das würde nämlich bedeuten, dass es eine Putzfrau gibt, die von Ute gesucht wird. Vielmehr bedeutet der Satz in der besagten Lesart, dass Ute versucht, jemanden zu finden, die ihre Putzfrau werden könnte. Diese Person braucht zum Beispiel zu dem Zeitpunkt, auf den sich der Satz bezieht, noch gar keine Putzfrau zu sein. Solche Verben erfordern viel komplexere Analysen als zum Beispiel *kennen* und *hassen*: wenn Ute jemanden hasst oder kennt, dann gibt es jemanden, den Ute hasst oder kennt, und daher ist eine Analyse, die für ein indefinites Objekt solcher Verben eine Existenzquantifikation annimmt, adäquat.

10.3.1 Ein Modell für PL-F

Ein Modell für eine prädikatenlogische Sprache besteht aus zwei Komponenten, der Angabe eines so genannten Universums und der Festlegung von Interpretationen für alle Basisausdrücke der Sprache. Das **Universum** wird für die Interpretation von Quantoren und Prädikatskonstanten benötigt. Jede Quantifikation geht von der Voraussetzung aus, dass es einen Gesamtbereich von möglichen Einzelfällen gibt, für die die Aussage im Skopus des Quantors wahr oder falsch sein könnte; diesen Bereich nennt man den **Quantifikationsbereich**. Die Fälle, die den Quantifikationsbereich ausmachen, sind durch die gebundene Variable repräsentiert; sie bestehen in der Gesamtheit der Individuen, für die die Variable stehen kann, das heißt für ihre möglichen Werte (Interpretationen). Daher muss vorab festgelegt sein, was die möglichen Werte der Variablen sind. Das geschieht durch die Angabe eines Universums, der Menge aller „Individuen" in dem Modell. Ohne die Festlegung des Universums als Quantifikationsbereich könnte man nicht feststellen, ob eine Existenzquantifikation falsch ist: sie ist ja falsch, wenn die Aussage im Skopus für keinen möglichen Wert der quantifizierten Variable wahr ist (genau dann gibt es kein x, für das die Aussage wahr ist). Zum Beispiel besagt

(21) $\exists x(\textbf{dünn}(x) \wedge \textbf{Katze}(x))$

dass es mindestens ein Individuum gibt, für das die beiden Prädikationen **dünn** und **Katze** wahr sind. Also ist die Aussage falsch, wenn es kein Individuum mit beiden Eigenschaften gibt. Dass das so ist, kann man aber nur feststellen, wenn man alle möglichen Individuen überprüft hat, und dafür muss der Bereich der Individuen fest umgrenzt sein; sonst kann man nie sicher sein, ob es außer den bereits beachteten Fällen, die alle negativ waren, nicht doch noch Fälle gibt, die positiv sind. Auch für die Prädikatskonstanten muss ein Universum festgelegt werden: für sie ist es die Menge aller möglichen Argumente, über die sie prädizieren können.

IB1$_P$ Das **Universum** besteht aus den folgenden Individuen:

- Bobby	ein schielender Hund
- Fritz	eine dünne, reizbare Katze
- Klaus	ein dünner, kluger, reizbarer Raucher
- Ute	eine kluge Person

(Falls nicht anders angegeben, sind die vier Individuen weder dünn noch klug noch reizbar, noch schielen oder rauchen sie.)

Nach der Festlegung des Universums können wir die Interpretationen der Basisausdrücke angeben. Jeder der vier Individuenterme erhält ein anderes der vier Individuen als Interpretation zugewiesen. Das ist jedoch keineswegs notwendig: weder muss jedem Term ein anderes Individuum zugewiesen werden, noch muss es für jedes Individuum in dem Universum einen Term in der Sprache geben, der es bezeichnet.

IB2$_P$	[**f**]=Fritz	[**u**]=Ute	[x]=Bobby	[y]=Klaus

Das Modell muss auch für die Variablen eine Interpretation, das heißt einen festen Wert, festlegen, weil sie in Aussagen wie ‚**Katze**(x)' oder ‚x=**u**' frei vorkommen können; um den Wahrheitswert solcher Aussagen bestimmen zu können, muss man wissen, auf welches konkrete Individuum sich die Variable bezieht, wenn sie frei verwendet wird.

Die Interpretationen der Prädikatskonstanten müssen Gebilde sein, die den Individuen des Modelluniversums einen Wahrheitswert zuweisen, wenn sie als Argument dienen. Die Interpretationen bestehen daher in Zuordnungen, die jedem Individuum einen Wahrheitswert zuweisen; er richtet sich danach, ob in diesem Modell die betreffende Prädikation auf dieses Individuum zutrifft oder nicht. Als bequeme Notation für die Prädikatsinterpretation werden ab jetzt KAPITÄLCHEN verwendet: KATZE für [**Katze**], KENN für [**kenn**] usw. Nach den obigen Angaben zu den Individuen des Universums weist KATZE dem Individuum Fritz als einzigem den Wert 1 (wahr) zu, den anderen dreien den Wert 0 (wir unterstellen, dass Raucher Personen sind, daher ist auch Klaus keine Katze). Wir geben zunächst nur die Interpretationen der einstelligen Prädikatskonstanten an; die geeignetste Form dafür ist eine Tabelle, die für jedes Individuum den Wahrheitswert verzeichnet, der ihm durch die Interpretation zugewiesen wird.

IB3$_P$			Bobby	Fritz	Klaus	Ute
[**Person**]	=	PERSON	0	0	1	1
[**Katze**]	=	KATZE	0	1	0	0
[**dünn**]	=	DÜNN	0	1	1	0
[**klug**]	=	KLUG	0	0	1	1
[**reizbar**]	=	REIZBAR	0	1	1	0
[**schiel**]	=	SCHIEL	1	0	0	0
[**rauch**]	=	RAUCH	0	0	1	0

Zwei Individuen, Klaus und Ute, sind Personen und klug, zwei sind dünn und reizbar: Fritz und Klaus; je ein Individuum ist eine Katze, schielt oder raucht (Fritz, Bobby bzw. Klaus). Weil die Festlegung es so will, weisen PERSON und KLUG ebenso wie DÜNN und REIZBAR in diesem Modell zufällig immer übereinstimmende Wahrheitswerte zu. Die Festlegungen lassen offen, was für einer Spezies (außer Mensch und Katze) das Individuum Bobby angehört; dass er ein Hund ist, folgt aus diesen Angaben nicht, allenfalls, dass er zwei Augen haben muss, damit er auch ordentlich schielen kann.

Im Sinne der Mathematik handelt es sich bei eindeutigen Zuordnungen aller Art um **Funktionen**. Funktionen ordnen Entitäten, die man ebenfalls als **Argumente** bezeichnet, einen **Wert** zu. Die sieben Prädikatsinterpretationen PERSON, KATZE, DÜNN usw. ordnen den Individuen des Modells jeweils einen Wahrheitswert zu. Sie sind daher ein spezieller Typ von Funktionen, die man in der Mathematik ‚Prädikate' nennt: Funktionen, die ihren Argumenten Wahrheitswerte zuordnen. Da wir den Terminus ‚Prädikat' für eine bestimmte Art von Konzepten reserviert haben, sollen Prädikate im mathematischen Sinne im Folgenden **m-Prädikate** genannt werden. Zur Unterscheidung werde ich von ‚k-Prädikaten' reden, wenn Prädikate als Konzepte gemeint sind.

DEFINITION 1
Ein **m-Prädikat über einer Menge A** ist eine Funktion, die jedem Element von A einen Wahrheitswert zuordnet.

Im Sinne dieser Definition weist die Interpretationsbasis für PL-F also jeder einstelligen Prädikatskonstante als Interpretation ein m-Prädikat über dem Universum zu. M-Prädikate und k-Prädikate ähneln sich darin, dass beide für ihre Argumente einen Wahrheitswert ergeben, wenn ein ÄK oder konkretes Modell gegeben ist. Aber k-Prädikate sind Konzepte in unserem kognitiven System, während m-Prädikate abstrakte mengentheoretische Konstrukte sind, nämlich Paarungen von Argumenten und Werten. Zum Beispiel ist die Funktion DÜNN mathematisch gesehen die Menge, die aus den vier Paaren Bobby–0, Fritz–1, Klaus–1 und Ute–0 besteht. Daher kann man m-Prädikate durch Tabellen definieren, die explizit den Wert für jedes Argument angeben. Wenn zwei m-Prädikate (oder allgemeiner: Funktionen) für alle Argumente übereinstimmende Werte ergeben, dann sind sie identisch. In unserem Modell gilt (zufällig) PERSON=KLUG und DÜNN=REIZBAR. Die zugehörigen k-Prädikate ›Person‹, ›klug‹, ›dünn‹ und ›reizbar‹ sind natürlich alle verschieden: vier Konzepte, deren Zutreffen auf ein Argument von jeweils unterschiedlichen Kriterien abhängt. Die k-Prädikate erge-

PERSON KLUG	KATZE	DÜNN REIZBAR	RAUCH	SCHIEL
Bo → 0	Bo → 0	Bo → 0	Bo → 0	Bo → 1
Fr → 0	Fr → 1	Fr → 1	Fr → 0	Fr → 0
Kl → 1	Kl → 0	Kl → 1	Kl → 1	Kl → 0
Ute → 1	Ute → 0	Ute → 0	Ute → 0	Ute → 0

Tabelle 10.3 Die fünf einstelligen m-Prädikate des Modells

ben zufällig in dem Modell teilweise übereinstimmende Wahrheitswerte für die vier Individuen, was dazu führt, dass manche der m-Prädikate in dem Modell zusammenfallen; die m-Prädikate erfassen ja nur einen winzigen Teil des Anwendungsbereichs der entsprechenden k-Prädikate, nämlich die Wahrheitswertzuweisungen für die vier Individuen des Modells. In Tabelle 10.3 sind die m-Prädikate des Modells als das dargestellt, was sie sind: als Argument-Wert-Paarungen.

Die zweistelligen m-Prädikate KENN und HASS lassen sich ebenfalls durch Wertetabellen definieren, in diesem Fall Kreuztabellen, wobei vertikal das erste und horizontal das zweite Argument eingetragen ist. Nach dieser Festlegung ist das Universum anscheinend durch Hassbeziehungen geprägt: Klaus hasst alle anderen, was bei Fritz und Ute auf Gegenseitigkeit beruht; Bobby wird von allen anderen gehasst; er hasst seinerseits Fritz und Ute, aber nicht Klaus (weil Klaus sein Herrchen ist); Fritz und Ute hassen einander nicht. Das liegt aber vielleicht nur daran, dass sie sich gar nicht kennen. Sonst kennt jeder jeden in dem Universum. Niemand hasst sich selbst, jeder kennt sich selbst.

IB4$_P$	[hass] HASS	Bobby	Fritz	Klaus	Ute		[kenn] KENN	Bobby	Fritz	Klaus	Ute
	Bobby	0	1	0	1		Bobby	1	1	1	1
	Fritz	1	0	1	0		Fritz	1	1	1	0
	Klaus	1	1	0	1		Klaus	1	1	1	1
	Ute	1	0	1	0		Ute	1	0	1	1

Für m-Prädikate benutzen wir die in der Mathematik für Funktionen übliche Schreibweise ‚f(x)=y' bzw. ‚f(x,y)=z'; in dem Modell gilt also beispielsweise:

(22) a. KATZE(Fritz)=1   KATZE ordnet Fritz den Wert 1 zu

      b. HASS(Bobby, Ute) =1 HASS ordnet dem Paar Bobby-Ute
                              den Wert 1 zu

Mit diesen vier Festlegungen ist das Modell, besser: ein mögliches
Modell für PL-F komplett und damit die Komponente IB einer kompositionalen Interpretation der Sprache. Die jetzt folgenden Kompositionsregeln gelten für alle prädikatenlogischen Sprachen. Sie sind
allerdings auf diejenigen Regeln beschränkt, die für die Interpretation
von PL-F notwendig sind.

10.3.2 Kompositionsregeln für PL-F

Alle komplexen Ausdrücke in PL-F sind Aussagen. Aussagen erhalten
als Interpretation in einem gegebenen Modell einen Wahrheitswert
zugewiesen. Daher lassen sich die Kompositionsregeln in einer einheitlichen Form angegeben:

(23)   [S]=1   gdw   (*Bedingungen*)

Dabei wird in jeder Kompositionsregel für S eine Aussage der Form
eingesetzt, die nach der entsprechenden Syntaxregel gebildet wird.
Die anzugebenden Bedingungen sind offensichtlich die Bedingungen,
unter denen die Aussage wahr ist, also die **Wahrheitsbedingungen** für
eine Aussage dieser Form (§2.2.2). Wir beginnen mit den Kompositionsregeln für die drei Typen von Primformeln. Dabei werden als Variablen für die Argumentterme T und T' verwendet, wenn die Aussage
zwei verschiedene Terme enthalten kann.

KR1$_P$	$[P1(T)]$	$= 1$	*gdw*	$[P1]([T])=1$
KR2$_P$	$[P2(T,T')]$	$= 1$	*gdw*	$[P2]([T],[T'])=1$
KR3$_P$	$[T=T']$	$= 1$	*gdw*	$[T]=[T']$

Wenden wir KR1 auf die Primformel ‚**Katze(u)**' an:

(24) a. $[\textbf{Katze(u)}]=1$ *gdw* $[\textbf{Katze}]([\textbf{u}])=1$ KR1$_P$

Dieser Schritt führt die Interpretation der Aussage auf die Interpretationen ihrer beiden Bestandteile zurück: [**Katze**] und [**u**]. Ersteres ist
das m-Prädikat KATZE, Letzteres das Individuum Ute. Im nächsten
Schritt werden diese Interpretationen eingesetzt. Wir erhalten damit:

      b. $[\textbf{Katze}]([\textbf{u}])=1$ *gdw*   KATZE(Ute)=1   IB2/3$_P$

Jetzt müssen wir checken, welchen Wert das m-Prädikat KATZE dem Individuum Ute zuweist: es ist der Wert 0. Die Wahrheitsbedingungen für die Formel sind also nicht erfüllt, die Formel ist falsch. In (25) und (26) werden Beispiele für die Anwendung von $KR2_P$ und $KR3_P$ gegeben:

(25) $[\mathbf{kenn}(y,\mathbf{f})] = 1$ *gdw* $[\mathbf{kenn}]([y],[\mathbf{f}]) = 1$ $KR2_P$

  gdw KENN(Klaus, Fritz) = 1 $IB2,4_P$

Die Bedingung ist erfüllt, die Aussage wahr.

(26) $[x = \mathbf{u}] = 1$ *gdw* $[x] = [\mathbf{u}]$ $KR3_P$

  gdw Bobby = Ute $IB2_P$

Die Bedingung ist nicht erfüllt, die Aussage falsch.

Zwei Regeln verbleiben noch. Die Interpretation der Konjunktion ist simpel (vgl. die Definition in §4.4): sie besagt, dass die Konjunktion zweier Aussagen genau dann wahr ist, wenn beide Teilaussagen wahr sind (eine Konjunktion ist folglich genau dann falsch, wenn eine der Aussagen oder beide falsch sind).

$\mathbf{KR4}_P$ $[S \wedge S'] = 1$	*gdw*	$[S] = 1$ und $[S'] = 1$

(27) $[\mathbf{reizbar}(x) \wedge \mathbf{kenn}(x,y)] = 1$

  gdw $[\mathbf{reizbar}(x)] = 1$ und $[\mathbf{kenn}(x,y)] = 1$ $KR4_P$

  gdw $[\mathbf{reizbar}]([x]) = 1$ und $[\mathbf{kenn}]([x],[y]) = 1$ $KR1,2_P$

  gdw REIZBAR(Bo.) = 1 und KENN(Bo., Kl.) = 1 $IB2\text{-}4_P$

Die erste Bedingung ist nicht erfüllt; die Aussage falsch.

Die Regel $KR5_P$ für den Existenzquantor bedarf einer näheren Erklärung. Es ist eine Sache, intuitiv zu verstehen, wann eine quantifizierte Aussage wahr ist – ihre Wahrheitsbedingungen präzise zu beschreiben ist eine andere. Betrachten wir ein Beispiel:

(28) $\exists x(\mathbf{Katze}(x) \wedge \mathbf{reizbar}(x))$

In einem gegebenen Modell ist diese Aussage genau dann wahr, wenn es ein Individuum in dem Modelluniversum gibt, das eine Katze und reizbar ist. Die Frage ist, wie man diese Bedingung mit einer Regel der hier verwendeten Art ausdrücken kann. Was man tun muss, um den Wahrheitswert von (28) zu bestimmen, ist den Wahrheitswert der eigentlichen Aussage ‚$\mathbf{Katze}(x) \wedge \mathbf{reizbar}(x)$' überprüfen, und zwar für j e d e m ö g l i c h e Interpretation der Variablen x: Ist die Aussage wahr, wenn wir annehmen, dass [x] Ute ist, ist sie wahr im Fall

[x] = Bobby? Und so weiter für jedes Individuum im Universum. Wenn die Aussage für mindestens ein Individuum, das heißt für mindestens eine mögliche Interpretation der Variablen x wahr ist, dann ist die Existenzquantifikation wahr. Diese Überlegungen führen zu der folgenden Formulierung von KR5$_P$:

KR5 $_P$	$[\exists V(S)] = 1$	*gdw*	es mindestens ein Individuum u im Universum U gibt, so dass für $[V] = u$ $[S] = 1$ ist.

Wenden wir diese Regel auf (28) an:

(29) $[\exists x(\textbf{Katze}(x) \wedge \textbf{reizbar}(x))] = 1$

gdw es mindestens ein u in U gibt, so dass für $[x] = u$
$[\textbf{Katze}(x) \wedge \textbf{reizbar}(x)] = 1$ KR5$_P$

gdw es mindestens ein u in U gibt, so dass für $[x] = u$
$[\textbf{Katze}(x)] = 1$ und $[\textbf{reizbar}(x)] = 1$ KR4$_P$

gdw es mindestens ein u in U gibt, so dass für $[x] = u$
$[\textbf{Katze}]([x]) = 1$ und $[\textbf{reizbar}]([x]) = 1$ KR1$_P$

gdw es mindestens ein u in U gibt, so dass für $[x] = u$
KATZE$([x]) = 1$ und REIZBAR $([x]) = 1$ IB3$_P$

gdw es mindestens ein u in U gibt, so dass
KATZE$(u) = 1$ und REIZBAR$(u) = 1$ $[x] = u$

Fritz ist ein solches Individuum, die Aussage ist wahr.

An dieser Stelle lässt sich jetzt erklären, warum die Anwendung eines Existenzquantors einen wichtigen Unterschied macht. Dafür greifen wir noch einmal die Diskussion um Beispiel (19) auf und stellen die existenzquantifizierte Version der quantorenfreien gegenüber:

(30)   a. $\exists x (\textbf{Katze}(x) \wedge \textbf{hass}(x, \textbf{u}))$

        b. $\textbf{Katze}(x) \wedge \textbf{hass}(x, \textbf{u})$

Aufgrund der Wahrheitsbedingungen für PL-F sagt die quantorenfreie Formel (30b) nur etwas über ein einzelnes Individuum aus, nämlich das Individuum, das als Interpretation für die Variable x festgelegt wurde (Klaus' Hund Bobby). Dieses Tier hasst zwar Ute, ist aber keine Katze; daher ist (30b) falsch. Auch (30a) ist falsch, aber aus anderen Gründen: weil es kein Individuum in dem Universum gibt, das sowohl eine Katze ist als auch Ute hasst (die einzige Katze Fritz hasst Ute nicht). Nur durch die Verwendung eines Quantors kann erreicht werden, dass das gesamte Universum daraufhin überprüft wird, ob es darin Fälle gibt, die die Aussage im Skopus des Quantors wahr machen. Insofern ist eine quantifizierte Aussage eine Aussage über das ganze Universum, nicht nur über diejenigen Individuen, die in einer Aussage durch Individuenausdrücke individuell benannt werden (wie Ute in (30a) und Ute und Bobby in (30b)). Die Quantifikation in (30a) sagt über das Universum, dass es Fälle enthält, auf die die Prädikation ‚**Katze**(_) ∧ **hass**(_ , **u**)‘ zutrifft; die quantorenfreie Variante ‚**Katze**(x) ∧ **hass**(x, **u**)‘ sagt, dass dieselbe Prädikation auf das Individuum [x] zutrifft, auf das eine Individuum, das der Variablen x in diesem Modell als Interpretation zugewiesen wird. Im Skopus des Quantors wird die Festlegung der Interpretation für die gebundene Variable aufgehoben (bleibt aber für alle freien Variablen und alle Konstanten erhalten). Deshalb ist der Unterschied zwischen freien und gebundenen Variablen so grundlegend: freie Variablen sind einfach Bezeichnungen für ein bestimmtes durch das Modell festgelegtes Individuum; gebundene Variablen sind dagegen echte Variablen, die nicht für einen bestimmten Einzelfall, sondern für alle möglichen Fälle im Universum stehen.

Werfen wir jetzt noch einmal einen Blick auf das Interpretationssystem für PL-F, wie es funktioniert und was es leistet. Es liefert eine Interpretation (im technischen Sinne) für jeden einfachen oder zusammengesetzten Ausdruck von PL-F. Im mathematischen Sinne ist es daher eine komplexe Definition einer einzigen Funktion: der Funktion [...], die jedem Ausdruck seine Interpretation zuordnet. (Analog ist ein Übersetzungssystem eine komplexe Definition der Funktion ... , die jedem Ausdruck seine Übersetzung zuweist.) Die Funktion [...] ordnet Ausdrücken verschiedener grammatischer Kategorien unterschiedliche Typen von Interpretationen zu: sie legt für Individuenausdrücke Individuen als Wert fest, für Prädikatskonstanten m-Prädikate und für Aussagen Wahrheitswerte. Die Interpretationsbasis und die Kompositionsregeln sind so aufeinander abgestimmt, dass sich für Aussagen immer ein Wahrheitswert als Interpretation ergibt. Zum Beispiel ergibt die Regel KR1$_P$ auf folgende Weise für jede Aussage der Form ‚P1(T)‘ einen Wahrheitswert: sie „nimmt" ein einstelliges m-Prädikat, die Interpretation von P1, und ein Individuum (die Interpretation von T) und wendet das m-Prädikat auf dieses Individuum an. Das Ergebnis ist der Wahrheitswert, den das m-Prädikat als Funktion für dieses Argument „liefert". Dieser Wahrheitswert ist dann die Interpretation der Aussage in diesem Modell. Tabelle 10.4 zeigt an einem Beispiel des Typs ‚P1(T)‘, wie die verschiedenen Typen von Interpretationen zusammenwirken.

Kategorie	Individuenterm	Prädikatskonstante	Aussage
Ausdruck	**f**	**schiel**	**schiel(f)**
Interpretation	Fritz	Bobby → 1 Fritz → 0 Klaus → 0 Ute → 0	0
Typ	**Individuum**	**m-Prädikat**	**Wahrheitswert**

Tabelle 10.4 Kategorien von Ausdrücken und Typen von Interpretationen

10.3.3 Anwendung auf die Übersetzung der Fragmentsätze

Mit dem Interpretationssystem für PL-F ist die erste Version einer formalen kompositionalen Semantik für das deutsche Fragment komplett. Die Interpretationszuweisung erfolgt in zwei Schritten. Zuerst werden die Ausdrücke des Fragments in die Logiksprache PL-F übersetzt, dann erhalten die Übersetzungen eine modelltheoretische Interpretation. Dieses Vorgehen soll an dem Beispielsatz *eine Katze hasst Ute* aus (18) oben illustriert werden. Das Beispiel ist etwas komplizierter, da es ein transitives Verb und daher doppelte Quantifikation involviert.

(31) a. Fragmentsatz: *eine Katze hasst Ute*

   b. Übersetzung: $\exists x \, (\mathbf{Katze}(x) \wedge \exists y \, (\mathbf{hass}(x,y) \wedge y=\mathbf{u}))$

   c. Bestimmung des Wahrheitswerts in dem Modell:

$[\exists x \, (\mathbf{Katze}(x) \wedge \exists y \, (\mathbf{hass}(x,y) \wedge y=\mathbf{u}))] = 1$

gdw es mindestens ein u in U gibt, so dass für $[x]=u$
$[\mathbf{Katze}(x) \wedge \exists y \, (\mathbf{hass}(x,y) \wedge y=\mathbf{u})] = 1$ KR5$_P$

gdw es mindestens ein u in U gibt, so dass für $[x]=u$
$[\mathbf{Katze}(x)] = 1$ und $[\exists y \, (\mathbf{hass}(x,y) \wedge y=\mathbf{u})] = 1$ KR4$_P$

gdw es mindestens ein u in U gibt, so dass für $[x]=u$
$[\mathbf{Katze}(x)] = 1$ und
es mindestens ein v in U gibt [9], so dass für $[y]=v$
$[\mathbf{hass}(x,y) \wedge y=\mathbf{u}] = 1$ KR5$_P$

---

[9]   Bei jeder neuen Anwendung von KR5$_P$ muss eine neue Variable verwendet werden.

gdw es mindestens ein u in U gibt, so dass für [x]=u
    [Katze][(x)] = 1 und   KR1$_P$
    es mindestens ein v in U gibt, so dass für [y]=v
    [hass(x,y)] = 1 und [y=**u**] = 1   KR4$_P$

gdw es mindestens ein u in U gibt, so dass
    [Katze]([x]) = 1 und
    es mindestens ein v in U gibt, so dass
    [hass]([x],[y])] = 1 und [y]=**[u]**   KR2,3$_P$

gdw es mindestens ein u in U gibt, so dass für [x]=u
    KATZE([x]) = 1 und   IB3$_P$
    es mindestens ein v in U gibt, so dass für [y]=v
    HASS([x],[y]) = 1 und [y]=Ute   IB2,4$_P$

gdw es mindestens ein u in U gibt, so dass
    KATZE(u) = 1 und   [x]=u
    es mindestens ein v in U gibt, so dass
    HASS(u,v) = 1 und v=Ute   [y]=v

Da diese Bedingung nicht erfüllt ist, ist der Satz *eine Katze hasst Ute* in diesem Modell falsch.

Was haben wir nun von diesem ganzen formalen Aufwand? Das Ergebnis erscheint bei näherem Hinsehen völlig trivial! Ist denn nicht die resultierende Analyse des Satzes *eine Katze hasst Ute*, die letzte *gdw*-Bedingung, nichts weiter als eine sehr umständliche Art und Weise, eben das zu sagen: dass eine Katze Ute hasst? Ja, das ist so. Aber das Entscheidende dabei ist: das muss auch so sein. Wenn die Wahrheitsbedingungen des Satzes, die auf diese Weise hergeleitet werden, nicht erkennbar die des Satzes selbst wären, wären sie einfach falsch. Schließlich muss ja die semantische Analyse Ergebnisse produzieren, die mit unserer semantischen Intuition, das heißt unserem Verständnis des Satzes, übereinstimmen; und das sagt uns in Bezug auf den Satz *eine Katze hasst Ute*, dass der Satz genau das sagt: dass es eine Katze gibt, die Ute hasst.

Der eigentliche Ertrag des formalen Systems ist, dass es erklärt, w i e die Wahrheitsbedingungen der Fragmentsätze auf systematische Weise hergeleitet werden können. Um das zu bewerkstelligen, mussten einige satzsemantische Fragen beantwortet werden, die durchaus nicht trivial sind: Welche Interpretationen muss man den lexikalischen Ausdrücken des Fragments zuweisen, damit sich die Kompositionsregeln richtig ansetzen lassen? Was genau tragen die Basisausdrücke zu den Wahrheitsbedingungen der Sätze bei, in denen sie vorkommen können? Wie sind ihre Interpretationen mit denen der anderen Teile des Satzes zu verknüpfen? Wie lassen sich unterschiedliche Ausdrücke derselben Kategorie, zum Beispiel Eigennamen und indefinite NPs, einheitlich interpretieren? Das sind Fragen, die in der Semantik einiges Kopfzerbrechen bereiten, vor allem wenn der Bereich der analysierten Phänomene etwas erweitert wird. Die Antwort auf solche Fragen ist nichts Geringeres als eine Beschreibung einiger zentraler Kompositionsregeln für die Sätze der analysierten natürlichen Sprache.

10.3.4 Modelltheoretische Semantik

Das Interpretationssystem für PL-F und indirekt für das Fragment ist ein Beispiel für eine modelltheoretische Semantik. Die Modelltheorie ist ein Teilgebiet der Mathematik, das sich mit der Zuweisung von Wahrheitsbedingungen für die Aussagen formaler Logiksprachen wie denen der Prädikatenlogik befasst. Sie macht Aussagen über die Struktur möglicher Modelle und die allgemeinen Kompositionsregeln. Eine modelltheoretische Semantik ist in einem zunächst einmal nur recht losen Sinne eine Semantik, wie sie in der Linguistik verstanden wird: sie ist ein System von Festlegungen und Regeln, durch das den Ausdrücken einer „Sprache" außersprachliche Entitäten zugeordnet werden, zum Beispiel Individuen, m-Prädikate und Wahrheitswerte. Wenn man in einer zweistufigen formalen Semantik die Sätze eines natürlichsprachlichen Fragments modelltheoretisch interpretiert, „verpasst" man ihnen damit eine bestimmte Art von Bedeutung. Ihre „Bedeutung" ist dann eben, was immer die Funktion [...] ihnen als Interpretationen zuordnet. Werfen wir daher einen Blick darauf, was für eine Art von Semantik die deutschen Sätze auf diese Weise erhalten haben.

Zunächst muss man sehen, dass die Ausdrücke des Fragments nur für ein bestimmtes Modell eine Interpretation erhalten. Was ist ein solches Modell? Es ist etwas, das die Referenz der Individuenbezeichnungen festlegt, und welche Wahrheitswerte die prädizierenden Ausdrücke für welche Argumente innerhalb des Modells ergeben – und damit auch, welche Sätze wahr und welche falsch sind. Mit anderen Worten: das Modell legt die Referenz fest und die für die Wahrheitsbewertung aller Sätze relevanten Fakten. Für natürlichsprachliche Sätze ist ein Modell daher nichts anderes als ein möglicher Äußerungskontext. Es gibt so viele mögliche Modelle, wie es mögliche Referenzzuweisungen und Faktenkonstellationen in Äußerungskontexten gibt. Daher ist die modelltheoretische Interpretation (sprich: „Bedeutung") eines Eigennamens sein Referent in dem durch das Modell gegebenen ÄK und die Interpretation eines Satzes sein Wahrheitswert dort.

Natürlich ist nun aber der Wahrheitswert eines Satzes in einem speziellen Kontext nicht seine eigentliche Bedeutung. Wenn das so wäre, hätten ja alle Sätze, die zufällig in dem Modell gleichzeitig wahr sind, dieselbe Bedeutung und alle falschen auch. Genauso wenig kann man die Bedeutung eines Individuenausdrucks mit seinem zufälligen Referenten gleichsetzen. Und ein m-Prädikat, wie es den Nomen, Verben und Adjektiven in einer modelltheoretischen Semantik als Interpretation zugewiesen wird, ist ebenfalls von seiner eigentlichen Bedeutung weit entfernt, wie die Überlegungen zum Unterschied zwischen k-Prädikaten und m-Prädikaten in §10.3.1 ergeben haben. Die Interpretationen, die eine modelltheoretische Semantik natürlichsprachlichen Sätzen zuweist, können daher nicht als Bedeutungen im eigentlichen Sinne betrachtet werden.

Was man braucht, um sich der eigentlichen Bedeutung anzunähern, ist mehr: eine Beschreibung des semantischen Potenzials der Ausdrücke einer Sprache in Bezug auf a l l e möglichen ÄK. Damit würde man immerhin (auch das ist noch keine vollwertige Semantik, vgl. §10.5.3) eine Beschreibung der a l l g e m e i n e n Wahrheitsbedingungen von prädizierenden Ausdrücken und Sätzen erreichen. Diese Erweiterung des modelltheoretischen Ansatzes wird in dem nächsten und letzten Schritt dieses Kapitels vorgenommen: dem Ausbau der modelltheoretischen Semantik zu einer so genannten Mögliche-Welten-Semantik.

10.4 Mögliche-Welten-Semantik

10.4.1 Mögliche Welten

Nehmen wir einmal an, wir hätten es nicht mehr mit einem winzigen Fragment des Deutschen zu tun, sondern es wäre gelungen, eine formale Gesamtbeschreibung des Deutschen zu leisten, wie es die Formale Semantik natürlich letztendlich anstrebt. Nehmen wir weiter an, wir hätten ein komplettes Übersetzungssystem zur Verfügung, das die deutschen Sätze in eine geeignete Logiksprache „L-D" überträgt. L-D hätte dann für jedes Lexem des Deutschen eine Konstante des richtigen logischen Typs, insbesondere Prädikatskonstanten für alle (prädizierenden) deutschen Nomen, Adjektive und Verben. Was würde es bedeuten, für L-D ein Modell anzugeben? Durch ein Modell muss für jeden Satz der zu interpretierenden Sprache sein Wahrheitswert in diesem Modell determiniert sein. Da sich unter den Formeln von L-D die Übersetzungen aller deutscher Sätze finden, müsste das Modell sämtliche Informationen enthalten, die notwendig sind, um zu entscheiden, ob jeder beliebige Satz des Deutschen wahr oder falsch ist. Nun sind Sätze aber nicht einfach für sich genommen wahr oder falsch (mit Ausnahme von logisch wahren oder logisch falschen Sätzen, §4.2), sondern ihr Wahrheitswert hängt von dem ÄK ab, auf den sie bezogen werden, und ändert sich mit ihm. Zum Beispiel ändern die Sätze in (32) laufend ihre Wahrheitswerte; zu manchen Zeiten ist der eine wahr und der andere falsch, zu anderen Zeiten beide wahr oder beide falsch.

(32) a. *Angelika ist müde.*

b. *Angelika war müde.*

Die Zeitabhängigkeit des Wahrheitswerts beruht darauf, dass das finite Verb (obligatorisch) eine Tempusform trägt, im ersten Satz Präsens, im zweiten Präteritum. Das ist der Grund dafür, dass der Zeitpunkt der Äußerung – an dem sich orientiert, was als Gegenwart und was als Vergangenheit zu betrachten ist – eine Komponente des ÄK ist (S. 10). Aber der Wahrheitswert der beiden Sätze ist nicht nur eine Frage der Äußerungszeit. Zunächst muss man feststellen, auf wen der Name *Angelika* referiert; dann hängt der Wahrheitswert immer noch davon ab, ob diese besagte Angelika müde ist bzw. war, also davon, was sie getan hat, ob sie genug geschlafen hat, wie ihr Allgemeinbefinden ist usw. Daher bilden auch Referenzfestlegungen und die relevanten Fakten eine Komponente des ÄK.

Als das Modell für PL-F angegeben wurde, wurden alle diese Komponenten eines ÄK willkürlich festgelegt: die Referenten der Namen und die Fakten: wer eine Person, eine Katze, dünn, klug oder reizbar ist, wer wen hasst usw. Ein bestimmter Bezugszeitpunkt wurde nicht festgelegt, wohl aber stillschweigend angenommen, dass sich alle Aussagen auf dieselbe Zeit beziehen. Für ein Modell von L-D müsste genau dies auch geleistet werden, nur in viel größerem Umfang: es müssten einfach alle Informationen gegeben werden, die überhaupt für die Wahrheitsbeurteilung irgendwelcher beliebiger Sätze relevant sein könnten. In der Formalen Semantik nennt man ein solches Modell nicht zu Unrecht eine **mögliche Welt**. Eine mögliche Welt ist die Summe aller Festlegungen, oder Bedingungen, von denen der Wahrheitswert mindestens eines Satzes abhängen kann. Eine mögliche Welt bestimmt einen Zeitpunkt und einen Ort, auf den der Satz zu beziehen ist, eine Sprecherin oder Sprecher und wer angesprochen wird (damit die Referenz von Personalpronomen festliegt); in ihr liegen für alle referenziellen NPs und anderen Ausdrücke Referenten fest, und vor allem liegt fest, was die Fakten in dieser Welt sind. Manche möglichen Welten entsprechen (unserer Auffassung von) der Realität, insofern die Fakten in diesen Welten mit der Realität übereinstimmen. In anderen möglichen Welten sind die Fakten eventuell andere; solche Welten sind Alternativen zur Realität. Es gibt mehr als eine mögliche Welt, weil sich auch in einer Welt, deren Fakten mit der Realität übereinstimmen, alternative Äußerungskontexte festlegen lassen.[10] Zum Beispiel könnte Angelika in der realen Welt w_1 müde sein, in einer alternativen Welt w_2 aber gerade von einem ausgiebigen Mittagsschlaf aufgewacht sein (wobei sich die Welt w_2 ansonsten von w_1 nicht sehr zu unterscheiden braucht). Das wäre die Art von Welt, auf die man sich mit der Äußerung von (33) in w_1 beziehen würde:

(33)   *Wenn Angelika gerade einen ausgiebigen Mittagsschlaf gemacht hätte, wäre sie nicht müde.*

Der Konditionalsatz *wenn...* verschiebt die Bezugssituation in eine alternative Welt; dass diese Welt sich faktisch von der eigentlichen Bezugswelt w_1 unterscheiden kann, wird durch die konjunktivischen Verbformen *hätte* und *wäre* zum Ausdruck gebracht. Der Satz besagt, dass Angelika in einer solchen alternativen Welt w_2 nicht müde ist. Alternative Welten werden bei der Interpretation so konstruiert, dass sie sich von der gegebenen Bezugswelt nur soweit unterscheiden, wie notwendig ist, um die genannten Fakten (in diesem Fall Angelikas Mittagsschlaf) in die Welt zu integrieren.

Natürlich ist es praktisch vollkommen unmöglich, eine mögliche Welt vollständig anzugeben, schließlich ist niemand allwissend. In der Formalen Semantik, die mit möglichen Welten arbeitet, der so genannten **Mögliche-Welten-Semantik** (MWS), nimmt man mögliche Welten einfach als gegeben an, um auf der Basis dieser Annahme Wahrheitsbedingungen zu formulieren. Auch die besonderen Ingredienzien einer möglichen Welt wie Bezugszeit und -ort, Sprecher und Angesprochene usw. werden nur dann explizit gemacht, wenn es die semantische Analyse bestimmter Ausdrücke, zum Beispiel von Pronomen oder Tempus, erfordert. Mögliche Welten sind also ein theoretisches Konstrukt für die Gesamtheit aller Faktoren, von denen der Wahrheitswert von Sätzen abhängen kann. Dieses Konstrukt ermöglicht es zu beschreiben, wie sich Referenz und Wahrheitswerte bestimmen lassen, w e n n die nötigen Informationen über den ÄK zur Verfügung stehen.

---

[10] In manchen Varianten der Formalen Semantik wird das, was hier als mögliche Welt bezeichnet wird, in zwei Komponenten zerlegt: den „Kontext" und die „mögliche Welt". Der Kontext repräsentiert dann die Äußerungssituation im engeren Sinne – wer zu wem spricht, wann und wo, und worauf referiert wird – während die mögliche Welt die Fakten umfasst, die davon unabhängig gegeben sind. Es gibt dann nur eine „reale" Welt, die mit unterschiedlichen Kontexten gepaart werden kann.

10.4.2 Intensionen

Jetzt, wo wir über den Begriff der möglichen Welt verfügen, können wir a l l g e m e i n e , das heißt modellübergreifende Interpretationen für die verschiedenartigen sprachlichen Ausdrücke angeben. Diese Interpretationen sind durchweg Funktionen, die dem Ausdruck nicht einfach e i n e n Referenten, e i n m-Prädikat, e i n e n Wahrheitswert zuweisen, wie die Funktion [...] es tut, sondern für jede mögliche Welt einen Referenten, ein m-Prädikat oder einen Wahrheitswert. Nehmen wir als Beispiel noch einmal den Satz *Angelika ist müde*. In jeder möglichen Welt ist dieser Satz entweder wahr oder falsch.[11] Sei W die Menge aller möglichen Welten. Dann kann man eine Funktion definieren, die jeder möglichen Welt in W den Wahrheitswert des Satzes zuordnet. In der MWS wird diese Funktion mit doppelten eckigen Klammern notiert: $[\![...]\!]$. Also schreibt man $[\![$*Angelika ist müde*$]\!]$ für die Funktion, die jeder möglichen Welt den Wahrheitswert dieses Satzes zuordnet. Der Wahrheitswert in einer bestimmten Welt w wird $[\![$*Angelika ist müde*$]\!]^w$ notiert.

DEFINITION 2
Für beliebige Sätze S ist $[\![S]\!]$ eine Funktion, die jeder möglichen Welt w in W den Wahrheitswert von S in dieser Welt zuordnet, das heißt $[\![S]\!]^w$.

Die Funktion $[\![S]\!]$ wird in der MWS als Bedeutung des Satzes betrachtet und daher seine **Proposition** genannt. Dazu ist aber anzumerken, dass eine Proposition in der Formalen Semantik so wenig eine Proposition im eingeführten Sinne ist, wie m-Prädikate k-Prädikate sind. In völliger Analogie könnte man von **m-Propositionen** und **k-Propositionen** sprechen. K-Propositionen sind Konzepte (nämlich mentale Beschreibungen potenzieller Referenzsituationen, vgl. §2.2.1), m-Propositionen dagegen mengentheoretische Konstrukte, nämlich Paarungen von möglichen Welten und Wahrheitswerten. Auch k-Propositionen ergeben eine Zuordnung von Wahrheitswerten zu möglichen Welten, weil diese Konzepte für jede mögliche Welt einen Wahrheitswert ergeben, je nachdem ob in dieser Welt eine Situation vorliegt, auf die das Konzept passt.

---

11 Genau genommen ist dieser Satz nur in denjenigen möglichen Welten wahr oder
    falsch, in denen ein bestimmtes Individuum als Referent des Namens *Angelika* fest-
    gelegt ist. Dass es einen eindeutig bestimmten Referenten für diesen Namen gibt, ist
    eine Präsupposition (vgl. Fußnote 13 S.287) des Satzes *Angelika ist müde*, weil der
    Name hier referenziell verwendet wird. Ganz allgemein können natürlichsprachliche
    Sätze eine Reihe solcher Präsuppositionen tragen. Folglich sind sie nur in solchen
    Welten wahr oder falsch, in denen diese Bedingungen alle erfüllt sind.

Wie wir in §6.8 gesehen haben, lassen sich k-Propositionen als k-Prädikate über potenzielle Referenzsituationen auffassen. Eine m-Proposition ist das m-Prädikat zu diesem Prädikat: die mengentheoretische Rekonstruktion der resultierenden Zuordnung. Der aus theoretischer Sicht entscheidende Punkt dabei ist, dass dieses mengentheoretische Konstrukt nicht mit etwas Konzeptuellem verknüpft ist oder für etwas Konzeptuelles steht. Man kann sich eine m-Proposition konkret als eine unendliche Tabelle vorstellen, in der zu jeder Welt ein zugehöriger Wahrheitswert eingetragen ist; welches Konzept dieser Zuordnung zugrunde liegt, spielt dabei keine Rolle. Für den Rest dieses Abschnitts wird die Hinzufügung von ‚m-' zu ‚Proposition' unterlassen, um nicht von der Terminologie der MWS abzuweichen.

(34)   **Proposition von S, $[\![S]\!]$**

Welt	w_1	w_2	w_3	w_4	w_5	w_6	...
Wahrheitswert von S	0	0	1	0	1	1	...

Betrachten wir jetzt die MWS-Interpretation von Individuenausdrücken wie dem Eigennamen *Ute* oder dem Personalpronomen *ich*. Solche Ausdrücke erhalten als MWS-Interpretationen Funktionen, die in jeder möglichen Welt ihren Referenten ergeben. Zu jeder möglichen Welt gehört ein Universum U^w (so wie zu jedem Modell ein Universum gehört; man kann für alle Welten dasselbe Universum annehmen oder verschiedene zulassen, was uns hier nicht zu kümmern braucht). Die Funktion $[\![...]\!]$ ergibt dann für Individuenausdrücke zu jeder Welt w ein Individuum in U^w.

DEFINITION 3
Für beliebige Individuenausdrücke T ist $[\![T]\!]$ eine Funktion, die jeder möglichen Welt w in W $[\![T]\!]^w$ zuordnet, das Individuum in U^w, auf das T in w referiert (falls T referierend verwendet wird).

Für das Pronomen *ich* ist $[\![ich]\!]^w$ die Person, die den Satz, in dem *ich* enthalten ist, in der Welt w äußert. Für den Namen *Ute* ordnet die Funktion $[\![Ute]\!]$ jeder Welt das Individuum zu, auf das der Name dort referiert (wenn er referiert). Wenn es in einer möglichen Welt mehrere Personen geben sollte, die Ute heißen, müsste man verschiedene Namen Ute_1, Ute_2, Ute_3 usw. quasi als Homonyme unterscheiden. Die Interpretationen von Individuenausdrücken werden in der MWS **Individuenbegriffe** oder **Individuenkonzepte** genannt, obwohl es sich bei diesen Entitäten wieder nicht um etwas Konzeptuelles, sondern um Funktionen im mathematischen Sinne handelt.

Ausdruck	Intension	Extension in Welt w
E	$[\![E]\!]$	$[\![E]\!]^w$
Satz	Proposition	Wahrheitswert
Individuenausdruck	Individuenkonzept	Individuum in U^w
Prädikatsausdruck	Eigenschaft	m-Prädikat in w

Tabelle 10.5 Intensionen und Extensionen

Funktionen des Typs $[\![...]\!]$, also zum Beispiel Propositionen und Individuenkonzepte, werden in der MWS als **Intensionen**[12] der betreffenden Ausdrücke bezeichnet. Die Intension eines Ausdrucks A ergibt für den Ausdruck in jeder möglichen Welt w seine **Extension** $[\![A]\!]^w$. Die Intension eines Satzes S ist also seine Proposition, und sein Wahrheitswert in einer bestimmten Welt w ist die Extension von S in dieser Welt; die Intension eines Individuenausdrucks T ist ein Individuenkonzept, seine Extension in der Welt w ist das Individuum in U^w, auf das in dieser Welt mit T referiert werden kann.

DEFINITION 4
Für einen beliebigen Ausdruck A ist die **Intension von A**, $[\![A]\!]$, eine Funktion, die jeder möglichen Welt w in W eine Entität des geeigneten Typs (vgl. Def. 2, 3 und 5 unten) in w zuordnet. $[\![A]\!]^w$ ist die **Extension von A in der Welt w.**

Für Prädikatsausdrücke sind ihre Extensionen in einer bestimmten Welt m-Prädikate, wie wir sie in §10.3.1 kennen gelernt haben. Folglich sind ihre Intensionen Funktionen, die zu jeder Welt ein m-Prädikat über dem Universum U^w ergeben.

DEFINITION 5
Für beliebige Prädikatsausdrücke P ist $[\![P]\!]$ eine Funktion, die jeder möglichen Welt w in W ein m-Prädikat über U^w als seine Extension $[\![P]\!]^w$ zuordnet.

---

12 Der Begriff ‚Intension' ist nicht zu verwechseln mit ‚Intention'. Er stammt aus der Philosophie und bedeutet dort traditionell so etwas wie ‚Begriffsinhalt' im Gegensatz zu dem als ‚Extension' bezeichneten Begriffsumfang. Die philosophischen Begriffe ‚Intension' und ‚Extension' decken sich also im Wesentlichen mit den in §2 eingeführten Begriffen ‚Konzept/Bedeutung' und ‚Denotation'. Das gilt jedoch nicht für ‚Intension' und ‚Extension', wie die Begriffe in der MWS verwendet werden.

Intensionen von einstelligen Prädikatsausdrücken werden in der Terminologie der MWS **Eigenschaften** genannt, Intensionen von mehrstelligen Prädikatsausdrücken **Relationen**. Tabelle 10.5 gibt einen Überblick über die drei Typen von Intensionen und Extensionen.

10.4.3 Intensionale Modelle

Angewandt auf formale Sprachen entspricht eine mögliche Welt einem Modell des Typs, wie er in §10.3.1 eingeführt wurde. Die Interpretation [A] eines Ausdrucks in einem Modell dieser Art entspricht der Extension $[\![A]\!]^w$ von A in einer möglichen Welt. Man kann diesen einfachen Typ von Modell daher als **extensionales Modell** bezeichnen.

In einem **intensionalen Modell** einer formalen Sprache erhält jeder Basisausdruck eine Intension als Interpretation zugeordnet. Die Interpretationszuweisung [...] wird also durch $[\![...]\!]$ ersetzt. Individuenkonstanten und -variablen erhalten ein „Individuenkonzept" als Interpretation, einstellige Prädikatskonstanten eine „Eigenschaft" usw. Was man nun noch braucht, sind intensionale Kompositionsregeln. Diese sind sehr einfach aus den extensionalen zu gewinnen. Die extensionale Regel KR1$_P$, jetzt zur Unterscheidung KR1$_{Pe}$ genannt, lautet:

KR1$_{Pe}$	[P1(T)]	=	1	*gdw*	[P1]([T])=1

Die entsprechende intensionale Regel muss sicherstellen, dass KR1$_{Pe}$ auf der extensionalen Ebene weiterhin gilt. Das kann man dadurch erreichen, dass man die intensionale Regel einfach wie folgt formuliert:

KR1$_{Pi}$	Für jede mögliche Welt w in **W** gilt:
	$[\![P1(T)]\!]^w = 1 \quad gdw \quad [\![P1]\!]^w ([\![T]\!]^w)=1$

Wenn man sich vor Augen hält, dass $[\![A]\!]^w$ mit [A] in dem der Welt w entsprechenden Modell identisch ist, besagt KR1$_{Pi}$ einfach, dass die bisherige extensionale Regel für j e d e   W e l t w anzuwenden ist.

Die Verwendung von Intensionen als Interpretationen bringt uns einen bedeutenden Schritt weiter bei der Aufgabe, die Unzulänglichkeiten der extensionalen Interpretation zu beseitigen, die am Ende von §10.3.4 zu konstatieren waren. Erstens sind die Interpretationen nicht mehr auf einen einzigen ÄK beschränkt, sondern gelten durch Intensionalisierung für alle möglichen Welten, sprich: ÄK. Zweitens fallen aus demselben Grund nicht mehr die Interpretationen bedeutungsverschiedener Ausdrücke massenweise nach den Zufälligkeiten des gewählten ÄK zusammen (wie die Interpretationen von *dünn* und *reizbar* in dem angegebenen extensionalen Modell). Da *dünn* und *reizbar* nicht dieselben Prädikationen ausdrücken, wird es immer mindestens eine mögliche Welt w geben, in der mindestens ein Individuum dünn, aber nicht reizbar oder reizbar, aber nicht dünn ist. Infolgedessen ordnen die Intensionen von *dünn* und *reizbar* mindestens in dieser Welt w den beiden Adjektiven unterschiedliche m-Prädikate zu und sind deshalb selbst verschieden, denn wenn zwei Funktionen nicht für jedes Argument denselben Wert ergeben, sind sie verschieden. Dementsprechend sind zwei Intensionen verschieden, sobald sie zu mindestens einer Welt unterschiedliche Extensionen ergeben. Wie wir sehen werden, ist die Intensionalisierung jedoch immer noch nicht ausreichend, um zu garantieren, dass Ausdrücke mit unterschiedlicher Bedeutung in der MWS nicht doch identische Interpretationen erhalten.

10.4.4 Logische Eigenschaften und Beziehungen

Ein intensionales Modell für die formale Übersetzungssprache ergibt eine intensionale Interpretation für die zu analysierende natürliche Sprache. In einem solchen System sind für alle Sätze Wahrheitsbedingungen definiert. Zum Beispiel erhält man für den Satz *eine Katze hasst Ute* die Wahrheitsbedingungen in (35) (wir greifen dabei auf die Herleitung der Übersetzung des Satzes in (18) und seiner Wahrheitsbedingungen in (31) zurück):

(35)   für jede mögliche Welt w in W ist *eine Katze hasst Ute*
         genau dann wahr, wenn es in U^w mindestens ein Individuum u gibt, so dass gilt:
         $[\![Katze]\!]^w(u) = 1$ und $[\![hass]\!]^w(u, Ute) = 1$.

Die Definition präziser Wahrheitsbedingungen für alle Sätze erlaubt einen sehr wichtigen Schritt: die formale Definition (und Überprüfung) der logischen Begriffe und Beziehungen, die informell in Kapitel 4 eingeführt wurden:

DEFINITION 6

a. Ein Satz S ist **logisch wahr** gdw
    S in allen möglichen Welten wahr ist.

b. Satz S_1 **impliziert logisch** Satz S_2 gdw
    in keiner möglichen Welt S_1 wahr und S_2 falsch ist.

c. Zwei Ausdrücke A_1 und A_2 sind **logisch äquivalent** gdw
    sie identische Intensionen haben, das heißt in jeder möglichen
    Welt identische Extensionen.

Man kann daher die Ergebnisse einer MWS-Analyse überprüfen, indem man testet, ob die formalen Interpretationen die korrekten logischen Eigenschaften und Beziehungen ergeben. (Es gibt dazu algorithmische formale Verfahren; solche Tests beruhen also nicht auf bloßer Intuition.) Nehmen wir ein einfaches Beispiel. Die A-N-Kombination *reizbare Person* impliziert intuitiv sowohl *Person* als auch *reizbar*: reizbare Personen sind Personen und reizbare Personen sind reizbar. Dieser semantische Befund wird durch unsere Analyse korrekt behandelt, denn wir würden für die entsprechenden Testsätze (§4.5) in einem passend erweiterten System folgende Übersetzungen erhalten:

(36) a. *x ist eine reizbare Person*   = **reizbar**(x) ∧ **Person**(x)

      b. *x ist reizbar*   = **reizbar**(x)

      c. *x ist eine Person*   = **Person**(x)

Auf der Grundlage des intensionalen Modells für PL-F lässt sich die Implikation leicht nachweisen. Nach der (analog zu KR1$_{Pi}$ zu formulierenden Regel) KR4$_{Pi}$ für die Konjunktion zweier Aussagen ist in jeder möglichen Welt w in W die Formel ‚**reizbar**(x) ∧ **Person**(x)‘ genau dann wahr, wenn die Teilformeln ‚**reizbar**(x)‘ und ‚**Person**(x)‘ in w beide wahr sind. Daher kann es keine mögliche Welt geben, in der (36a) wahr ist und eine der beiden Teilaussagen (36b) und (36c) falsch.

Allerdings erfasst die intensionale Interpretation bis zu diesem Punkt nur diejenigen logischen Beziehungen, die sich wie in dem Beispiel aus der Anwendung der Kompositionsregeln ergeben. Das System ist noch nicht in der Lage Implikationen herzuleiten, die sich aus Bedeutungsbeziehungen zwischen Lexemen ergeben, zum Beispiel dass *Katze Tier* impliziert. Es gibt zwei Möglichkeiten, das zu erreichen.

Die erste besteht darin, dass man zur Erfassung aller Bedeutungszusammenhänge Bedeutungspostulate (§7.3.5, S.209) formuliert, zum Beispiel ‚Katzen sind Tiere.‘ - ‚Personen mit denselben Eltern sind Geschwister.‘ - ‚Auf Dienstag folgt Mittwoch.‘ usw. Diese Postulate werden in dem formalen System zu Axiomen erklärt, das heißt zu Sätzen, die in jeder möglichen Welt wahr sein müssen. Dadurch würden die Möglichkeiten, die Intensionsfunktion ⟦...⟧ zu definieren, erheblich eingeschränkt. Bis zu diesem Punkt wurden die möglichen Intensionen nur vollkommen allgemein formal definiert (als beliebige Funktionen, die einem Ausdruck in jeder möglichen Welt eine Extension zuordnen). Prinzipiell könnte man ⟦...⟧ zum Beispiel so definieren, dass dem Wort *Katze* in der Welt w_1 ein m-Prädikat zugeordnet wird, das auf Katzen zutrifft, in der Welt w_2 eines, das nur für grüne Zahnpastatuben gilt, und in w_3 ein m-Prädikat, das gerade allen Katzen in w_3 den Wert 0 zuordnet. Oder man könnte $[\![...]\!]$ so definieren, dass die Wörter *Katze* und *Person* in allen Welten extensionsgleich sind und daher logisch äquivalent. Wenn man die einschlägigen Bedeutungspostulate berücksichtigt, zum Beispiel ‚Katzen sind keine Personen.', sind solche Interpretationen ausgeschlossen. Die Option, Bedeutungspostulate einzusetzen, ist nicht besonders elegant: man erzwingt einfach die gewünschten Ergebnisse dadurch, dass man die nicht gewünschten explizit ausschließt.

Die zweite Möglichkeit besteht darin, den Ansatz der MWS mit lexikalischer Dekomposition zu verknüpfen. Der in §7.4.1 besprochene Ansatz von Dowty ist zu eben diesem Zweck entwickelt worden. Die dekomponierbaren Lexeme werden dann nicht einfach eins zu eins übersetzt, wie wir es in dem Fragment getan haben (*Katze* → **Katze**), sondern in Dekompositionsformeln. Zum Beispiel könnte man die beiden Wörter *Frau* und *Mann* in das Fragment aufnehmen und wie folgt übersetzen:

(37)   *Frau* = **Person**(_) ∧ **weiblich**(_)

         Mann = **Person**(_) ∧ ¬**weiblich**(_)

Daraus ließe sich unmittelbar ableiten, dass die beiden Nomen logisch komplementär sind. Dieses Vorgehen beschränkt nicht die möglichen intensionalen Interpretationen und ist daher wesentlich eleganter. Außerdem reduziert es die Zahl der zu interpretierenden Prädikatskonstanten in der Übersetzungssprache L-D. Dennoch verbleibt auch so das Problem der logischen Beziehungen zwischen den Primitiven, die nicht weiter dekomponiert werden können, das heißt zwischen allen lexikalischen Ausdrücken der Sprache L-D.

10.5   Leistungsfähigkeit und Beschränkungen der Mögliche-Welten-Semantik

10.5.1   Leistungsfähigkeit

Zunächst einmal ist die MWS eine Theorie, die einen präzisen theoretischen Bedeutungsbegriff bereitstellt: in der MWS ist die Bedeutung eines lexikalischen oder zusammengesetzten Ausdrucks seine Intension in einem intensionalen Modell. Für Sätze sind Intensionen Funktionen, die zu jeder möglichen Welt einen Wahrheitswert ergeben, wobei der Begriff der möglichen Welt ein theoretisches Konstrukt für den Äußerungskontext ist. Die semantische Beschreibung eines Satzes besteht in der MWS in einer Definition seiner Wahrheitsbedingungen. Neben einem Bedeutungsbegriff hält die MWS auch für alle Arten von Ausdrücken einen Referenzbegriff bereit: in einer gegebenen möglichen Welt kann die Extension eines Ausdrucks als sein (eventuell potenzieller) Referent betrachtet werden. Die MWS kann also für sich reklamieren, einen Rahmen zu bieten, in dem die folgenden zentralen semantischen Begriffe definiert werden können:

- die *Bedeutung* eines Ausdrucks: seine Intension
- der *Äußerungskontext*: eine mögliche Welt
- der (potenzielle) *Referent* eines Ausdrucks: seine Extension
- die *Wahrheitsbedingungen* eines Satzes: eine Beschreibung seiner Intension

Als theoretischer Rahmen für die semantische Analyse zielt die MWS primär auf die Beschreibung der Bedeutungskomposition. Wie wir an dem Beispielfragment gesehen haben, werden lexikalische Ausdrücke im Wesentlichen unanalysiert in die Übersetzungssprache übernommen, indem man für jeden Prädikatsausdruck der natürlichen Sprache eine Prädikatskonstante in der formalen Übersetzungssprache annimmt (zum Beispiel **kenn** für die Übersetzung von *kennt*); die semantische Analyse beschränkt sich in diesen Fällen auf die Zuweisung des korrekten logischen Typs. Dieses Vorgehen entspricht der Zielsetzung der Satzsemantik, Fragen wie die folgende zu beantworten: Vorausgesetzt, man kennt die Bedeutung des Adjektivs *reizbar* und des Nomens *Person*, was ist die Bedeutung der A-N-Kombination *reizbare Person*? Gefragt ist also nach der allgemeinen Kompositionsregel für A-N. Weder dem strukturalistischen Ansatz noch der Kognitiven Semantik ist es bisher gelungen, eine Theorie der semantischen Komposition zu entwickeln. Darin liegt das Hauptverdienst der MWS: sie beschreibt die Mechanismen der Komposition, indem Ausdrücke der natürlichen Sprache in eine formale Logiksprache übersetzt werden. Dieses Verfahren liefert Bedeutungsrepräsentationen in Form von semantisch transparenten und expliziten logischen Formeln. Damit ist dann eine präzise Erfassung und Überprüfung der logischen Eigenschaften von und Beziehungen zwischen natürlichsprachlichen Sätzen möglich. Als semantischer Beschreibungsapparat erbringt die MWS also folgendes:

- *Bedeutungsrepräsentationen* in einer formalen Logiksprache
- Beschreibung der *Kompositionsregeln* für Sätze und zusammengesetzte Ausdrücke allgemein
- Beschreibung der *logischen Eigenschaften und Beziehungen*

Zusätzlich dazu bietet die MWS einen geeigneten Rahmen für lexikalische Dekomposition und damit die Möglichkeit, zumindest in einem gewissen Umfang, Bedeutungsbeziehungen im Lexikon darzustellen.

10.5.2 Beschränkungen

Der zentrale Begriff der Intension, auf den die MWS aufbaut, ergibt zwar die eben beschriebenen Möglichkeiten dieses Ansatzes, birgt aber zugleich auch die Grenzen in sich, die dieser Theorie gezogen sind. Die gravierendste Beschränkung der MWS liegt darin, dass in dieser Theorie der Bedeutungsbegriff auf Wahrheitsbedingungen und Referenz aufgebaut ist. Infolgedessen gelten für diesen Ansatz die Grenzen, die der logischen Bedeutungsanalyse allgemein gesetzt sind (§4.6):

- Die MWS kann nichtdeskriptive Bedeutungsanteile wie soziale und expressive Bedeutung nicht erfassen.

- Auch die deskriptive Bedeutung wird nur indirekt erfasst.

Bezieht man den Ansatz auf das semiotische Dreieck, so erfasst die MWS nur die Beziehung zwischen einem Ausdruck und seiner Extension, also die rechte Seite des Dreiecks; genau diese Beziehung ist die Intension (Abbildung 10.6). Die rechte Seite des Dreiecks bildet nicht lediglich den Schwerpunkt der MWS, vielmehr ist sie für die MWS alles, was von dem Dreieck übrig bleibt. Die zweistufige Verbindung von einem Ausdruck über seine (konzeptuelle) Bedeutung zu seiner Denotation (bzw. Extension in einer gegebenen Welt) wird durch eine direkte Verbindung, die Intension ersetzt. Da für die MWS die Intension die Bedeutung eines Ausdrucks ist, gibt es in diesem Ansatz nichts, was der Komponente der konzeptuellen Bedeutung entspricht. Sie ist in der MWS vollständig ausgeblendet; das Dreieck schrumpft zum Zweieck. Für die MWS ist es ohne Belang, wie sich die Wahrheitsbedingungen eines Satzes aus seiner Bedeutung ergeben. Was allein zählt, sind die objektiven Wahrheitsbedingungen. Aber kann man auf die eigentliche, konzeptuelle Bedeutung tatsächlich verzichten? Lassen sich die semantischen Daten erklären, wenn man mit einer direkten Zuordnung Ausdruck → Intension → Extension arbeitet? Die Antwort ist: teilweise, aber nicht ganz.

In der MWS müssen zwei Ausdrücke als bedeutungsgleich (synonym) betrachtet werden, wenn sie dieselbe Intension besitzen; Intensionsgleichheit ist logische Äquivalenz. In der MWS fällt daher Synonymie mit logischer Äquivalenz zusammen (vgl. Definition 6,c). Wie wir in §4.6.1 gesehen haben, bedeutet aber logische Äquivalenz noch

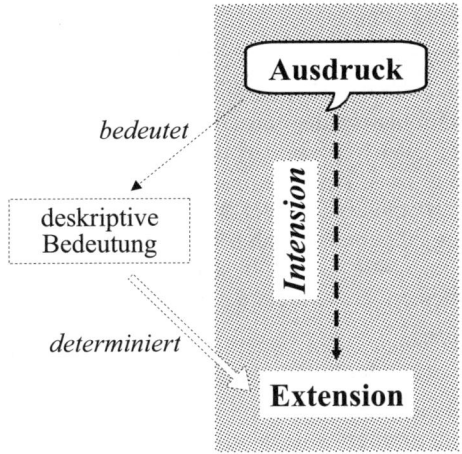

Abbildung 10.6 Das semiotische „Dreieck" für die Mögliche-Welten-Semantik

nicht einmal Übereinstimmung des deskriptiven Bedeutungsanteils, geschweige denn totale Synonymie, für die auch andere Bedeutungsanteile wie soziale und expressive Bedeutung berücksichtigt werden müssten. Insbesondere brauchen Sätze mit identischen Wahrheitsbedingungen nicht bedeutungsgleich zu sein. Eine Konsequenz davon ist, dass alle logisch wahren Sätze in einem MWS-Ansatz ein und dieselbe Bedeutung erhalten: die Funktion, die zu jeder möglichen Welt den Wert 1 (wahr) ergibt. Entgegen der semantischen Intuition sind daher zum Beispiel die folgenden Sätze in der MWS gleichbedeutend:

(38) a. *Donald ist eine Ente oder Donald ist keine Ente.*

b. *Alle Hunde sind Hunde.*

c. *Zwei plus zwei ist vier.*

Die Liste wächst noch einmal enorm, wenn man sie um Bedeutungspostulate erweitert. Als Axiome einer MWS, die die korrekten logischen Beziehungen zwischen lexikalischen Ausdrücken erfasst, wären sie alle gleichbedeutend, obwohl sie intuitiv jeweils etwas anderes beinhalten (vgl. die Beispiele für Bedeutungspostulate in §7.3.5).

Es sind jedoch nicht nur die logisch wahren Sätze, deren Bedeutungen in der MWS entgegen unseren Intuitionen zusammenfallen. Auch kontingente Sätze mit unterschiedlichen Bedeutungen können identische Wahrheitsbedingungen haben und damit für die MWS semantisch ununterscheidbar sein (vgl. die Diskussion in §4.6):

(39) a. *Heute ist Montag.*

   b. *Morgen ist Dienstag.*

Was für die Sätze der natürlichen Sprache gilt, betrifft auch die Bedeutungsrepräsentationen in der formalen Sprache: es kann den An-
schein haben, dass zwei Repräsentationen verschiedene Bedeutungen
repräsentieren, ohne dass dies tatsächlich der Fall ist. Betrachten wir
dazu den Satz *Ute raucht* als Beispiel. Man könnte geneigt sein, einem
System den Vorzug zu geben, das als Übersetzung (40a) und nicht wie
das oben beschriebene (40b) ergibt. In so einem System würden Eigennamen als Individuenterme und nicht als Prädikatsausdrücke behandelt.

(40) a. **rauch(u)**

   b. $\exists x (x = \mathbf{u} \wedge \mathbf{rauch}(x))$

Wenn man diese beiden Formeln, wie es unwillkürlich geschieht, auf
dieselbe Weise interpretiert wie natürlichsprachliche Sätze, nehmen
sie für uns unterschiedliche Bedeutungen an. Die erste Formel ist eine
einfache Prädikation, in der ein einstelliges Prädikat auf ein Individuum u angewandt wird. Die zweite Formel ist viel komplexer: eine
Existenzquantifikation über eine Konjunktion von zwei unterschiedlichen Prädikationen. Aber so wie diese beiden Formeln in der MWS
interpretiert werden (nach den allgemeingültigen Kompositionsregeln
der Prädikatenlogik), ist dieser Bedeutungsunterschied nur eine Illu-
sion: die beiden Formeln haben identische Wahrheitsbedingungen und
daher dieselbe B e d e u t u n g . Man kann sie vielleicht als alternative
Bedeutungsrepräsentationen des Satzes *Ute raucht* betrachten, aber sie
repräsentieren nicht zwei verschiedene Bedeutungen.

10.5.3 Mögliche-Welten-Semantik und mentalistische Semantik

Diese Unzulänglichkeiten der MWS sind eine direkte Folge davon,
dass der Ansatz die konzeptuelle Ebene ausblendet und Satzbedeutung
mit Wahrheitsbedingungen gleichsetzt. Für die MWS sind Bedeutungen Entitäten, die möglichen Welten bzw. ÄK Extensionen zuordnen.
Was die MWS bietet, ist daher im Wesentlichen ein Modell für die
Kontextabhängigkeit von Wahrheit und Referenz. Sie gibt aber keine
Antwort auf die Frage, wie all das auf der konzeptuellen Ebene funktioniert. Es ist ganz klar, dass man die intensionalen Modelle der MWS
nicht einfach in ein menschliches kognitives System verpflanzen
könnte: wir haben keine Intensionen im Kopf, das heißt kognitive
Strukturen, die für jeden möglichen ÄK für jeden lexikalischen Aus-

druck eine Extension bereit halten. Das scheitert schon daran, dass Intensionen unendlich sind, weil sie für unendlich viele mögliche Welten je eine Extension zuordnen. Die MWS beansprucht allerdings auch gar nicht, ein Modell für die kognitive Ebene zu bieten. Aber es gibt diese Ebene natürlich, wir wüssten brennend gern, wie sie funktioniert, und die semantische Analyse kann dazu beitragen, etwas über diese Ebene zu Tage zu fördern.

In dieser Einführung wurde durchgehend eine mentalistische Sicht auf Bedeutung eingenommen: Bedeutungen sind Konzepte. Von diesem Standpunkt aus sind Wahrheitsbedingungen nur ein Effekt der Bedeutung, nicht die Bedeutung selbst. Zum Beispiel sind die Bedeutungen der beiden Sätze in (39) zwei Situationskonzepte, die auf dieselben Situationen zutreffen und daher identische Wahrheitsbedingungen ergeben. Aber sie ergeben diese Wahrheitsbedingungen aus jeweils unterschiedlichen Gründen; sie sind als Konzepte verschieden. Ich sehe die Aufgabe der Semantik letztendlich in einer Beschreibung der Konzepte, die die Bedeutungen der Ausdrücke bilden, die wir benutzen. Der Beitrag, den die MWS dazu leistet, ist, dass sie herausarbeitet, welche Wahrheitsbedingungen diese Konzepte ergeben müssen.

Die Aufgabe der Semantik lässt sich mit der Aufgabe vergleichen, ein Computerprogramm zu beschreiben. Computerprogramme sind im Wesentlichen Dinge, die zu einem gegebenen Input einen bestimmten Output erzeugen. Wenn man diese Aufgabe nach Weise der MWS angehen würde, würde man versuchen, das Input-Output-Verhalten des Programms vollständig zu beschreiben, das heißt eine Tabelle zu erarbeiten, in der zu jedem Input der resultierende Output verzeichnet ist. Das Ergebnis wäre von der Struktur so etwas wie die Tabelle in (34), mit der veranschaulicht wurde, was in der MWS eine Proposition ist. Der mentalistischen Herangehensweise würde dagegen entsprechen, zu versuchen das Programm selbst zu beschreiben, wie es aufgebaut ist und arbeitet. Mit einer Beschreibung auf dieser Ebene könnte man dann voraussagen, welchen Output das Programm für welchen Input produziert. Es ist klar, dass unterschiedlich geschriebene Programme dasselbe Input-Output-Verhalten haben können. Und weil das so ist, würden wir eben nicht zustimmen, dass ein Programm schon vollständig beschrieben ist, wenn nur seine Input-Output-Charakteristik erstellt ist. Wesentlich ist, wie das Programm eigentlich arbeitet.

In Analogie dazu kann man die Bedeutung eines Satzes als mentale Software betrachten, die einen Wahrheitswert liefert, wenn man ihr als Input die relevanten Daten über den ÄK gibt. Die MWS sagt einfach, welcher Wahrheitswert wann herauskommt; die mentalistische Semantik ist darauf aus zu erklären, wie diese Software beschaffen ist und warum sie diesen Wahrheitswert liefert. Solange wir nur die Wahrheitsbedingungen eines Satzes kennen, wissen wir von der Satzbedeutung das Wichtigste nicht.

10.5.4 Die Entwicklung der Mögliche-Welten-Semantik

Die Begriffe *mögliche Welt, Intension* und *Extension* – in der speziellen Bedeutung der MWS – wurden in den frühen 1940er Jahren von dem Philosophen Rudolf Carnap (1891–1970), einem Schüler von Frege, entwickelt. Das formale Instrumentarium der MWS wurde ebenfalls von einem Nichtlinguisten geschaffen, dem Mathematiker und Logiker Richard Montague (1930–1971). Er war der erste, der für Fragmente des Englischen eine formale kompositionale Beschreibung erstellte, in der Syntax- und Kompositionsregeln bei der Bildung von Sätzen parallel zur Anwendung kommen. Formale Beschreibungssysteme mit der Grundstruktur, die in Abbildung 10.2 wiedergegeben ist, nannte man nach ihm Montague-Grammatiken. In seiner ersten Analyse *English as a formal language* (1970) versah Montague das Fragment direkt mit einem intensionalen Modell. Die Zweischrittmethode mit einer Übersetzung in eine formale Logiksprache als Zwischenschritt führte er in seinem zweiten Papier *Universal Grammar* (1970) ein. Seine dritte Arbeit *The proper treatment of quantification in ordinary English* (1973) wurde zu einem Meilenstein für die Semantik, an dem die Entwicklung der Formalen Semantik ihren Ausgangspunkt nahm; heute ist die Formale Semantik der vorherrschende semantische Forschungsansatz. (Gerade deswegen ist es wichtig zu reflektieren, wie in diesem Ansatz an natürlichsprachliche Bedeutung herangegangen wird.) In den letzten dreißig Jahren ist Montagues Arbeit in viele Richtungen erweitert worden; immer mehr semantische Phänomene wurden in diesem theoretischen Ansatz analysiert. Darüber hinaus wurden aber auch wichtige alternative formale Ansätze entwickelt (zum Beispiel die Situationssemantik und die Dynamische Semantik). Diese Ansätze teilen mit Montagues Theorie die Verwendung formaler logischer Sprachen als Mittel der Bedeutungsrepräsentation und die logische Herangehensweise an Bedeutung. Sie unterscheiden sich in dem jeweiligen Bedeutungsbegriff, aber keiner dieser Ansätze ist mentalistisch. Es würde an dieser Stelle zu weit führen zu erklären, wodurch sich innerhalb der Formalen Semantik die alternativen Ansätze unterscheiden. Die in diesem Kapitel vorgestellte Mögliche-Welten-Semantik repräsentiert den immer noch vorherrschenden Ansatz, der im Wesentlichen der von Montague ist.

Schlüsselbegriffe

kompositionale Semantik
Ausdrucksbasis
Syntaxregeln
Interpretationsbasis
Kompositionsregeln
Fragment
PL-F
Primformeln
Existenzquantor
freie/gebundene Variablen
Skopus
Übersetzung in die Prädikatenlogik
Übersetzungsbasis
Übersetzungsregeln
Modelltheoretische Semantik
Modell
Universum
Individuum
m-Prädikat
Interpretationsregeln für PL

Mögliche-Welten-Semantik
Mögliche Welt
Intension
Proposition
Individuenkonzept
Eigenschaft
Extension
extensionales Modell
intensionales Modell
Wahrheitsbedingungen
logische Eigenschaften
logische Beziehungen
Bedeutungspostulat
Dekomposition
Montague-Grammatik

Übungen

1. Erläutern Sie mit eigenen Worten den Aufbau einer kompositionalen Bedeutungsbeschreibung.

2. Führen sie in dem Beschreibungssystem für die japanischen Zahlwörter Kategorien ein (vgl. die Überlegungen dazu auf S. 320). Für jede Menge von Ausdrücken, die den Input für eine Position in einer Syntaxregel bilden, benötigt man eine eigene Kategorie, zum Beispiel für die Zahlwörter für die Zahlen 2 bis 9, weil sie es sind, an die durch Anhängung von *jû* die Zehnerwörter gebildet werden. Basisausdrücke und zusammengesetzte Ausdrücke dürfen mehreren Kategorien angehören. Auch für den Output müssen Kategorien festgelegt werden; überlegen Sie sich dabei, ob der Output wieder als Input verwendet wird. Weisen Sie die Basisausdrücke in Kategorien ein und formulieren Sie die Syntaxregeln in derselben Form wie in dem deutschen Fragment.

3. Das japanische Wort für 100 ist *hyaku*. Das Wort für 200 ist *nihyaku* (‚zwei hundert') und so weiter bis *kyûhyaku* für 900.[13] An die Hunderterwörter werden die Bezeichnungen für die Zahlen 1 bis 99 direkt angefügt, zum Beispiel ist *nihyaku nanajûroku* das Wort für 276. Erweitern Sie das System zur kompositionalen Beschreibung der japanischen Zahlwörter in seinen vier Komponenten so, dass es alle Zahlwörter für 1 bis 999 erfasst.

4. a) Geben Sie explizit wie in den Beispielen in §10.2.1 an, wie der Satz *eine reizbare Katze schielt* syntaktisch gebildet wird.

   b) Berechnen Sie für diesen Satz schrittweise die Übersetzung in PL-F wie in den Beispielen in §10.2.3.

   c) Leiten Sie schrittweise für diese Übersetzung die Wahrheitsbedingungen nach den Regeln für PL-F her (wie in §10.3.2). Was ist der Wahrheitswert des Satzes in dem gegebenen Modell?

5. a) Leiten Sie die Übersetzung des Satzes *Fritz kennt Ute* her.

   b) Vereinfachen Sie die Formel, indem Sie die Quantoren eliminieren (vgl. das Vorgehen in Zusammenhang mit den Beispielen (19) und (20)).

6. Betrachten Sie die PL-F-Formel **klug(f)**.

   a) Leiten Sie die Wahrheitsbedingungen für diese Formel her.

   b) Bilden Sie einen Fragmentsatz mit denselben Wahrheitsbedingungen.

   c) Berechnen Sie die Übersetzung dieses Satzes in PL-F.

   d) Berechnen Sie die Wahrheitsbedingungen der Übersetzung.

   e) Erklären Sie, warum die Übersetzung und die Formel **klug(f)** identische Wahrheitsbedingungen haben.

7. a) Geben Sie ein alternatives Modell für PL-F an, das nur drei Individuen enthält: eine schielende dünne Katze Ute, einen reizbaren Hund Fritz und eine kluge, reizbare Person namens Karl. Legen Sie nach Belieben fest, wer wen kennt und wen hasst. Geben Sie für alle Basisausdrücke von PL-F explizit eine Interpretation an wie in §10.3.1. Stellen Sie fest, ob bestimmte m-Prädikate zusammenfallen.

---

[13] Tatsächlich werden die Hunderterwörter nicht ganz regelmäßig gebildet, weil es bei der Zusammensetzung zu phonologischen Anpassungen kommt, zum Beispiel *sanhyaku → sanbyaku*; diese Irregularitäten sollen Sie ignorieren.

b) Bestimmen Sie die Wahrheitswerte der Formeln in (24), (25), (26), (27) und (29) in diesem Modell, indem Sie von den dort berechneten Wahrheitsbedingungen Gebrauch machen.

8. Erklären Sie die Begriffe *mögliche Welt*, *Intension* und *Extension* und wie sie zusammenhängen.

9. Beschreiben Sie den Ansatz der MWS. Wie ist in diesem Ansatz Bedeutung definiert? Auf welche Weise werden Bedeutungen beschrieben?

10. Erklären Sie, warum extensionale Modelle für die Beschreibung der Bedeutung natürlichsprachlicher Ausdrücke nicht ausreichen.

11. Erklären Sie, warum die Intension eines Ausdrucks nicht mit seiner Bedeutung gleichgesetzt werden kann.

12. Erklären Sie den Unterschied zwischen k-Prädikaten und m-Prädikaten.

13. Erklären Sie den Unterschied zwischen einer Proposition im Sinne von §2.2.1 und einer Proposition im Rahmen der MWS.

14. Vergleichen Sie die Ansätze der Kognitiven Semantik und der Formalen Semantik. In welcher Hinsicht ist die Kognitive Semantik der Formalen überlegen, in welcher die Formale Semantik der Kognitiven?

Lesehinweise

Es gibt eine ganze Reihe gute englischsprachige Einführungen in die Formale Semantik, aber keine empfehlenswerte aktuelle auf Deutsch; z.B. Cann (1993), Chierchia & McConnell-Ginet (1990), de Swart (1998), Heim & Kratzer (1998). Bach (1989) gibt eine informale Einführung in zentrale Themen der Formalen Semantik.
Zum Aufbau von Zahlwortsystemen Menninger (1979).

Literaturverzeichnis

Aitchison, Jean. 1994². *Words in the mind.* Blackwell. Oxford. Deutsch: *Wörter im Kopf.* 1997. Tübingen: Niemeyer.

Aoki, Haruo. 1986. ‚Evidentials in Japanese.' In: Wallace Chafe & Johanna Nichols, Hrsg. *Evidentiality: the linguistic coding of epistemology.* 223-238. Norwood NJ: Ablex.

Aristoteles. *Metaphysik.* Deutsch von Paul Globke. 1961². Paderborn: Schöningh.

Bach, Emmon. 1989. *Informal lectures on formal semantics.* Albany NY: State University of New York Press.

Barsalou, Lawrence W. 1992. *Cognitive psychology. An overview for cognitive sciences.* Hillsdale NJ: Erlbaum.

Berlin, Brent & Paul Kay. 1969. *Basic color terms. Their universality and evolution.* Berkeley, Los Angeles: University of Los Angeles Press.

Berlin, Brent et al. 1974. *Principles of Tzeltal plant classification.* New York: Academic Press.

Bierwisch, Manfred. 1969. ‚Strukturelle Semantik.' *Deutsch als Fremdsprache* 6, H.2.

Bierwisch, Manfred. 1982. ‚Formal and lexical semantics'. *Linguistische Berichte* 80: 3-17.

Bierwisch, Manfred. 1983. ‚Semantische und konzeptuelle Repräsentation lexikalischer Einheiten.' In: R. Růžička & W. Motsch, Hrsg. *Untersuchungen zur Semantik.* 61-100. Berlin: Akademie-Verlag.

Bierwisch, Manfred & Lang, Ewald, Hrsg. 1987. *Grammatische und konzeptuelle Aspekte von Dimensionsadjektiven.* Akademie-Verlag. Berlin.

Braun, Friederike. 1988. *Terms of address.* Berlin, New York, Amsterdam: Mouton de Gruyter.

Brown, Penelope & Stephen Levinson. 1978. ‚Universals in language usage: politeness phenomena.' In: E. Goody, Hrsg. *Questions and politeness: strategies in social interaction.* 56-311. Cambridge: Cambridge University Press.

Brown, Roger & Albert Gilman. 1960. ‚The pronouns of power and solidarity.' In: Thomas A. Sebeok, Hrsg. *Style in language.* 253-276. Cambridge MA: MIT Press.

Bußmann, Hadumod. 2002³. *Lexikon der Sprachwissenschaft.* Stuttgart: Kröner.

Cann, Ronnie. 1993. *Formal semantics: an introduction.* Cambridge: Cambridge University Press.

Chierchia, Gennaro and Sally McConnell-Ginet. 1990. *Meaning and grammar. An introduction to semantics.* Cambridge MA: MIT Press.

Coulmas, Florian. 1987. ‚Keigo.' *Linguistische Berichte* 107: 44-61.

Cruse, D. Alan. 1986. *Lexical semantics.* Cambridge: Cambridge University Press.

de Saussure, Ferdinand. 2001³. *Grundfragen der allgemeinen Sprachwissenschaft.* Berlin: Walter de Gruyter.

de Swart, Henriëtte. 1998. *Introduction to natural language semantics.* Stanford: Centre for the Study of Language and Information.

Dowty, David R. 1979. *Word meaning and Montague grammar.* Dordrecht.: Reidel.

Duve, Karen & Thies Völker. 1999. *Lexikon der berühmten Tiere.* München: Piper.

Foley, William A. 1997. *Anthropological linguistics: an introduction.* Oxford: Blackwell.

Givón, Talmy. 1993. *English grammar. A function-based introduction.* Amsterdam and Philadelphia, PA: John Benjamins.

Goddard, Cliff. 1998. *Semantic analysis. A practical introduction.* Oxford, New York: Oxford University Press.

Greenberg, Joseph H. 1966. ‚Language Universals.' In: Thomas A. Sebeok, Hrsg. *Current trends in linguistics. Volume 3.* 61-112. Den Haag: Mouton de Gruyter.

GWDS. *Duden. Das große Wörterbuch der deutschen Sprache. In drei Bänden. 3. Auflage 1999.* Herausgegeben vom Wissenschaftlichen Rat der Dudenredaktion. Mannheim etc.: Dudenverlag.

Hall, T. Alan. 2000. *Phonologie. Eine Einführung.* Berlin, New York: Walter de Gruyter.

Heim, Irene & Angelika Kratzer. 1998. *Semantics in generative grammar.* Oxford: Blackwell.

Jackendoff, Ray. 1990. *Semantic structures.* Cambridge, Mass: MIT Press.

Jacobs, Joachim. 1982. *Syntax und Semantik der Negation im Deutschen.* München: Fink.

Jacobs, Joachim. 1991. ‚Negation.' In: von Stechow & Wunderlich, Hrsg. 1991: 560-596.

Jones, William Jervis. 1990. *German kinship terms (750-1500).* Berlin, New York: Walter de Gruyter.

Kay, Paul & Chad K. McDaniel. 1978. ‚The linguistic significance of the meaning of basic color terms.' *Language* 54: 610-646.

Kleiber, Georges. 1998². *Prototypensemantik. Eine Einführung.* Tübingen: Narr.

Kohz, Armin. 1982. *Linguistische Aspekte des Anredeverhaltens.* Tübingen: Narr.

Kürschner , Wilfried. 1983. *Studien zur Negation im Deutschen.* Tübingen: Narr.

Labov, William, 1973. ‚The boundaries of words and their meanings.' In: Charles-James N. Bailey & Roger W. Shuy, Hrsg. *New ways of analysing variation in English.* 340-373. Washington: Georgetown University Press.

Lakoff, George. 1987. *Women, fire, and dangerous things. What categories reveal about the mind.* Chicago: The University of Chicago Press.

Lee, Penny. 1996. *The Whorf theory complex. A critical reconstruction.* Amsterdam, Philadelphia, PA: Benjamin.

Leisi, Ernst. 1975. *Der Wortinhalt. Seine Struktur im Deutschen und Englischen.* Heidelberg: Winter.

Levinson, Steven C. 1983. *Pragmatics.* Cambridge: Cambridge University Press. Deutsch: *Pragmatik.* 2000. Niemeyer. Tübingen.

Lounsbury, Floyd G. 1964. ‚A formal account of the Crow- and Omaha-type kinship terminologies.' In: W. Goodenough, Hrsg. *Explorations in cultural anthropology: Essays in honour of George Peter Murdock.* 351-393. New York: McGraw Hill.

Lucy, John A. 1992. *Language diversity and thought*. Cambridge: Cambridge University Press.

Lüdi, Georges. 1985. ‚Zur Zerlegbarkeit von Wortbedeutungen.' In: Schwarze & Wunderlich, Hrsg. 1985: 64-102.

Lutzeier, Peter Rolf. 1985. ‚Die semantische Struktur des Lexikons.' In: Schwarze & Wunderlich, Hrsg. Hrsg. 1985: 103-133.

Lyons, John. 1977. *Semantics*. Cambridge University Press. Cambridge. Deutsch: *Semantik*. 1980. München: Beck.

Lyons, John. 1991. ‚Bedeutungstheorien.' In: von Stechow & Wunderlich, Hrsg. 1991: 1-24.

Lyons, John. 1995. *Linguistic semantics. An introduction*. Cambridge: Cambridge University Press.

Martin, Samuel E. 1975. *A reference grammar of Japanese*. New Haven CT, London: Yale University Press.

Meibauer, Jörg et al. 2002. *Einführung in die germanistische Linguistik*. Stuttgart, Wiemar: Metzler.

Menninger, Karl. 1979. *Zahlwort und Ziffer. Eine Kulturgeschichte der Zahl*. 3. Aufl. Göttingen: Vandenhoeck & Ruprecht.

Montague, Richard. 1970a. ‚English as a formal language.' In: Thomason, Hrsg. 1974: 188-221.

Montague, Richard. 1970b. ‚Universal Grammar.' In: Thomason, Hrsg. 1974: 222-246.

Montague, Richard. 1973. ‚The proper treatment of quantification in ordinary English.' In: Thomason , Hrsg. 1974: 247-270.

Mühlhäusler, Peter & Rom Harré. 1990. *Pronouns and People*. Oxford: Blackwell.

Ogden, Charles K. & Ivor A. Richards. 1923. *The meaning of meaning*. London: Routledge and Kegan Paul. Deutsch: 1974. *Die Bedeutung der Bedeutung*. Frankfurt: Suhrkamp.

Palmer, F.R. 1994. *Grammatical roles and relations*. Cambridge: Cambridge University Press.

Palmer, F.R. 2001. *Mood and modality*. Cambridge: Cambridge University Press.

Palmer, Gary B. 1996. *Toward a theory of cultural linguistics*. Austin, Texas: University of Texas Press.

Partee, Barbara H., Alice ter Meulen & Robert E. Wall. 1993, *Mathematical methods in linguistics*, Dordrecht: Kluwer Academic Publishers.

Pustejovsky, James. 1995. *The generative lexicon*. Cambridge MA: MIT Press.

Radford, Andrew. 1988. *Transformational grammar*. Cambridge: Cambridge University Press.

Ramers, Karl-Heinz. 2000. *Einführung in die Syntax*. München: Wilhelm Fink.

Rosch, Eleanor. 1973. ‚Natural categories.' *Cognitive Psychology* 4: 328-350.

Rosch, Eleanor. 1975a. ‚Cognitive reference points.' *Cognitive Psychology* 7: 532-547.

Rosch, Eleanor. 1975b. ‚Cognitive representations of semantic categories.' *Journal of Experimental Psychology* General 104: 192-233.

Rosch, Eleanor et al. 1976. ‚Basic objects in natural categories.' *Cognitive Psychology* 8: 382-439.

Saeed, John I. 1996. *Semantics*. Oxford: Blackwell.

Salzmann, Zdenek. 1993. *Language, culture and society. An introduction to linguistic anthropology*. Boulder, San Francisco and Oxford: Westview Press.

Sapir, Edward. 1921. *Language. An introduction to the study of speech*. New York: Harcourt, Brace & World.

Scheffler, Gabriele. 2000. *Schimpfwörter im Themenvorrat einer Gesellschaft*. Marburg: Tectum.

Schmid, Hans-Jörg. 1993. *Cottage und Co., idea, start vs. begin*. Tübingen: Niemeyer.

Schwarze, Christoph & Dieter Wunderlich, Hrsg. 1985. *Handbuch der Lexikologie*. Kronberg: Athenäum.

Suzuki, Takao. 1978. *Japanese and the Japanese. Words in culture*. Tokyo, New York, San Francisco: Kodansha.

Tallerman, Maggie. 1998. *Understanding syntax*. London, New York, Sidney, Auckland: Arnold.

Talmy, Leonard. 2000. *Toward a cognitive semantics*. 2 Volumes. Cambridge MA: MIT Press.

Thomason, Richmond H., Hrsg. 1974. *Formal philosophy. Selected papers of Richard Montague*. New Haven CT and London: Yale University Press.

Ungerer, Friedrich & Hans-Jörg Schmid. 1996. *An introduction to cognitive linguistics*. London and New York: Longman.

Verschueren, Jef. 1999. *Understanding pragmatics*. London, New York, Sidney, Auckland: Arnold.

von Stechow, Arnim & Dieter Wunderlich, Hrsg. 1990. *Semantik. Ein internationales Handbuch der zeitgenössischen Forschung*. Berlin, New York: W. de Gruyter.

Whorf, Benjamin Lee. 1940. ‚Science and linguistics.' In: Whorf 1956: 207-219.

Whorf, Benjamin Lee. 1956. *Language, thought and reality. Selected writings by Benjamin Lee Whorf*, ed. by John B. Carroll, Cambridge MA: The MIT Press. Deutsch: *Sprache, Denken, Wirklichkeit*. 1963. Reinbek: Rowohlt.

Wierzbicka, Anna. 1996. *Semantics. Primes and universals*. Oxford, New York: Oxford University Press.

Wittgenstein, Ludwig. 1958. *Philosophische Untersuchungen/Philosophical investigations*. (zweisprachige Ausgabe). Oxford: Blackwell.

Wunderlich, Dieter. 1991. ‚Bedeutung und Gebrauch.' In: von Stechow & Wunderlich, Hrsg. 1991: 32-52.

Zimmer, Dieter E. 1991[4]. *So kommt der Mensch zur Sprache*. Zürich: Haffmans.

Register

Das Register enthält Fachbegriffe, Namen und ausführlicher behandelte Wörter (in Kursivschrift). Mehrwortige Ausdrücke wie ‚mögliche Welt' sind alphabetisch nach dem ersten Wort eingeordnet. ‚F' nach der Seitenzahl verweist auf eine Fußnote.

Fachtermini und ihre englischen Entsprechungen

In die Liste wurden nur semantische Fachausdrücke aufgenommen. Natürlich sind die meisten Übersetzungen fast gleichlautend; aber dadurch erübrigt es sich nicht, sie aufzuführen. Die Zahl gibt die Seite an, auf der der Begriff definiert wird.

Eigenname	proper name	154
einstellig (Prädikat)	one-place	160
Erkennungswert	cue validity	269
Euphemismus	euphemism	49
Evidential	evidential	240
Existenzquantifikation	existential quantification	340
Existenzquantor	existential quantifier	329
Expressiv	expressive	43
expressive Bedeutung	expressive meaning	43
Extension	extension	356
Familienähnlichkeit	family resemblance	263
Fokalfarbe	focal colour	246
Formale Semantik	Formal Semantics	310
Funktionswort	function word	5
Gesetz v. ausgeschlossenen Dritten	Law of the Excluded Middle	84
Gesetz vom Widerspruch	Law of Contradiction	82
graduelle Zugehörigkeit (Kateg.)	graded membership	260
grammatische Bedeutung	grammatical meaning	16
Grundfarbwort	basic colour term	245
Heckenausdruck	hedge	294
Herkunftsbereich (Metapher)	source domain	70
heteronym, Heteronym(ie)	heteronymous, heteronym(y)	128
Holonym	holonym	135
Homograph	homograph	59
homonym, Homonym(ie)	homonymous, homonym(y)	59
Homophon	homophone	59
hyperonym, Hyperonym(ie)	hyperonymous, hyperonym(y)	118
hyponym, Hyponym(ie)	hyponymous, hyponym(y)	118
Idiom	idiom	54
Implikation, implizieren	entailment, entail	89
Implikatur (konversationelle)	implicatures (conversational)	11
Individuenkonzept	individual concept	355
Inferenz	inference	11
Inhaltswort	content word	5
Instrument (thematische Rolle)	instrument	174
Intension	intension	354
Interjektion	interjection	44
Kategorie	category	257
Kategorisierung	categorization	256